AF883006

V&R Academic

Schriften des Zentrums für Europäische und Internationale Strafrechtsstudien

Band 7

Herausgegeben von Arndt Sinn

ZEIS

ZENTRUM FÜR EUROPÄISCHE UND INTERNATIONALE STRAFRECHTSSTUDIEN

Arndt Sinn (Hg.)

Cybercrime im Rechtsvergleich

Beiträge zum deutsch-japanisch-koreanischen Strafrechtssymposium 2013

V&R unipress

Universitätsverlag Osnabrück

UNIVERSITÄT OSNABRÜCK

FSC® MIX
Papier aus verantwortungsvollen Quellen
www.fsc.org FSC® C083411

Bibliografische Information der Deutschen Nationalbibliothek

Die Deutsche Nationalbibliothek verzeichnet diese Publikation in der Deutschen Nationalbibliografie; detaillierte bibliografische Daten sind im Internet über http://dnb.d-nb.de abrufbar.

ISSN 2198-5367
ISBN 978-3-8471-0472-8
ISBN 978-3-8470-0472-1 (E-Book)
ISBN 978-3-7370-0472-5 (V&R eLibrary)

Weitere Ausgaben und Online-Angebote sind erhältlich unter: www.v-r.de

Veröffentlichungen des Universitätsverlags Osnabrück erscheinen im Verlag V&R unipress GmbH.

© 2015, V&R unipress GmbH, Robert-Bosch-Breite 6, 37079 Göttingen / www.v-r.de
Alle Rechte vorbehalten. Das Werk und seine Teile sind urheberrechtlich geschützt. Jede Verwertung in anderen als den gesetzlich zugelassenen Fällen bedarf der vorherigen schriftlichen Einwilligung des Verlages.
Printed in Germany.
Druck und Bindung: CPI buchbuecher.de GmbH, Zum Alten Berg 24, 96158 Birkach

Gedruckt auf alterungsbeständigem Papier.

Inhalt

Vorwort

In den letzten Jahren gewinnt das Phänomen »Cybercrime« mehr und mehr an Bedeutung. Die Herausforderungen, die sich dabei für das Strafrecht ergeben, sind enorm. Nicht nur, dass die geltende Gesetzeslage nicht mit der rasanten technischen Entwicklung Schritt halten konnte, vielmehr reißen die gesetzgeberischen Nachbesserungen nicht selten Lücken in die tradierte Dogmatik und Systematik. Mögen dies »nur« nationale Probleme sein, so folgt das Phänomen »Cybercrime« aber keinen nationalen Grenzen oder Souveränitätsvorstellungen. Es entzieht sich aufgrund seiner Phänomenologie einer rein nationalen Bewältigung. Das Delikt, das im Zusammenhang mit Cybercrime steht, hat regelmäßig mehrere Anknüpfungspunkte, was die Jurisdiktion mehrerer Staaten begründen kann. Für den Täter eröffnen sich Möglichkeiten des forum shoppings, für die Strafverfolgungsorgane entsteht das Problem der Jurisdiktionskonflikte. Daten, die als Beweise benötigt werden, liegen nicht mehr nur in einem Staat, was schwierige Fragen der Rechtshilfe auslöst. Strafrechtliche und strafprozessuale Eingriffsermächtigungen erscheinen vor dem Hintergrund technischer Feinheiten in einem neuen Licht.

Mit dem 1. deutsch-japanisch-koreanischen Strafrechtssymposium am ZEIS der Universität Osnabrück haben Wissenschaftlerinnen und Wissenschaftler aus den beteiligten Ländern versucht, Antworten auf die drängenden rechtlichen Fragen in einem rechtsvergleichenden Symposium zu finden. Damit wird auch am ZEIS die langjährige deutsche Tradition der wissenschaftlichen Verbundenheit mit der Strafrechtswissenschaft in Japan und Korea fortgesetzt. Der Tagungsband enthält die Vorträge, wie sie am 2. bis 4. September 2013 in Osnabrück gehalten wurden. Die Beiträge geben wertvolle Einblicke in die gegenwärtige Diskussion zu Cybercrime in den Ländern. Rechtsvergleichende Beobachtungen sollen den vergleichenden Zugang erleichtern.

Ein solcher Tagungsband kann nicht ohne das unermüdliche Engagement der beteiligten Autoren entstehen, die sich alle der Mühe unterzogen haben, die Manuskripte auf Deutsch zu erstellen. Auch das unterstreicht die tiefe Verbundenheit der japanischen und koreanischen Kollegen mit der deutschen Rechtsordnung, wofür ich allen herzlich danken möchte.

Mein Dank geht aber auch an das gesamte ZEIS-Team, namentlich an Frau cand. iur. Christina Brendel und Frau Ref. iur. Felicia Eissing sowie Frau cand. iur. Eileen Müller. Sie haben mit viel Fleiß, Umsicht, Ideen und Kraft das Symposium zu einer organisatorischen Meisterleistung werden lassen. Für die Betreuung des Tagungsbandes danke ich besonders Frau Christina Brendel, die sehr fürsorglich alle Beiträge gepflegt hat sowie Frau Wiss. Mit. Anna-Maria Graue, in deren Händen die gemeinsame Endredaktion lag.

Osnabrück im September 2015 Arndt Sinn

1. Teil:
Regelungen zu Cybercrime im materiellen Strafrecht

Susanne Beck

Regelungen zu Cybercrime im materiellen Strafrecht in Deutschland

A. Einleitung

»Die Internetkriminalität entwickelt sich [...] immer mehr zu einer Bedrohung für die moderne Informationsgesellschaft. [...] Damit die Internetkriminalität wirksam bekämpft werden kann, ist ein Bündel von rechtlichen, administrativen, personellen, finanziellen und organisatorischen Maßnahmen nötig.«[1] Von diesem Bündel werden im Folgenden die Regelungen im materiellen Strafrecht in Deutschland näher betrachtet. Grundlage dieser Betrachtung ist gerade das Bewusstsein, dass das Strafrecht nur eine von verschiedenen möglichen Maßnahmen ist und deshalb z. B. nicht jede Lücke per se problematisch und – vgl. auch die entsprechenden Beiträge – vielleicht nicht jede Vorverlagerung nötig ist.

B. Betrachtung des Phänomens

»Der Begriff Cybercrime umfasst alle Straftaten, die unter Ausnutzung der Informations- und Kommunikationstechnik (IuK) oder gegen diese begangen werden.«[2] Diese Definition des Lageberichts des BKA ist sehr breit und ermöglicht eine umfassende Analyse des Phänomens. Bezüglich der empirischen Seite befasst sich der Lagebericht mit Cybercrime im engeren Sinne, also mit Ausprägungen dieser Art von Kriminalität, »bei denen Elemente der elektronischen Datenverarbeitung (EDV) wesentlich für die Tatausführung sind«[3]. Selbst nach der engen Definition erfasst Cybercrime ganz unterschiedliche Straftatbestände– vom Ausspähen von Daten über Computerbetrug bis hin zur Fälschung technischer Aufzeichnung. Zur Orientierung bei der Darstellung dieser disparaten Delikte ist hilfreich, sich ihren Hintergrund in Erinnerung zu rufen. Hierzu dienen zunächst folgende Definitionen des Internets– aus dem Internet – als Anhaltspunkt:

> »Das Internet ist der weltweit größte Netzverbund, der jedem Teilnehmer eine nahezu grenzenlose Informations- und Kommunikationsinfrastruktur zur Verfügung stellt.«[4]
> »Das Internet ist die Gesamtheit aller weltweit zusammengeschlossenen Computer-Netzwerke, die nach einem standardisierten Verfahren miteinander kommunizieren.«[5]

Zentraler Aspekt ist also die Kommunikation, das Senden und Empfangen von Informationen. Der Nutzer kommuniziert mit dem Computer, dadurch letztlich auch mit sich selbst, der Computer kommuniziert mittels seiner Datenverarbeitungsvorgänge ebenfalls mit sich selbst und dann, gegebenenfalls, über das

1 Bundesministerium des Inneren, http://www.bmi.bund.de/DE/Themen/Sicherheit/Kriminalitaetsbekaempfung/Internetkriminalitaet-Cybercrime/internetkriminalitaet-cybercrime_node.html.
2 BKA Lagebericht 2011, Vorbemerkung, S. 5.
3 BKA Lagebericht 2011, Vorbemerkung, S. 5.
4 http://www.itwissen.info/definition/lexikon/Internet-Internet.html.
5 http://www.internet4jurists.at/intern10a.htm.

Internet mit anderen Computern und somit der Nutzer mit anderen Nutzern.[6] Diese Art der Kommunikation unterscheidet sich von herkömmlicher Kommunikation primär durch das Medium – im Übrigen gibt es auch via Internet direkte Mitteilung von Informationen durch einen Sender an einen Empfänger – etwa über E-Mail oder einen Chat – und, vergleichbar mit klassischen Medien wie Büchern, Zeitungen oder Flugblättern, Mitteilungen an einen unbestimmten Empfängerkreis. Besondere Probleme entstehen vor allem durch den globalen Netzcharakter[7], d.h. das Fehlen einer organisierenden – und regulierenden – Institution, durch die dadurch mögliche Anonymität der Kommunikationsteilnehmer, die Dauerhaftigkeit der im Netz gespeicherten Informationen und schließlich durch die Möglichkeit des heimlichen Zugriffs auf private, sogar gesicherte Kommunikation.

Aus der »Kommunikations-Perspektive« lässt sich eine Ordnung in das Gebiet »Cybercrime« bringen: Das Strafrecht schützt unterschiedliche Aspekte dieser Kommunikation – und genau über diese Aspekte werden wir uns im Folgenden den Regelungen zur Cybercrime im materiellen Strafrecht in Deutschland annähern.

C. Europarechtlicher und verfassungsrechtlicher Rahmen

Bevor auf das materielle Strafrecht eingegangen wird, soll in Kürze der europarechtliche und verfassungsrechtliche Rahmen in Erinnerung gerufen werden. Auch wenn es hier nicht um Details zu höherrangigem Recht zur Cybercrime geht, ist bei Auslegung der nationalen Normen ein gewisses Bewusstsein für die betroffenen Interessen und supranationalen und verfassungsrechtlichen Grenzen erforderlich.[8]

6 Zu den verschiedenen Arten der Internet-Kommunikation und ihren zentralen Problemen vgl. etwa *K. Beck*, Computervermittelte Kommunikation im Internet, 2006.

7 Zu den damit verbundenen Regulierungsproblemen etwa *K. Beck*, Computervermittelte Kommunikation im Internet, 2006, S. 186ff.

8 So an der Strafbarkeit von Glücksspielen, Sportwetten und Hausverlosungen dargestellt von *Heger*, Strafbarkeit von Glücksspielen, Sportwetten und Hausverlosungen via Internet im Lichte des Europarechts, ZIS 8.9.2012, S. 396ff., der darauf hinweist, dass in diesem europarechtlich derzeit höchst umstrittenen Bereich innerhalb der Rechtsprechung keine Einigkeit bezüglich der Anwendung besteht, S. 401; weitere internationale Regelungen werden hier, da keine deutsche Besonderheit, ausgeklammert. Vgl. auch *Hilgendorf/Valerius*, Computer- und Internetstrafrecht, 2. Aufl. 2012, S. 28ff.

I. Europarecht

Auch wenn von einem europäischen Strafrecht im engeren Sinne noch keine Rede sein kann, spielt die EU im Bereich der Cybercrime – das sich aufgrund der grenzüberschreitenden Natur des Internets nicht nur durch Nationalstaaten bekämpfen lässt – eine bedeutende Rolle.[9] Im Vordergrund steht das Bemühen um eine gewisse Harmonisierung der nationalen Rechtsordnungen und eine zur Bekämpfung der Kriminalität ausreichende Kooperation der Strafverfolgungsbehörden.[10] Bereits seit 1996[11] befassen sich Organe der EU mit den Gefahren der Computer- und Internetkriminalität.[12] Bei einigen Dokumenten und Rechtsakten war dieser Bereich am Rande von Bedeutung; beim Rahmenbeschluss 2005/222JI des Rates vom 24.02.2005 standen Angriffe auf Informationssysteme explizit im Vordergrund. Insbesondere sollte durch Angleichung der entsprechenden nationalen Strafvorschriften die Kooperation zwischen mitgliedsstaatlichen Behörden verbessert werden. Auf diesem Rahmenbeschluss basiert u.a. das 41. StrÄndG vom 07. August 2007.[13]

II. Verfassungsrecht

Das Verfassungsrecht ist hier in zweierlei Hinsicht zu beachten: Zum einen werden durch Strafnormen Grundrechte eingeschränkt, zum anderen dienen sie dem Schutz individueller und allgemeiner Güter.[14] Wie dargelegt, geht es im Cyberspace und bei der Nutzung von Computern primär um Kommunikation und dadurch gewonnene Informationen, so dass bezüglich der potentiell eingeschränkten Grundrechte Art. 5 Abs. 1 GG im Vordergrund steht. Bestimmte Kommunikationsinhalte können überdies über Art. 4 GG (Glaubens- und Gewissensfreiheit), Art. 5 Abs. 3 GG (Freiheit der Kunst und Wissenschaft), Art. 12 Abs. 1 GG (Berufsfreiheit) geschützt sein.[15] Schließlich sind durch den Einsatz von Strafrecht immer auch die allgemeine Handlungsfreiheit nach Art. 2 Abs. 1 GG (durch das Handlungsverbot) sowie zumindest potentiell das allgemeine

9 *Hilgendorf/Valerius*, Computer- und Internetstrafrecht, 2. Aufl. 2012, S. 30ff.

10 *Hilgendorf/Valerius*, Computer- und Internetstrafrecht, 2. Aufl. 2012, S. 31.

11 Mitteilung der Kommission über illegale und schädigende Inhalte im Internet vom 16.10.1996, KOM (1996) 487 endg.

12 *Hilgendorf/Valerius*, Computer- und Internetstrafrecht, 2. Aufl. 2012, S. 35ff.

13 Das unter anderem die Einführung von §§ 202a, 202b, 202c StGB und eine Änderung des § 303b StGB zur Folge hatte. Vgl. *Hilgendorf/Valerius*, Computer- und Internetstrafrecht, 2. Aufl. 2012, S. 36.

14 Zum Folgenden im Detail *Hilgendorf/Valerius*, Computer- und Internetstrafrecht, 2. Aufl. 2012, S. 2ff.

15 *Hilgendorf/Valerius*, Computer- und Internetstrafrecht, 2. Aufl. 2012, S. 3.

Persönlichkeitsrecht aus Art. 2 Abs. 1 i.V.m. Art. 1 Abs. 1 GG (durch den staatlichen Vorwurf bei einer möglichen Sanktionierung) berührt.[16] Als gefährdete Güter stehen diesen Rechten z.B. das Fernmeldegeheimnis nach Art. 10 GG und das allgemeine Persönlichkeitsrecht aus Art. 2 Abs. 1 i.V.m. Art. 1 Abs. 1 GG gegenüber. Durch Computerbetrug oder Erpressung wird das Eigentum (Art. 14 GG) gefährdet. Schließlich können, nach der weiten Definition von Cybercrime, grundsätzlich die unterschiedlichsten Delikte per Computer geplant, vorbereitet und ausgeführt werden, so dass insofern auch alle sonstigen individuellen und allgemeinen Interessen, die durch die jeweiligen Straftatbestände geschützt sind, verletzt werden können.

III. Überlegungen zu geschützten und eingeschränkten Aspekten der Kommunikation

Neben den für das deutsche Recht relevanten höherrangigen Normen seien an dieser Stelle kurz einige Erwägungen zum bereits erwähnten Aspekt der Kommunikation angestellt. Im Folgenden wird sich zeigen, dass die Strafnormen zur Cybercrime ganz bestimmte Aspekte des Sendens und Empfangens von Informationen schützen - etwa durch Sicherstellung der Möglichkeit mit oder mittels des Computers zu kommunizieren, durch Bewahren von Intim- und Privatsphäre, durch Sicherung gewisser Erwartungen an die Wahrhaftigkeit der Kommunikation. Bestimmte Aspekte der Kommunikation werden dagegen eingeschränkt, z.B. durch Exklusion nicht-zahlender Teilnehmer, durch Untersagen gewisser aufgezwungener Kommunikation, durch Verbote bestimmter Kommunikationsinhalte. Das gilt auch für Äußerungen, die im Rahmen sogenannter »Äußerungsdelikte« relevant sind, vgl. dazu später - selbst wenn diese nur an einen unbestimmten Adressatenkreis gerichtet sind und noch nicht einmal wahrgenommen wurden, handelt es sich doch um eine Art »Kommunikation«, da die Information zumindest öffentlich zur Verfügung gestellt wird und damit abrufbar ist - ein Selbstgespräch in einem Zimmer, in dem sich niemand anderes befindet, wäre für das Recht grundsätzlich nicht relevant, ebenso die bloße Kommunikation mit sich selbst mittels des eigenen Computers (mit Ausnahme der »Besitzdelikte«, vgl. auch hierzu im Folgenden). Hier entstehen im Vergleich zu traditionellen Gütern wie Leben, Leib oder Vermögen

16 *Lagodny*, Strafrecht vor den Schranken der Grundrechte, Tübingen, 1996, S. 77ff., 96ff. Überdies ist bei Prüfung von Strafnormen die verfassungsrechtliche Einbindung staatlicher Strafgewalt zu berücksichtigen: Schuldgrundsatz, Gesetzesbestimmtheit (Art. 103 Abs. 2 GG), Verbot erniedrigender, grausamer Strafen, spezielle institutionell-verfahrensrechtliche Garantien.

neue Interessen und Schutzsphären, nicht zuletzt, weil die erhebliche Bedeutung von Kommunikation und Information im Alltag selbst neu ist.[17]

Dass mit Blick auf diese neue Entwicklung auch im Strafrecht ein gewisser Anpassungsprozess erforderlich ist,[18] der die Schranken schutzwürdiger, erlaubter, einzuschränkender und verbotener Kommunikation auslotet, ist deshalb nicht verwunderlich. Hinzu kommt, dass an Kommunikation zwangsläufig mehrere Personen beteiligt sind, dass sie ein stetiger, dynamischer und in gewissem Sinn deutungsoffener Prozess ist – gerade im Internet, in dem oft nicht einmal direkt kommuniziert wird, sondern etwa bestimmte Informationen nur bereitgestellt sind, aber erst von Interessierten abgerufen werden müssen. Auch das ist für das Strafrecht schwer zu bewältigen, ist es doch primär an der Konstellation »Täter-Opfer« und »eindeutiger Verletzungshandlung« orientiert. Diese vorerst allgemeinen Überlegungen deuten bereits einige Schwierigkeiten an, die im Folgenden an Veränderungen im Allgemeinen und Besonderen Teil verdeutlicht werden.

D. Dogmatische Besonderheiten im Allgemeinen Teil

Der Allgemeine Teil des Strafrechts trifft u.a. Regelungen zur Anwendbarkeit deutschen Strafrechts, zum Umgang mit verschiedenen Handlungsformen und -stadien, subjektiven Aspekten und Verantwortlichkeitsanteilen. Die strafrechtliche Einhegung der grenzüberschreitenden virtuellen Kommunikation stößt bereits hier auf Schwierigkeiten, z.B. bei der Lokalisierung für die Frage der Strafrechtsanwendung, bei der Verteilung der Verantwortlichkeit für die Kommunikationsakte, bei der Ermittlung der Beteiligungsformen etc.

I. Strafanwendungsrecht

Nicht nur aufgrund der Grenzüberschreitung des Internets stellen sich spezifische Fragen des Strafanwendungsrechts, sondern auch aufgrund der schweren Lokalisierbarkeit von Kommunikationsprozessen, insbesondere wenn sie keine Rechtsgutsverletzungen, sondern nur Gefährdungen oder Vorbereitungen dar-

17 Vgl. hierzu etwa die Untersuchungen von *Castells*, The Rise of the Network-Society, 2. Aufl. 2009; *Steinbicker*, Zur Theorie der Informationsgesellschaft, 2. Aufl. 2011; *Thiedeke*, Medien, Kommunikation und Komplexität: Vorstudien zur Informationsgesellschaft, 1997. Grundlegend zur Medientheorie – unter anderem auch zur Auswirkung globaler Kommunikation auf regionale Kultur – *McMarshall*, Understanding Media. The Extensions of Man, 1964.

18 Vgl. hierzu etwa *Hilgendorf*, ZStW 113 (2001), S. 650ff.

stellen.[19] Nach §§ 3 ff. StGB ist deutsches Strafrecht grundsätzlich für Inlandstaten, für Auslandstaten dagegen nur in speziellen, explizit geregelten Situationen[20] anwendbar.

Bei der Verortung des Kommunikationsvorgangs wird zunächst an den Ort, von dem die Äußerung ausgeht, angeknüpft: Befindet sich der Tatcomputer in Deutschland, handelt es sich um eine Inlandstat.[21] Anders ist die Situation zu beurteilen, wenn Daten im Ausland eingegeben wurden – dann ist zu prüfen, ob auf andere Aspekte des Prozesses abgestellt werden kann. Einigkeit besteht darüber, dass die Orte, die die Information lediglich durchläuft, ohne wahrgenommen zu werden, keine Rolle spielen: auf Transitvorgänge ist in der Regel kein deutsches Strafrecht anzuwenden – es sei denn, gerade der Transit selbst würde bestraft.

Bei Kommunikationsdelikten ist oft schwer zu bestimmen, ob es sich um Erfolgs- oder Begehungsdelikte handelt, da in beiden Fällen der Inhalt der Kommunikation wahrgenommen wird – in einem Fall verletzt dies das Rechtsgut, im anderen wird es nur gefährdet. Liegt mit Wahrnehmung eine eindeutige Rechtsgutsverletzung oder konkrete Gefährdung vor – z. B. Beleidigungsdelikte, §§ 185ff. StGB – ist nach § 9 Abs. 1 Var. 3 StGB davon auszugehen, dass die Tat überall dort begangen wurde, wo der Erfolg eingetreten ist.[22] Bei der weltweiten Kommunikation über das Internet ist das nicht nur am Aufenthaltsort des Opfers, sondern überall dort, wo z. B. die Beleidigung wahrgenommen werden kann, der Fall. Da das eine sehr weitgehende Strafrechtsanwendbarkeit begründet, wird als teleologische Reduktion von § 9 StGB diskutiert, einen territorialen Bezug oder Bezug zum Tatortrecht zu fordern.[23] Es geht dann also nicht mehr nur um die Möglichkeit der Wahrnehmung der kommunizierten Information, sondern auch um deren Inhalte.

Stellt die Äußerung nur eine abstrakte Gefährdungen dar, z. B. §§ 130, 184ff. StGB, ist mangels Erfolgsort eigentlich nur das Strafrecht des Ortes, an dem die

19 Zu den Schwierigkeiten des »einseitigen« Strafanwendungsrechts aufgrund des entgrenzten Internets im Detail *Wörner*, Einseitiges Strafanwendungsrecht und entgrenztes Internet?, ZIS 8. 9. 2012, S. 458. Sie kommt zu dem Schluss, dass das Strafanwendungsrecht in diesem Bereich weniger auf einem rein staatlichen Souveränitätsgedanken als auf einem Solidaritätsgedanken gegenüber den eigenen Staatsbürgern und gegenüber den anderen Staaten basieren sollte (S. 464f.).

20 Insofern gelten für Cybercrime keine Besonderheiten – auf Auslandstaten ist deutsches Strafrecht nach dem Schutzprinzip, dem aktiven oder passiven Personalitätsprinzip oder dem Weltrechtsprinzip anwendbar, §§ 5 ff. StGB.

21 *Hilgendorf/Valerius*, Computer- und Internetstrafrecht, 2. Aufl. 2012, S. 44.

22 Erfolg i.d.S. ist nicht jedes durch die Tat hervorgerufene Ereignis, sondern der tatbestandliche Erfolg. Allerdings muss es sich hierbei nicht zwingend um Tatbestandsmerkmale i. e. S. handeln; erfasst sind vielmehr »sämtliche im Gesetz beschriebenen Umstände, die den Unwertgehalt der Tat ausmachen«, *Ambos*, in: MüKo, StGB, Bd. 1, 2. Aufl. 2012, § 9 Rn. 21.

23 *Hilgendorf/Valerius*, Computer- und Internetstrafrecht, 2. Aufl. 2012, S. 51f.

Kommunikation initiiert wurde, anwendbar.[24] Diese Einschränkung wird z.T. durch erweiternde Auslegung vermieden, indem entweder die Handlung am Ausgangs- und Zielrechner verortet wird, ein Tathandlungserfolg für jede Realisierung der Tathandlung oder ein Erfolg überall dort, wo sich die Gefahr verwirklichen könnte, bejaht wird. Insbesondere die erstgenannten Begründungen sind mit Blick auf die Prozesshaftigkeit von Kommunikation nicht unplausibel. Die h.M. lehnt die Ausweitung aber mit Hinweis auf Spezifika abstrakter Gefährdungsdelikte[25] und der sonst drohenden Allzuständigkeit deutscher Justizbehörden[26] ab.

Anders ist die Situation bei Delikten zu bewerten, bei denen Kommunikationsmittel und -wege oder bestimmte Kommunikationssphären (Intimsphäre, Privatsphäre) geschützt sind, z.B. die Verbote des Ausspähens und Abfangens von Daten, §§ 202a f. StGB oder der Datenveränderung und Computersabotage, §§ 303a f. StGB: Bei diesen wird das Rechtsgut nicht durch einen Kommunikationsakt verletzt, der Erfolgsort ist klarer bestimmbar: er ist dort, wo sich Daten bzw. Computer befinden bzw. in die Sphäre eingedrungen wird.

II. Der Begriff der »Schrift«

Bevor auf die Detailfragen des AT einzugehen ist, sei ein zentraler Begriff in kommunikativen Vorgängen geklärt: »Schrift«. Dieser aus traditionellen Kommunikationskontexten stammende Begriff wurde durch das IuKDG (1997) mittels Gleichstellungsklausel, § 11 Abs. 3 StGB,[27] an moderne Medien angepasst. Die hier vor allem relevanten Datenspeicher[28] sind dauerhafte, stoffliche Verkörperung von Daten (Speicherung). Die Inhalte der Schrift – also die Daten – müssen wahrnehmbar sein, da sonst gerade keine Kommunikation stattfindet. Dass hierfür Hilfsmittel (z.B. Bildschirm) erforderlich sind, ist unschädlich. Das Erfordernis der Verkörperung orientiert sich an klassischen Kommunikati-

24 Vgl. zu dieser Problematik *Ambos*, in: MüKo, StGB, Bd. 1, 2. Aufl. 2012, § 9 Rn. 27ff.

25 Die abstrakte Gefahr ist nur Motiv des Gesetzgebers, nicht Tatbestandsmerkmal, vgl. *Hilgendorf/Valerius*, Computer- und Internetstrafrecht, 2. Aufl. 2012, S. 50.

26 Dies wäre nicht nur bezüglich des Legalitätsprinzips, sondern auch politisch häufig ausgesprochen problematisch, vgl. *Hilgendorf/Valerius*, Computer- und Internetstrafrecht, 2. Aufl. 2012, S. 51.

27 Dies dient u.a. der Vereinfachung von Gesetzesänderungen. *Hilgendorf/Valerius*, Computer- und Internetstrafrecht, 2. Aufl. 2012, S. 53.

28 Datenspeicher sind alle elektronischen, elektromagnetischen, optischen, chemischen oder sonstige Speichermedien, die gedankliche Inhalte verkörpern und nur unter Zuhilfenahme technischer Geräte wahrnehmbar sind. BT-Ducks. 13/7385, S. 36; *Eser/Hecker*, in: Schönke/Schröder, StGB, 28. Aufl.2010, § 11 Rn. 67; *Saliger*, in: Kindhäuser/Neumann/Paeffgen (Hrsg.), Nomos, StGB,4. Aufl. 2013, § 11 Rn. 60; *Hilgendorf/Valerius*, Computer- und Internetstrafrecht, 2. Aufl. 2012, S. 54.

onsmitteln, die sich durch tatsächliche Übertragung von Informationen auszeichnen und denen gerade aufgrund dieser Verkörperung besondere Bedeutung zukommt – sei es aufgrund ihrer besonderen Beweiskraft, ihrer größeren Gefährlichkeit aufgrund der Möglichkeit der Weiterverbreitung und der Reaktualisierung etc.

Bei Übertragung auf moderne Medien ergibt sich, dass für die nötige Dauerhaftigkeit der Verkörperung zwar grundsätzlich auch eine vorübergehende Speicherung (z. B. in Temporary Internet Files) ausreicht. Dass aber bereits der Arbeitsspeicher eine solche Verkörperung darstellt, kann jedenfalls aufgrund des automatischen Löschens der Daten mit Ausschalten des Computers bezweifelt werden.[29] Keine Schriften sind zweifellos, mangels dauerhafter Verkörperung, die Bildschirmanzeige selbst oder Live-Übertragungen aus dem Internet.[30] Sie entsprechen aufgrund ihrer Flüchtigkeit der direkten sensuellen Wahrnehmung.

III. Die Verantwortungsverteilung bei Kommunikationsakten

An einem Kommunikationsvorgang im Internet sind nicht selten mindestens fünf Personen beteiligt: Inhaltsanbieter, Network-Provider, Host-Provider, Access-Provider, Nutzer.[31] Fraglich ist, wie sich die strafrechtliche Verantwortlichkeit unter ihnen verteilt. Jedenfalls der die Informationen Kommunizierende ist für die Inhalte verantwortlich. Fraglich ist, wie derjenige, der die Informationen speichert oder weiterleitet, strafrechtlich verantwortlich ist. Anhaltspunkte hierfür liefert das TMG, das – für alle Rechtsgebiete – Provider-Verantwortlichkeiten begrenzt. Der Anbieter wird privilegiert, wenn sich seine Tätigkeit auf rein technische (Vermittlungs-)Vorgänge beschränkt. Angesichts dessen, dass er Kommunikation nur ermöglicht – und zwar meist unendlich viele Kommunikationen – ist das durchaus plausibel.

Wer nur Durchleitung von Informationen anbietet, ist also für Inhalte grundsätzlich nicht verantwortlich (Access- und Network-Provider, § 8 TMG). Ähnliches gilt für »Caching«, die kurzfristige Speicherung, die nur der Übermittlung im Kommunikationsnetz dient (§ 8 Abs. 2 TMG) bzw. die automatische, zeitlich begrenzte Zwischenspeicherung zur Erhöhung der Effizienz der Übermittlung fremder Informationen (§ 9 TMG): Wenn die Daten nicht verändert, bestimmte Bedingungen und Standards eingehalten und bei Kenntnis illegaler Inhalte diese sofort entfernt bzw. gesperrt werden, entfällt die Verant-

29 *Hilgendorf/Valerius*, Computer- und Internetstrafrecht, 2. Aufl. 2012, S. 54 f.
30 *Hilgendorf/Valerius*, Computer- und Internetstrafrecht, 2. Aufl. 2012, S. 55.
31 *Hilgendorf/Valerius*, Computer- und Internetstrafrecht, 2. Aufl. 2012, S. 56 f.

wortlichkeit. Wer fremde Informationen dagegen dauerhaft speichert, ist von der Verantwortung nur befreit, wenn er von rechtswidrigen Handlungen bzw. Inhalten keine Kenntnis hatte oder nach Kenntniserlangung unverzüglich entsprechend tätig wird (Host-Provider, § 10 TMG). Keine Privilegierung bezüglich der Verantwortlichkeit erfährt derjenige, der eigene Inhalte über das Netz verbreitet – wobei »eigene« auch »zu eigen gemachte« Inhalte einschließt, da auch diese von dem Handelnden nach außen kommuniziert werden.[32] Strittig ist, ob »zu eigen Machen« bereits vorliegt, wenn sich der Content-Provider vom Inhalt nicht distanziert,[33] oder ob vielmehr erforderlich ist, dass er die Auswahl, Kontrolle und Verantwortung übernimmt, oder ob die Situation danach zu beurteilen ist, ob für einen objektiven Dritten der Anschein erweckt wird, dass der Anbieter die Inhalte billige.[34]

Mit Blick auf die Bedeutung der Kommunikation bleibt hier insgesamt festzuhalten, dass der Handelnde umso eher rechtlich verantwortlich ist, je näher er der Information steht.[35]

Wo die Begrenzung der Verantwortlichkeit strafrechtsdogmatisch zu verorten ist, ist strittig: Zum Teil wird sie als Vorfilter vor der Strafbarkeitsprüfung, zum Teil als Tatbestandsmerkmal, zum Teil als Element der Schuld und zum Teil als Strafausschließungsgrund behandelt.[36] Mit Blick darauf, dass es um Sanktionierung von bestimmten Aspekten der Kommunikationsteilnahme geht, spricht vieles dafür, diese Begrenzung im Tatbestand zu verorten, stellt sie doch auf die tatsächlichen Umstände gerade dieser Teilnahme und wertungsmäßig auf die Nähe zum Kommunikationsakt bzw. dessen Inhalt ab.

Über diese Inhaltsverantwortlichkeit hinaus gilt bezüglich der Einordnung als »Täter« oder »Teilnehmer«, entsprechend der allgemeinen Grundsätze,[37] dass Täterschaft grundsätzlich mit »Herrschaft«, also Kontroll- und Handlungsmöglichkeit, über die Kommunikation bzw. Information einhergehen muss.[38] So

---

32 Vgl. *Hilgendorf/Valerius*, Computer- und Internetstrafrecht, 2. Aufl. 2012, S. 61ff. Besonders problematisch ist diese Frage bei der Einstellung von Hyperlinks oder der Verwaltung von Gästebüchern o.ä. jedenfalls wenn der Anbieter die Beiträge freigeben muss, entsteht eine Verantwortlichkeit. Ein Disclaimer, dass für fremde Inhalte keine Haftung übernommen wird, reicht alleine nicht aus, um die Verantwortlichkeit zu verhindern.

33 *Koch*, Zivilrechtliche *Anbieterhaftung* für *Inhalte in Kommunikationsnetzen,* CR 1997, S. 193ff., 197.

34 Vgl. zu dem Streit *Hilgendorf/Valerius*, Computer- und Internetstrafrecht, 2. Aufl. 2012, S. 62f.; *Gercke/Brunst*, Praxishandbuch Internetstrafrecht, 2009, S. 245ff.

35 *Hilgendorf/Valerius*, Computer- und Internetstrafrecht, 2. Aufl. 2012, S. 62f.

36 *Hilgendorf/Valerius*, Computer- und Internetstrafrecht, 2. Aufl. 2012, S. 59ff. (Tatbestandslösung).

37 *Hilgendorf/Valerius*, Computer- und Internetstrafrecht, 2. Aufl. 2012, S. 72.

38 Zur möglichen Strafbarkeit externer IT-Dienstleister als Gehilfen bei einer Tat nach § 203 Abs. 3 S. 2 StGB *Çekin*, Strafbarkeitsrisiken beim IT-Outsourcing – Zum externen IT-Dienstleister als Gehilfen im Sinne des § 203 Abs. 3 S. 2 StGB, ZIS 8.9.2012, S. 425ff.

ist der Content-Provider in der Regel Täter, nicht jedoch beim bloßen Verlinken fremder Inhalte, da er über diese Inhalte gerade keine Herrschaft hat. Der bloße Zugangsvermittler wird in aller Regel als Gehilfe anzusehen sein, ebenso wie der untätige Host-Provider nach Kenntniserlangung über rechtswidrige Inhalte.

IV. Die Einordnung von Kommunikation als Tun und Unterlassen

Die Abgrenzung von Tun und Unterlassen[39] ist im Rahmen von (Internet-) Kommunikationen u. a. deshalb nicht einfach, weil man auch implizit aktiv kommunizieren kann. Für den Content-Provider gilt, dass das Anbieten eigener Informationen grundsätzlich aktives Tun ist. Bei »zu eigen gemachten« Inhalten hängt die Kategorisierung davon ab, ob man – vgl. oben – davon ausgeht, dass dies schon bei Nicht-Distanzierung vorliegt (Unterlassen) oder erst bei Auswahl, Kontrolle und Verantwortungsübernahme (aktives Tun). Für Anbringen von Hyperlinks z. B. ist es plausibel, danach zu unterscheiden, ob schon zum Zeitpunkt des Anbringens auf der entsprechenden Seite strafbare Inhalte gespeichert waren – in diesem Fall liegt aktives Tun vor – oder ob sich die Inhalte nachträglich änderten – in diesem Fall käme nur eine Strafbarkeit wegen Unterlassen entsprechender Kontrolle dieser Inhalte in Betracht, wenn insofern Garantenpflicht besteht.

Eine Garantenpflicht[40] für Kommunikationsinhalte oder auch ein bestimmtes Kommunikationsverhalten (Aufklärungspflichten) kann z. B. aus vertraglicher Verpflichtung, behördlicher oder gerichtlicher Anordnung entstehen. Sie ergibt sich jedenfalls nicht schon aus dem TMG, das Verantwortlichkeiten begrenzen, nicht begründen will, oder dem bloßen Bereitstellen der notwendigen Infrastruktur (Ingerenz) – das Internet als ein zusätzlicher Kommunikationsraum ist nicht per se eine strafrechtlich relevante Gefahr.

V. Fehleinschätzungen, Missverständnisse und Irrtümer

Wie angedeutet können im subjektiven Tatbestand spezifische Probleme auftreten. Gerade weil Aspekte der Verantwortlichkeit für Kommunikationen zu betrachten sind, verschwimmen die Unterschiede zwischen deskriptiven und normativen Tatbestandsmerkmalen. Stuft man die Verantwortlichkeit nach dem TMG als Tatbestandsmerkmal ein, ist zwischen den Umständen der Verantwortlichkeit (deskriptiv) und deren rechtlicher Einordnung als verantwort-

---

39 Zum Folgenden *Hilgendorf/Valerius*, Computer- und Internetstrafrecht, 2. Aufl. 2012, S. 70.
40 Zum Folgenden *Hilgendorf/Valerius*, Computer- und Internetstrafrecht, 2. Aufl. 2012, S. 71 f.

lichkeitsbegründend (normativ) zu differenzieren. Irrtümer über deskriptive Aspekte sind nach § 16 Abs. 1 StGB, über rechtliche Bewertungen nach § 17 StGB[41] zu behandeln.

Hinzu kommt, dass der Täter sich bei virtueller Kommunikation oft unerkannt und unbeobachtet fühlt. Aufgrund des Gefühls der Anonymität sowie der verbreiteten Ansicht, beim Internet handle es sich um einen eigenständigen virtuellen und damit rechtsfreien Raum, wird nicht selten der kriminelle Gehalt des eigenen Verhaltens falsch eingeschätzt.[42] Auch der dezentralisierte, grenzüberscheitende Charakter des Internets trägt hierzu bei. Bei diesbezüglichen Fehlvorstellungen ist mit Blick auf das Unrechtsbewusstsein des Täters zunächst zu prüfen, ob er erkannte, dass er ein Rechtsgut verletzt[43] und anschließend, ob ihm bewusst war, dass sein Handeln von einer bestimmten Rechtsordnung erfasst wird. Das Gefühl, in einem rechtsfreien Raum zu agieren, begründet jedenfalls nicht per se einen Irrtum. Auch das fehlende Bewusstsein der tatsächlichen und rechtlichen Wirkungen der Kommunikation hat nicht als solches rechtliche Konsequenzen.

Die strafrechtliche Erfassung einzelner Aspekte virtueller Kommunikation ist häufig komplex, so dass hier nicht selten Irrtümer auftreten können; insofern bestehen jedoch hohe Anforderungen an dessen Unvermeidbarkeit i. S.v. § 17 StGB – im Zweifel muss sich der Handelnde über die rechtliche Zulässigkeit seines Verhaltens erkundigen.[44] Anders dagegen ist mit dem fehlenden Bewusstsein, dass das Verhalten auch in den Geltungsbereich fremder Rechtsordnungen fallen könnte, umzugehen. Da der grenzüberschreitende Charakter des Internets für Laien oft nur schwer fassbar ist, ihnen der Raum, in dem ihre Kommunikation wirkt, also gar nicht bewusst ist, lässt sich insofern durchaus begründen, dass sich das sonst bestehende Regel-Ausnahme-Verhältnis bezüglich der Vermeidbarkeit des Verbotsirrtums umkehrt. In diesen Fällen ist also bei Fehlen gegenteiliger Hinweise davon auszugehen, dass ein derartiger Irrtum unvermeidbar war.[45]

41 Zum Unrechtsbewusstsein im Internet *Hilgendorf/Valerius*, Computer- und Internetstrafrecht, 2. Aufl. 2012, S. 75ff.

42 *Hilgendorf/Valerius*, Computer- und Internetstrafrecht, 2. Aufl. 2012, S. 75.

43 Wobei es nicht erforderlich ist, dass dem Täter bewusst ist, dass dieses Gut gerade strafrechtlich geschützt ist. *Hilgendorf/Valerius*, Computer- und Internetstrafrecht, 2. Aufl. 2012, S. 75f.

44 Der Bezug zu einer bestimmten Rechtsordnung kann sich anhand verschiedener Indizien nachweisen lassen, wie die inhaltliche Gestaltung der Website, die Sprache der »Metadatei«, die Auflistung von Kontaktpersonen eines bestimmten Landes, die Top-Level-Domain etc. *Hilgendorf/Valerius*, Computer- und Internetstrafrecht, 2. Aufl. 2012, S. 77.

45 *Hilgendorf/Valerius*, Computer- und Internetstrafrecht, 2. Aufl. 2012, S. 78.

E. Schutz und Einschränkung computergesteuerter und virtueller Kommunikation

Im Besonderen Teil des deutschen Strafrechts finden sich Tatbestände zu verschiedenen Aspekten der computergesteuerten und virtuellen Kommunikation. So gibt es Normen, die auf den Schutz der Kommunikationsmittel und -zugänge gerichtet sind. Andere Straftatbestände schützen bestimmte Kommunikationssphären. Der Bürger wird etwa davor bewahrt, ungewollt bestimmte Informationen oder Aspekte seiner Persönlichkeit zu kommunizieren, die – letztlich interne – Kommunikation mittels seines Computers und die private Kommunikationen mit Dritten wird geschützt, bestimmte unerwünschte Kommunikation wird verhindert. Das Strafrecht reguliert jedoch nicht nur die Bedingungen für und die Grenzen der computergesteuerten und virtuellen Kommunikation, es trifft überdies auch Vorgaben bezüglich des »korrekten« bzw. verwertbaren Inhalts – insbesondere bezüglich der Pflicht wahrheitsgemäßer Angaben – und untersagt das Senden bestimmter Inhalte grundsätzlich, z. B. das Verbot der Beleidigung, Pornographiedelikte etc.

I. Kommunikationsmittel und Kommunikationszugänge

Der reibungslose Ablauf von Datenverarbeitungs- und Kommunikationsvorgängen ist in der Informationsgesellschaft von geradezu essentieller Bedeutung, weshalb er zum Teil auch strafrechtlichen Schutz genießt.

1. Angriffe auf Hardware, §§ 303a f. StGB

Grundvoraussetzung dieser Kommunikation ist eine funktionsfähige Hardware. Diese wird durch §§ 303a f. StGB geschützt, die die Sachbeschädigungsdelikte um den Schutz bestimmter computerspezifischer Interessen ergänzen, insbesondere des Interesses des Verfügungsberechtigten an der Verwendbarkeit der Daten und des Interesses von Betreibern und Nutzern am störungsfreien Ablauf von Datenverarbeitung.

§ 303a StGB verbietet es, Daten – unabhängig von Inhalt, Wert, Geheimnischarakter oder besonderer Sicherung, solange das Verfügungsrecht einer anderen Person zusteht[46] – rechtswidrig[47] zu löschen[48], zu unterdrücken[49], un-

46 *Hilgendorf/Valerius*, Computer- und Internetstrafrecht, 2. Aufl. 2012, S. 176.

47 In diesem Fall handelt es sich nicht nur um einen Hinweis auf die Rechtswidrigkeit, sondern ein eigenständiges Tatbestandsmerkmal; der Täter muss eine fremde Rechtsposition einschränken, d. h. ein anderer muss an der Unversehrtheit der Daten ein unmittelbares In-

brauchbar zu machen[50] oder zu verändern[51]. Nachteilige Konsequenzen sind nicht erforderlich.[52] Nicht strafbar sind Beeinträchtigungen mit Bagatellcharakter, die sich ohne Weiteres beseitigen lassen.[53] Strafbar sind dagegen, vgl. der Verweis auf § 202c StGB durch Abs. 3, einige Vorbereitungshandlungen.

Prozesse der Datenverarbeitung – einschließlich des Umgangs mit und der Verwertung von Daten – sind durch § 303b StGB geschützt. Diese Prozesse müssen für den Betroffenen von wesentlicher Bedeutung sein, d. h. die Funktionsfähigkeit der jeweiligen Einrichtung muss von ihnen ganz oder überwiegend abhängen.[54] Verboten ist das erhebliche[55] Stören der Verarbeitung mittels einer der beschriebenen Handlungen: Durch Begehen einer Tat nach § 303a Abs. 1 StGB (Nr. 1 ist also eine Qualifikation zu dieser), etwa mittels eines Virus; durch Eingabe oder Übermittlung von Daten in der Absicht, einem anderen einen Nachteil[56] zuzufügen (Nr. 2), etwa durch Denial-of-Service-Attacken[57]; durch Beeinträchtigung der Datenverarbeitungsanlangen oder -träger (Nr. 3)[58]. Auch insofern sind Vorbereitungshandlungen strafbar, vgl. Abs. 5.

---

teresse besitzen, *Hilgendorf/Valerius*, Computer- und Internetstrafrecht, 2. Aufl. 2012, S. 179.

48 Vollständiges unwiederbringliches Unkenntlichmachen, entweder durch Zerstören des Datenträgers oder Löschen des Datums, *Hilgendorf/Valerius*, Computer- und Internetstrafrecht, 2. Aufl. 2012, S. 177.

49 Entziehung des Zugriffs des Verfügungsberechtigten auf das Datum bzw. den Datenträger, *Hilgendorf/Valerius*, Computer- und Internetstrafrecht, 2. Aufl. 2012, S. 177. Irrelevant ist, ob der Berechtigte tatsächlich gerade verfügen wollte. Dieses Tatbestandsmerkmal kann auch durch virtuelle Sit-ins oder andere Denial-of-Service Angriffe erfüllt werden.

50 Beeinträchtigung der Gebrauchsfähigkeit von Daten, so dass sie nicht mehr bestimmungsgemäß verwendet werden können, *Hilgendorf/Valerius*, Computer- und Internetstrafrecht, 2. Aufl. 2012, S. 178.

51 Beeinträchtigung des ursprünglichen Verwendungszwecks der Daten durch neuen Informationsgehalt, *Hilgendorf/Valerius*, Computer- und Internetstrafrecht, 2. Aufl. 2012, S. 178. Dies ist zu bejahen bei manipulativen Wiederaufladen von Telefonkarten, Freischalten eines Mobiltelefons durch Abschalten des SIM-Locks, Änderung der Standard-Internetverbindung durch Installation eines Dialers, Einschleusen von Viren und dadurch bedingte Einflussnahme auf Daten, nicht aber durch »Trojaner«.

52 *Hilgendorf/Valerius*, Computer- und Internetstrafrecht, 2. Aufl. 2012, S. 176.

53 *Hilgendorf/Valerius*, Computer- und Internetstrafrecht, 2. Aufl. 2012, S. 176.

54 *Hilgendorf/Valerius*, Computer- und Internetstrafrecht, 2. Aufl. 2012, S. 179f.

55 Erheblich bezieht sich auf die Störung der Datenverarbeitung, nicht etwa des Betriebs oder Unternehmens, *Hilgendorf/Valerius*, Computer- und Internetstrafrecht, 2. Aufl. 2012, S. 180.

56 Nachteil ist jede Beeinträchtigung rechtmäßiger Interessen; für die Absicht genügt sicheres Wissen um dessen Eintritt, *Hilgendorf/Valerius*, Computer- und Internetstrafrecht, 2. Aufl. 2012, S. 181.

57 Zur Strafbarkeit der »Lufthansa-Blockade«, die den DDoS-Attacken in strafrechtlich relevanter Hinsicht ähnelt, vgl. *Hoffmanns*, Die »Lufthansa-Blockade« 2001 – eine (strafbare) Online-Demonstration?, ZIS 8. 9. 2012, S. 409ff.

58 Dies gilt unabhängig von der Fremdheit, so dass es sich um keine Qualifikation zu § 303 StGB handelt. Vgl. zu Details der Handlungen *Hilgendorf/Valerius*, Computer- und Internetstrafrecht, 2. Aufl. 2012, S. 181.

2. Störung von Telekommunikationsanlagen, § 317 StGB

Virtuelle Kommunikation bedarf darüber hinaus entsprechender Anlagen. Aus diesem Grund ist die Verhinderung oder Gefährdung des Betriebs einer öffentlichen Zwecken dienenden[59] Telekommunikationsanlage (§ 3 Nr. 23 TKG) nach § 317 StGB strafbar. Die Zwecksetzung setzt nicht voraus, dass die Anlage dem freien Publikumsverkehr zugänglich ist – ob jedoch auch private Telefonanschlüsse darunter fallen, ist umstritten.[60] Die Verhinderung oder Gefährdung muss mittels der aufgeführten Tathandlungen erfolgen, wobei zwar eine unmittelbare, aber nicht zwingend körperliche Einwirkung auf die Anlage erforderlich ist. Somit können auch DDoS-Attacken ein Unbrauchbarmachen i. S. d. § 317 StGB darstellen.[61]

3. Erschleichen von Leistungen, § 265a StGB

Schließlich werden im Bereich der Telekommunikation bestimmte Leistungen nur gegen Entgelt angeboten – auch das sind in einer Marktwirtschaft Voraussetzungen für deren Funktionieren. Der diesbezügliche Schutz ergibt sich aus § 265a StGB, der das Erschleichen der Leistung eines Automaten oder eines öffentlichen Zwecken dienenden Telekommunikationsnetzes verbietet (Var. 1 und 2) und dadurch, wie auch § 263a StGB, Strafbarkeitslücken aufgrund neuer Interaktionsformen mit Maschinen schließen soll.

Automaten i. S.v. Var. 1 meint Leistungs-, nicht Warenautomaten[62], da die Norm auf das Erschleichen von körperlosen »Leistungen« abzielt,[63] also etwa Fernrohre an Aussichtspunkten, Schließfächer etc. Jedenfalls nicht per se ein Automat ist ein Computerprogramm; wird ein technisches Gerät, das durch Software betrieben wird, zum Tatobjekt, geht in der Regel § 263a StGB dem nur subsidiär eingreifenden § 265a StGB vor, Abs. 1 a.E. Die erschlichene Leistung muss entgeltlich sein, vgl. § 11 Abs. 1 Nr. 9 StGB, wobei zu prüfen ist, wofür das Entgelt entrichtet wird. Wenn das nicht für die Leistung des Automaten erfolgt, ist die Anwendung der Norm abzulehnen, z. B. bei Receivern zum Empfang digitaler Fernsehprogramme oder bei Umgehung der SIM-Lock-Sperre eines Mobiltelefons.[64] Ein Telekommunikationsnetz i. S. d. Var. 2 dient öffentlichen Zwecken, wenn es insgesamt zur Benutzung für die Allgemeinheit eingerichtet

59 Zu diesem Begriff vgl. E. II.
60 Vgl. hierzu *Hilgendorf/Valerius*, Computer- und Internetstrafrecht, 2. Aufl. 2012, S. 200f.
61 *Hilgendorf/Valerius*, Computer- und Internetstrafrecht, 2. Aufl. 2012, S. 201.
62 Für diese bleibt es bei der Strafbarkeit nach § 242 StGB.
63 *Hilgendorf/Valerius*, Computer- und Internetstrafrecht, 2. Aufl. 2012, S. 192.
64 *Hilgendorf/Valerius*, Computer- und Internetstrafrecht, 2. Aufl. 2012, S. 193.

wurde.[65] Die Leistung des Netzes besteht in Aussendung, Übermittlung und Empfang von Nachrichten, wobei alle Datenübertragungssysteme erfasst werden. Auch bei dieser Variante muss der Dienst entgeltlich geleistet werden.[66]

Als Tathandlung erfordert § 265a StGB das »Erschleichen« der Leistung. Die bloße unbefugte oder vertragswidrige Inanspruchnahme reicht nicht, vielmehr müssen durch betrugsähnliches Verhalten Kontrollen und Sicherungen umgangen werden.[67] Bei ordnungsgemäßer Bedienung ist ein Erschleichen also abzulehnen. Erfasst sind dagegen die Verwendung von Telefonkartensimulatoren, der unbefugte Gebrauch eines Probezugangs zum Telekommunikationsnetz, wenn dabei eine Leistung des Betreibers in Anspruch genommen wird, sowie der Anschluss eines Fernsprechapparats an Schaltpunkten des Telekommunikationsnetzes.[68]

4. Abhörverbot, §§ 89, 148 TKG

Bezüglich der Einwahl in ein offenes W-LAN-Netz, um so Kosten für die Internetnutzung zu sparen, ist zu diskutieren, ob dies nach §§ 89, 148 TKG strafbar ist. So wird zum Teil vertreten, dass die Zuweisung der IP-Adresse durch den Router eine Nachricht i. S. d. Norm sei, die beim »Schwarz-Surfen« abgehört werde.[69]

II. Geschützte Sphären

Das Internet birgt in besonderem Maße die Gefahr von Eingriffen in den persönlichen Lebensbereich, sei es durch die Veröffentlichung von Audio-, Bild- oder Videodateien(also erzwungene Kommunikation nach außen), sei es durch belästigende oder verletzende virtuelle Kommunikation.[70] Diesbezüglich schützt das Strafrecht bestimmte Kommunikationssphären, etwa die Entscheidung darüber, bestimmte Informationen überhaupt zu kommunizieren oder darüber, mit wem man kommunizieren möchte. Da die Straftatbestände in

65 Es geht also nicht, wie in § 317 StGB, um den Zweck der konkreten Anlage, *Hilgendorf/Valerius*, Computer- und Internetstrafrecht, 2. Aufl. 2012, S. 193.

66 *Hilgendorf/Valerius*, Computer- und Internetstrafrecht, 2. Aufl. 2012, S. 193.

67 *Hilgendorf/Valerius*, Computer- und Internetstrafrecht, 2. Aufl. 2012, S. 194.

68 *Hilgendorf/Valerius*, Computer- und Internetstrafrecht, 2. Aufl. 2012, S. 195. Hingewiesen sei auf das Zugangskontrolldiensteschutz-Gesetz, das vor allem das Pay-TV, aber auch Video-on-Demand-Angebote und Computerspiele im Internet vor unbefugter Nutzung schützt.

69 Vgl. hierzu *Marberth-Kubicki*, Computer- und Internetstrafrecht, 2. Aufl. 2010, S. 153f.; bejahend AG Wuppertal, 3. 4. 2007–22 Ds 70 Js 6906/06 (16/07); ablehnend LG Wuppertal, 19. 10. 2010–25 QS 10 Js 1977/08–177/10, 25 QS 177/10.

70 *Hilgendorf/Valerius*, Computer- und Internetstrafrecht, 2. Aufl. 2012, S. 125f.

diesem Bereich also vor Beeinträchtigungen von individuellen kommunikativen Freiheiten und Persönlichkeitsrechten schützen, hängt die Strafbarkeit oft von der Zustimmung des Betroffenen ab. Auch wenn nicht alle dieser Strafnormen besondere Bestimmungen gerade für die computergesteuerte oder virtuelle Kommunikation treffen, wurden sie doch parallel zu der Entwicklung dieser Kommunikationsformen, zu der gewachsenen Angreifbarkeit der Kommunikationssphären und Bedeutung des Internets ausgeweitet.[71]

1. Recht am eigenen Wort und Bild, §§ 201 f. StGB

Das Recht am eigenen Wort und Bild ist eine besondere Ausprägung des allgemeinen Persönlichkeitsrechts (Art. 2 Abs. 1 i. V. m. Art. 1 Abs. 1 GG), die entweder durch Auf- oder Wahrnehmen gegen den Willen des Betroffenen bzw. der Konservierung durch technische Mittel (also des Festhaltens einer Momentaufnahme der eigenen verbalen oder non-verbalen Kommunikation nach außen) oder durch Verbreitung ohne Zustimmung des Betroffenen[72] (und damit der ungewollten Kommunikation eigener Inhalte, Darstellungen, Seinsformen) verletzt werden kann.[73] Entsprechend sind die Strafnormen aufgeteilt: §§ 201 Abs. 1 Nr. 1 und Abs. 2 S. 1 Nr. 1, 201a Abs. 1 StGB schützen vor Auf- und Wahrnehmung bzw. Konservierung, §§ 202 Abs. 1 Nr. 2 und Abs. 2 S. 1 Nr. 2, 201a Abs. 2 und 3 StGB vor Gebrauchen und Zugänglichmachen.

Schutzobjekt des § 201 StGB ist das nichtöffentlich[74] gesprochene Wort, das vor Aufnahme[75] und Abhören[76] ebenso geschützt wird, wie vor Verbreitung[77]

71 *Hilgendorf/Valerius*, Computer- und Internetstrafrecht, 2. Aufl. 2012, S. 126.

72 Hatte dieser schon der Aufnahme nicht zugestimmt, wird die Verletzung perpetuiert und intensiviert; war die Aufnahme berechtigt, liegt in der unberechtigten Veröffentlichung eine eigenständige Rechtsverletzung; *Hilgendorf/Valerius*, Computer- und Internetstrafrecht, 2. Aufl. 2012, S. 127.

73 *Hilgendorf/Valerius*, Computer- und Internetstrafrecht, 2. Aufl. 2012, S. 127.

74 D.h. an einen durch persönliche oder sachliche Beziehungen miteinander verbundenen Personenkreis gerichtet, *Hilgendorf/Valerius*, Computer- und Internetstrafrecht, 2. Aufl. 2012, S. 127.

75 Jede Art der Konservierung, die die akustische Wiedergabe ermöglicht, *Hilgendorf/Valerius*, Computer- und Internetstrafrecht, 2. Aufl. 2012, S. 128.

76 Das unmittelbare Wahrnehmbar-Machen durch Verstärkung oder Übertragung mit einer technischen Vorrichtung über den normalen Klangbereich hinaus, *Hilgendorf/Valerius*, Computer- und Internetstrafrecht, 2. Aufl. 2012, S. 128. Nicht erfasst ist dagegen das einfache Belauschen.

77 Der Wortlaut »so hergestellte Aufnahme« in Abs. 1 Nr. 2 bezieht sich auf die Unbefugtheit der Herstellung – es sollen also gerade die Verwertungen erfasst werden, die eine bereits geschehene Verletzung des Persönlichkeitsrechts reaktivieren oder perpetuieren, *Hilgendorf/Valerius*, Computer- und Internetstrafrecht, 2. Aufl. 2012, S. 128.

durch Gebrauchen[78] bzw. Zugänglichmachen. Die Veröffentlichung von Audiodateien im Internet etwa verwirklicht den Tatbestand des § 201 Abs. 1 Nr. 2 StGB,[79] ebenso wie jede andere unbefugte[80] öffentliche Mitteilung des Wortlauts oder wesentlichen Inhalts des unbefugt aufgenommenen oder abgehörten nichtöffentlich gesprochenen Wortes, vgl. Abs. 2 S. 1 Nr. 2. Die Strafbarkeit wegen einer Mitteilung ist allerdings nur zu bejahen, wenn diese geeignet ist, berechtigte Interessen eines anderen zu beeinträchtigen (Abs. 2 S. 2, Bagatellklausel). Auch ist der besondere Rechtfertigungsgrund der Wahrnehmung überragender öffentlicher Interessen zu beachten.[81]

Seit 2004 ist durch § 201a StGB auch das Recht am eigenen Bild geschützt, soweit sich der Betroffene zum Zeitpunkt der Aufnahme in einer Wohnung oder einem gegen Einblick besonders geschützten Raum befindet und durch Herstellung und Übertragung oder das Zugänglichmachen der Bildaufnahme sein höchstpersönlicher Lebensbereich (Intimsphäre) verletzt wird.[82] Mit Blick auf das Internet sind diesbezüglich vor allem die Verbote der unbefugten Übertragung, z. B. von Aufnahmen einer Überwachungskamera oder mittels Live-Stream oder der Verbreitung von Aufnahmen bedeutsam. Nach Abs. 2 sind Gebrauchen und Zugänglich-Machen von Aufnahmen, die bereits unbefugt hergestellt wurden, verboten. Abs. 3 geht darüber noch hinaus und verbietet, befugt hergestellte Bildaufnahmen ohne Zustimmung des Betroffenen einem Dritten zugänglich zu machen, wenn die Verbreitung selbst dessen höchstpersönlichen Lebensbereich verletzt.

2. Weitere geschützte »Geheim«-Sphären

Alle persönlichen Daten sind durch Datenverarbeitungsprozesse und durch die internationale, anonyme Öffentlichkeit des Internet angreifbar geworden.[83] Strafrechtlich geschützt sind sie über §§ 3, 43, 44 BDSG. Vorsätzlicher unbefugter Umgang mit fremden Daten kann hiernach strafbar sein, wenn die

78 Jegliche Verwendung, z. B. Speichern, Archivieren oder Kopieren, *Hilgendorf/Valerius*, Computer- und Internetstrafrecht, 2. Aufl. 2012, S. 128 und 131 (für § 201a StGB).

79 *Hilgendorf/Valerius*, Computer- und Internetstrafrecht, 2. Aufl. 2012, S. 128.

80 Sowohl hier als auch im Rahmen von § 201a StGB weist das Merkmal »unbefugt« lediglich auf die generelle Notwendigkeit der Rechtswidrigkeit hin, die z. B. durch eine Einwilligung entfallen kann. Im Rahmen von § 201a StGB führt die Zustimmung des Betroffenen allerdings dazu, dass ein Eingriff in den höchstpersönlichen Lebensbereich abzulehnen ist; es handelt sich somit um ein tatbestandsausschließendes Einverständnis, *Hilgendorf/Valerius*, Computer- und Internetstrafrecht, 2. Aufl. 2012, S. 131.

81 *Hilgendorf/Valerius*, Computer- und Internetstrafrecht, 2. Aufl. 2012, S. 129.

82 Dazu, dass sich hieraus eine Einschränkung des Schutzes ergibt, vgl. *Hilgendorf/Valerius*, Computer- und Internetstrafrecht, 2. Aufl. 2012, S. 130.

83 Dies zeigen nicht zuletzt die aktuellen Diskussionen um die NSA-Affäre, vgl. z. B. die gesammelten Artikel unter http://www.spiegel.de/thema/national_security_agency/.

Handlung gegen Entgelt oder in Bereicherungs- oder Fremdschädigungsabsicht vorgenommen wurde.[84]

Die persönliche Kommunikation ist auch über § 206 StGB geschützt. Dieser ist mit Blick auf das Internet nicht nur aufgrund des Zusammenwirkens unterschiedlicher Dienstanbieter,[85] sondern auch aufgrund der zunehmenden Praxis von Mitarbeiterkontrollen und des »Ausfiltern« von E-Mails[86] von Bedeutung. Die Norm schützt das Fernmeldegeheimnis, das Vertrauen der Allgemeinheit in die Zuverlässigkeit des Post- und Telekommunikationsverkehrs sowie das individuelle Interesse am ordnungsgemäßen Umgang mit der Sendung.[87] Verboten sind – soweit die Handlung jeweils unbefugt erfolgt – die Mitteilung über Tatsachen, die dem Post- oder Fernmeldegeheimnis unterliegen, das Öffnen verschlossener Sendungen, das Unterdrücken von Sendungen, die einem Unternehmen, das geschäftsmäßig Post- oder Telekommunikationsdienstleistungen erbringt, zur Übermittlung anvertraut sind. Diskutiert wird aktuell etwa, inwieweit das »Ausfiltern« von potentiell virenbehafteten E-Mails unter die Alternative des »Unterdrückens« fällt.[88] Auch die geheimen Mitarbeiterkontrollen in größeren Unternehmen können von § 206 StGB erfasst sein.[89] Insofern ist insbesondere relevant, ob die Handlung durch eine Einwilligung oder den Rechtfertigungsgrund des § 100 Abs. 3 TKG – Aufdecken oder Unterbinden von Leistungserschleichungen o. ä. – gerechtfertigt ist. Letztgenannter Rechtfertigungsgrund ist jedenfalls nicht als Generalklausel für Mitarbeiterkontrollen zu verstehen.[90]

Besonders sensible Informationen werden schließlich durch §§ 203, 204 StGB geschützt. Hier stellen sich in der Praxis vor allem durch den Umgang mit vertraulicher E-Mail-Kommunikation, die Gestaltung der EDV-Betreuung sowie etwa bei Abrechnung in Arztpraxen übliche Outsourcing Probleme.[91]

Ein weiterer Schutz sensibler Informationen im spezifischen Lebensbereich des Wirtschaftsverkehrs findet sich in § 17 UWG. Insbesondere der Verrat von Geschäfts- und Betriebsgeheimnissen nach Abs. 1 geschieht häufig durch Ein-

84 *Marberth-Kubicki*, Computer- und Internetstrafrecht, 2. Aufl. 2010, S. 151ff.

85 *Gercke/Brunst*, Praxishandbuch Internetstrafrecht, 2009, S. 87.

86 *Marberth-Kubicki*, Computer- und Internetstrafrecht, 2. Aufl. 2010, S. 120ff.

87 *Lenckner*, in: Schönke/Schröder, StGB, 28. Aufl. 2010, § 206 Rn. 2.

88 Vgl. hierzu OLG Karlsruhe MMR 2005, S. 178ff. m.Anm. *Heidrich*, MMR 2005, S. 181; vgl. im Detail *Marberth-Kubicki*, Computer- und Internetstrafrecht, 2. Aufl. 2010, S. 124ff.

89 *Marberth-Kubicki*, Computer- und Internetstrafrecht, 2. Aufl. 2010, S. 125f. Vgl. zu diesem Problemfeld auch *Eisele*, Arbeitnehmerüberwachung und Compliance unter Berücksichtigung der Cybercrime-Konvention, ZIS 8.9.2012, S. 402ff.

90 *Marberth-Kubicki*, Computer- und Internetstrafrecht, 2. Aufl. 2010, S. 127.

91 Vgl. hierzu *Marberth-Kubicki*, Computer- und Internetstrafrecht, 2. Aufl. 2010, S. 120. Zur möglichen Strafbarkeit des IT-Dienstleisters *Çekin*, Strafbarkeitsrisiken beim IT-Outsourcing – Zum externen IT-Dienstleister als Gehilfen im Sinne des § 203 Abs. 2 S. 2 StGB, ZIS 8.9.2012, S. 425ff.

satz von E-Mail und Internet oder die Mitnahme von Daten auf Speichermedien.[92] Die Regelung wird inzwischen als primär den individuellen Betriebsinhaber vor Verletzung ebendieser Geheimnisse schützend angesehen.[93] Was derartige Geheimnisse sind, definiert die Regelung selbst; zu beachten ist, dass der Berechtigte mit der Veröffentlichung das Geheimhaltungsinteresse an den Informationen aufgibt.[94] Verboten sind das unbefugte Sich-Verschaffen oder Sichern mittels der beschriebenen Tathandlungen (Abs. 2 Nr. 1), worunter etwa die Kopie auf einen in eigener Verfügungsgewalt stehenden Datenträger oder der E-Mail-Versandentsprechender Daten an den eigenen PC fallen, sowie die Verwertung oder Mitteilung, etwa durch Mitnahme und Weiterentwicklung des Quellcodes.[95]

3. Angriffe auf Software, §§ 202a ff. StGB

Zu den geschützten Kommunikationssphären gehören auch die Daten, die der Nutzer auf seinem Computer oder andernorts speichert. Nach § 202a StGB ist deshalb strafbar, sich Zugang zu Daten zu verschaffen, die nicht für den Täter bestimmt und gegen unberechtigten Zugang besonders gesichert sind. Daten sind durch Zeichen oder kontinuierliche Funktionen dargestellte Informationen, die sich als Gegenstand oder Mittel für eine Datenverarbeitungsanlage codieren lassen oder Ergebnis eines Verarbeitungsvorgangs sind.[96] Sie dürfen nicht unmittelbar wahrnehmbar sein und müssen gespeichert[97] oder übermittelt, also auf elektronischem oder sonst technischem Wege weitergeleitet, werden. Das Verfügungsrecht über Daten ist unabhängig von ihrem Inhalt geschützt.[98] Die Frage, ob sie für den Täter bestimmt sind, entscheidet sich nicht nach dem Inhalt, sondern nur nach dem Willen des Berechtigten[99]; seine Zustimmung stellt also ein tatbestandsausschließendes Einverständnis dar, geht es doch um seine Kommunikationssphäre. Dabei muss die Zustimmung nicht die

92 *Marberth-Kubicki*, Computer- und Internetstrafrecht, 2. Aufl. 2010, S. 149ff.
93 *Ohly*, in: Piper/Ohly/Sosnitza, Gesetz gegen den unlauteren Wettbewerb, 5. Aufl. 2010, § 17 Rn. 1.
94 *Ohly*, in: Piper/Ohly/Sosnitza, Gesetz gegen den unlauteren Wettbewerb, 5. Aufl. 2010, § 17 Rn. 18.
95 *Marberth-Kubicki*, Computer- und Internetstrafrecht, 2. Aufl. 2010, S. 150f.
96 *Hilgendorf/Valerius*, Computer- und Internetstrafrecht, 2. Aufl. 2012, S. 161f.
97 Erfassen, Aufnehmen oder Aufbewahren auf einem Datenträger zum Zweck der weiteren Verarbeitung und Nutzung, vgl. § 3 Abs. 2 S. 2 Nr. 1 BDSG.
98 »Formale Geheimsphäre«, *Hilgendorf/Valerius*, Computer- und Internetstrafrecht, 2. Aufl. 2012, S. 161. Besondere Daten werden überdies durch § 44 BDSG, § 203 StGB oder § 17 UWG geschützt.
99 Die Berechtigung ergibt sich nicht schon aus der Überlassung der Daten zur Nutzung, *Hilgendorf/Valerius*, Computer- und Internetstrafrecht, 2. Aufl. 2012, S. 163.

konkrete Verwendung, sondern nur die Verfügungsbefugnis des Täters als solche betreffen.[100]

Die Daten müssen überdies gegen unberechtigten[101] Zugang besonders[102] gesichert sein,[103] da hierdurch der Berechtigte sein Interesse an der Geheimhaltung[104] und damit die besondere Privatheit zum Ausdruck bringt. Die Sicherung kann technisch (z.B. Passwortabfrage, aber auch durch Verschlüsselung[105] oder Verstecken in einer Trägerdatei) oder mechanisch/baulich erfolgen, solange die entsprechende Maßnahme zumindest auch den Zweck der Datensicherung verfolgt; nicht erfasst sind dagegen rein psychisch wirkende Verbote (z.B. Disclaimer in E-Mails).[106] Die Tathandlung, das Verschaffen des Zugangs, kann durch inhaltliche Kenntnisnahme oder durch Herstellung der Verfügungsgewalt oder Kopieren der Daten erfüllt werden.[107] Darunter fallen etwa Hacking, Portscanning oder der Einsatz von »Trojanern«, nicht aber der Einsatz eines lediglich »destruktiven« Virus oder eines Dialers.[108] Die Tathandlung muss unter Überwindung der Zugangssicherung erfolgen, was insbesondere bei Verschaffen von verschlüsselten Daten problematisch ist; solange diese nicht entschlüsselt wurden, ist die Sicherung gerade noch nicht überwunden und eine Strafbarkeit abzulehnen.

Der Schutz moderner Kommunikationstechnologien vor unbefugtem[109] Abhören, und somit einer weiteren Facette des allgemeinen Geheimhaltungsinteresses des Berechtigten, wird durch § 202b StGB gewährleistet. Daten, die aus

---

100 *Hilgendorf/Valerius*, Computer- und Internetstrafrecht, 2. Aufl. 2012, S. 163.

101 Umstritten ist, wie mit Zugangssicherungen umzugehen ist, die einige Unberechtigte nicht betreffen (z.B. Reinigungskräfte). Zum Teil wird für diese Fälle argumentiert, dass keine Sicherung gegen unberechtigten Zugang mehr vorliege. Das würde den Schutz für Orte, zu denen eben auch Reinigungskräfte oder ähnliches Personal Zugang haben, stark einschränken, vgl. *Hilgendorf/Valerius*, Computer- und Internetstrafrecht, 2. Aufl. 2012, S. 166.

102 Die Vorkehrungen müssen den Zugriff Unbefugter ausschließen oder zumindest erheblich erschweren, *Hilgendorf/Valerius*, Computer- und Internetstrafrecht, 2. Aufl. 2012, S. 165.

103 Wenn also Daten auf einer Magnetkarte lediglich gespeichert, jedoch ohne Weiteres mit handelsüblichen Geräten ausgelesen werden können, liegt keine entsprechende Sicherung vor – das »Skimming« ist somit nicht nach § 202a StGB strafbar, vgl. *Hilgendorf/Valerius*, Computer- und Internetstrafrecht, 2. Aufl. 2012, S. 164 mit Hinweis auf andere Tatbestände.

104 Aus diesem Grund reicht ein bloßer Kopierschutz nicht, vgl. *Hilgendorf/Valerius*, Computer- und Internetstrafrecht, 2. Aufl. 2012, S. 167.

105 Das gilt auch für verschlüsselte WLAN – die unberechtigte Nutzung verwirklicht durch Zugang zum Schlüssel und der IP-Adresse des Nutzers § 202a StGB.

106 *Hilgendorf/Valerius*, Computer- und Internetstrafrecht, 2. Aufl. 2012, S. 164.

107 Die Unbefugtheit ist hier erneut nur ein allgemeiner Hinweis auf die Rechtswidrigkeit, *Hilgendorf/Valerius*, Computer- und Internetstrafrecht, 2. Aufl. 2012, S. 167.

108 *Hilgendorf/Valerius*, Computer- und Internetstrafrecht, 2. Aufl. 2012, S. 168f.

109 Wiederum nur ein allgemeiner Hinweis auf die Rechtswidrigkeit, *Hilgendorf/Valerius*, Computer- und Internetstrafrecht, 2. Aufl. 2012, S. 171.

einer nichtöffentlichen[110] Übermittlung oder elektromagnetischen Abstrahlung einer Datenverarbeitungsanlage[111] stammen, dürfen hiernach weder dem Täter noch einem anderen verschafft[112], d.h. die Verfügungsgewalt über die Daten (Aufzeichnen, Kopieren oder Übermitteln) erlangt, werden.[113]

Nach § 202c StGB sind bereits das Vorbereiten des Ausspähens und Abfangens von Daten sowie weitere Handlungen im Vorfeld der Rechtsgutsbeeinträchtigung[114] verboten. Angesichts der Beiträge zur Vorverlagerung[115] sei hier nur darauf hingewiesen, dass zwar die Vorbereitung, nicht jedoch der Versuch strafbar ist.

Schließlich ist die Verfügungsbefugnis über technische Aufzeichnungen und beweiserhebliche Daten i.S.v. § 202a Abs. 2 StGB durch das Verbot des § 274 Abs. 1 StGB geschützt – hiernach ist strafbar, wer diese in der Absicht, einem anderen einen Nachteil zuzufügen, vernichtet bzw. löscht, beschädigt bzw. unbrauchbar macht oder verändert oder sie unterdrückt.[116]

4. Beeinträchtigung der Lebensgestaltung, § 238 StGB

Keineswegs unumstritten ist das vom Gesetzgeber 2007 eingeführte Verbot der Nachstellung, § 238 StGB, das nun bestimmte Formen der unerwünschten Kommunikation strafrechtlich untersagt. Verboten ist das sogenannte »Stalking«, unter das verschiedene Phänomene – von belästigenden Anrufen bis hin zu Bedrohungen oder gar Angriffen – gefasst werden. Hier relevant ist das »Cyber-Stalking«, also die Belästigung via Kommunikationsdienste des Internets (z.B. E-Mails oder Kontaktanzeigen im Namen des Betroffenen).[117]

110 Das ist zu bejahen, wenn sich die Übermittlung (nicht die Daten) an einen abgegrenzten Personenkreis richtet, *Hilgendorf/Valerius*, Computer- und Internetstrafrecht, 2. Aufl. 2012, S. 170. Öffentlich sind dagegen die Informationen, die z.B. ein Netzwerk an mögliche Kommunikationspartner in seiner Reichweite überträgt, z.B. die MAC-Adresse und die SSID.

111 Die Messung der elektromagnetischen Felder, die von Rechnern etc. erzeugt werden, erlaubt die Rekonstruktion von Daten, *Hilgendorf/Valerius*, Computer- und Internetstrafrecht, 2. Aufl. 2012, S. 171.

112 Nicht erfasst ist es, die Übermittlung der Daten erst zu veranlassen, etwa durch »Phishing«, *Hilgendorf/Valerius*, Computer- und Internetstrafrecht, 2. Aufl. 2012, S. 170.

113 *Hilgendorf/Valerius*, Computer- und Internetstrafrecht, 2. Aufl. 2012, S. 171.

114 Erfasst sind das Herstellen, Verschaffen, Verkaufen, Überlassen, Verbreiten oder sonst Zugänglichmachen von Passwörtern oder sonstigen Sicherungscodes, die den Zugang zu Daten ermöglichen, oder von Computerprogrammen, deren Zweck der Begehung einer solchen Tat dienen. Die Ermittlung der Zwecksetzung ist schwierig, vgl. dazu bereits oben, E. I. Am plausibelsten ist es wohl, auf die Zwecksetzung des Herstellers abzustellen, vgl. *Hilgendorf/Valerius*, Computer- und Internetstrafrecht, 2. Aufl. 2012, S. 172ff.

115 Vgl. die Beiträge von Ida, Lee und Puschke in diesem Band.

116 Vgl. hierzu *Marberth-Kubicki*, Computer- und Internetstrafrecht, 2. Aufl. 2010, S. 93.

117 *Hilgendorf/Valerius*, Computer- und Internetstrafrecht, 2. Aufl. 2012, S. 132f.

Nach § 238 StGB sind jegliche Annäherungen, die in den persönlichen Lebensbereich eingreifen und dadurch die Handlungs- und Entschließungsfreiheit beeinträchtigen sollen, verboten. Die verschiedenen untersagten Verhaltensweisen sind in Nr. 1 bis 5 beschrieben. Bis auf das Aufsuchen räumlicher Nähe können sie alle mittels des Netzes begangen werden, so der Versuch der Kontaktherstellung über E-Mail (Nr. 2), der missbräuchlichen Bestellung von Waren oder Dienstleistungen über das Netz (Nr. 3), der Drohung über die Kommunikationsmittel des Netzes (Nr. 4). Zweifellos kann auch der mit Blick auf das Bestimmtheitsgebot problematische Auffangtatbestand der Nr. 5 per Computer begangen werden (z. B. durch Veröffentlichung persönlicher Daten im Internet).[118] Die Annäherungen müssen beharrlich, also wiederholt und mit dem Ausdruck des Willens, sich auch in Zukunft vergleichbar zu verhalten, und unbefugt[119] erfolgen. Durch die Nachstellung muss es zu einer schwerwiegenden Beeinträchtigung der Lebensgestaltung des Opfers kommen, d. h. dieses muss zu Handlungen getrieben werden, die es ohne die Nachstellung nicht vorgenommen hätte und die die Lebensgestaltung über ein hinnehmbares Maß hinausgehend verändern.[120]

III. Vorgaben bezüglich der Wahrheit/Echtheit des Kommunikationsinhalts bzw. der Kommunikationsformen

Grundsätzlich bestehen bei Gestaltung der Kommunikation auch im Internet große Freiheiten – nicht zuletzt mit Blick auf Art. 5 GG, aber auch, weil diese zumeist mittels sozialmoralischer Normen reguliert wird und gerade Strafrecht als ultima ratio hierfür kaum als geeigneter Kontrollmechanismus anzusehen ist. Deshalb beschränken sich inhaltliche Vorgaben auf einige besonders problematische Aspekte. Zum einen werden bezüglich bestimmter sozialüblicher Praktiken – insbesondere im Geschäftsverkehr – Vorgaben bezüglich der Wahrheit und Echtheit inhaltlicher Angaben oder bestimmter Kommunikationsformen (Urkunden) gemacht. Zum anderen werden bestimmte Äußerungen

118 *Hilgendorf/Valerius*, Computer- und Internetstrafrecht, 2. Aufl. 2012, S. 133f.

119 Ob es sich um ein Tatbestandsmerkmal oder um einen allgemeinen Hinweis auf die Rechtswidrigkeit handelt, ist umstritten. Jedenfalls aber ist die Unbefugtheit für jeden Einzelakt der Nachstellung eigenständig zu beurteilen, *Hilgendorf/Valerius*, Computer- und Internetstrafrecht, 2. Aufl. 2012, S. 134f.

120 *Hilgendorf/Valerius*, Computer- und Internetstrafrecht, 2. Aufl. 2012, S. 135. Zur Relevanz unterschiedlicher »Widerstandskraft« der Opfer vgl. *Valerius*, Stalking: Der neue Straftatbestand der Nachstellung in § 238 StGB, JuS 2007, S. 323f.; *Beck*, Wie besonnen muss ein Stalking-Opfer sein? Zum Erfordernis einer Korrektur des Taterfolgs bei § 238 StGB, GA 2012, S. 722ff.

(beleidigenden Inhalts) oder Informationsbereiche (Pornographie) eingeschränkt und zum Teil ganz untersagt.

1. Betrug mittels Computer oder Internet; Computerbetrug

Da im Internet anonym eine Vielzahl von Adressaten erreicht werden kann, wird es vermehrt zur Begehung von Betrugstaten genutzt, etwa indem Waren online gegen Vorkasse angeboten werden, die nie geliefert werden. Auch das Angebot eines »Dialers«, eines Computerprogramms das nach Installation dazu führt, dass sich der Nutzer nun über eine kostenpflichtige Zugangsnummer ins Internet einwählt, oder die Versendung von E-Mails, die z. B. versprechen, dass dem Empfänger nach der Zahlung von Gebühren eine hohe Geldsumme zur Verfügung gestellt wird, stellen Täuschungshandlungen i. S. d. § 263 StGB dar.[121]

Dient der Computer bzw. das Internet nur als Kommunikationsmittel gegenüber einem anderen Menschen, ergeben sich keine Besonderheiten zum klassischen Betrug, der die Wahrhaftigkeit bestimmter Aussagen im Geschäftsverkehr gebietet. Bei einigen Details sind jedoch die Besonderheiten der spezifischen Tatbegehung zu beachten: Bei Abgrenzung von Tatsachenbehauptungen zu Werturteilen gilt gerade im Internet, sorgfältig zwischen übertriebener Werbung und Faktenaussagen zu unterscheiden – und dabei die jeweiligen Üblichkeiten im Netz allgemein und den Lebensbereichen bzw. spezifischen Seiten zu beachten.[122] Konkludente Täuschungshandlungen bei internetspezifischen Betrugstaten sind etwa Geltend-Machen einer nicht bestehenden Forderung, das Anbieten nicht existenter Waren gegen Vorkasse, das Vermitteln der Unentgeltlichkeit angebotener Dienstleistungen durch entsprechende Gestaltung der Webseite etc.[123] Im Rahmen des Irrtums ist z. B. bei der »Dialer«-Problematik zu prüfen, ob sich ein Mensch irrt oder nicht vielmehr ein Datenverarbeitungsvorgang beeinflusst wird, was zur Strafbarkeit nach § 263a StGB führen könnte. Ein klassischer Betrug liegt vor, wenn das Ergebnis des Datenverarbeitungsvorgangs von einem Menschen überprüft wird und dieser inhaltliche Entscheidungsbefugnisse bezüglich des entsprechenden Vermögens hat.[124]

Gerade die Anonymität des Internets, die Häufigkeit, mit der dort unwahre Tatsachen behauptet werden, führt dazu, dass in diesem Bereich die Frage, ob sich die Leichtgläubigkeit des Opfers auf die strafrechtliche Bewertung auswirken sollte, eine wichtige Rolle spielt. Diskutiert werden könnte dies etwa bei der

121 Vgl. zu den verschiedenen Möglichkeiten *Hilgendorf/Valerius*, Computer- und Internetstrafrecht, 2. Aufl. 2012, S. 138ff.
122 *Hilgendorf/Valerius*, Computer- und Internetstrafrecht, 2. Aufl. 2012, S. 140.
123 *Hilgendorf/Valerius*, Computer- und Internetstrafrecht, 2. Aufl. 2012, S. 141f.
124 *Hilgendorf/Valerius*, Computer- und Internetstrafrecht, 2. Aufl. 2012, S. 148.

Ankündigung per E-Mail, gegen die Überweisung eines kleinen Betrags große Geldsummen überwiesen zu bekommen.[125] Der Umgang mit dieser »Viktimodogmatik« ist in Deutschland umstritten.[126]

Eine Vermögensverfügung i.S.v. § 263 StGB liegt nur vor, wenn sich das Opferverhalten unmittelbar vermögensmindernd auswirkt. Die Unmittelbarkeit ist insbesondere beim »Phishing«[127] problematisch, werden dabei doch nur Zugangsdaten wie PINs oder TANs erschlichen, so dass der Täter im Weiteren erst noch selbst auf das Konto zugreifen muss. Deshalb liegt in der Preisgabe der Zugangsdaten noch keine unmittelbare Vermögensminderung, nicht einmal in Form einer schadensgleichen Vermögensgefährdung.[128] Eine solche ist allerdings bei den sogenannten »Pyramidenspielen« und »Schneeballsystemen« zu bejahen.[129]

Um Strafbarkeitslücken bei der Beeinflussung von Datenverarbeitungsanlagen – bei der es am menschlichen Irrtum fehlt – zu schließen, wurde 1986 § 263a StGB erlassen. Dieser fingiert letztlich einen Kommunikationsakt nach § 263 StGB, wobei hier an Stelle des Getäuschten eine Maschine steht. Gerade im Internet ist die Abgrenzung von Betrug und Computerbetrug schwierig, wenn bei der Abwicklung von Prozessen Menschen und Computersysteme gemeinsam agieren, die Adressaten der Kommunikation also unklar sind. Lassen sich die tatsächlichen Umstände, die zur Abgrenzung bekannt sein müssten, nicht ermitteln, ist eine Wahlfeststellung zwischen den Delikten möglich.[130]

Tatbestandlich unterscheidet sich § 263a StGB vom klassischen Betrug primär durch die Tathandlung[131]; statt Hervorrufen eines Irrtums durch Täuschung kommen in Betracht:

---

125 *Hilgendorf/Valerius*, Computer- und Internetstrafrecht, 2. Aufl. 2012, S. 143.

126 Zutreffend weist *Hefendehl*, in: MüKo, StGB, Bd. 4, München, 2006, § 263 Rn. 24 (m.w.N.) darauf hin, dass eine nicht überhöhte Variante der Viktimodogmatik letztlich vor allem Fragen der – als solche in der Literatur akzeptierten – objektiven Zurechnung betrifft.

127 Vgl. zu diesem Phänomen nach dem 41. StrÄndG detailliert *Goeckenjan*, Auswirkungen des 41. Strafrechtsänderungsgesetzes auf die Strafbarkeit des »Phishing«, wistra 2009, S. 47ff.

128 *Hilgendorf/Valerius*, Computer- und Internetstrafrecht, 2. Aufl. 2012, S. 144.

129 Zu den Konstellationen im Einzelnen *Hilgendorf/Valerius*, Computer- und Internetstrafrecht, 2. Aufl. 2012, S. 146.

130 *Hilgendorf/Valerius*, Computer- und Internetstrafrecht, 2. Aufl. 2012, S. 149.

131 Wobei im Rahmen eines Datenverarbeitungsvorgangs keine »Verfügung« stattfindet. Die Unterschiede zur stattdessen stattfindenden »Vermögensdisposition« (*Hilgendorf/Valerius*, Computer- und Internetstrafrecht, 2. Aufl. 2012, S. 156) sind jedoch gering. Wenn das Opfer selbst über das Vermögen verfügt, liegt weiterhin ein klassischer Betrug nach § 263 StGB vor. Bezüglich des Vermögensschadens sei auf das Phänomen des »Faking« hingewiesen, bei dem Computerressourcen unberechtigt genutzt werden. Insofern kommt ein Schaden durch Zweckverfehlung in Betracht, da die kostenlosen Testaccounts der Kundengewinnung dienen – dieser Zweck wird durch »Faking« verfehlt.

- Unrichtige Gestaltung des Programms, Var. 1[132]: Überschreiben, Verändern, Ergänzen oder Löschen von Programmteilen, wobei ein Programm eine durch Daten fixierte Arbeitsanweisung an den Computer ist. Unrichtigkeit liegt vor, wenn das Ergebnis des Datenverarbeitungsvorgangs von dem abweicht, das sich aus einem unbeeinflussten Vorgang ergeben hätte.
- Verwendung unrichtiger oder unvollständiger Daten, Var. 2[133]: Bezüglich der Unrichtigkeit/Unvollständigkeit von Daten, also kodierten Informationen, gilt das gerade Gesagte. Verwenden bedeutet die Einführung in einen Datenverarbeitungsvorgang. Grundsätzlich ist eine Begehung durch Unterlassen möglich, jedoch nicht, wenn dieses dazu führt, dass der Verarbeitungsvorgang insgesamt verhindert wird, da dann gerade keine Daten verwendet werden.
- Unbefugte Verwendung von Daten, Var. 3[134]: Die Auslegung von »unbefugt« ist umstritten: Zum Teil wird die Verwendung der Daten gegen den Willen des Berechtigten gefordert,[135] zum Teil, dass sich dieser entgegenstehende Wille im Computerprogramm niederschlägt oder die verwendeten Daten gerade den Verarbeitungsvorgang betreffen.[136] Nach der betrugsspezifischen Auslegung liegt Unbefugtheit vor, wenn die Datenverwendung dann, wenn sie einem Menschen gegenüber erfolgt wäre, als Täuschung zu qualifizieren wäre. Somit ist zu ermitteln, was bei der spezifischen Verwendung einem Menschen gegenüber konkludent erklärt würde. Die Variante wird im Rahmen des Online-Banking bejaht bei Einloggen mit fremder PIN und Überweisung mit einer TAN, die z. B. mittels Phishing erschlichen wurden.[137]
- Sonstige unbefugte Einwirkung auf den Ablauf, Var. 4[138]: Dieser Auffangtatbestand kann bisher unbekannte Techniken erfassen, z. B. der Hardware- oder Output-Manipulation. Dass die Bedienung äußerlich ordnungsgemäß erfolgt, ist für das Tatbestandsmerkmal unschädlich.

---

132 *Hilgendorf/Valerius*, Computer- und Internetstrafrecht, 2. Aufl. 2012, S. 149f.

133 *Hilgendorf/Valerius*, Computer- und Internetstrafrecht, 2. Aufl. 2012, S. 150f.

134 *Hilgendorf/Valerius*, Computer- und Internetstrafrecht, 2. Aufl. 2012, S. 151ff. Vgl. zur entsprechenden Strafbarkeit des »Skimmings« *Seidl*, Debit Card Fraud: Strafrechtliche Aspekte des sog. »Skimmings«, ZIS 8.9.2012, S. 421f.

135 Das erfasst jede vertrags- oder zweckwidrige Verwendung und stellt deshalb eine erhebliche Ausdehnung des § 263a StGB dar, *Hilgendorf/Valerius*, Computer- und Internetstrafrecht, 2. Aufl. 2012, S. 151.

136 Das widerspräche dem Willen des Gesetzgebers, da nach dieser Ansicht der Missbrauch von Geldautomaten (z. B. durch gefälschte oder entwendete Kreditkarten) nicht strafbar wäre, der Gesetzgeber aber gerade diese Fälle sanktionieren wollte, vgl. *Hilgendorf/Valerius*, Computer- und Internetstrafrecht, 2. Aufl. 2012, S. 151.

137 *Hilgendorf/Valerius*, Computer- und Internetstrafrecht, 2. Aufl. 2012, S. 154.

138 *Hilgendorf/Valerius*, Computer- und Internetstrafrecht, 2. Aufl. 2012, S. 155.

Durch die Tathandlung muss ein Datenverarbeitungsvorgang[139] beeinflusst worden sein, d.h. die Manipulation muss in den Verarbeitungsvorgang eingehen. Auch das In-Gang-Setzen eines solchen Vorgangs ist eine Beeinflussung, sogar deren stärkste Form.[140]

Im Rahmen des subjektiven Tatbestands ist zu beachten, dass der Täter die genaue Interaktion zwischen Mensch und Computer nicht in jeder Situation, in der er auf die Abläufe einwirkt, genau kennt. Handelte er mit dolus alternativus, ist er wegen des vollendeten Delikts zu bestrafen.[141] Ging er nun unzutreffender Weise von einer inhaltlichen Entscheidungskompetenz eines Menschen aus, ist zu diskutieren, ob in der nun vorliegenden Erfüllung von § 263a StGB eine unwesentliche Abweichung vom Kausalverlauf liegt. Von der h.M. wird das aufgrund des gleichen Unrechtsgehalts von § 263 StGB und § 263a StGB bejaht.[142]

Eine Besonderheit beim Computerbetrug ist die 2003 eingeführte selbständige Strafbarkeit von Vorbereitungshandlungen, Abs. 3. Da zur Vorverlagerung der Strafbarkeiten in anderen Beiträgen nähere Ausführungen gemacht werden, soll an dieser Stelle der Hinweis darauf genügen, dass die Norm sich auf Computerprogramme[143] bezieht, deren Zweck die Begehung eines Computerbetrugs ist. Verboten ist es, einen Computerbetrug vorzubereiten,[144] indem man ein solches Programm herstellt, sich oder einem anderen verschafft, feilhält, verwahrt oder einem anderen überlässt. Problematisch ist die Einordnung sogenannter »Dual-Use-Produkten«,[145] nicht zuletzt deshalb, weil Computerprogramme eben nicht per se einen bestimmten Zweck aufweisen – dieser wird von Menschen festgelegt, so dass in die Auslegung zwangsläufig subjektive Elemente hineinspielen. Zu diskutieren ist, ob es auf die Zwecksetzung desjenigen, der das Programm einsetzen will, oder desjenigen, der eine der genannten Tathandlungen verwirklicht, abzustellen ist. Da das Gesetz nicht den Missbrauch »neutraler« Produkte erfassen soll, ist die letztgenannte Alternative vorzugswürdig.

---

139 Technische Vorgänge, die durch Aufnahme und Verknüpfung von Daten mittels Programmen bestimmte Ergebnisse erzielen, *Hilgendorf/Valerius*, Computer- und Internetstrafrecht, 2. Aufl. 2012, S. 155.

140 *Hilgendorf/Valerius*, Computer- und Internetstrafrecht, 2. Aufl. 2012, S. 155f.

141 Der damit ebenso verwirklichte Versuch des anderen Delikts tritt im Wege der Subsidiarität zurück, *Hilgendorf/Valerius*, Computer- und Internetstrafrecht, 2. Aufl. 2012, S. 157.

142 *Hilgendorf/Valerius*, Computer- und Internetstrafrecht, 2. Aufl. 2012, S. 157.

143 Nicht dagegen »Piratenkarten« oder sonstige Decodiereinrichtungen. Auch das Phishing ist von der Norm nicht erfasst, *Hilgendorf/Valerius*, Computer- und Internetstrafrecht, 2. Aufl. 2012, S. 158.

144 Die Handlungen sind also nicht strafbar, wenn sie andere Ziele verfolgen, *Hilgendorf/Valerius*, Computer- und Internetstrafrecht, 2. Aufl. 2012, S. 158f.

145 Vgl. hierzu *Hilgendorf/Valerius*, Computer- und Internetstrafrecht, 2. Aufl. 2012, S. 158.

2. Urkundenfälschung; Fälschung beweiserheblicher Daten und technischer Aufzeichnungen

Bezüglich Urkunden schützt das Strafrecht die Echtheit, da diese einen besonderen Beweiswert haben – allerdings regelmäßig nicht bezüglich ihres Inhalts, sondern nur bezüglich der Identität des Ausstellers.[146] Mangels Verkörperung finden sich im Cyberspace selten »klassische« Urkunden, die diesen besonderen Beweiswert aufweisen; die Erklärungen liegen meist in Form von Daten vor.[147] Immer dann, wenn die virtuelle Kommunikation verlassen wird, spielt § 267 StGB doch auch in diesem Kontext eine Rolle, etwa bei Ausdrucken, deren gedanklichen Inhalt sich ein Mensch zu eigen macht. Auch ein Computerfax kann eine Urkunde in diesem Sinne sein.[148] Vervielfältigungen mittels Scanner sind jedoch nur dann Urkunden, wenn jemand für ihre inhaltlich getreue Wiedergabe bürgt oder wenn sie den Anschein eines Originals erwecken sollen.[149] Bezüglich der Tathandlungen ergeben sich keine Unterschiede zur »realen« Urkundenfälschung.

Soweit sich aus der nachlassenden Bedeutung verkörperter Gedankenerklärungen im virtuellen Raum Strafbarkeitslücken ergeben, greift der 1986 eingeführte § 269 StGB. Die Norm verfolgt denselben Schutzzweck wie § 267 StGB und ist an diesen weitgehend angeglichen. Statt verkörperter Erklärungen werden Daten geschützt, wobei der Begriff weiter ist als § 202a Abs. 2 StGB, da § 269 StGB bereits die Eingabephase erfasst.[150] Damit dieselbe Notwendigkeit besteht, die Wahrhaftigkeit der Identitätsangabe des Ausstellers zu schützen, muss jedoch Vergleichbarkeit mit einer Urkunde vorliegen, d.h. die Daten müssten bei Wahrnehmbarkeit als Urkunde zu qualifizieren sein. So muss eine gewisse Dauerhaftigkeit vorliegen, also eine Speicherung auf einem permanenten Datenträger; die Daten müssen eine Beweisfunktion erfüllen, also nicht nur intern gespeichert sein oder nur einen Zugang ermöglichen. Auch müssen die Daten einem erkennbaren Aussteller zugerechnet werden können; dieser ist der Betreiber der Datenverarbeitungsanlage, da er von außen als für diese verantwortlich angesehen wird.[151] Eine solche Erkennbarkeit kann etwa in der Vorgabe eines bestimmten E-Mail-Absenders gegeben sein (Phishing-Mails). Die Tathandlungen – Speichern[152], Verändern[153], Gebrauchen[154] – entsprechen

146 *Erb*, in: MüKo,StGB, Bd. 4, München, 2006, § 267 Rn. 9.

147 *Hilgendorf/Valerius*, Computer- und Internetstrafrecht, 2. Aufl. 2012, S. 182.

148 *Hilgendorf/Valerius*, Computer- und Internetstrafrecht, 2. Aufl. 2012, S. 183.

149 *Hilgendorf/Valerius*, Computer- und Internetstrafrecht, 2. Aufl. 2012, S. 183f.

150 *Hilgendorf/Valerius*, Computer- und Internetstrafrecht, 2. Aufl. 2012, S. 186.

151 *Hilgendorf/Valerius*, Computer- und Internetstrafrecht, 2. Aufl. 2012, S. 188. Eine solche Erkennbarkeit kann sich aus der URL ergeben, so dass auch URL-Spoofing unter § 269 StGB fallen kann.

152 Erfassen, Aufnehmen oder Aufbewahren von Daten auf einem Datenträger zum Zweck

dem Herstellen, Verfälschen und Gebrauchen nach § 267 StGB unter Berücksichtigung der computerspezifischen Besonderheiten. Der Täter muss subjektiv zur Täuschung im Rechtsverkehr handeln, § 269 StGB; dem ist durch § 270 StGB[155] das Handeln zur fälschlichen Beeinflussung eines Datenverarbeitungsvorgangs gleichgestellt.

Auch § 268 StGB schützt die Kommunikation im Rechtsverkehr, bei der Datenverarbeitungsvorgänge eingebunden sind; im Fokus der Norm steht die Sicherheit der Informationsgewinnung durch technische Geräte. »Technische Aufzeichnung« ist in Abs. 2 legaldefiniert. Die Informationen müssen in einem selbständigen, vom Gerät abtrennbaren Stück dauerhaft verkörpert sein (Darstellung) und diese muss selbsttätig bewirkt sein, also neue Informationen enthalten (nicht nur Aufzeichnungen oder Fotokopien).[156] Die Tathandlungen entsprechen denen der Urkundenfälschung; zusätzlich steht es nach Abs. 3 der Herstellung einer unechten technischen Aufzeichnung gleich, wenn auf den Aufzeichnungsvorgang störend eingewirkt wird, etwa durch Programm- und Konsulmanipulationen, nicht dagegen durch täuschendes Beschicken.[157]

Zu beachten ist in diesem Kontext, dass auch das Bewirken einer unrichtigen öffentlichen Urkunde, auch in Form der Speicherung unrichtiger Daten, durch einen gutgläubigen Amtsträger, nach §§ 271, 348 StGB strafbar ist. Das gilt auch für deren Gebrauchen, Abs. 2.[158]

IV. Einschränkungen des Kommunikationsinhalts

Neben diesen inhaltlichen Vorgaben finden sich Straftatbestände, die bestimmte Äußerungen bzw. Darstellungen verbieten, zum Teil mit primären Bezug auf tatsächlich wahrgenommene Informationen (Beleidigungsdelikte), zum Teil schon bezüglich wahrnehmbarer Informationen (Äußerungsdelikte), zum Teil sogar auch bezüglich der zur Kommunikation verfügbaren Informationen bzw.

weiterer Verarbeitung oder Nutzung; darunter kann etwa die Erstellung eines Accounts bei einer Online-Auktionsplattform fallen, *Hilgendorf/Valerius*, Computer- und Internetstrafrecht, Berlin/Heidelberg, 2. Aufl. 2012, S. 189.

153 Inhaltliches Umgestalten beweiserheblicher Daten in einer Weise, dass ein Falsifikat entsteht, das Merkmale einer verfälschten Urkunde aufweist, *Hilgendorf/Valerius*, Computer- und Internetstrafrecht, 2. Aufl. 2012, S. 189; zu bejahen etwa bei einem regelwidrigen Aufladen einer Telefonkarte (Änderung des ausgewiesenen Gutachtens).

154 Zugänglichmachen (Kenntnisnahme auf einem Bildschirm, Ermöglichen ungehinderten Abrufs), *Hilgendorf/Valerius*, Computer- und Internetstrafrecht, 2. Aufl. 2012, S. 190.

155 Der auch für §§ 152a Abs. 1, 267 Abs. 1 und 268 Abs. 1 StGB gilt, *Hilgendorf/Valerius*, Computer- und Internetstrafrecht, 2. Aufl. 2012, S. 190.

156 *Hilgendorf/Valerius*, Computer- und Internetstrafrecht, 2. Aufl. 2012, S. 191.

157 *Hilgendorf/Valerius*, Computer- und Internetstrafrecht, 2. Aufl. 2012, S. 191.

158 *Marberth-Kubicki*, Computer- und Internetstrafrecht, 2. Aufl. 2010, S. 92f.

Informationen, die irgendwoher erlangt worden sind, um diese Informationskanäle zu beschränken (Besitzdelikte im Pornographiebereich). Hierzu zählen Pornographiedelikte, Gewaltdarstellungsverbote, Beleidigungsdelikte und Verbote extremistischer Propaganda. Mit Blick auf die Meinungs- und Informationsfreiheit und den erwähnten Vorrang außerrechtlicher bzw. zivil- und öffentlich-rechtlicher Maßnahmen bei der Kontrolle von Kommunikationsinhalten sind diese Regelungen nicht unproblematisch und deshalb im Zweifel eng auszulegen.

1. Pornographiedelikte, §§ 184ff. StGB

Trotz Liberalisierung in den letzten Jahrzehnten sind im Bereich der Pornographie einzelne Verhaltensweisen strafbar, die Rechtsgüter verletzen oder zumindest gefährden (können). Insofern wird zum Teil die Kommunikation (im Sinne des Zur-Verfügung-Stellens) derartiger Inhalte als solche bzw. jedenfalls gegenüber bestimmten Personengruppen (Minderjährigen) als problematisch angesehen, zum Teil manifestiert sich darin eine vorangegangen Rechtsgutsverletzung. So werden bei Herstellung bestimmter Pornographie Rechtsgüter – etwa von Kindern – direkt verletzt; deshalb soll über entsprechende Verbote sichergestellt werden, dass mangels Nachfrage derartige Rechtsverletzungen unterbunden werden. Überdies wird davon ausgegangen, dass durch Pornographie ein gewisser Gewöhnungseffekt eintritt und sogar Nachfrage nach brutaleren und damit die Güter der Betroffenen stärker verletzenden Beiträgen hervorruft. Da die Regelungen zu Kinderpornographie in anderen Beiträgen dargestellt werden[159], erfolgt hier nur ein Überblick.

Darstellungen sind pornographisch, wenn sie »unter Hintansetzung sonstiger menschlicher Bezüge sexuelle Vorgänge in grob aufdringlicher, anreißerischer Weise in den Vordergrund rücken und ausschließlich oder überwiegend auf die Erregung sexueller Reize abzielen«[160]. Dass eine Schrift Kunst ist, ändert nicht zwingend etwas an ihrem pornographischen Charakter. Bezüglich der Tatobjekte ist zwischen einfacher und harter (Kinder-/Jugend-[161], Gewalt-[162] und Tier[163]-) Pornographie zu differenzieren. Zum Teil sind auch fiktive Darstel-

159 Vgl. die Beiträge von Kim, Schroeder und Tadaki in diesem Band.

160 BGH NStZ 1990, S. 586, 587.

161 Vgl. die Legaldefinitionen in §§ 184b Abs. 1, 184c Abs. 1 StGB.

162 Gewalttätigkeit ist aggressives Verhalten mit erheblicher körperlicher Kraftentfaltung, die sich unmittelbar gegen einen Menschen richtet, *Hilgendorf/Valerius*, Computer- und Internetstrafrecht, 2. Aufl. 2012, S. 100.

163 Tierpornographische Darstellungen zeigen sexuelle Handlungen von Menschen mit (lebenden oder toten) Tieren; *Hörnle*, MüKo, StGB, Bd. 3, 2. Aufl. 2012, § 184a Rn. 9.

lungen erfasst,[164] zum Teil wird die Darstellung »wirklichkeitsnahen« Geschehens als ausreichend erachtet, die vorliegt, wenn ein objektiver Beobachter nach dem äußeren Erscheinungsbild nicht ohne Weiteres ausschließen kann, dass es sich um ein reales Geschehen handelt.[165]

Die Delikte können durch Verbreiten, Zugänglichmachen, Besitz oder Erwerb begangen werden. Da von »Verbreiten« nur die gegenständliche Übertragung der Schrift als solcher erfasst ist,[166] fallen Handlungen im Internet regelmäßig nicht darunter. Diese Lücke wird jedoch z. T. durch das »Zugänglichmachen« geschlossen, für das die Ermöglichung der sinnlichen Wahrnehmbarkeit des Inhalts der Schriften ausreicht.[167] Für Handlungen im Netz ist etwa die Strafbarkeit nach § 184 Abs. 1 Nr. 2 StGB relevant, also das Zugänglichmachen von einfacher Pornographie an Orten, die Personen unter 18 Jahren[168] zugänglich sind. Mit »Ort« in diesem Sinne sind zwar primär tatsächliche, räumliche Bereiche gemeint,[169] wozu das Internet gerade nicht gehört – aber da sich mit der Speicherung auf einem Computer die Daten an einem realen Ort befinden, der über das Netz Dritten zugänglich gemacht wird, ist dies ausreichend.[170] Eine Strafbarkeit ist jedoch zu verneinen, wenn geeignete Sicherheitsvorkehrungen eine Einsichtnahme pornographischer Schriften durch Minderjährige verhindern. Welche Maßnahmen dies im Internet sein müssen, ist noch nicht umfassend geklärt – die Abfrage von Kreditkarten- oder Personalausweisnummer reichen wegen der Umgehungsmöglichkeiten jedenfalls nicht; ausreichend ist dagegen das »Postident-Verfahren«.[171]

Mit Blick auf harte Pornographie ist zum einen das »Verbreiten« strafbar, was jedoch wie erwähnt im Internet keine große Rolle spielt, da hierfür der Daten-

164 Im Rahmen von Kinderpornographie wird etwa davon ausgegangen, dass derartige Darstellungen zur Nachahmung anregen oder die Nachfrage auch nach echter Kinderpornographie erhöhen könnten. Vgl. hierzu detailliert *Hörnle*, MüKo, StGB, Bd. 3, 2. Aufl. 2012, § 184b Rn. 1ff.

165 *Hilgendorf/Valerius*, Computer- und Internetstrafrecht, 2. Aufl. 2012, S. 86f.

166 *Hilgendorf/Valerius*, Computer- und Internetstrafrecht, 2. Aufl. 2012, S. 91.

167 *Hilgendorf/Valerius*, Computer- und Internetstrafrecht, 2. Aufl. 2012, S. 88, 91.

168 Zweck dieser Einschränkung ist die Gewährleistung der ungestörten sexuellen Entwicklung von Minderjährigen, *Hilgendorf/Valerius*, Computer- und Internetstrafrecht, 2. Aufl. 2012, S. 89.

169 Z. B. Schule, Internet-Cafés etc., was im Übrigen auch die Frage nach der Aufsichts- und Kontrollpflicht von z. B. Betreibern eines Internet-Cafés eröffnet, vgl. *Hilgendorf/Valerius*, Computer- und Internetstrafrecht, 2. Aufl. 2012, S. 89. Insofern ist aber auch zu beachten, dass sozialadäquates Verhalten nicht strafbar ist, also etwa wenn der Minderjährige nur bestehende Gelegenheiten ausnutzt, um selbst nach pornographischen Daten im Internet zu suchen.

170 *Hilgendorf/Valerius*, Computer- und Internetstrafrecht, 2. Aufl. 2012, S. 89.

171 Dies erfordert, dass sich der Nutzer bei Mitarbeitern der Deutschen Post AG identifiziert, vgl. *Hilgendorf/Valerius*, Computer- und Internetstrafrecht, 2. Aufl. 2012, S. 90f.

träger körperlich übertragen werden muss.[172] Das Zugänglich-Machen ist nur erfasst, wenn es öffentlich geschieht, vgl. §§ 184a Abs. 1 Nr. 2, 184b Abs. 1 Nr. 2 StGB; wenn die Daten nur für eine individualisierte Personengruppe zum Abruf bereit stehen, ist dies zu verneinen.[173] Von der für harte Pornographie ebenfalls relevanten Variante »Besitz« ist die auf einer tatsächlichen Herrschaft beruhende Möglichkeit, die Schrift sich oder einem Dritten zugänglich zu machen, erfasst. Dies erfordert jedenfalls die dauerhafte Speicherung auf einem Datenträger im Herrschaftsbereich des Täters. Werden Daten im Internet angesehen,[174] genügt die Zwischenspeicherung im Arbeitsspeicher nicht für den Besitz. Umstritten ist der Umgang mit dem »Caching« von Internetdateien.[175] Jedenfalls bei sofortiger Löschung ist nicht von Besitz auszugehen, da dieser von Herrschaftswillen getragen sein muss.[176] Fremdbesitzverschaffung liegt bei Versand der Daten an Dritte mittels E-Mail zweifellos vor, nicht dagegen bei dem Bereitstellen der Datei auf einem Server und dem Versand des entsprechenden Links.[177]

Ebenfalls gerade im Internet relevant ist das Verbot der Verbreitung einer pornographischen Darbietungen durch Rundfunk-, Medien- oder Teledienste, § 184d StGB. Hiernach macht sich jeder, der für die Sendung bzw. den Dienst verantwortlich ist,[178] für jede Form des Zugänglichmachens, die sich an die Allgemeinheit richtet, strafbar. Erfasst sind insbesondere Live-Übertragungen, die in keiner Form gespeichert werden.

Schließlich ist von Bedeutung, dass das Verhalten nicht strafbar ist, wenn es der zur Erfüllung einer beruflichen oder dienstlichen Pflicht dient, etwa der Strafverfolgung.[179] Überdies gibt es bezüglich einfacher Pornographie ein »Erziehungsprivileg«, wonach der Tatbestand ausgeschlossen ist, wenn der Erzie-

172 Der BGH sieht das anders und hat ein internetspezifisches Begriffsverständnis von »Verbreiten« entwickelt, bejaht dieses also immer dann, wenn die Daten auf dem Rechner des Nutzers ankommen. Dadurch verschwimmen allerdings die Unterschiede zwischen Schrift und deren Inhalt. *Hilgendorf/Valerius*, Computer- und Internetstrafrecht, 2. Aufl. 2012, S. 91f.

173 Bloße Scheinhindernisse (wie die automatische Versendung eines Passworts nach Eingabe der eigenen E-Mailadresse) ändern dagegen nichts an der Öffentlichkeit des Zugänglichmachens, *Hilgendorf/Valerius*, Computer- und Internetstrafrecht, 2. Aufl. 2012, S. 91.

174 Zum Teil wird schon das Ansehen als Eigenbesitzverschaffung gewertet, jedenfalls bei Willen dauerhafter Speicherung, vgl. *Hilgendorf/Valerius*, Computer- und Internetstrafrecht, 2. Aufl. 2012, S. 93f.

175 *Hilgendorf/Valerius*, Computer- und Internetstrafrecht, 2. Aufl. 2012, S. 94.

176 *Hilgendorf/Valerius*, Computer- und Internetstrafrecht, 2. Aufl. 2012, S. 94.

177 *Hilgendorf/Valerius*, Computer- und Internetstrafrecht, 2. Aufl. 2012, S. 95.

178 Z.B. der Programmdirektor als der für die Kommunikation nach außen Verantwortliche – nicht aber Personen, die nur einen mittelbaren Bezug zur Darstellung aufweisen, wie die Autoren, Produzenten etc., *Hilgendorf/Valerius*, Computer- und Internetstrafrecht, 2. Aufl. 2012, S. 95f.

179 Dies gilt nicht für Abgeordnete, die zur Gewinnung eigener Erkenntnisse privat recherchieren, *Hilgendorf/Valerius*, Computer- und Internetstrafrecht, 2. Aufl. 2012, S. 98.

hungsberechtigte im Rahmen seines erzieherischen Freiraums (aus Gründen der Aufklärung oder der Erlernung von Medienkompetenz) handelt, § 184 Abs. 2 StGB und dabei seine Erziehungspflicht nicht gröblich verletzt.[180]

2. Verbot von Gewaltdarstellungen, § 131 StGB

Im Internet oder als Software für den PC finden sich zahlreiche gewaltverherrlichende Darstellungen und Spiele. Auch wenn bis heute nicht geklärt ist, ob und in welchem Ausmaß Gewaltdarstellungen (z.B. »Killerspiele«) die Gewaltbereitschaft fördern, ist es doch plausibel, dass sie eine von mehreren Ursachen für gewalttätiges Verhalten darstellen können. Deshalb werden bestimmte Kommunikationsinhalte durch § 131 StGB explizit verboten. Als geschütztes Rechtsgut werden der Schutz der Allgemeinheit und der Bürger (vor allem Jugendlichen) vor Gewalttätigkeiten, der öffentliche Friede, aber auch Individualrechtsgüter angeführt. Stellt man auf letztere ab, handelt es sich um ein abstraktes Gefährdungsdelikt, das durch Gewalttabuisierung Hemmschwellen schaffen soll, um den Einzelnen davor zu bewahren, Opfer, aber auch davor, Täter zu werden.[181] Die Norm ist jedoch bezüglich ihrer rechtspolitischen Legitimität äußerst umstritten;[182] sie wird z.T. als unpraktikabel, z.T. als zu unbestimmt, z.T. als mit Blick auf andere gesetzgeberische Möglichkeiten nicht notwendig angesehen. Für die Legitimität der Norm wird der Einschätzungsspielraum des Gesetzgebers, welche Handlungen er als hinreichend gefährlich und verwerflich ansieht, um sie strafrechtlich zu sanktionieren, angeführt.[183] Soweit Konflikte mit dem Bestimmtheitsgrundsatz und erhebliche legitimatorische Zweifel bestehen, sollte die Norm unabhängig von ihrer Legitimität restriktiv ausgelegt werden.

Tatobjekt der Norm sind Schriften,[184] die grausame oder sonst unmenschliche Gewalttätigkeiten[185] gegen Menschen oder menschenähnliche Wesen in einer Art schildern, die Verherrlichung oder Verharmlosung ausdrückt oder die das Grausame oder Unmenschliche des Vorgangs in einer die Menschenwürde verletzenden Weise darstellt. In der Darstellung muss sich also eine rück-

180 *Hilgendorf/Valerius*, Computer- und Internetstrafrecht, 2. Aufl. 2012, S. 95.

181 *Ostendorf*, in: Kindhäuser/Neumann/Paeffgen (Hrsg.), Nomos, StGB, 4. Aufl. 2013, § 131 Rn. 3 m.w.N.

182 *Ostendorf*, in: Kindhäuser/Neumann/Paeffgen (Hrsg.), Nomos, StGB, 4. Aufl. 2013, § 131 Rn. 5 f. m.w.N.

183 *Hilgendorf/Valerius*, Computer- und Internetstrafrecht, 2. Aufl. 2012, S. 99.

184 Zum Schriftenbegriff oben, D., II.

185 Gewalttätigkeit ist aggressives aktives Tun, das unmittelbar auf den Körper und damit gegen die körperliche Integrität des Opfers gerichtet ist – Drohungen fallen nicht darunter; ebenso wenig ist es ausreichend, dass die Schrift die Folgen solcher Handlungen dokumentiert. *Hilgendorf/Valerius*, Computer- und Internetstrafrecht, 2. Aufl. 2012, S. 100.

sichtslose, menschenverachtende Tendenz spiegeln. Bei der Frage, ob die Schrift Verherrlichung oder Verharmlosung ausdrückt bzw. die Menschenwürde verletzt, sind objektive Maßstäbe anzulegen – im objektiven Sinngehalt muss die geschundene menschliche Kreatur im Vordergrund stehen, als Objekt des Nervenkitzels, des »genüsslichen Horrors« oder sadistischen Vergnügens.[186] Auf die Intention des Täters kommt es insofern nicht an.

Ziel der Gewalttätigkeit sind nach § 131 StGB Menschen oder »menschenähnliche Wesen« – die Ähnlichkeit muss gerade im äußeren Erscheinungsbild begründet sein. Gerade das letztgenannte Merkmal ist nicht nur bezüglich seiner Bestimmtheit, sondern auch bezüglich der Frage, ob dieses Verbot noch im Zusammenhang mit einem wirksamen Rechtsgüterschutz steht, umstritten und sollte deshalb restriktiv ausgelegt werden.

§ 131 Abs. 3 StGB beinhaltet eine Sozialadäquanzklausel, was dem Grundgedanken entspricht, dass Kommunikationsinhalte nur in besonderen Extremfällen eingeschränkt werden sollten: Abs. 1 und 2 gelten nicht, wenn die Handlung der Berichterstattung über Vorgänge des Zeitgeschehens oder der Geschichte dient. Bezüglich der Ziele ist die Klausel enger als bei Pornographiedelikten. Auch ein Erziehungsprivileg findet sich, § 131 Abs. 4 StGB. Dieses ist identisch mit § 184 Abs. 2 S. 1 StGB.[187]

3. Beleidigungsdelikte, §§ 185 ff. StGB

Nicht selten wird die Kommunikation via Computer und Internet zu Beleidigungen und Verbreitung falscher Tatsachen genutzt – über E-Mails, in Chats, in sozialen Netzwerken oder auf gerade diesem Zweck dienenden Seiten.[188] Grundsätzlich gelten insofern keine Besonderheiten zu Beleidigungen mittels anderer Kommunikationsformen.[189] Die neuen Medien erlauben jedoch zum einen besondere Formen der öffentlichen Bloßstellungen, bei denen zu klären ist, ob sie von den Tatbestanden erfasst werden, so z. B. die Veröffentlichung von Fotos oder Videos, die den Betroffenen bloß stellen. Ist die Darstellung bearbeitet, handelt es sich ggf. um die Behauptung unwahrer Tatsachen i. S.v. §§ 186 f. StGB. Doch auch bei unverfälschten Darstellungen kann sich aus den Umständen ergeben, dass die Veröffentlichung eine ehrverletzende Kundgabe eigener Nicht- oder Missachtung[190] darstellt, womit sie § 185 StGB erfüllt.[191] Bei der

186 *Hilgendorf/Valerius*, Computer- und Internetstrafrecht, 2. Aufl. 2012, S. 100 f.
187 Vgl. hierzu oben, E. I. 1.
188 *Hilgendorf/Valerius*, Computer- und Internetstrafrecht, 2. Aufl. 2012, S. 101 f.
189 *Hilgendorf/Valerius*, Computer- und Internetstrafrecht, 2. Aufl. 2012, S. 102.
190 Das ist zu bejahen, wenn dem Opfer der sittliche, personale, soziale Geltungswert ganz oder zum Teil abgesprochen wird, *Hilgendorf/Valerius*, Computer- und Internetstrafrecht, 2. Aufl. 2012, S. 102 f.

Auslegung[192] der Kundgabe ist die Meinungsfreiheit nach Art. 5 Abs. 1 StGB zu berücksichtigen, weshalb bei mehrdeutigen Aussagen eine Verurteilung nur erfolgen kann, wenn eine andere Interpretation der Aussage mit tragfähigen Gründen auszuschließen ist. Dabei sind gerade im Internet – die elektronische Kommunikation lässt viel Raum für Missverständnisse – Zusätze wie z. B. Emoticons oder der Umgang im jeweiligen »Raum« des Internets zu beachten. Es gilt die Vermutung für die Zulässigkeit der freien Rede, wenn in der Äußerung nicht eine Verletzung der Menschenwürde, eine eindeutige Schmähkritik oder Bloßstellung erkennbar ist.[193]

Zum anderen ist zu beachten, dass die besondere Kommunikationssituation des Täters (ohne jede soziale Kontrolle) bzw. die Gesamtsituation (Anonymität des Chats, bereits erfolgte Beleidigungen durch andere User auf sozialen Netzwerken) die Überschreitung der Grenzen zur Beleidigung erleichtert und die Öffentlichkeit und Dauerhaftigkeit der Aussagen im Internet den Grad der Verletzung des Rechtsguts »Ehre« erhöhen kann. Neben entsprechender Berücksichtigung in der Strafzumessung kann man insofern über die Notwendigkeit einer Qualifikation diskutieren.[194] Jedenfalls ändert die Anonymität – z. B. die Nutzung von Pseudonymen – alleine nichts an der Beleidigungsfähigkeit, solange das Opfer hinreichend bestimmbar ist.[195]

Für die Kommunikationsdelikte §§ 185 ff. StGB ist eine Kundgabe der Äußerung erforderlich, weshalb bloße Entwürfe von E-Mails o. ä., aber auch die Kommunikation zwischen engen Vertrauten nicht erfasst sind. Ob solche Vertrautheit auch im Internet entstehen kann, ist noch nicht umfassend erklärt.[196] Wenn man jedoch einerseits davon ausgeht, dass eine Person im Netz unter einem Pseudonym beleidigungsfähig ist, ist es plausibel, andererseits die dort bestehenden Beziehungen als derartige Vertrautheit zulassend anzusehen.

Die Legitimität der Beleidigungsdelikte ist generell nicht unumstritten.[197]

---

191 Zum Beispiel die Verbreitung von Videos, die einen Lehrer in einer peinlichen Situation zeigen (Reaktualisierung/Publikumsexzess, *Hilgendorf/Valerius*, Computer- und Internetstrafrecht, 2. Aufl. 2012, S. 105 f.).

192 Unter Berücksichtigung des Sinnzusammenhangs und sämtlicher erkennbarer Begleitumstände; aus Sicht eines unvoreingenommenen Dritten, vgl. hierzu etwa *Lenckner/Eisele*, in: Schönke/Schröder, StGB, 28. Aufl.2010, § 185 Rn. 8 f.

193 Zu beachten ist insofern auch der Rechtfertigungsgrund der Wahrnehmung berechtigter Interessen, § 193 StGB.

194 *Beck*, Internetbeleidigung de lege lata und de lege ferenda – Strafrechtliche Aspekte des »spickmich«-Urteils, MMR 2009, S. 736 ff.

195 *Hilgendorf/Valerius*, Computer- und Internetstrafrecht, 2. Aufl. 2012, S. 108 f.

196 *Hilgendorf/Valerius*, Computer- und Internetstrafrecht, 2. Aufl. 2012, S. 107.

197 Die Bedeutung des geschützten Rechtsguts betonend etwa *Zaczyk*, in: Kindhäuser/Neumann/Paeffgen (Hrsg.), Nomos, StGB, 4. Aufl. 2013, § 185 Rn. 1 m. w. N.; für die Abschaffung *Kubiciel/Winter*, Globalisierungsfluten und Strafbarkeitsinseln, ZStW 113 (2001), S. 305 ff.

Jedenfalls ist, wie erläutert, der Meinungsfreiheit bei ihrer Auslegung ein hoher Stellenwert einzuräumen – auch im Internet.

4. Verbote mit Blick auf extremistische Propaganda oder staatsgefährdender Gewalttaten

Extremistische Gruppen nutzen das Kommunikationsmittel Internet besonders intensiv – zur Werbung neuer Mitglieder, Verbreitung ihrer Einstellungen, Erwerb und Austausch von Informationen.[198] Auch insofern bestehen inhaltliche Verbote, um das Um-Sich-Greifen derartiger Einstellungen einzudämmen, um die Kommunikation der Mitglieder zu erschweren oder zu verhindern, dass durch die Existenz dieser Kommunikation der die Bevölkerung beunruhigende Eindruck entsteht, dass derartige Gruppen an Einfluss gewinnen.

So schützt der Tatbestand der Volksverhetzung, § 130 StGB, primär den öffentlichen Frieden – wobei die Eignung von Strafrecht (insbesondere ausschließlich) zur Erreichung des Zwecks durch einen derartigen – primär symbolischen – Tatbestand nicht selten bezweifelt wird.[199]

Durch den Äußerungstatbestand des Abs. 1 werden jegliche nicht unerhebliche Personengruppen, die von der Mehrheit durch bestimmte innere oder äußere Merkmale abgrenzbar sind, und deren einzelne Mitglieder geschützt.[200] Verboten sind bestimmte Formen der Äußerung gegenüber solchen Gruppierungen, wie etwa das Aufstacheln zum Hass oder die Aufforderung zur Gewalt, das Beschimpfen o. ä., wenn darin ein Angriff auf die Menschenwürde[201] liegt, die jeweils geeignet sein müssen, den öffentlichen Frieden zu stören.[202] Diese

198 Zum Folgenden *Hilgendorf/Valerius*, Computer- und Internetstrafrecht, 2. Aufl. 2012, S. 111ff. Gerade in diesem Bereich ist der grenzüberschreitende Charakter des Internets bezüglich der Strafverfolgung problematisch, da sich bei der Bekämpfung extremistischen Gedankenguts erhebliche Unterschiede zwischen den Ländern zeigen: Während in Europa hierfür nicht selten Strafrecht verwendet wird (vgl. z. B. den Rahmenbeschluss 2008/913/JI vom 28. 11. 2008), sieht man dies in den USA als die Meinungsfreiheit zu stark einschränkend an, weshalb entsprechende Vereinbarungen in der CCC auch nur im Zusatzprotokoll getroffen wurden. *Hilgendorf/Valerius*, Computer- und Internetstrafrecht, 2. Aufl. 2012, S. 112ff.

199 *Hilgendorf/Valerius*, Computer- und Internetstrafrecht, 2. Aufl. 2012, S. 114f. Vgl. zur letzten Änderung, durch die aus diesem Tatbestand eine Art »Sonderrecht« geworden ist, ebenda S. 115f.

200 *Hilgendorf/Valerius*, Computer- und Internetstrafrecht, 2. Aufl. 2012, S. 116.

201 Hierfür muss der Kern der Persönlichkeit berührt und die Mitglieder der Gruppe als minderwertig dargestellt werden, *Hilgendorf/Valerius*, Computer- und Internetstrafrecht, 2. Aufl. 2012, S. 116f.

202 Nach der Gesamtwürdigung der Umstände des Einzelfalls muss das Verhalten generell geeignet sein, den öffentlichen Frieden – also einen Zustand, in dem objektiv Rechtssicherheit herrscht und die Bevölkerung frei von Furcht gemeinsam leben kann und die

Eignung kann sich im Internet daraus ergeben, dass die Inhalte frei abrufbar und damit grundsätzlich jedem Nutzer in Deutschland zugänglich sind. Auch wenn nicht jede Internetseite erhebliche Aufmerksamkeit erhält, ist bei der Beurteilung der Eignung zu berücksichtigen, dass sich gerade extremistische Gruppen im Netz informieren und darüber kommunizieren.[203] Abs. 2 verbietet die Verbreitung bzw. das Zugänglich-Machen (an Personen unter 18 Jahren) bestimmter aufrührerischer Schriften bzw. die Verbreitung entsprechender Darstellungen durch Rundfunk-, Medien- oder Teledienste. Das zu den Pornographie-Delikten Gesagte gilt hier entsprechend. Eine Eignung, den öffentlichen Frieden zu stören, ist nicht erforderlich.

Umstritten ist der Leugnungstatbestand des Abs. 3 (»Auschwitz-Lüge«). Er sanktioniert das Billigen, Leugnen oder Verharmlosen eines unter dem NS-Regime begangenen Völkermords i.S.v. § 6 Abs. 1 VStGB. Auch hier ist bei der Auslegung die Meinungsfreiheit – in Abwägung mit dem betroffenen Rechtsgut – zu berücksichtigen, so dass mehrdeutige Aussagen zugunsten des Täters zu interpretieren sind. Die Tat muss öffentlich oder in einer Versammlung begangen werden. Eine Äußerung im Internet, die von einem nach Zahl und Individualität unbestimmten Kreis unmittelbar wahrgenommen werden kann, ist öffentlich. Der Anbieter kann jedoch Sicherheitsvorkehrungen zum Ausschluss anderer als der von ihm adressierten Personen treffen. Ob es sich bei geschlossenen Benutzergruppen im Internet – z.B. wenn sie in Echtzeit kommunizieren – um Versammlungen handelt, ist fraglich; ein Verzicht auf das räumlich-körperliche Zusammentreffen bei Auslegung des Tatbestandsmerkmals verstößt aber wohl gegen den Bestimmtheitsgrundsatz.[204]

Durch das mittels Abs. 4 verbotene Billigen, Verherrlichen oder Rechtfertigen der nationalsozialistischen Gewalt- und Willkürherrschaft – öffentlich oder in einer Versammlung, vgl. hierzu gerade – muss der öffentliche Frieden in einer die Würde der Opfer verletzenden Weise tatsächlich gestört werden.

Auch bei diesem Delikt gilt eine Sozialadäquanzklausel; § 130 Abs. 6 StGB verweist auf § 86 Abs. 3 StGB: die Strafbarkeit ist ausgeschlossen bei Handlungen, die Zwecken der staatsbürgerlichen Aufklärung, der Abwehr verfassungswidriger Bestrebungen, der Kunst, Wissenschaft, Forschung oder Lehre, Berichterstattung o.ä. (z.B. Strafverteidigung) dienen, d.h. sie überwiegend fördern, was nach objektiven Kriterien zu beurteilen ist.[205] Diese Zwecke spielen bei Äußerungen im Internet nicht selten eine Rolle.

Bürger subjektiv darauf vertrauen, in Ruhe und Frieden leben zu können – zu stören. *Hilgendorf/Valerius*, Computer- und Internetstrafrecht, 2. Aufl. 2012, S. 117.

203 *Hilgendorf/Valerius*, Computer- und Internetstrafrecht, 2. Aufl. 2012, S. 118.

204 *Hilgendorf/Valerius*, Computer- und Internetstrafrecht, 2. Aufl. 2012, S. 120f.

205 Eine subjektive Zweckverfolgung genügt also nicht, vgl. *Hilgendorf/Valerius*, Computer- und Internetstrafrecht, 2. Aufl. 2012, S. 121f.

Ein – auch vom Schutzzweck – vergleichbares Delikt ist § 86 StGB: Hiernach ist das Verbreiten von Propagandamitteln verfassungswidriger Organisationen verboten. Die Norm erfasst schon das Vorbereiten – etwa durch Vorrätig-Halten – bzw. öffentliche Zugänglichmachen solcher Mittel (vgl. die Legaldefinition in Abs. 2). Sie schützt den demokratischen Rechtsstaat des Grundgesetzes vor abstrakten Gefährdungen. Auch an dieser Stelle ist die Sozialadäquanzklausel nach Abs. 3 zu berücksichtigen.

Schließlich sanktioniert § 86a StGB das Verwenden von Kennzeichen verfassungswidriger Organisationen, da durch derartige symbolische Kommunikation der Anschein entstehen könnte, dass diese Organisationen in Deutschland wiederbelebt werden sollen und die innere Verbundenheit des Trägers mit dem Gedankengut ausgedrückt wird. Die Norm schützt den demokratischen Rechtsstaat und politischen Frieden, weshalb sie insofern teleologisch zu reduzieren ist, als Taten, die dem Schutzzweck offensichtlich nicht zuwiderlaufen oder ihn sogar fördern, nicht erfasst werden (z. B. Darstellungen, die die entsprechende Ideologie offensichtlich bekämpfen).[206] Verwenden i. S. d. § 86a StGB meint jeden Gebrauch, der die optische oder akustische Wahrnehmung ermöglicht. Ob die Wahrnehmung Teil der Tathandlung ist, d. h. die Tat auch in Deutschland begangen wird, wenn die Wahrnehmung des Zeichens von Deutschland aus erfolgt, ist strittig.[207]

Zu den extremistischen Gruppen, die sich des Internets bedienen, gehören auch die Terrornetzwerke. Im Zusammenhang mit deren Bekämpfung erließ der Gesetzgeber 2009 das Gesetz zur Verfolgung der Vorbereitung von schweren staatsgefährdenden Gewalttaten.[208] Dieses aufgrund der erheblichen Vorverlagerung der Strafbarkeit bereits im Entwurfsstadium stark kritisierte Gesetz[209] setzt unter anderem Grenzen bezüglich der Kommunikation und Information im Internet, um etwa die Gefahr, die von Plattformen, auf denen Anleitungen zur Begehung von Terroranschlägen ausgetauscht werden, zu begegnen.[210] Auch hierauf wird (wohl) im Rahmen der Beiträge zur Vorverlagerung detaillierter eingegangen, weshalb an dieser Stelle nur kurz auf § 91 StGB hingewiesen wird, der das Zugänglichmachen von Schriften, die geeignet sind, als Anleitung zur Begehung von schweren staatsgefährdenden Gewalttaten zu dienen, sanktio-

206 *Hilgendorf/Valerius*, Computer- und Internetstrafrecht, 2. Aufl. 2012, S. 123 f.

207 *Hilgendorf/Valerius*, Computer- und Internetstrafrecht, 2. Aufl. 2012, S. 124 f.

208 Bundesgesetzblatt 2009 I, S. 2437.

209 *Beck*, Rechtsstaatlichkeit – Bauernopfer im Krieg gegen den Terror?; in: Laubenthal, Klaus (Hrsg.): Festgabe für Rainer Paulus, 2009,S. 15 ff.; *Gierhake*, Zur geplanten Einführung neuer Straftatbestände wegen der Vorbereitung terroristischer Straftaten, ZIS 9/2008, S. 397 ff.

210 *Gercke/Brunst*, Praxishandbuch Internetstrafrecht, 2009, S. 164.

niert, wenn die Umstände der Verbreitung geeignet sind, die Bereitschaft anderer zu fördern, eine solche Gewalttat zu begehen.

5. Glücksspiele mittels Computer/Internet, § 284 StGB

Wenn auch keine Kommunikation im engeren Sinne, so handelt es sich doch auch bei Glücksspielen im Internet um die Vermittlung von Inhalten, die durch strafrechtliche Regelungen eingeschränkt werden: Zur Bewahrung vor Glücksspiel- und Wettsucht schützt § 284 Abs. 1 StGB die hoheitliche Kontrolle über die kommerzielle Verwertung der natürlichen Spielleidenschaft. Die Regelung ist auf europarechtlicher[211], verfassungsrechtlicher und kriminalpolitischer Ebene höchst umstritten, so dass unklar ist, inwieweit die Norm derzeit anzuwenden ist.[212] Glücksspiele liegen vor, wenn über Gewinn oder Verlust primär der Zufall entscheidet und ein nicht völlig unbedeutender, vermögenswerter Einsatz geleistet werden muss, der mit dem Risiko des Verlusts erbracht wird. Sie sind öffentlich, wenn die Beteiligung nicht nur einem geschlossenen, durch persönliche Beziehungen verbundenen Personenkreis offensteht.[213] Hierunter fallen etwa virtuelle Spielcasinos oder Pokerrunden sowie Sportwetten.[214] Die praktisch relevanteste Tathandlung ist das Veranstalten, also das verantwortliche und organisatorische Schaffen des äußeren Rahmens für die Durchführung des Glücksspiels und das Ermöglichen der Publikumsbeteiligung.[215] Hierfür ist es ausreichend, den Zugang zu einer im Ausland eingerichteten Website zu gewähren.[216] Die Unerlaubtheit der Veranstaltung wird nach h. M. durch ausländische Genehmigungen nicht ausgeschlossen.[217] Neben der Veranstaltung ist auch die Werbung für öffentliche Glücksspiele, also eine öffentliche Aufforderung zur Beteiligung oder die gezielt an eine bestimmte Person gerichtete Aufforderung, verboten, Abs. 4. Die Versendung eines Links an sich reicht hierfür nicht aus, sobald diese aber etwa mit einem Banner versehen ist oder gezielt per

211 Vgl. zu der europarechtlichen Problematik im Detail *Heger*, Strafbarkeit von Glücksspielen, Sportwetten und Hausverlosungen via Internet im Lichte des Europarechts, ZIS 8.9.2012, S. 396ff.

212 Zu den Zweifeln an der tatsächlichen Verfolgung dieser Ziele vgl. *Hilgendorf/Valerius*, Computer- und Internetstrafrecht, 2. Aufl. 2012, S. 196 m. w. N. Zur aktuellen Unklarheit bei der Anwendung im Rahmen der Strafrechtsprechung vgl. *Heger*, ZIS 8.9.2012, S. 401.

213 *Hilgendorf/Valerius*, Computer- und Internetstrafrecht, 2. Aufl. 2012, S. 197.

214 *Heger*, ZIS 8.9.2012, S. 396; *Hilgendorf/Valerius*, Computer- und Internetstrafrecht, 2. Aufl. 2012, S. 197f.

215 *Hilgendorf/Valerius*, Computer- und Internetstrafrecht, 2. Aufl. 2012, S. 198.

216 *Hilgendorf/Valerius*, Computer- und Internetstrafrecht, 2. Aufl. 2012, S. 198. Allerdings ist in diesen Fällen sorgfältig zu prüfen, ob deutsches Strafrecht anwendbar ist, §§ 3ff. StGB – vgl. zu den Problemen bei abstrakten Gefährdungsdelikten wie § 284 StGB oben, S. 17ff.

217 Zu der Problematik im Detail *Hilgendorf/Valerius*, Computer- und Internetstrafrecht, 2. Aufl. 2012, S. 199.

Mail an einzelne Personen versandt wird – verbunden mit der Aufforderung zur Teilnahme – ist eine Werbung i.d.S. zu bejahen. Schließlich ist die Beteiligung an unerlaubten öffentlichen Glücksspielen verboten, § 285 StGB.

6. Grenzen des Versandhandels mit Arzneimitteln, §§ 95, 96 AMG

Auch wenn der Versandhandel mit verschreibungspflichtigen Arzneimitteln seit 2004 grundsätzlich erlaubt ist, sind dem auch strafrechtliche Grenzen gesetzt – so ist etwa ein nicht nach § 43 Abs. 1 S. 1 AMG, § 11a ApoG genehmigter Versand nach § 95 Abs. 1 Nr. 4 AMG strafbar.[218]

V. Urheberrechtsverletzungen

Auch wenn es sich bei Verletzungen des Urheberrechts letztlich ebenfalls um den Verstoß gegen bestimmte Grenzen des zulässigen Kommunikationsinhalts handelt, genießen die entsprechenden Regelungen eine gewisse Sonderstellung. Sie verbieten diese Inhalte nicht, weil sie an sich rechtsgutsverletzend- oder gefährdend sind, sondern um das Verwertungsrecht des Urhebers zu schützen.[219] Dieses Recht ist im Internet besonders gefährdet, bestehen hier doch unendliche Möglichkeiten der Kopie und Verteilung von Werken ohne Wissen und Einflussnahmemöglichkeiten des Berechtigten. Deshalb wurde das Urheberrecht 2003 und 2008 an die heute bestehenden technischen Möglichkeiten angepasst.[220] Ein besonderes Problem in diesem Bereich stellt das Recht auf Privatkopie dar, das einerseits erst die Möglichkeit zahlreicher Missbrauchshandlungen eröffnet, andererseits aber aus Bürgersicht ein zentrales Nutzungsinteresse ausdrückt.[221] Die strafrechtlichen Regelungen sind zivilrechtsakzessorisch ausgestaltet.[222] Hier relevant sind§§ 106, 108 und 108b UrhG.

Nach § 106 UrhG macht sich strafbar, wer in anderen als den gesetzlich zugelassenen Fällen ohne Einwilligung des Berechtigten ein Werk oder eine Bearbeitung oder Umgestaltung eines Werkes vervielfältigt, verbreitet oder öffentlich wiedergibt. Mit Blick auf den Schutzzweck des UrhG ist der Schutzbereich auf die sich aus §§ 16 bis 17 und 19 bis 21 UrhG ergebenden Verwertungsrechte des Urhebers[223] beschränkt.[224] Tatobjekt der Norm ist das

218 Vgl. *Marberth-Kubicki*, Computer- und Internetstrafrecht, 2. Aufl. 2010, S. 154.
219 *Nordemann*, in: Fromm/Nordemann, Kommentar zum Urhebergesetz, Stuttgart, 10. Aufl. 2008, § 1 Rn. 1.
220 *Marberth-Kubicki*, Computer- und Internetstrafrecht, 2. Aufl. 2010, S. 129ff.
221 *Marberth-Kubicki*, Computer- und Internetstrafrecht, 2. Aufl. 2010, S. 129f.
222 *Marberth-Kubicki*, Computer- und Internetstrafrecht, 2. Aufl. 2010, S. 131.
223 Sowie seines Rechtsnachfolgers und des Inhabers von Nutzungsrechten.

»Werk«, vgl. §§ 2 bis 4ff., 23 UrhG, also z. B. Software, Audio- und Videostücke, sowie Computerprogramme, § 69a UrhG. Verboten sind das Vervielfältigen[225], Verbreiten[226] und die öffentliche Wiedergabe,[227] also auch das öffentliche Zugänglichmachen (§ 19a UrhG),[228] geschützter Werke. Der Eingriff muss in anderen als den gesetzlich zugelassenen Fällen geschehen. Dieses negative Tatbestandsmerkmal[229] verweist etwa auf die Schrankenregelungen der §§ 44a ff. UrhG, etwa das vorübergehende Vervielfältigen und das – wie bereits erwähnt problematische – Vervielfältigen zum privaten und sonstigen eigenen Gebrauch, aber auch auf andere von der Literatur gebildete Fallgruppen.[230]

Auch dem Urheberrecht verwandte Schutzrechte werden durch das Strafrecht geschützt, § 108 UrhG, vor allem gegen unerlaubte Eingriffe durch (gewerbsmäßige, § 108a UrhG) Verwertung i.S.v. § 15 Abs. 1 UrhG. Diese Norm erlangt insbesondere mit Blick auf Raubkopien von Musikwerken Bedeutung.[231] Sie reguliert konkret die jeweils verbotenen Handlungen bezüglich der verschiedenen geschützten Tatobjekte.[232]

Schließlich sanktioniert § 108b UrhG unerlaubte Eingriffe in technische Schutzmaßnahmen und zur Rechtewahrnehmung erforderliche Informationen. Technische Maßnahmen im Sinne des in der Praxis am relevantesten Abs. 1 Nr. 1 sind Technologien, Vorrichtungen und Bestandteile, die in normalen Betrieb dazu bestimmt sind, geschützte Werke oder andere nach diesem Gesetz geschützte Schutzgegenstände betreffende Handlungen, die vom Rechteinhaber nicht genehmigt sind, zu verhindern oder einzuschränken (z. B. Kopiersper-

224 *Gercke/Brunst*, Praxishandbuch Internetstrafrecht, 2009, S. 190.

225 Jede körperliche Festlegung eines Werkes, die geeignet ist, diese den menschlichen Sinnen unmittelbar oder mittelbar wahrnehmbar zu machen, *Kaiser*, in: Erbs/Kohlhaas, Strafrechtliche Nebengesetze, 195. Aufl. 2013, U 180, § 106 Rn. 12. Erforderlich ist ein Erfolg i. S. d. Abschlusses des Reproduktionsprozesses, *Gercke/Brunst*, Praxishandbuch Internetstrafrecht, 2009, S. 192.

226 In-Verkehr-Bringen eines Vervielfältigungsstücks; auch insofern handelt es sich um ein Erfolgsdelikt, das Werk muss also das persönliche Umfeld des Täters verlassen haben, vgl. *Gercke/Brunst*, Praxishandbuch Internetstrafrecht, 2009, S. 192.

227 Diese umfasst eine Reihe von Eingriffen, vgl. § 15 Abs. 2 UrhG, etwa die Aufführung, § 19 UrhG, oder die Wiedergabe in Funksendungen, § 22 UrhG. Jedenfalls muss die Wiedergabe für eine Mehrzahl von Mitgliedern der Öffentlichkeit bestimmt sein, wie z. B. beim Bereitstellen im Internet (nicht jedoch bei Schutz durch Passwörter).

228 Das ist zu bejahen, wenn das Werk drahtgebunden oder drahtlos der Öffentlichkeit in einer Weise zugänglich gemacht wird, dass es ihren Mitgliedern von verschiedenen Orten und zu verschiedenen Zeitpunkten zugänglich ist, vgl. *Gercke/Brunst*, Praxishandbuch Internetstrafrecht, 2009, S. 193.

229 *Gercke/Brunst*, Praxishandbuch Internetstrafrecht, 2009, S. 194f.

230 *Gercke/Brunst*, Praxishandbuch Internetstrafrecht, 2009, S. 194ff.

231 *Gercke/Brunst*, Praxishandbuch Internetstrafrecht, 2009, S. 202.

232 Im Einzelnen: Wissenschaftliche Ausgaben, nachgelassene Werke, Lichtbilder, Darbietungen ausübender Künstler, Tonträger, Funksendung, Bild- oder Bild- und Tonträger, Datenbanken.

rungen). Verboten ist hiernach die Umgehung, d.h. jede Handlung, die die Wirkung der Maßnahme außer Kraft setzt oder abschwächt. Die Strafe ist jedoch ausgeschlossenen, wenn der Täter zum eigenen privaten Gebrauch oder zum Gebrauch von mit dem Täter persönlich verbundenen Personen erfolgt.

F. Zusammenfassung

Dass die weitgehend freie Kommunikation und Information im Internet, die unbeobachtete Arbeit mit dem eigenen PC, dessen unbeeinflusste Verarbeitung der eingegebenen Daten und der ungestörten Vernetzung verschiedener Computer für die moderne Gesellschaft von erheblicher Bedeutung sind, lässt sich kaum bezweifeln. Große Einigkeit besteht aber ebenso darüber, dass dieser Lebensbereich kein völlig rechtsfreier Raum sein kann. So ist der Zugang zu diesen Informationen und die freie Nutzung der vorhandenen technischen Möglichkeiten zweifellos schutzwürdig, manche Kommunikationssphären bedürfen der Abschirmung gegen Eingriffe von außen, bestimmte Kommunikationsinhalte müssen verboten oder zumindest eingeschränkt werden und manche Aussagen bzw. Kommunikationsmittel müssen aufgrund ihres Beweiswerts der Wahrheit entsprechen. Deshalb hat sich der nationale Gesetzgeber, aufgrund der grenzüberschreitenden Natur des Cyberspace aber auch inter- und supranationale Institutionen, schon früh um eine rechtliche Einhegung bemüht. Der deutsche Gesetzgeber ist in diesem Bereich – anders als in nichteuropäischen Ländern – in vielerlei Hinsicht an europarechtliche Vorgaben gebunden, was sich nicht nur an dem Erlass von Gesetzen zu deren Erfüllung, sondern auch an europarechtsfreundlicher Auslegung der bestehenden Normen zeigt.

Da die Bekämpfung der neuen Bedrohungen durch Cybercrime nicht ohne Veränderungen des Strafrechts möglich ist, ist auch dieses Rechtsgebiet Teil des rechtlichen »Gesamtpakets« im Bereich des Internet. Es schützt alle genannten Aspekte der Kommunikation, vom Zugang bis hin zum Vertrauen auf die Wahrhaftigkeit zumindest in einigen Bereichen, reguliert erlaubte Inhalte und verteilt Verantwortlichkeiten. Dennoch sind in diesem Bereich auch weiterhin nicht nur Detailfragen, sondern auch grundsätzliche Aspekte umstritten. Das liegt nicht nur an einer oft divergierenden Gewichtung der beteiligten Interessen, etwa der Meinungsfreiheit oder der (Grad der) Schutzwürdigkeit bestimmter gefährdeter Güter wie z.B. der Ehre, des öffentlichen Friedens oder der ungestörten Entwicklung Minderjähriger. Darüber hinaus bestehen nicht selten Zweifel an der Eignung gerade des Strafrechts zur Erreichung der gesetzgeberischen Zwecke.

Die hier erfolgte überblickshafte Darstellung der aktuellen rechtlichen Situation in Deutschland hat gezeigt, dass sich der deutsche Gesetzgeber in vielen Aspekten auf die Schutzwirkung des Strafrechts verlässt, insbesondere auch zur Erhaltung des öffentlichen Friedens. Dass gerade in Deutschland z. B. erhöhte Vorsicht bezüglich extremistischer Propaganda und entwürdigenden Gewaltdarstellungen herrscht, kann angesichts seiner speziellen Geschichte nicht verwundern. Verwunderlich ist dagegen zum einen, dass hier derart weitreichend auf das Strafrecht zurückgegriffen wird, das doch gerade im transnationalen Cyberspace nicht selten nur symbolische Wirkung entfaltet, zum anderen, dass die Sorge gegenüber einem die Meinungsfreiheit und die Privatsphäre doch nicht unerheblich einschränkendem starken Staat nicht besonders stark ausgeprägt zu sein scheint. Mit Blick auf die aktuelle rechtliche Situation in Deutschland bleibt festzuhalten, dass sich in allen Schritten und Facetten der Datenverarbeitung und der Netzkommunikation strafrechtliche Regelungen finden, die nicht selten Freiheiten zugunsten von Allgemeinrechtsgütern oder im Vorfeld der Rechtsgutsverletzung einschränken, ohne dass Gewissheit über die Eignung und Erforderlichkeit besteht. Dieses Phänomen ist nicht neu und auch nicht auf das Computer- und Internetstrafrecht beschränkt; hier wiederholt sich lediglich eine Gesamtentwicklung des Strafrechts, die keineswegs insgesamt verteufelt werden muss – sowohl die gesetzgeberische Expansion als auch die unter dem Stichwort »Flexibilisierung«[233] diskutierte Lockerung traditioneller dogmatischer Kategorien ist jedoch kritisch zu begleiten.

233 Vgl. zu der Entwicklung *Hilgendorf*, Gibt es ein Strafrecht der Risikogesellschaft, NStZ 1993, S. 10ff. m. w. N.

Makoto Takizawa

Regelungen zu Cybercrime im materiellen Strafrecht in Japan

A. Einleitung

Die Freiheit in einer demokratischen Gesellschaft setzt Sicherheit voraus, weswegen der Gesetzgeber die Verhaltensweisen, die unsere strafrechtlich geschützten Güter wie Leben, Vermögen, Vertrauen usw. verletzen, verfolgen muss. Das Hauptziel des Strafrechtssystems ist die Bestrafung und Resozialisierung des Täters, der unter Missachtung der abschreckenden Strafvorschriften, eine Straftat begeht. Das japanische Strafgesetzbuch vom 24. April 1907[1], welches stark vom deutschen Recht geprägt ist, dient nach ganz herrschender japanischer Lehre dem Rechtsgüterschutz.

In vielen Bereichen des Lebens und in der Gesellschaft sind Computer ein üblicher Bestandteil des Alltags geworden. Früher wurden Computer lediglich am Arbeitsplatz verwendet. Nur Schrittweise hat ihre Verwendung auch in den privaten Bereichen Einzug gehalten. Gegenwärtig sind in sog. Smartphones Computertechnik und ständige Internetverbindungen integriert, wobei diese als nahezu unverzichtbares Kommunikationsmittel dienen. Die Computertechnik

1 Penal Code, Act No. 45 of April 24, 1907.

ist aus dem Alltag vieler Menschen somit nicht mehr wegzudenken. Hinzu kommt die zunehmende Bedeutung von sozialen Netzwerken wie Twitter, Facebook, Google+, LinkedIn und Mixi. Trotz der zunehmenden »Computerisierung« und der daraus resultierenden Abhängigkeit der heutigen Gesellschaft von der Informationstechnik, muss nicht jede sittlich unangenehme Begleiterscheinung dieser Technisierung zwangsläufig unter Strafe gestellt werden. Das Strafgesetzbuch, dessen Leitprinzipien aus dem 19. Jahrhundert stammen, steht vor der Herausforderung, die Strafbarkeit von Cybercrimedelikten zu integrieren, soweit der Rechtsgüterschutz dies erfordert.

Der Schwerpunkt dieses Beitrages hat die Kurzvorstellung des japanischen Strafrechtssystems zum Thema[2]. Die hierfür notwendigen Begrifflichkeiten wie »Computer«, »Internet« und »Cybercrime« sollen dafür zunächst kategorisiert werden. Zu Beginn werden die Begriffe zu diesem Kriminalitätsphänomen dargestellt (unter B) und anschließend erfolgt eine Bestandsaufnahme der japanischen Strafrechtsdogmatik zu Cybercrime (unter C). Gleichzeitig erfolgt eine Darstellung der langjährigen Entwicklung der japanischen Strafgesetzgebung bezüglich dieses Themas »Cybercrime«. Aufgrund der internationalen Einflüsse (unter D) wird kurz auf das internationale Übereinkommens des Europarates über Computerkriminalität eingegangen. Des Weiteren sollen die jüngsten Aktivitäten des japanischen Gesetzgebers gegen Cybercrime vorgestellt werden, um am Ende des Beitrages den notwendigen Reformbedarf darzulegen (unter E).

B. Begriffsklärung

I. Begriffssuche

Der Begriff »Cybercrime« wird im japStGB nicht legal definiert. Zudem existiert im japanischen Recht kein explizites Gesetz gegen Cybercrime-Straftaten. Der Wortbedeutung nach ist »Cybercrime« ein Oberbegriff für computerspezifische Kriminalität. Im Folgenden wird der Begriff »Cybercrime« von computer- und internetbezogenen Begrifflichkeiten unterschieden, und es werden die jeweiligen Merkmale untersucht.

Der erste computerspezifische Kriminalitätsbegriff ist der der »Computerkriminalität«. Er umfasst das Phänomen der Zunahme von computerbezogener

2 An meinen Beitrag werden sich die Beiträge über Cybercrime von meinen geschätzten Kollegen, Herrn Prof. Ida und Herrn Prof. Tadaki, die sich mit dem materiellen Strafrecht beschäftigen werden, und von Herrn Prof. Ikeda aus Japan, der sich mit dem Strafprozessrecht beschäftigt, anschließen.

Kriminalität in den 1980er Jahren. Drei Kategorien lassen sich unter den Begriff der Computerkriminalität fassen:

1. Straftaten gegen Computer;
2. Straftaten mittels Computer;
3. Straftaten, bei deren Begehung Computer eine unverzichtbare Rolle spielen.

Zur ersten Kategorie gehören Tatbestände wie Diebstahl, Betrug, Sachbeschädigung usw. In dieser Kategorie ist der Computer lediglich das Tatobjekt, weshalb lediglich das überkommene, klassische Strafrecht Anwendung findet. Besonderer Diskussionsbedarf und spezielle Auslegungsprobleme bestehen nicht.[3]

Straftaten der zweiten Kategorie sind zwar auch Gegenstand des klassischen Strafrechts, beispielhaft seien genannt Betrug oder Bedrohung mittels Telefon bzw. E-Mail, Tötung oder Heiratsbetrug nach dem Kennenlernen des Opfers in sozialen Netzwerken, Ehrverletzung mittels Internetaushangs, etc. Diese Straftaten begründen aber die Notwendigkeit besonderer gesetzlicher Bestimmungen und einer entsprechenden Dogmatik, die vornehmlich das Ermittlungs- und Hauptverfahren betreffen.

Im Gegensatz dazu könnten Straftaten der dritten Kategorie mit dem Begriff »Cybercrime« in Verbindung gebracht werden, weil bei deren Begehung Computer eine unverzichtbare Rolle spielen. Zu diesen Straftaten gehören etwa der Besitz elektronisch gespeicherter Kinderpornographie und deren Herstellung und Verbreitung mittels Computer. In diesem Sinne wird erst mittels eines Computers die eigentliche Tat begangen. Die zum Begriff »Cybercrime« gehörigen Straftaten zeigen allerdings auch die Grenzen des klassischen Strafrechts auf. Eine Differenzierung zwischen Hightech-Kriminalität und Netzwerk-Kriminalität wird dabei nicht mehr vorgenommen.

Nach der Definition im »Japanese White paper on crime 2010« wird unter dem Begriff »high-technology offenses« die Netzwerk-Kriminalität verstanden. Erfasst sind Straftaten, wie die unbefugte Erzeugung oder Beschädigung von elektronischen Aufzeichnungen und die Behinderung des Geschäftsbetriebes durch Schädigung des Computer und Computerbetrug, Straftaten durch elektronische Aufzeichnungen im Zusammenhang mit Zahlungskarten und die Verletzung des Gesetzes über das Verbot des rechtswidrigen Datenzugangs vom 13. August 1999[4,5]. Der Unterbegriff »Netzwerk-Kriminalität« erfasst Straftaten im Cyber-Netzwerk, einschließlich des Betrugs über das Internet und der Prostitution von Kindern usw[6]. Dazu kommen terroristische Cyber-Angriffe, welche

3 *Yamaguchi*, Die Lage und Aufgabe der Cybercrime, Gendai keijiho, Vol. 6. Nr. 1., 4f.
4 Act on the Prohibition of Unauthorized Computer Access, Act No. 128 of 1999.
5 White paper on crime 2010 Part1/Chapter3/Section3/1 (abrufbar unter: http://hakusyo1.moj.go.jp/en/59/nfm/mokuji.html).
6 White paper, a. a. O., Part1/Chapter3/Section3/1.

die Funktionsfähigkeit wichtiger Infrastruktur durch Hacking-Angriffe oder das Einspeisen von Schadsoftware lahm legen[7]. Aufgrund dieser Begriffsvielfalt im »Japanese White paper on crime 2010« erscheint es für Justiz und Polizei noch schwieriger, den Begriff »Cybercrime« zu definieren.

II. Merkmale der Cybercrime

Die Diskussion um Cybercrime betrifft die Grenzen klassischer Strafrechtsprinzipien. Die oben genannten ersten beiden Kategorien sind, wie bereits erwähnt, dogmatisch Gegenstand des klassischen Strafrechts. Damit gerät die Begriffsdefinition von »Cybercrime« in den Hintergrund. Als nächstes sollen die Merkmale von Cybercrime und deren Begrenzung durch die klassischen Strafrechtsprinzipien dargestellt werden. Diese Diskussion wird vor dem Hintergrund der vom Computer stark abhängigen und weltweit vernetzten Gesellschaft geführt. Die Cyberwelt, inklusive Computer und sozialer Netzwerke, ist eine wichtige Sozialinfrastruktur geworden, die strafrechtlich geschützt werden muss.

Für Cybercrime sind Staatsgrenzen, die gleichzeitig den Geltungsbereich des Strafrechts eines jeden Staates bestimmen, bedeutungslos. Das erste und wichtigste Merkmal von Cybercrime ist deren Grenzenlosigkeit und deren grenzüberschreitender Charakter. Das bedeutet, dass der durch Cybercrime hervorgerufene Schaden oder der Taterfolg in mehreren Staaten und Rechtsordnungen eintreten kann.[8] Gerade deshalb ist es so wichtig und dringend nötig, die Rechtspolitik und die einschlägigen Maßnahmen zur Bekämpfung von Cybercrime international abzustimmen. Ein wichtiger Schritt ist dabei das Übereinkommen über Computerkriminalität vom 23. Nov. 2001[9] des Europarates, an dessen »Working Group« Japan als Nichtmitgliedstaat teilgenommen hat. Obwohl Japan kein Mitgliedstaat der Europäischen Union ist, hat die japanische Regierung das Übereinkommen unterzeichnet. Dies bedeutet, dass auch Japan die Aufgabe zur international-strafrechtlichen Bekämpfung von Cybercrime übernommen hat. Cybercrime zeichnet sich weiter dadurch aus, dass die Täter geschickt vorgehen. Denn bei nicht autorisierten Banküberweisungen per Internet oder Phishing bspw., ist die Straftat für das potentielle Opfer nicht vorhersehbar. Daher sind möglicherweise größere Schäden als bei klassischen Straftaten denkbar. Außerdem erscheint es vor dem Hintergrund des zweiten

7 THE WHITE PAPER on POLICE 2012[DIGEST EDITION], S. 30 (abrufbar unter: http://www.npa.go.jp/hakusyo/h24/english/Contents_WHITE_PAPER_on_POLICE2012.htm).

8 *Kawaide*, Criminal Investigation of Computer Crimes, Lawyers Association Journal Vol. 53, No. 10, P. 2.

9 SEV-Nr. 185.

Merkmals naheliegend, dass im Vergleich zu den klassischen Straftaten die Tatbegehung länger dauert und eine erhöhte Wiederholungsgefahr besteht. Darüber hinaus ist Cybercrime in unserem Alltagsleben allgegenwärtig, so dass ohne Zweifel jeder Bürger auch zum Opfer werden kann.

C. Bestandsaufnahme

Das japanische Strafrecht ist im Vergleich zum deutschen Recht relativ tolerant hinsichtlich der Möglichkeiten einer teleologisch-erweiternden Auslegung. Dies ermöglicht es der Praxis trotz des insoweit passiven Gesetzgebers eine erfolgreiche Bekämpfung neuerer Kriminalitätsphänomene. Allerdings ist diese Tendenz schon in den 1980er Jahren im Zuge der Verbreitung von elektronischer Informationsverarbeitung per Computer an ihre Grenzen gestoßen, denn eine Analogiebildung ist auch im japanischen Strafrecht unzulässig. Bevor Japan das Übereinkommen über Computerkriminalität des Europarates unterzeichnet hatte, sind teilweise dem Übereinkommen entsprechende Vorschriften in Kraft getreten. Es werden im Folgenden kurz die wichtigsten Vorschriften, die einerseits vor der Ratifizierung des Übereinkommens ins japStGB eingeführt wurden, und die Vorschriften, die nach der Ratifizierung neu eingeführt wurden, vorgestellt.

Im Jahre 1987 wurden Vorschriften in das japStGB eingeführt, die den Begriff »elektromagnetische Daten« definieren[10] und die rechtswidrige Herstellung von elektromagnetischen Daten[11], die Geschäftsstörung per Computer[12] sowie den computerbezogenen Betrug[13] unter Strafe stellen.

10 § 7–2 StGB: The term »electromagnetic record« as used in this Code shall mean any record which is produced by electronic, magnetic or any other means unrecognizable by natural perceptive functions and is used for data-processing by a computer.

11 § 161–2 Abs. 1 n. F. StGB: A person who, with the intent to bring about improper administration of the matters of another person, unlawfully creates without due authorization an electromagnetic record which is for use in such improper administration and is related to rights, duties or certification of facts, shall be punished by imprisonment with work for not more than 5 years or a fine of not more than 500,000 yen. Der Versuch ist strafbar nach § 161–2 Abs. 2 n. F. StGB.

12 § 234–2 Abs 1 n. F. StGB: A person who obstructs the business of another by interfering with the operation of a computer utilized for the business of the other or by causing such computer to operate counter to the purpose of such utilization by damaging such computer or any electromagnetic record used by such computer, by inputting false data or giving unauthorized commands or by any other means, shall be punished by imprisonment with work for not more than 5 years or a fine of not more than 1,000,000 yen.

13 § 246–2 StGB: In addition to the provisions of Article 246, a person who obtains or causes another to obtain a profit by creating a false electromagnetic record relating to acquisition, loss or alteration of property rights by inputting false data or giving unauthorized commands to a computer utilized for the business of another, or by putting a false electroma-

Des Weiteren wurden unter Berücksichtigung der bisherigen Strafbarkeit für den Schutz von Kreditkarten (auch Prepaid-Karten wie Telefonkarten) im Jahre 2001 ein Kapitel 18–2 über die Bestrafung der kartenbezogenen Fälschung ins japStGB eingeführt. Dieses neu eingeführte Kapitel besteht aus drei Paragraphen, welche die Herstellung, die Bearbeitung, den Besitz, die Lieferung entsprechenden Kartenmaterials sowie die Vorbereitung solcher Maßnahmen mit Strafe bedrohen[14].

Zum anderen trat im Jahre 1999 das Gesetz zur Bestrafung von Aktivitäten im Zusammenhang mit Kinderprostitution und Kinderpornographie und zum Schutz von Kindern vom 26. Mai 1999[15] in Kraft. Dieses, teilweise als Sozial-

gnetic record relating to acquisition, loss or alteration of property rights into use for the administration of the matters of another shall be punished by imprisonment with work for not more than 10 years.

14 § 163–2 StGB: (1) A person who, for the purpose of bringing about improper administration of the financial affairs of another person, creates without due authorization an electromagnetic record which is for the use in such improper administration and is encoded in a credit card or other cards for the payment of charges for goods or services, shall be punished by imprisonment for not more than 10 years or a fine of not more than 1,000,000 yen. The same shall apply to a person who creates without due authorization an electromagnetic record which is encoded in a card for withdrawal of money. (2) A person who, for the purpose prescribed for in the preceding paragraph puts an unlawfully created electromagnetic record: electromagnetic record prescribed for in the same paragraph into for administration of the financial affairs of another person, shall be dealt with in the same way prescribed in the same. (3) A person who, for the purpose prescribed for in paragraph (1), transfers, lends or imports a card encoded with an unlawful electromagnetic record prescribed for in the same paragraph, shall be dealt with in the same way prescribed in the same paragraph. § 163–3 StGB: A person, who, for the purpose prescribed for in paragraph (1) of the preceding Article, possesses the card prescribed for in paragraph (3) of the same Article, shall be punished by imprisonment with work for not more than 5 years or a fine of not more than 500,000 yen. § 163–4 StGB: (1) A person who, for the purpose of use in for the commission of a criminal act prescribed for in paragraph (1) of Article 163–2, obtains information for the electromagnetic record prescribed for in the same paragraph, shall be punished by imprisonment with work for not more than 3 years or a fine of not more than 500,000 yen. The same shall apply to a person who, knowing the purpose of the obtainer, provides the information. (2) A person who, for the purpose prescribed for in the preceding paragraph, stores the illegally obtained information of an electromagnetic record prescribed for in paragraph (1) of Article 163–2, shall be dealt with in the same way prescribed for in the preceding paragraph. (3) A person who, for the purpose prescribed for in paragraph (1), prepares instruments or materials, shall be dealt with in the same way prescribed for in the same paragraph. § 163–5 StGB: An attempt of the crimes prescribed under Article 163–2 and paragraph (1) of the preceding Article shall be punished.

15 The Act on Punishment of Activities Relating to Child Prostitution and Child Pornography, and the Protection of Children, Act No. 52 of May 26, 1999. Am 18. Juni 2014 hat das Oberhaus Sangiin ein Gesetz zur Änderung dieses Gesetzes beschlossen, welches am 15. Juni 2015 in Kraft trat. Nach der Gesetzesänderung wurden insb. folgende Handlungen neu unter Strafe gestellt; der Besitz der Kinderpornographie, § 3–2, der Besitz der Kinderpornographie zum Zwecke sexueller Neugier, § 7 Abs. 1 und die heimliche Herstellung der Kinderpornographie, § 7 Abs. 5.

recht zum Schutz des Kindeswohls charakterisierte, Gesetz definiert in Paragraph 2 »das Kind«[16], »Prostitution eines Kindes«[17] und »Kinderpornographie«[18] und beschreibt die folgenden Taten: Prostitution eines Kindes[19], Vermittlung der Prostitution eines Kindes[20], Aufforderung zum Anbieten von Prostitution eines Kindes[21], Herstellung, Besitz, Importieren, Exportieren, usw. von Kinderpornographie[22], Entführung des Kindes zum Zwecke der

16 § 2 Abs. 1: The term »child« as used in this Act shall mean a person under eighteen (18) years of age.

17 § 2 Abs. 2: The term »child prostitution« as used in this Act shall mean sexual intercourse (sexual intercourse or any conduct similar to sexual intercourse, or touching genital organs, (i. e., genital organs, anus and nipples; the same shall apply hereinafter) of a child or having a child touch one's own genital organs for the purpose of satisfying one's sexual curiosity; the same shall apply hereinafter) with a child in return for giving or promising remuneration to any person who falls under any of the following items: (i) The child; (ii) Any person who intermediates sexual intercourse with the child; (iii) The protector of the child (a person with parental rights, the guardian of the minor or any other individual, who is taking actual care of the child; the same shall apply hereinafter) or any person who has the child under his/her control; (iii) Any pose of a child wholly or partially naked, which arouses or stimulates the viewer's sexual desire.

18 The term »child pornography« as used in this Act shall mean photographs, recording media containing electromagnetic records (any record which is produced by electronic, magnetic or any other means unrecognizable by natural perceptive functions and is used for data-processing by a computer; the same shall apply hereinafter) or any other medium which depicts the pose of a child, which falls under any of the following items, in a visible way: (i) Any pose of a child engaged in sexual intercourse or any conduct similar to sexual intercourse; (ii) Any pose of a child having his or her genital organs touched by another person or of a child touching another person's genital organs, which arouses or stimulates the viewer's sexual desire; (iii) Any pose of a child wholly or partially naked, which arouses or stimulates the viewer's sexual desire.

19 § 4: Any person who commits child prostitution shall be sentenced to imprisonment with work for not more than five years or a fine of not more than three million yen.

20 § 5: (1) Any person who intermediates in child prostitution shall be sentenced to imprisonment with work for not more than five years and/or a fine of not more than five million yen. (2) Any person who intermediates in child prostitution with the intention of doing so on a regular basis shall be sentenced to imprisonment with work for not more than seven years and a fine of not more than ten million yen.

21 § 6: (1) Any person who solicits another person to commit child prostitution for the purpose of intermediating child in prostitution shall be sentenced to imprisonment with work for not more than five years and/or a fine of not more than five million yen. (2) Any person who solicits another person to commit child prostitution on a regular basis for the purpose set forth in the preceding paragraph shall be sentenced to imprisonment with work for not more than seven years and a fine of not more than ten million yen.

22 § 7: (1) On Purpose to meet their own sexual curiosity, who was in possession of child pornography (which is a person was led to the possession on the basis of self-will, and, limited to those who it is that party is clearly seen), it is punished by imprisonment or a fine of not more than one million yen of the following year. On Purpose to meet their own sexual curiosity, a person who retains the electromagnetic records that records the information that was depicted by a method that can be the children of the figure listed in any of the second paragraph 3 each item to be recognized by the visual (person is a person led to the store on

Prostitution[23], die Verantwortlichkeit juristischer Personen für die Prostitution eines Kindes[24] usw. Der japanische Gesetzgeber hat also bereits vor Umsetzung des Übereinkommens über Computerkriminalität versucht, Kinderpornographie zu bekämpfen. Zudem ist ein Gesetz über das Verbot des

the basis of its own intention, and, limited to those who it is that party is clearly seen.) is also the same. (2) Any person who provides child pornography shall be sentenced to imprisonment with work for not more than three years or a fine of not more than three million yen. The same shall apply to a person who provides electromagnetic records or any other record which depicts the pose of a child, which falls under any of the items of paragraph 3 of Article 2, in a visible way through electric telecommunication lines. (3) Any person who produces, possesses, transports, imports to or exports from Japan child pornography for the purpose of the activities prescribed in the preceding paragraph shall be punished by the same penalty as is prescribed in the said paragraph. The same shall apply to a person who retains the electromagnetic records prescribed in the preceding paragraph for the purpose of the same activities. (4) In addition to the preceding paragraph, any person who produces child pornography by having a child pose in any way which falls under any of the items of paragraph 3 of Article 2, depicting such pose in photographs, recording media containing electromagnetic records or any other medium shall be punished by the same penalty prescribed in paragraph 2 of this article. (5) In addition to the provisions in the preceding two paragraphs, by depicting secretly children of the figure listed in any of the second paragraph 3 each item of photos, in the recording medium other things relating to electromagnetic records, in accordance with the children even those prepared child pornography, the same as in the second term. (6) Any person who provides child pornography to unspecified persons or a number of persons, or displays it in public shall be sentenced to imprisonment with work for not more than five years and/or a fine of not more than five million yen. The same shall apply to a person who provides electromagnetic records or any other record which depicts the pose of a child, which falls under any of the items of paragraph 3 of Article 2, to unspecified persons or a number of persons in a visible way through telecommunication lines. (7) Any person who produces, possesses, transports, imports to or exports from Japan child pornography for the purpose of the activities prescribed in the preceding paragraph shall be punished by the same penalty as is prescribed in the said paragraph. The same shall apply to a person who retains the electromagnetic records prescribed in the preceding paragraph for the purpose of the same activities. (8) Any Japanese national who imports or exports child pornography to or from a foreign country for the purpose of the activities prescribed in paragraph 6 of this article shall be punished by the same penalty prescribed in the said paragraph.

23 § 8: (1) Any person who buys or sells a child for the purpose of having the child be a party to sexual intercourse in child prostitution, or for the purpose of producing child pornography by depicting the pose of a child, which falls under any of the items of paragraph 3 of Article 2, shall be sentenced to imprisonment with work for not less than one year and not more than ten years. (2) Any Japanese national who transports a child residing in a foreign state, who has been kidnapped by enticement or force or sold, out of that state shall be sentenced to imprisonment with work for a definite term of not less than two years. (3) Any person who attempts the crimes prescribed in the two preceding paragraphs shall be punished.

24 § 11: When a representative of a juridical person or a proxy, employee or any other staff member of a juridical person or of an individual has committed any of the crimes prescribed in Articles 5, 6 or from 7 (2) to (8) with regard to the business of said juridical person or individual, not only the offender shall be punished but also said juridical person or individual shall be punished by the fine prescribed in the respective articles.

rechtswidrigen Datenzugangs vom 13. August 1999[25] in Kraft getreten, das hier leider nicht erläutert werden kann.

Abgesehen von diesen beiden spezialgesetzlichen Regelungen wird darüber diskutiert, welche Rechtsgüter die oben vorgestellten, ins japStGB eingeführten Vorschriften schützen sollen. Denn die Vorschriften sind unpräzise formuliert. Systematisch gesehen dienen Vorschriften wie z. B. § 161–2 japStGB dem Schutz des Universalrechtsgutes der Sicherheit des elektronischen Rechtsverkehrs. Hingegen dienen die Vorschriften der §§ 234–2 und 246–2 japStGB auch dem Individualrechtsgüterschutz.

Abgesehen davon ist Schutzzweck der Regelungen, die Stärkung des Vertrauens der Gesellschaft in den sicheren Datenaustausch mittels Computer und in die reibungslose Funktion der Informationsverarbeitungssysteme durch Computer ohne Störung durch derzeit weit verbreitete Computerviren in der japanischen Cyberwelt. Folglich schützen die neu ins japStGB eingeführten Vorschriften, wie z. B. § 168–2 japStGB, auch Universalrechtsgüter[26].

Trotz der Novellen war die Bekämpfung neuerer Kriminalitätsphänomene erfolgreich, und es wurde bis heute noch keine Entscheidung für verfassungswidrig erklärt. Gerade deshalb ist der Fall »Winny« sowohl in strafrechtlicher als auch in gesellschaftlicher Hinsicht interessant. Am 19. Dezember 2011 hat das höchste Gericht, der Supreme Court Japans, den Freispruch des OLG Osaka für den wegen Beihilfe zum Verstoß gegen das Urheberrechtsgesetz Angeklagten bestätigt[27]. »Winny« ist eine japanische Peer-to-Peer-Filesharingsoftware, bei der die Benutzeridentität auch beim Download anonym bleiben kann. Sie wird in der Cyberwelt sowohl rechtmäßig als auch zur Herstellung, Verbreitung und Bearbeitung von Kinderpornographie, bei welcher es sich um elektronische Daten im Sinne des Urheberrechtsgesetzes handelt, verwendet. Der Fachinformatiker, der die Software entwickelte, stellte diese kostenlos zur Verfügung, und aufgrund der Nutzerkommentare verbesserte er diese weiter. Er wurde wegen Beihilfe zum Verstoß gegen das Urheberrechtsgesetz festgenommen. Dies rief heftige Kritik des strafrechtlichen Schrifttums hervor, vor allem von Vertretern der »Lehre der Wertneutralität«, da es eine Bestrafung von teilweise rechtmäßigen Taten wie der Herstellung der Software, die auch gesetzesgemäß benutzt wurde, nicht geben dürfe. Andererseits wird zu Recht angemerkt, dass eine gewisse Abschreckung vor dem Hintergrund der weiten Verbreitung der entsprechenden Technik notwendig ist. Im konkreten Fall ist kein Vorsatz zur

---

25 Act on the Prohibition of Unauthorized Computer Access, Act No. 128 of 1999.

26 Protokoll der Legislative Council Strafrechtsgruppe (Zur High-Tech-Kriminalität) vom 14. April 2003 (abrufbar unter: http://www.moj.go.jp/shingi1/shingi_030414-1.html).

27 Entscheidungen des Supreme Court in Strafsachen, Bd 65. Nr. 9. S. 1380. Dazu gibt es diverse Anmerkungen, aber nur einige leitende Anmerkungen: *Hayashi*, Jurist Nr. 1453, 152: *Sakuma*, NBL 979, 30; *Yano*, Law & Technology, 55, 69; *Kojima*, Hogakukyoshitu 389, 32.

Beihilfe beim Täter nachgewiesen worden. Allerdings schließt der Supreme Court eine Bestrafung wegen Beihilfe nicht aus, wenn die Wahrscheinlichkeit besteht, dass der Täter die Software bewusst mit dem Ziel hergestellt hat, dass sie nach dem Download für rechtswidrige Zwecke benutzt wird. In der Praxis und bei der Auslegung darf dennoch nicht unberücksichtigt bleiben, dass es um die Balance zwischen Bestrafung und Weiterentwicklung der Technik nach dem Ultima-ratio-Prinzip geht.

D. Internationale Einflüsse

I. Das Übereinkommen über Computerkriminalität

Da Cybercrime phänotypisch ein grenzüberschreitendes bzw. internationales Phänomen ist, ist es erforderlich, in einem internationalen Rahmen zu reagieren. So liegt auch dem Übereinkommen über Computerkriminalität die Überlegung zugrunde, dass internationale, gemeinsame Maßnahmen gegen Cybercrime auf materiell-rechtlicher, verfahrensrechtlicher und international-strafrechtlicher Ebene für eine erfolgreiche Bekämpfung erforderlich sind. Das Übereinkommen des Europarates besteht inhaltlich aus drei Teilen: Im ersten Kapitel finden sich Begriffsbestimmungen[28], im zweiten die innerstaatlich zu treffenden Maßnahmen[29] und schließlich die internationale Zusammenarbeit im dritten Kapitel[30]. Das zweite Kapitel ist nochmals aufgeteilt in einen Abschnitt, der materiell-rechtliche Maßnahmen zur teilweisen Neuschaffung von Tatbeständen enthält, soweit das nationale Recht solche Vorschriften bislang nicht enthält.[31] Der nächste Abschnitt enthält die flankierenden strafverfahrensrechtlichen Vorgaben[32]. Des Weiteren enthält das Abkommen Maßnahmen für die internationale Zusammenarbeit und Rechtshilfe, die bei Cybercrime in besonderem Maße notwendig sind[33]. Das Übereinkommen lässt sich daher als gründlicher, wichtiger und wegweisender internationaler Rahmen für die gemeinsame Bekämpfung von Cybercrime bezeichnen. Aus verfahrensrechtlicher Sicht fördert das Übereinkommen die Amts- und Rechtshilfe bei der Bekämpfung grenzüberschreitender Kriminalität.

28 Art. 1 SEV.
29 Art. 2–22 SEV.
30 Art. 23–48 SEV.
31 Art. 2–18 SEV.
32 Art. 19–22 SEV.
33 Art. 23–48 SEV.

II. Das japanische materielle Strafrecht de lege lata

Japan hat trotz seiner Stellung als Nichtmitgliedstaat das Übereinkommen am 23. November 2001 unterzeichnet. Am 21. April 2004 wurde es ratifiziert, und es trat am 1. November 2012 in Kraft. Wie bereits erwähnt, sind davor schon einige Vorschriften zur Bestrafung bestimmter Erscheinungsformen von Cybercrime in Kraft getreten. Im Folgenden sollen die Vorschriften kurz vorgestellt werden, die nach der Ratifizierung des Übereinkommens neu eingeführt wurden.

Die aufgrund des Übereinkommens umzusetzenden Maßnahmen hat der japanische Gesetzgeber mit dem Inkrafttreten des »Gesetzes zur Änderung des Strafrechts und der Strafprozessordnung zur Verbesserung der Informationsverarbeitung« vom 24. Juni 2012 getroffen[34]. Das Artikelgesetz besteht im Wesentlichen aus zwei Teilen, namentlich einem materiell-rechtlichen und einem verfahrensrechtlichen. Im materiell-rechtlichen Teil finden sich Änderungen des Strafgesetzbuches und weiterer spezialgesetzlicher Regelungen.

Die drei wichtigsten Änderungen des japStGB sind folgende:

1. Die Neuregelung der Vorschriften gegen das Erstellen, den Besitz, das Liefern, den Erwerb und das Lagern eines sog. Computervirus oder sonstiger Schadsoftware ohne rechtfertigenden Grund, Kap. 19–2, d.h. §§ 168–2, 168–3 japStGB. Dies entspricht Art. 5 und Art. 6 des Übereinkommens.
2. Die Erweiterung der Regelung zum Umgang mit Kinderpornographie, § 175 japStGB. Sie entspricht Art. 9 des Übereinkommens.
3. Die Bestrafung des Versuchs der Beschädigung von Computern sowie die Behinderung des geschäftlichen Verkehrs, § 234–2 Abs. 2 japStGB. Sie entspricht Art. 7 des Übereinkommens.

E. Reformbedarf

Japan hat das Übereinkommen über Computerkriminalität ratifiziert und endlich innerstaatlich umgesetzt. Demnach ist die japanische Rechtslage aus einer internationalen Perspektive betrachtet in puncto Cybercrime auf dem vorläufig neuesten Stand. Perspektivisch ist eine Überprüfung angezeigt, ob das Ziel der Novellen in der Praxis erreicht worden ist. Die Entwicklung der Informationstechnik schreitet permanent voran. Treten neue Probleme auf, sind zuerst die konventionellen und dann die erweiternden Auslegungsmethoden zu bemühen, um dem Problem entgegenzutreten. Fruchten diese Versuche nicht,

34 Hier nur *Yoshida*, Zum Hintergrund und Inhalt der Gesetzgebung, Jurist Nr. 1431, 58ff.; *Kunogi*, Der Inhalt des »Gesetzes zur Änderung des Strafrechts, der Strafprozessordnung für die Verbesserung der Informationsbearbeitung«, Criminal Law Journal Nr. 30, 3ff.

muss der Gesetzgeber dem Phänomen durch sein Tätigwerden Einhalt gebieten. In einem solchen Fall ist es aber unerlässlich, dass die strafrechtlichen Grundprinzipien des klassischen Strafrechts in ihrem Kern erhalten bleiben.

Im Zusammenhang mit dem oben vorgestellten Winny-Fall besteht zwar kein Reformbedarf, allerdings muss klargestellt werden, dass die Einhaltung des Ultima-ratio-Prinzips von enormer Bedeutung ist. Durch die Ratifizierung des Übereinkommen über Computerkriminalität und die damit ins japStGB eingeführte Vorschrift § 168–2, die das Erstellen, das Liefern, den Erwerb sowie den Besitz eines Computervirus oder sonstiger Schadsoftware »ohne rechtfertigenden Grund« unter Strafe stellt, kann auch ein Verhalten wie im Winny-Fall bestraft werden. Ein Tatbestandsmerkmal wie »ohne rechtfertigenden Grund« schützt, wie ein Zusatzbeschluss des japanischen Oberhauses im Gesetzgebungsverfahren erklärt, einerseits vor der Aushöhlung der verfassungsrechtlich garantierten Meinungsfreiheit und andererseits die Entwicklung der Informationstechnik.

F. Fazit

Abschließend lässt sich Folgendes feststellen:

1. Das Phänomen »Cybercrime« muss in der weltweit vernetzten Gesellschaft durch das Strafrecht bekämpft werden. Schäden entstehen unabhängig von Staatsgrenzen, weshalb Cybercrime grenzüberschreitend und international ist. Das klassische Strafrecht, welches auf das 19. Jahrhundert zurückgeht, muss allerdings auch Cybercrime erfassen, damit der Rechtsgüterschutz sowohl in der realen als auch in der virtuellen Welt sichergestellt wird. Obwohl es im japanischen Recht keine gesetzliche Definition des Begriffs »Cybercrime« gibt, wird durch diverse Vorschriften im japStGB und anderen Spezialgesetzen – durchaus mit Erfolg – computer- und internetbezogene Kriminalität in ihren verschiedenen Erscheinungsformen bekämpft.
2. De lege ferenda ist bei der Einführung neuer Straftatbestände die rasche Entwicklung der Informationstechnik zu berücksichtigen. Dabei ist Vorsicht geboten, um die Entwicklung durch eine mögliche Strafandrohung nicht zu hemmen. Die Modernisierung und Verbesserung der Grundprinzipien des Strafrechts ist stets in Betracht zu ziehen. Eine Vorverlagerung der Strafbarkeit in einer Risikogesellschaft ist nur ausnahmsweise erstrebenswert. Die Einführung eines Fahrlässigkeitstatbestands zur Cybercrime ist andererseits zumindest in der jetzigen Lage der Informationstechnik wahrscheinlich ausgeschlossen. Das Überschreiten der Schwelle der heutigen klassischen Strafrechtsprinzipien für die Bekämpfung ist abzulehnen, da insoweit eine

Umdeutung einen Nachteil für das Ziel des Strafrechts mit sich bringen kann, obwohl dieses funktionsfähig bleiben können muss.

3. Unter Berücksichtigung der heutigen hoch vernetzten Gesellschaft müssen alle Staaten mit einer kohärenten Rechtspolitik Cybercrime bekämpfen. Das europäische Übereinkommen über Computerkriminalität könnte ein zumindest im Bereich Cybercrime wünschenswerter Weg zu einem Weltstrafrecht sein. Es geht hierbei um verschiedene Probleme, wie etwa die Frage des Geltungsbereichs eines Gesetzes in der virtuellen Welt[35], die Frage unterschiedlicher Rechtskulturen, die Diskrepanz der Tatbestände, die Konkurrenzfragen, das Doppelbelastungsverbot, die Ermittlungs- und Rechtshilfe. Verträge und Abkommen können eine realistische und möglicherweise die beste Lösung sein. Der japanische Gesetzgeber hat zumindest das Übereinkommen über Computerkriminalität ratifiziert und bereits neue Vorschriften in das japStGB und die japStPO eingefügt.

35 Vgl. BGHSt 46, 212.

Il-Tae Hoh

Regelungen zu Cybercrime im materiellen Strafrecht in Korea

A. Einleitung

Datenverarbeitungsgeräte ermöglichen die Speicherung großer Datenmengen sowie das effiziente Durchsuchen großer Datenmengen oder deren Übertragung. Mit der Entwicklung der Informations- und Kommunikationstechnik nimmt die Verbreitung von Smartphones mit Zugang zu Wired oder Wireless Internet[1] zu. Dies zeigt sich bereits deutlich anhand der hohen Nutzungsrate des

1 In Korea ist das Internet erstmals im Jahr 1982 durch »HANAnet«, das »Korean Research

Internets. Konkret: Das Internet war in Korea erst ab dem Jahr 1994 verfügbar. Im Juli 2012 nutzten bereits 86,5 % aller Koreaner ab drei Jahren das Internet, was belegt, dass es relativ gesehen in Korea weltweit die meisten Internetnutzer gibt.

Da die meisten Koreaner sich tagtäglich sowohl in der virtuellen als auch in der wirklichen Welt bewegen, ist ihnen der Unterschied zwischen beiden Welten zumeist kaum bewusst. Über Informations- und Kommunikationsnetzwerke kann jeder Einzelne seiner Persönlichkeit und seinen Gefühlen Ausdruck verleihen. Daneben verwenden Unternehmen, Ausbildungsinstitutionen sowie Behörden den Cyber-Space als Kommunikationsmedium.

Im Cyber-Space, in dem Informationen elektronisch gespeichert werden können, nimmt dementsprechend die Gefahr zu, dass persönliche Daten, Geschäfts- oder Betriebsgeheimnisse offenbart oder wichtige Informationen von Behörden in fremde Hände gelangen können. Durch technische Manipulationen können bei Privaten und Unternehmen erhebliche Schäden hervorgerufen werden. Beispielsweise können durch das Versenden von Spam-Mails oder die Verbreitung von Viren Dienstleistungen sabotiert, Vermögenswerte beeinträchtigt oder Pornographie verbreitet werden. Rechtswidrige Handlungen sind im Cyber-Space allgegenwärtig. Aus der Bandbreite möglicher Straftaten sind folgende Beispiele zu nennen: Betrug im elektronischen Handel, Verbreitung von Raubkopien, Beleidigungen über das Internet, Verletzungen persönlicher Daten oder Cyber-Stalking.

Solche Handlungen betreffen nicht nur Individualrechtsgüter. Sie können sogar gesamtgesellschaftliche Auswirkungen haben. Dazu ein typisches Beispiel:

Am 12. April 2011 hatten viele Kunden bei der Nutzung der Geldautomaten (ATM[2]) der »*National Agricultural Cooperative Federation (Nong-Hyup)*« Probleme. Das lag daran, dass wichtige Daten im relativ sicheren Banknetzwerk in großem Ausmaß manipuliert wurden, wodurch die Nutzungsmöglichkeit der Bankdienstleistungen ganz oder teilweise vereitelt wurde. Über dieses Ereignis wurde in den Medien berichtet. Weil das Banknetzwerk erst 18 Tage später wieder funktionierte, konnten viele Kunden inzwischen nicht nur kein Geld abheben, sondern sie hatten auch große Bedenken, ob das Geld auf ihren Konten noch vorhanden war[3]. Die Bevölkerung war gerade deshalb so stark betroffen, weil alle davon überzeugt waren, dass das Banknetzwerk besonders gut gesichert

Environment Open Network (KREOnet)« und das »Korean Research and Education Network (KREN)« zugänglich gemacht geworden. Näher dazu *Jeong, Wan*, Cyber-Kriminalität, Beobwonsa, 2010, S. 4ff. (in Koreanisch).

2 Asynchronous Transfer Mode.

3 *Nong-Hyup*, »Cyber-Terrorismus der Innenexperten«, Hankuk-Tageszeitung, 18.4.2011.

war. Später konnte lediglich herausgefunden werden, dass die Angriffe von 27 IP-Adressen aus 13 unterschiedlichen Staaten, darunter auch China, ausgingen.

Das Beispiel zeigt deutlich, dass das Ausmaß bestimmter krimineller Handlungen im Cyber-Space eine neue Dimension angenommen hat, was mit den herkömmlichen rechtlichen Regelungen nicht vollständig bewältigt werden kann. Problematisch ist beispielsweise der zeitliche und räumliche Geltungsbereich des Strafrechts bei Cyber-Kriminalität. Allerdings wurden die Probleme der Cyber-Kriminalität, die mit der weiten Verbreitung von Computern unter der Bevölkerung einhergingen, vorausgesehen. So haben vier Strafrechtler[4] an einem Forschungsprojekt teilgenommen, dessen Ergebnis in der Form eines Berichts, der die Notwendigkeit von Regelungen zu Cyber-Kriminalität betonte[5], im Jahr 1987 der zuständigen Behörde vorgelegt wurde. Aus diesem Anlass ist der koreanischen Regierung die Notwendigkeit zum Schutz von Informationen und dem Vermögen von Individuen und Unternehmen im Cyber-Space bewusst geworden. Vor diesem Hintergrund hat der koreanische Nationalrat eine Revision des Strafgesetzbuches beschlossen, bei welcher der Straftatbestand des »Computerbetruges« eingeführt wurde, der im Jahr 1996 in Kraft getreten ist.

Seitdem haben sich Datenverarbeitungsgeräte und die Informations- und Kommunikationstechnik rasant weiterentwickelt. Nutzungsweisen und Inhalte sind vielfältig geworden. Dementsprechend betrifft Computer-Kriminalität nicht mehr nur die Nutzung eines einzelnen Computers, sondern ganze Informations- und Kommunikationsnetzwerke. Um darauf schnell zu reagieren, hat der koreanische Nationalrat viele Sondergesetze wie das »Gesetz über die Förderung der Nutzung des Informations- und Kommunikationsnetzwerkes und den Datenschutz«[6] (»Informations- und Kommunikationsnetzwerk-Gesetz[7]«)

4 Prof. Kim, Jong-Won; Prof. Cha, Yong-Seok; Prof. Lee, Jae-Sang; Prof. Hoh, Il-Tae.

5 Hoh, Il-Tae (et al.), »Studie zu den strafrechtlichen Maßnahmen gegen Computer-Kriminalität«, Studienreihe zur Elektro-Kommunikation, 1987.

6 Dieses Gesetz regelt die Förderung der Nutzung des Informations- und Kommunikationsnetzwerkes wie seiner Entwicklungen bzw. Verbreitung sowie auch den Schutz der Daten, welche über das Informations- und Kommunikationsnetzwerk übertragen werden. Das Gesetz ist im Grunde auf das »Gesetz über die Verbreitung, Erweiterung und Förderung der Nutzung des Netzwerkes« vom Mai 1986 zurückzuführen. Im Februar 1999 wurde sein Titel in das »Gesetz über die Förderung der Nutzung des Informations- und Kommunikations-Netzwerkes« geändert. Im Januar 2001 wurden die Bestimmungen über den Datenschutz ins Gesetz eingeführt und das Gesetz erhielt damit den jetzigen Titel.

7 Nach § 2 Nr. 1 des Informations- und Kommunikationsnetzwerk-Gesetzes ist ein Informations- und Kommunikations-Netzwerk »das System von Information und Kommunikation, in dem durch die Nutzung elektronischer Kommunikationsanlagen nach dem Gesetz über elektronische Kommunikationsdienste oder durch die Verwendung von Computertechnik in Verbindung mit elektronischen Kommunikationsanlagen Daten gesammelt, verarbeitet, gespeichert, gesucht, gesendet oder empfangen werden können«.

beschlossen, wodurch vielfältige rechtswidrige Handlungen im Cyber-Space unter Strafe gestellt wurden.

Dieser Beitrag geht zunächst auf die Diskussion über den materiell-rechtlichen Begriff der Cyber-Kriminalität und ihre rechtstatsächliche Situation in Korea ein (B). Danach werden die gesetzlichen Regelungen über die Cyber-Kriminalität (C) und ihre Probleme bei der Rechtsanwendung vorgestellt. Anschließend wird die internationale Zusammenarbeit erörtert. Dem schließt sich das Fazit an (F).

B. Begriff und Phänomenanalyse

I. Terminologie

Kriminalität im Cyber-Space wird durch verschiedene Bezeichnungen umschrieben: z. B. Computer-Kriminalität, Informations- und Kommunikationskriminalität oder High-Tech-Kriminalität. Am häufigsten verbreitet ist der Begriff Cyber-Kriminalität[8], was sicherlich darauf zurückzuführen ist, dass dieser Begriff in der Wissenschaft verwendet wird[9], seitdem das koreanische Kriminalamt (*Korean National Police Agency*) im Jahr 1999 die Abteilung »*Cyber Crime Investigation*« errichtete[10], die ausschließlich für Ermittlungen im Bereich der Cyber-Kriminalität zuständig ist. Daneben wurde der Prototyp der rechtswidrigen Handlungen im Informations- und Kommunikationsnetzwerk-Gesetz als Cyber-Kriminalität bezeichnet. Dies festigte den Begriff gleichermaßen.

Die koreanische Staatsanwaltschaft (»*Supreme Prosecutors' Office*«) hat am 28. Oktober 2011 im »Reglement über die Gründung und Führung eines Cybercrime Investigation Department«[11] den Begriff der Cyber-Kriminalität folgendermaßen definiert:

> »(1) Handlungen, durch die sich jemand ohne Befugnis Zugang zu Informations- und Kommunikationsnetzwerken verschafft und die diese Netzwerke stören, behindern

8 Die koreanische Regierung gebraucht nach wie vor den Ausdruck Computer-Kriminalität.

9 *Park, Kyeong-Sik*, »Situation der Cyber-Kriminalität und Gegenmaßnahmen: mit besonderer Berücksichtigung der polizeilichen Ermittlung«, Studienreihe der Korean National Police University, Nr. 20 (2000.12.), S. 1031–1078 (in Koreanisch); *Lee, Byeong-Jong*, a. a. O., S. 180; *Jo, Byeong-In*, Studie zu Maßnahmen gegen Cyber-Kriminalität, 2000 (in Koreanisch).

10 Nach § 9 (Abteilung im *Criminal Investigation Bureau*) des »Ausführungsreglement[s] über den Aufbau des Kriminalamtes und seiner Organisationen« ist unter dem Kriminalermittlungsbüro das *Zentrum für Anti-Cyber-Terrorismus* einzurichten (Abs. 1) und der Leiter des *Zentrums für Anti-Cyber-Terrorismus* ermittelt Cyber-Kriminalität und leitet ihre Ermittlung (Abs. 9).

11 http://cybercid.spo.go.kr/.

oder lahmlegen, (2) Begehung strafbarer Handlungen mittels Informations- und Kommunikationsnetzwerken im Cyber-Space, (3) ähnliche strafbare Handlungen«[12].

Bei diesem durch die Staatsanwaltschaft definierten Begriff besteht die Gefahr, dass er nicht nur jegliche Kriminalität im Cyber-Space umfasst, sondern darüber hinaus auch die Kriminalität außerhalb des Cyber-Space bloß deshalb als Cyber-Kriminalität erfasst, weil sie irgendwie im Zusammenhang mit Kriminalität im Cyber-Space steht. Zur Verdeutlichung dient folgendes Beispiel:

Der Täter in Dae-gu spielte mit dem Opfer das Online-Spiel (Massively Multiplayer Online Role-Playing Game: MMORPG) »Lineage«[13]. Dabei gerieten beide in Streit. Der Täter behauptete, dass das spätere Opfer dessen Spiel-Items in der virtuellen Welt (Online-Game) geraubt habe. Im Dezember 1999 kam der wütende Täter deshalb zum Opfer nach Seoul, erpresste es und raubte ihm Spiel-Items im Wert von 2,000,000 KRW (etwa 1.436 Euro).[14]

Fielen Fälle wie dieser unter Cyber-Kriminalität, wäre der Begriff derart weit gefasst, dass er nicht mehr hinreichend bestimmt wäre. Nach geltendem Recht handelt es sich bei dem Beispielsfall deshalb schlicht um Raub oder Erpressung. Typische Cyber-Kriminalität beschreiben die ersten beiden Fallgruppen. Deswegen ist der Begriff Cyber-Kriminalität folgendermaßen zu definieren: Cyber-Kriminalität ist die Gesamtheit der Handlungen, durch die jemand von außen in Informations- und Kommunikationsnetzwerke, welche dem Cyber-Space zugrunde liegen, eindringt, oder die Kriminalität, welche innerhalb des Cyber-Space ausgeübt wird[15]. Kurz: die Gesamtheit der Handlungen, welche die den Cyber-Space bildende Infrastruktur (Datenverarbeitungsgeräte und Informations- und Kommunikationsnetzwerke) beeinträchtigen oder die im Cyber-Space strafrechtlich geschützten Rechtsgüter verletzen.

12 Es handelt sich um eine alternative Aufzählung.

13 Hintergrund dieses Spiels ist das Mittelalter. Der Spieler hat in der virtuellen Welt die Auswahl unter fünf verschiedenen Charakteren (Magier, Elf, Dunkel Elf, Ritter und Adeliger) mit unterschiedlichen Attributen und Fähigkeiten. Die Spieler bekriegen sich mit anderen Spielern und können auch miteinander kommunizieren. Seit dieses Spiel im September 1998 veröffentlicht wurde, ist es eines der weltweit erfolgreichsten Spiele in den USA, Japan und Honkong.

14 Don-A Tageszeitung, 28. Dezember 1999: Der Polizei in Song-pa, Seoul zufolge ereignen sich monatlich 20 bis 30 Fälle (in Koreanisch).

15 *Cheon, Ji-Yeon*, »Gestern, heute und morgen von Cyber-Kriminalität«, Korean Journal of Criminal Law, 2007, S. 6 (in Koreanisch).

II. Begriffliche Differenzierung bei Cyber-Kriminalität

Im Hinblick auf die strafrechtlichen Maßnahmen gegen Cyber-Kriminalität empfiehlt es sich, herkömmliche und neuartige Kriminalitätsformen im Cyber-Space zu unterscheiden.

Bei herkömmlicher Kriminalität im Cyber-Space handelt es sich um solche Straftaten, die lediglich in einem neuen Lebensraum, nämlich dem Cyber-Space, begangen werden. Dazu gehören zum Beispiel Beleidigungen, die strafbare Durchführung von Online-Wetten, Internet-Betrug und Pornographie im Internet.

Neuartige Kriminalitätsformen im Cyber-Space erfassen Delikte, welche durch das Bestehen des Cyber-Space überhaupt erst möglich geworden sind. Es handelt sich mithin um andere Erscheinungsformen als bei herkömmlicher Kriminalität. Dazu gehören zum Beispiel die Herstellung bzw. Verbreitung von Computerviren, die Massensendung von Spam-Mails, Hacking, DDOS-Attacken[16], Diebstahl von Domain-Adressen oder Items im Cyber-Space sowie die Verletzung von Spielcharakteren.

III. Erscheinungsformen der Cyber-Kriminalität

Cyber-Kriminalität zeichnet sich – wie Kriminalität in der realen Welt – durch sehr variationsreiche Begehungsweisen aus. Das lässt sich darauf zurückführen, dass ein wesentlicher Unterschied zwischen Cyber-Kriminalität und der herkömmlichen Kriminalität im Hinblick auf Begehungsweisen und Tatmittel kaum feststellbar ist, da die Besonderheiten der virtuellen Welt lediglich darin bestehen, die aus der wirklichen Welt bekannten Begehungsweisen und Tatmittel – in modifizierter Form – zu nutzen.

Zur Sicherheit des Cyber-Space hat Korea das »Informations- und Kommunikationsnetzwerk-Gesetz« erlassen. Das Gesetz unterscheidet Delikte in Form des Cyber-Terrorismus, welche von außen in die Informations- und Kommunikations-Netzwerke einwirken, von allgemeinen Delikten, welche aus dem Cyber-Space selbst hervorgerufen werden. Zur ersten Gruppe gehören zum Beispiel Hacking oder das Einspeisen von Schadprogrammen. Zur zweiten Gruppe gehören etwa der Betrug im elektronischen Handel, das Verbreiten von Raubkopien, das Betreiben schädlicher Internetseiten, Beleidigungen über das Internet, das

16 Das sog. DDOS ist die Abkürzung für Distributed Denial of Service. Die DDOS-Attacken belasten absichtlich den Internetzugang, das Betriebssystem oder die Dienste eines Hosts mit einer größeren Anzahl von Anfragen, als von diesem verarbeitet werden können, und lassen dadurch einen oder mehrere bereitgestellte Server abstürzen.

Ausspähen persönlicher Daten oder Cyber-Stalking.[17] Das *Zentrum für Anti-Cyber-Terrorismus* des koreanischen Kriminalamtes (*Korean National Police Agency*) unterscheidet folgende Erscheinungsformen der Cyber-Kriminalität:

[Tabelle 1]

Fallgruppen	*Tathandlung*	*Inhalt*
Hacking	Zugangsverschaffung	Niemand darf sich ohne rechtmäßige Zugangsberechtigung oder mit einer über die Zugangsberechtigung hinausgehenden Handlung einen Zugang zu Informations- und Kommunikationsnetzwerken verschaffen.
		– Unter Zugangsberechtigung versteht man die Berechtigung, einen abgegrenzten Bereich (einen Sicherheitsbereich) zu betreten oder einschlägige Daten in Informations- und Kommunikationsnetzwerken zu verwenden.
		– Eine Zugangsverschaffung zum Informations- und Kommunikationsnetzwerk erfolgt dann, wenn zur Verwendung von Dateien in Informations- und Kommunikationsnetzwerken der Täter ohne Identifizierungsverfahren Zugang zum Informations- und Kommunikationsnetzwerk erlangt oder in widerrechtlicher Weise die Zugangsberechtigung zum abgezielten Informations- und Kommunikationsnetzwerk erhält.
	Unbefugte Verwendung von Name und Passwort eines anderen	Niemand darf beim Zugang zum Informations- und Kommunikationsnetzwerk den Namen erlangen und das Passwort des anderen ohne seine Zustimmung verwenden.
	Löschen und Kopieren von Dateien	Löschen und Kopieren von Dateien ist ein sekundäres Ergebnis, welches im Allgemeinen nach erstem Eindringen im Informations- und Kommunikationsnetzwerk erfolgt.
	Mailbombing	Das Mailbombing ist eine vorsätzliche Überlastung des Mailservers oder des Mailkontos eines Nutzers, die durch übermäßigen E-Mail-Verkehr hervorgerufen wird.

17 Kang, Suk-Ku (Hrsg.), Studie zum Aufbau des Cyber-Sicherheitssystems, Korean Institute of Criminology, 2010, S. 41 (in Koreanisch).

(Fortsetzung)

Fallgruppen	*Tathandlung*	*Inhalt*
	DOS-Attacken	Als DOS wird in der digitalen Datenverarbeitung die Nichtverfügbarkeit eines Dienstes bezeichnet, der eigentlich verfügbar sein sollte.
Schadprogramm	Trojaner	Als Trojanisches Pferd bezeichnet man ein Computerprogramm, das als nützliche Anwendung getarnt ist, im Hintergrund aber ohne Wissen des Anwenders eine andere Funktion erfüllt.
	Würmer	Als Würmer bezeichnet man die Programme, die sich zum Zwecke der Überlastung selbständig verbreiten. Bei Internet-Würmern handelt es sich, anders als bei Viren, um sich selbstständig verbreitende Programme.
	Spyware	Als Spyware wird im allgemeinen Software bezeichnet, die Daten eines Computernutzers ohne dessen Wissen oder Zustimmung an den Hersteller der Software oder an Dritte sendet, in dem die Daten mit Hilfe des Programms übertragen werden.

Auf den ersten Blick erscheint diese Klassifizierung der Cyber-Kriminalität vom *Zentrum für Anti-Cyber-Terrorismus* des koreanischen Kriminalamtes als plausibel. Sie ist allerdings nicht unproblematisch, weil die Einteilungskriterien ungeeignet sind. Denn es soll weitgehend vom Angriffszweck, aber nicht von der Angriffsweise abhängen, ob eine Handlung dem »Cyber-Terrorismus« zuzuordnen ist oder doch ein »bloßes Verbrechen« darstellt.

Darüber hinaus zeigt sich auch, dass sich die Handlungsweisen im Hinblick auf die technischen Mittel nicht eindeutig feststellen lassen. Das Maß der Komplexität erhöht sich, da verschiedene technische Mittel gleichzeitig verwendet werden können, was neuerlich im Fall von Nong-Hup zu beobachten war. Dabei kam es am 25. Juni 2012 sowohl zu einem Hacking-Angriff gegen das Netzwerk von Nong-hup als auch zu einem Fall von Cyber-Terrorismus gegen Regierungsbehörden. Hinzu kamen noch die Hacking-Attacken gegen wichtige Rundfunkstationen und das Finanzwesen im Jahre 2013. Bei diesen Hacking-Angriffen sind die Angreifer über bloßes Hacking hinaus in die mit den vermeintlich besten Sicherungssystemen versehenen Netzwerke eingedrungen, haben sowohl vertrauliche staatliche als auch private Informationen ausgespäht und die Netzwerke von Rundfunkstationen oder Banken gestört, wodurch deren Kunden massive Schäden erlitten.

In diesen Fällen wurden verschiedenartige Angriffsweisen kombiniert: DDOS-Attacken und andere, neuartige Angriffsweisen. Bei diesen DDOS-Attacken von Hackern[18] wurde die Verwendung eines »schädlichen Skripts«[19] mit einer traditionellen DDOS-Attacke über Botnetze kombiniert[20]. Konkret: Der Hacker hat mittels einer sog. fortgeschrittenen, andauernden Bedrohung (Advanced Persistent Threat: APT) den Benutzernamen und das Passwort ausgespäht, wodurch ein Zugang zum Zentralserver ermöglicht wurde. Indem sie sich als Update-Patch-File getarnt haben, haben sie dann nacheinander die Zentralserver von Regierungs-, Finanzbehörden oder Rundfunkstationen angegriffen, die das sog. Patch Management System (PMS) haben. Dadurch haben sie sensible Informationen ausgespäht und das Master Boot Record (MBR) der Rechner zerstört.[21]

IV. Rechtstatsächliche Situation der Cyber-Kriminalität

1. Nutzungsrate des Internets und Anzahl der Internetnutzer[22]

[Tabelle 2] Nutzungsrate des Internets und Anzahl der Internetnutzer nach dem jeweiligen Zeitraum

	wöchentlich	*monatlich*	*Innerhalb der letzten drei Monate*	*jährlich*	*Internet-Erfahrene*
Nutzungsrate	73.9 %	78.4 %	83.4 %	84.1 %	86.5 %
Anzahl der Internetnutzer	35,950	38,120	40,560	40,880	42,040

(Einheit: Tausend)

Um die rechtstatsächliche Situation der Cyber-Kriminalität zu analysieren, ist zunächst die Nutzungsrate des Internets zu beleuchten. Seit dem Jahr 2004 wird die Nutzung des mobilen Internets in die Untersuchung miteinbezogen. Der Begriff des Internetnutzers wurde geändert von einem »Nutzer, der durchschnittlich mehr als einmal pro Monat das Internet verwendet« auf einen »Nutzer, der vor kurzem das Internet benutzt hat.« Seit dem Jahr 2006 werden

18 http://it.donga.com/15063/.

19 Skript-Viren ändern die regulären Dateien und versuchen dann, den infizierten Rechner auf die programmierte Internet-Adresse zu lenken, wodurch es möglich wird, weitere schädliche Codes herunterladen zu lassen und zu installieren. Sie haben den Charakter von Computer-Viren und verbreiten sich ebenfalls wie ein Wurm per E-Mail, aber infizieren anders als ein Wurm weitere Dateien.

20 http://www.asiatoday.co.kr/news/view.asp?seq=831051.

21 http://blog.naver.com/dnjsdud0007.

22 Das Zentrum für Anti-Cyber-Terrorismus des koreanischen Kriminalamtes (Korean National Police Agency) (http://www.ctrc.go.kr/).

Personen ab einem Alter von drei Jahren registriert[23]. Die Nutzungsrate des Internets betrug im Juli 2012 etwa 78,4 % bei Personen ab einem Alter von drei Jahren, was im Vergleich zum Vorjahr einen Anstieg um 0,4 % bedeutet, wobei die Zahl der Internetnutzer[24] bei 381.200.000 lag. Die Quote derjenigen Internet-Erfahrenen ab drei Jahren, die jemals das Internet nutzten, betrug 86,5 %. Innerhalb einer Woche nutzen das Internet 73,9 %, innerhalb eines Monats waren es 78,4 %, innerhalb eines Zeitraumes von drei Monaten betrug der Anteil 83,4 % und während eines Jahres konnte eine Quote von 84,1 % des definierten Personenkreises festgehalten werden[25]. Im Jahr 2013 ist damit zu rechnen, dass auch die Anzahl von SNS[26]-Nutzern auf 24 Millionen steigen wird. Im Jahr 2013 haben etwa 18.230.000 Koreaner Breitband-Internetzugang[27], die Verbreitungsrate liegt insoweit bei 37,9 %. Damit liegt Korea im weltweiten Vergleich auf dem ersten Platz.

2. Statistik zur Cyber-Kriminalität

[Tabelle 3]

Jahr	*gesamt*		*davon: Delikte aus dem Bereich Cyber-Terrorismus*		*davon: allgemeine Delikte*	
	Fälle	*Verhaftungen*[28]	*Fälle*	*Verhaftungen*	*Fälle*	*Verhaftungen*
2003	68.445	51.722	14.241	8.891	54.204	42.831
2004	77.099	63.384	15.390	10.339	61.709	52.391
2005	88.731	72.421	21.389	15.874	67.342	56.547
2006	82.186	70.545	20.186	15.979	62.000	54.566
2007	88.847	78.890	17.671	14.037	71.176	64.853
2008	136.819	122.227	20.077	16.953	116.742	105.274

23 KISA ISIS (Internet Statistics Information System), (http://www.kisa.or.kr/).

24 Seit der Untersuchung im Jahr 2004 wird die im In- und Ausland übliche Begriffsbestimmung des Internetnutzers verwendet, so dass er als derjenige definiert wird, »der im letzten Monat mehr als einmal das Internet benutzt hat«. Auch Wireless-Internetnutzer mittels mobiler Telekommunikation sind den Internetnutzern zuzuordnen.

25 Korea Communications Commission/ Korea Internet Security Agency, Survey on the Internet Usage 2012, Dezember 2012, S. 23–24.

26 Das sog. SNS ist die Abkürzung für Social Networking Service, das eine lose Verbindung von Menschen in einer Netzgemeinschaft ermöglicht. Der Nutzer kann durch den SNS zwischenmenschliche Beziehungen aufbauen oder verstärken. Als ein repräsentatives Beispiel dafür ist »Cyworld« zu nennen.

27 http://www.index.go.kr/egams/stts/jsp/potal/stts/PO_STTS_IdxMain.jsp?idx_cd=1348&bbs=INDX_001& las_div=C&rootKey=1.48.0.

28 Das Zentrum für Anti-Cyber-Terrorismus des koreanischen Kriminalamtes (Korean National Police Agency) (http://www.ctrc.go.kr/) erfasst die Anzahl der Menschen, die wegen Cyberkriminalität festgenommen wurden und gegen die ermittelt wird.

(Fortsetzung)

Jahr	*gesamt*		*davon: Delikte aus dem Bereich Cyber-Terrorismus*		*davon: allgemeine Delikte*	
	Fälle	*Verhaftungen*[28]	*Fälle*	*Verhaftungen*	*Fälle*	*Verhaftungen*
2009	164.536	147.069	16.601	13.152	147.935	133.917
2010	122.902	103.809	18.287	14.874	104.615	88.935
2011	116.961	91.496	13.396	10.299	103.565	81.197
2012	108.223	84.932	9.607	6.371	98.616	78.561

(Einheit: Fälle)

Wie Tabelle 3 zu entnehmen ist, steigt die Anzahl der Delikte aus dem Bereich Cyber-Kriminalität jährlich. Im Jahr 2009 ist der höchste Anstieg (164.536 Fälle) zu verzeichnen. Die Anzahl ist danach gesunken. Tabelle 3 zeigt auch, dass die Anzahl der Delikte aus dem Bereich Cyber-Kriminalität im Jahr 2012 im Verhältnis zum Jahr 2003 (68.445 Fälle) um ~ 58 % auf 108.223 gestiegen ist. Besondere Aufmerksamkeit verdient die Tatsache, dass der gravierendere Anstieg bei den allgemeinen Delikten und nicht im Bereich Cyber-Terrorismus zu verzeichnen ist. Da Cyber-Terrorismus in der letzten Zeit die Netzwerke von Regierungsbehörden, Massenmedien und Finanzwesen gestört hat, sind Präventionsbemühungen insbesondere in diesem Bereich notwendig.

3. Aufklärungsquote bei Cyber-Kriminalität nach Deliktsart

[Tabelle 4]

Jahr	*gesamt*	*Hacking, Viren*	*Internetbetrug*	*Cyber-Gewalt*	*rechtswidrige Webseite*	*Raubkopie*	*sonstiges*
2003	51.722	8.891	26.875	4.991	1.719	677	8.569
2004	63.384	10.993	30.288	5.816	2.410	1.244	12.633
2005	72.421	15.874	33.112	9.227	1.850	1.233	11.125
2006	70.545	15.979	26.711	9.436	7.322	2.284	8.813
2007	78.890	14.037	28.081	12.905	5.505	8.167	10.195
2008	122.227	16.953	29.290	13.819	8.056	32.084	22.025
2009	147.069	13.152	31.814	10.936	31.101	34.575	25.491
2010	103.809	14.874	35.104	8.638	8.611	17.885	18.697
2011	91.496	10.299	32.803	10.354	6.678	15.087	16.275
2012	84.932	6.371	33.093	15.111	3.551	9.055	17.751

(Einheit: Fälle)

Im Jahr 2009 zeigte sich die höchste Anzahl der Verhafteten im Bereich der Cyber-Kriminalität (147.000), wobei die Anzahl anschließend sank. Dabei dominiert der Internetbetrug im Verhältnis zu anderen Arten der Cyber-Kriminalität. Im Jahr 2003 nahm der Internetbetrug einen Anteil von mehr als 50 % und auch im Jahr 2012 von immerhin etwa 40 % der gesamten Internet-Kriminalität ein. Zudem wird ersichtlich, dass es viele Verhaftete aufgrund von Hacking, der Verbreitung von Viren und Cyber-Gewalt gab.

C. Rechtslage hinsichtlich der Cyber-Kriminalität

Die Vernetzung der Computer sowohl von Privaten als auch von Unternehmen und vielen Organisationen und Regierungsbehörden ist heutzutage der Normalfall. Die Entwicklung der Computer- und Smartphonetechnik hat es ermöglicht, sich jederzeit und ohne spürbaren Aufwand Zugang zu großen Datenmengen zu verschaffen. Dadurch scheint ihre Verwendungsmöglichkeit grenzenlos zu sein. Diese technische Entwicklung von Datenverarbeitungsgeräten und Informations- und Kommunikationsnetzwerken bedingt die Entwicklung von bloßer Computer-Kriminalität zu einer umfassenderen Netzwerk-Kriminalität.

In dieser völlig neuen Realität tritt die Unzulänglichkeit des Strafrechts bei der Rechtsanwendung in vielerlei Hinsicht zutage. Zunächst war das Strafrecht zum Beispiel dadurch begrenzt, dass Straftatbestände als Tatobjekte lediglich körperliche Gegenstände vorsahen, so dass etwa Pornographie im Internet strafrechtlich nicht verfolgt werden konnte[29]. Auch auf das Ausspähen von über Informations- und Kommunikationsnetzwerke übertragenen Daten konnte strafrechtlich kaum reagiert werden. Strafrechtlichen Maßnahmen gegen rechtswidrige Handlungen wie das Hacking, die Verbreitung von Viren, die Massensendung von Spam-Mails oder DDOS-Attacken waren umso weniger zu erwarten. Vor diesem Hintergrund hat der koreanische Nationalrat das Informations- und Kommunikationsnetzwerk-Gesetz erlassen, um die Sicherheit von Informations- und Kommunikationsnetzwerken sowie den Schutz der durch sie übertragenen Daten zu gewährleisten. Damit wird schließlich das Internet insgesamt noch stärker geschützt[30].

Die Schutzmaßnahmen des Informations- und Kommunikationsnetzwerk-Gesetzes haben sich jedoch als unzureichend erwiesen. Deswegen gab und gibt es nach wie vor Bestrebungen des koreanischen Nationalrates, weitere Sondergesetze zu erlassen. Die Folge davon ist, dass die Regelungen über Cyber-Kriminalität nicht nur im Strafgesetzbuch sowie im Informations- und Kommu-

29 Urteil vom Supreme Court vom 24. September 1999, 98Do3140.

30 *Lee, Won-Sang/Chae, Ui-Jeong*, Studie zu den neuen Erscheinungsformen der Cyber-Kriminalität und den kriminalpolitischen Maßnahmen, Korean Institute of Criminology, 2010, S. 27.

nikationsnetzwerk-Gesetz enthalten sind, sondern auch in kaum überschaubaren und zahlreichen Sondergesetzen verstreut sind. Hierzu sind folgende Sondergesetze zu nennen: das Gesetz über den Schutz der Infrastruktur von Information und Kommunikation, das Gesetz über die digitale Signatur, das Grundgesetz über die elektronische Telekommunikation, das Sondergesetz über die Bestrafung sexueller Gewalttäter, das Gesetz über den Schutz von Telekommunikationsgeheimnissen, das Gesetz über den Schutz der Sexualität von Kindern und Jugendlichen, das Urhebergesetz und das Gesetz über die Förderung der Spielindustrie usw.

Tabelle 5 zeigt das jeweilige Handlungsmittel (zum Beispiel Hacking, Viren oder Spam usw.), die konkrete Straftat, die einschlägige Strafvorschrift und die gesetzliche Strafdrohung. Tabelle 6 veranschaulicht darüber hinaus die gesetzlichen Bestimmungen zu bestimmten Kriminalitätsphänomenen.

[Tabelle 5] Verletzungsweise

Handlungsmittel der Cyber-Kriminalität	*Konkrete Straftaten*	*Anwendbare Vorschriften*	*Gesetzliche Strafe*
Hacking	Eindringen in Informations- und Kommunikationsnetzwerke, der Versuch ist strafbar	§ 72 Abs. 1 Nr. 1 Gesetz über die Informations- und Kommunikationsnetzwerke und über Informationsschutz	Freiheitsstrafe bis zu 3 Jahren oder Geldstrafe bis zu 30 Millionen Won
Viren	Übermitteln und Verbreiten des Schadprogramms	§ 71 Nr. 9 Gesetz über die Informations- und Kommunikationsnetzwerke und über Informationsschutz	Freiheitsstrafe bis zu 5 Jahren oder Geldstrafe bis zu 50 Millionen Won
	Infizieren wichtiger Informations-und Kommunikationsinfrastruktur mit Viren	§ 71 Nr. 10 i. V. m. § 48 Abs. 2 Gesetz über die Informations- und Kommunikationsnetzwerke und über Informationsschutz	Freiheitsstrafe bis zu 5 Jahren oder Geldstrafe bis zu 50 Millionen Won
Spamming	Störung des Geschäftsbetriebes durch den Versand einer großen Menge von Daten	§ 71 Nr. 10 i. V. m. § 48 Abs. 3 Gesetz über die Informations- und Kommunikationsnetzwerke und über Informationsschutz	Freiheitsstrafe bis zu 5 Jahren oder Geldstrafe bis zu 50 Millionen Won
	Versand von Spam mit Werbung	§ 74 Abs. 1 Nr. 6 i. V. m. § 50-8 Gesetz über die Informations- und Kommunikationsnetzwerke und über Informationsschutz	Freiheitsstrafe bis zu 1 Jahr oder Geldstrafe bis zu 10 Millionen Won
	Eine Maßnahme gegen die Ablehnung des Empfangs oder der Widerruf des zustimmenden Empfangs einer vom Empfänger übermittelten Ablehnung von Spam mit Werbung	§ 74 Gesetz über die Informations- und Kommunikationsnetzwerke und über Informationsschutz	Freiheitsstrafe bis zu 1 Jahr oder Geldstrafe bis zu 10 Millionen Won

[Tabelle 6] Inhalt der Straftaten

Erscheinungsformen der Cyber-Kriminalität	*Konkrete Straftaten*	*Anwendbare Vorschriften*	*Gesetzliche Strafe*
Verletzung von Geheimnissen	Verletzung von Privatgeheimnissen durch Computer (Verletzung von amtlichen Geheimnissen)	§ 316 Abs. 2 korStGB (§ 140 Abs. 3 korStGB)	Freiheitsstrafe bis zu 3 Jahren oder Geldstrafe bis zu 5 Millionen Won (Freiheitsstrafe bis zu 5 Jahren oder Geldstrafe bis zu 7 Millionen Won)
	Verletzung von Privatgeheimnissen durch Telekommunikation	§ 71 Nr. 5 Gesetz über die Informations- und Kommunikationsnetzwerke und über Informationsschutz	Freiheitsstrafe bis zu 5 Jahren oder Geldstrafe bis zu 50 Millionen Won
	Sammeln privater Informationen von Anbietern der Informations- und Kommunikationsdienste	§ 71 Nr. 1 Gesetz über die Informations- und Kommunikationsnetzwerke und über Informationsschutz	Freiheitsstrafe bis zu 5 Jahren oder Geldstrafe bis zu 50 Millionen Won
	Unbefugte Verwendung persönlicher Informationen	§ 71 Nr. 3 Gesetz über die Informations- und Kommunikationsnetzwerke und über Informationsschutz	Freiheitsstrafe bis zu 5 Jahren oder Geldstrafe bis zu 50 Millionen Won
	Sammeln privater Informationen durch Täuschung	§ 72 Abs. 1 Nr. 2 Gesetz über Informations- und Kommunikationsnetzwerke und über Informationsschutz	Freiheitsstrafe bis zu 3 Jahren oder Geldstrafe bis zu 30 Millionen Won
	Verletzung von Betriebsgeheimnissen	§ 18 Gesetz gegen den unlauteren Wettbewerb und zum Schutz des Betriebsgeheimnisses	Freiheitsstrafe bis zu 10 Jahren oder Geldstrafe in Höhe des Zehnfachen des Gewinns

(Fortsetzung)

Erscheinungsformen der Cyber-Kriminalität	*Konkrete Straftaten*	*Anwendbare Vorschriften*	*Gesetzliche Strafe*
	Beeinträchtigung der Daten wichtiger Informations-und Kommunikationsinfrastruktur	§ 28 i. V. m. § 12 Gesetz zum Schutz der Informations- und Kommunikationsinfrastruktur	Freiheitsstrafe bis zu 10 Jahren oder Geldstrafe bis zu 100 Millionen Won
	Geheimnisverrat der Personen, die sich mit der Analyse und Bewertung der Schwächen der Hauptinfrastruktur von Information und Kommunikation beschäftigen	§ 29 Gesetz zum Schutz der Informations- und Kommunikationsinfrastruktur	Freiheitsstrafe bis zu 5 Jahren oder Geldstrafe bis zu 50 Millionen Won
	Verwahrung, Verwertung und Kopieren von Schlüsseln für digitale Signaturen, Erstellung ohne Zustimmung des Nutzers	§ 31 Nr. 1 Digitalsignaturgesetz	Freiheitsstrafe bis zu 3 Jahren oder Geldstrafe bis zu 20 Millionen Won
	Verwendung durch Stehlen und Verraten von fremden Schlüsseln für digitale Signaturen	§ 31 Nr. 2 Digitalsignaturgesetz	Freiheitsstrafe bis zu 3 Jahren oder Geldstrafe bis zu 20 Millionen Won
Cyberpornographie	Verbreitung, Verkauf und Ausstellung von pornographischen Schriften, Tönen und Filmen etc. durch Informations- und Kommunikationsnetzwerk	§ 74 Abs. 1 Nr. 2 Gesetz über Informations- und Kommunikationsnetzwerke und über Informationsschutz	Freiheitsstrafe bis zu 1 Jahr oder Geldstrafe bis zu 10 Millionen Won
	Unzüchtige Tat durch ein Kommunikationsmedium	§ 13 Gesetz über Sonderfälle der Bestrafung von Sexualdelikten	Freiheitsstrafe bis zu 2 Jahren oder Geldstrafe bis zu 5 Millionen Won
	Unzüchtige Tat durch ein Kommunikationsmedium (Hervorrufen von sexuellem Schamgefühl und Abneigung)	§ 13 Gesetz über Sonderfälle der Bestrafung von Sexualdelikten	Freiheitsstrafe bis zu 2 Jahren oder Geldstrafe bis zu 5 Millionen Won

(Fortsetzung)

Erscheinungsformen der Cyber-Kriminalität	*Konkrete Straftaten*	*Anwendbare Vorschriften*	*Gesetzliche Strafe*
	Aufnahme mittels einer Kamera oder einem anderen ähnlichen Mechanismus	§ 14 Abs. 1 Gesetz über Sonderfälle über die Bestrafung von Sexualdelikten	Freiheitsstrafe bis zu 5 Jahren oder Geldstrafe bis zu 10 Millionen Won
	Produktion und Verkauf von Kinder- oder Jugendpornographie	Gesetz zum Schutz von Kindern und Jugendlichen vor sexuellem Missbrauch	Hersteller, Importeure und Exporteure von pornographischen Material werden mit Freiheitsstrafe von mindestens 5 Jahren bis zu lebenslanger Freiheitsstrafe bestraft. Verkauf, Verleih, Verbreitung oder Lieferung von Pornographie zum Zwecke des Gewinns sowie der Besitz oder das Transportieren von Pornographie für die genannten Zwecke oder öffentliche Ausstellung oder Aufführung von Pornographien wird mit Freiheitsstrafe bis zu 10 Jahren bestraft. Verbreitung, Lieferung, öffentliche Ausstellung oder Aufführung von Pornographie wird mit Freiheitsstrafe bis zu 7 Jahren oder mit Geldstrafe bis zu 50 Millionen Won bestraft.

(Fortsetzung)

Erscheinungsformen der Cyber-Kriminalität	*Konkrete Straftaten*	*Anwendbare Vorschriften*	*Gesetzliche Strafe*
			Eine Person, die weiß, dass Kinder oder Jugendliche für die Herstellung von Pornographie ausgebeutet werden und die dem Hersteller von Pornographie Kinder oder Jugendliche vermittelt, wird mit Freiheitsstrafe bis zu 3 Jahren bestraft. Besitz in Kenntnis über die Pornographie wird mit Freiheitsstrafe bis zu 1 Jahr oder Geldstrafe bis zu 20 Millionen Won bestraft.
Löschen von elektromagnetischen Aufzeichnungen etc.	Löschen von elektromagnetischen Aufzeichnungen (z. B. Beschädigung und Verbergen von amtlichen elektronischen Aufzeichnungen usw.)	§ 366 korStGB (§ 141 Abs. 1 korStGB)	Freiheitsstrafe bis zu 3 Jahren oder Geldstrafe bis zu 7 Millionen Won (Freiheitsstrafe bis zu 7 Jahren)
	Falsche Herstellung oder Änderung von öffentlichen elektromagnetischen Aufzeichnungen durch Amtsträger	§§ 227–2, 232–2 korStGB	Freiheitsstrafe bis zu 10 Jahren
	Beschädigung von Daten in Informations- und Kommunikationsnetzwerken	§ 71 Nr. 11 Gesetz über die Informations- und Kommunikationsnetzwerke und über Informationsschutz	Freiheitsstrafe bis zu 5 Jahren oder Geldstrafe bis zu 50 Millionen Won

(Fortsetzung)

Erscheinungsformen der Cyber-Kriminalität	*Konkrete Straftaten*	*Anwendbare Vorschriften*	*Gesetzliche Strafe*
	Beschädigung von gespeicherten Daten wichtiger Informations- und Kommunikationsinfrastruktur[a)b)c)d)e)f)g)h)i)]	§ 28 Gesetz zum Schutz der Informations- und Kommunikationsinfrastruktur	Freiheitsstrafe bis zu 10 Jahren oder Geldstrafe bis zu 100 Millionen Won
Störung des Geschäftsbetriebs	Störung des Geschäftsbetriebs durch Computer etc.	§ 314 Abs. 2 korStGB	Freiheitsstrafe bis zu 5 Jahren oder Geldstrafe bis zu 15 Millionen Won
	Störung des Geschäftsbetriebs durch übermäßige Daten	§ 71 Nr. 10 Gesetz über die Informations- und Kommunikationsnetzwerke und über Informationsschutz	Freiheitsstrafe bis zu 5 Jahren oder Geldstrafe bis zu 50 Millionen Won
Betrug im Internet	Betrug durch Nutzung von Computern	§ 347–2 korStGB	Freiheitsstrafe bis zu 10 Jahren oder Geldstrafe bis zu 20 Millionen Won
	Verstoß gegen SPECIALIZED CREDIT FINANCE BUSINESS (Kreditkarte)	§ 70 Abs. 1 SPECIALIZED CREDIT FINANCE BUSINESS ACT	Freiheitsstrafe bis zu 7 Jahren oder Geldstrafe bis zu 50 Millionen Won
Glücksspiel im Internet	(Gewerbsmäßiges) Glücksspiel	§ 246 korStGB	Freiheitsstrafe bis zu 3 Jahren oder Geldstrafe bis zu 20 Millionen Won
	Unerlaubte Veranstaltung eines Glücksspiels zum Zwecke des Gewinns	§ 247 korStGB	Freiheitsstrafe bis zu 5 Jahren oder Geldstrafe bis zu 30 Millionen Won

(Fortsetzung)

Erscheinungsformen der Cyber-Kriminalität	*Konkrete Straftaten*	*Anwendbare Vorschriften*	*Gesetzliche Strafe*
Cyberehrverletzung	Offenbarung von Tatsachen im Internet	§ 70 Abs. 1 Gesetz über die Informations- und Kommunikationsnetzwerke und über Informationsschutz	Freiheitsstrafe bis zu 3 Jahren oder Geldstrafe bis zu 20 Millionen Won
	Offenbarung von falschen Tatsachen im Internet	§ 70 Abs. 2 Gesetz über die Informations- und Kommunikationsnetzwerke und über Informationsschutz	Freiheitsstrafe bis zu 7 Jahren oder Geldstrafe bis zu 50 Millionen Won
Verstoß gegen Urheberrecht	Urheberrechtsverletzung	§ 136 Urheberrechtsgesetz	Freiheitsstrafe bis zu 5 Jahren oder Geldstrafe bis zu 50 Millionen Won, die Geldstrafe kann neben der Freiheitsstrafe verhängt werden.
Cyberstalking	Angsterweckung in Informations- und Kommunikationsnetzwerken	§ 74 Abs. 1 Nr. 3 Gesetz über Informations- und Kommunikationsnetzwerke und über Informationsschutz	Freiheitsstrafe bis zu 1 Jahr oder Geldstrafe bis zu 10 Millionen Won
Verletzung der Kennzeichnungspflicht bzgl. schädlicher Medien für Jugendliche	Die Nichtkennzeichnung des schädlichen Mediums für Jugendliche und Anbieten desjenigen Mediums zum Zwecke des Gewinns	§ 73 Nr. 2 Gesetz über die Informations- und Kommunikationsnetzwerke und über Informationsschutz	Freiheitsstrafe bis zu 2 Jahren oder Geldstrafe bis zu 10 Millionen Won
	Schädliche Werbesendung an Jugendliche	§ 73 Nr. 3 Gesetz über die Informations- und Kommunikationsnetzwerke und über Informationsschutz	Freiheitsstrafe bis zu 2 Jahren oder Geldstrafe bis zu 10 Millionen Won

(Fortsetzung)

Erscheinungsformen der Cyber-Kriminalität	*Konkrete Straftaten*	*Anwendbare Vorschriften*	*Gesetzliche Strafe*
Spielesoftware	Beihilfe des Spieleanbieters zum Glücksspiel oder anderen spekulativen Handlungen mittels Spielesoftware	§ 44 Abs. 1 Nr. 1 Gesetz über die Förderung der Spielindustrie	Freiheitsstrafe bis zu 5 Jahren oder Geldstrafe bis zu 50 Millionen Won
	Umlauf oder Ausstellung von nicht eingestuften oder die Einstufung verweigernden Spielprodukten, oder Wechsel oder Vermittlung des Wechsels von Gewinn durch das Spiel	§ 44 Abs. 1 Nr. 2 Gesetz über die Förderung der Spielindustrie	Freiheitsstrafe bis zu 5 Jahren oder Geldstrafe bis zu 50 Millionen Won
	In Umlauf bringen eines gegen die Pflicht zur Stufenanzeige verstoßenden Spielproduktes	§ 45 Nr. 7 Gesetz über die Förderung von Spielindustrie	Freiheitsstrafe bis zu 2 Jahren oder Geldstrafe bis zu 20 Millionen Won

[a)]Das Gesetz zum Schutz der Informations- und Kommunikationsinfrastruktur unterscheidet zwischen einfacher Infastruktur und Hauptinfrastruktur. Der nach § 8 durch eine Verwaltungsbehörde festzusetzenden Hauptinfrastruktur kommt dabei ein stärkerer strafrechtlicher Schutz zu:

[b)]Gesetz zum Schutz der Informations- und Kommunikationshauptinfrastruktur

[c)]§ 8 Festlegung der Informations- und Kommunikationshauptinfrastruktur

[d)](1) Die Vorstände der zentralen Verwaltungsbehörden sollen die unter ihrer Verantwortung stehende Informations- und Kommunikationsinfrastruktur als Informations- und Kommunikationshauptinfrastruktur, für die sie einen Schutz gegen elektronische Angriffe für nötig erachten, unter Beachtung folgender Grundsätze benennen:

[e)] 1. Die nationale und soziale Bedeutung der Pflichten einer Organisation, die wichtige Informations- und Kommunikationsstrukturen verwaltet;

[f)] 2. Die Abhängigkeit der Pflichterfüllung, einer unter Nr. 1 genannten Organisation, von der Informations- und Kommunikationsinfrastruktur;

[g)] 3. Die Verbindung mit weiterer Informations- und Kommunikationsinfrastruktur;

[h)] 4. Die Bereiche und das Ausmaß des Schadens, den ein möglicher Angriff für die nationale Sicherheit, Wirtschaft und Gesellschaft hervorrufen kann;

[i)] 5. Die Wahrscheinlichkeit eines Angriffsfalls und der Aufwand, ihn zu beheben.

D. Probleme im materiellen Strafrecht bei Cyber-Kriminalität und Lösungsvorschlag

I. Unzulänglichkeit des traditionellen Strafrechts in seiner Anwendung

Es zeigt sich deutlich, dass entsprechend dem jeweiligen Personenkreis eine unterschiedliche Beurteilung erfolgt, welche Unrechtstaten der Cyber-Kriminalität zuzuordnen sind. Das bedeutet, dass die Festlegung des Unrechtstypus und seiner Strafe von den jeweils Beurteilenden, von den Informationsnetzwerken, von den mit dem Computer relevanten Firmen und von den Regierungsabteilungen abhängt, die den unmittelbaren Bezug zum abweichenden Verhalten haben. Darum ist es nicht verwunderlich, wenn sowohl der Zweck der Regelungen als auch das Rechtsgut uneinheitlich bestimmt werden. Das kann auch zur Folge haben, dass sich die verschiedenen Gesetze überschneiden können, so dass nicht nur die Gefahr der Überkriminalisierung, sondern auch die von Gesetzeslücken besteht[31].

Darüber hinaus ist es schwer, an der überkommenen Begriffsbestimmung der Sache im Strafrecht festzuhalten. Üblicherweise wird die Sache als körperlicher Gegenstand und beherrschbare Energie verstanden, zu der vor allem die Elektrizität gehört. Allerdings handelt es sich bei den im Cyberspace am häufigsten vorkommenden Kriminalitätsphänomenen, wie etwa dem Hacking, der Virusverbreitung, dem Versenden von Spam-Mails, dem Phishing[32] und dem Pharming[33], um ganz andere Unrechtstypen, die schwer unter das traditionelle Strafrecht gefasst werden können.

Dadurch, dass Cyberspace einen neuen Lebensraum entstehen lässt, kommen neue Straftaten zustande. Dazu gehören z. B. das Schaffen und Verbreiten von Viren, die massenhafte Zusendung von Spam-Mails, das Hacking oder DOS, was dem traditionellen Strafrecht völlig fremd ist. Daneben sind noch andere Kriminalitätsphänomene zu erwähnen, wie etwa die Wegnahme von Items oder die Beeinträchtigung von Cybercharakteren, die für den traditionellen Strafgesetzgeber gar nicht vorhersehbar waren.

---

31 *Lee, Won-Sang/Chae, Ui-Jeong*, Studie zu den neuen Erscheinungsformen der Cyber-Kriminalität und den kriminalpolitischen Maßnahmen, Korean Institute of Criminology, 2010, S. 62.

32 Das sog. Phishing ist eine neue Methode des Betrugs, durch gefälschte elektronische Nachrichten den Benutzer auf gefälschte Webseiten umzuleiten, um an sensible Daten wie Benutzernamen und Passwörter für Online-Banking oder Kreditkarteninformationen zu gelangen.

33 Das sog. Pharming ist eine neue kriminelle Methode, durch eine Manipulation der Domain oder der DNS-Anfragen von Webbrowsern den Benutzer auf gefälschte Webseiten umzuleiten, um an sensible Daten wie Benutzernamen und Passwörter für Online-Banking oder Kreditkarteninformationen zu gelangen.

Bei Beleidigung, Glücksspiel, Verletzung des geistigen Eigentums und sexueller Belästigung im Cyberspace sind Unrechtstyp und Unrechtsgehalt den Delikten des klassischen Strafrechts sehr ähnlich. So lassen sich diese Taten unter die Tatbestände des überkommenen Strafrechts leicht subsumieren. Sie weisen aber insofern eine Besonderheit auf, als dass sie im Cyberspace geschehen. Daher muss zu ihrer sachgemäßen Erfassung bei der Rechtsanwendung erhöhte Rücksicht auf diese Besonderheit genommen werden. Deshalb sollten entweder die jeweiligen Tatbestände angepasst oder die Tatobjekte ergänzt werden, wenn es ansonsten bei der Rechtsanwendung zu Strafbarkeitslücken kommen würde[34].

II. Übermäßige Reaktionen auf Cyber-Kriminalität

1. Überkriminalisierung

Darüber hinaus wird Cyber-Kriminalität in Korea überwiegend in verstreuten Sondergesetzen geregelt. Das liegt zum einen an dem Bedürfnis nach einer schnellen Reaktion auf bestimmte Verhaltensweisen. Zum anderen liegt es daran, dass insbesondere Betreiber von Informationsnetzwerken, Unternehmen und Regierungsbehörden ein erhebliches Interesse daran haben, durch Sondergesetze Unrechtstypen und entsprechende Strafen festzulegen. Dabei zeigt sich jedoch, dass bestimmte Grundsätze des Strafrechts wie die Strafbedürftigkeit und die Angemessenheit der Strafe nicht hinreichend bedacht wurden. Das wird deutlich durch die Einführung bestimmter Straftaten, deren Strafwürdigkeit schwer zu begründen ist[35]. Darüber hinaus ist eine fehlende oder mangelhafte Kohärenz der Regelungen festzustellen, weil ein- und dasselbe Kriminalitätsphänomen von verschiedenen Gesetzen mehrfach unter Strafe gestellt wird.

a) Fehlende oder mangelhafte Kohärenz aufgrund von Überschneidungen

Fehlende oder mangelhafte Kohärenz der Einzelregelungen lässt sich anhand der Kriminalitätserscheinung der Verletzung von Privatgeheimnissen exemplifizieren. Der Verletzung von Privatgeheimnissen lassen sich insgesamt 13 Straftatbeständen zuordnen. Beispielhaft seien genannt: die Verletzung von Privatgeheimnissen mit dem Computer, die Verletzung von Privatgeheimnissen durch die Telekommunikation, Sammeln privater Informationen von Anbietern der Informations- und Kommunikationsdienste, die unbefugte Verwendung per-

34 *Park, Kwang-Hyeon*, »Strafrechtliche Betrachtung über die Rechtsgüterverletzung im Cyber-Space«, Law Journal von Soongsil University, Nr. 28, 2012, S. 11 (in Koreanisch).
35 Näher dazu *Cheon, Ji-Yeon*, »Gestern, heute und morgen von Cyber-Kriminalität«, Korean Journal of Criminal Law, 2007, S. 18ff. (in Koreanisch).

sönlicher Informationen, die Verletzung von Betriebsgeheimnissen, die Beeinträchtigung der Daten wichtiger Informations- und Kommunikationsinfrastruktur, Sammeln privater Informationen durch Täuschung, Geheimnisverrat durch Personen, die mit sensibler Informations- und Kommunikationsinfrastruktur zu tun haben und Verwendung durch Stehlen und Verraten von fremden Schlüsseln für digitale Signaturen usw.

b) Verhaltensweisen, die keiner strafrechtlichen Sanktion bedürfen

Das Gesetz zum Kommunikationsnetz stellt z. B. das Versenden von Spam-Mails zum Zweck der Werbung unter Strafe[36]. Zwar belästigen diese Spam-Mails die Empfänger, dennoch stellen sie kein strafwürdiges Unrecht dar, durch das ein Rechtsgut verletzt wird. Daneben lässt sich dieses Delikt keineswegs als eine Vorbereitung zu einem Verbrechen erfassen. Wenn das Strafrecht als ultima ratio einen fragmentarischen Charakter haben soll, bildet die Kriminalisierung der Spam-Mail ein typisches Beispiel für Überkriminalisierung. In Hinblick darauf, dass Spam-Mails den ordnungsgemäßen Betrieb eines Unternehmens stören können, sollte hier höchstens eine Verwaltungsstrafe in Betracht kommen.

Darüber hinaus wird vom Gesetz zum Kommunikationsnetz das einfache Hacking erfasst, weil es sich als unbefugter Eingriff in ein Netzwerk darstellt[37]. Bei näherem Hinsehen stellt aber das Hacking an sich weder eine Beeinträchtigung des ordnungsgemäßen Betriebes durch die Zerstörung eines Netzwerkes oder Computersystems, noch eine Löschung oder Fälschung von Daten dar. Daneben wird dadurch kein Vermögensvorteil verschafft. Kurz: Das Hacking bedeutet lediglich eine Vorbereitungshandlung zu weiterer Cyber-Kriminalität. Allerdings sind mit dem Hacking weitere deliktische Verhaltensweisen eng verbunden, die ihr nachfolgen. Dazu gehören bspw. die Verletzung von Privatgeheimnissen, das Löschen gespeicherter Daten, der DOS-Angriff, die Verbreitung eines Virus und die Zufügung von Vermögensschäden. Da aber diese Taten bereits strafrechtlich erfasst sind, besteht auch dann keine Strafbarkeitslücke, wenn das Hacking nicht separat sanktioniert wird.

Das Strafrecht geht davon aus, dass in der Regel nur die Vollendung, ausnahmsweise der Versuch, bestraft wird. Da das Hacking lediglich eine Vorstufe zum Versuch und damit eine »Ausnahme von der Ausnahme« darstellt, müsste zur Kriminalisierung des Hacking eine tiefgreifende Begründung dahingehend erfolgen, dass es ein schwerwiegendes Verbrechen darstellt, das unserer Gesellschaft in gravierender Weise schadet. In der Tat scheint dies aber beim Ha-

---

36 §§ 50^{octies} und 70 Abs. 1 Nr. 6 des Informations- und Kommunikationsnetzwerk-Gesetzes.

37 § 72 Abs. Nr. 1 des Informations- und Kommunikationsnetzwerk-Gesetzes: »Wer sich wider § 48 Abs. 1 einen Zugang zu Informations- und Kommunikations-Netzwerken verschafft, wird mit Zuchthausstrafe bis zu drei Jahren oder mit Geldstrafe bis zu 30 Millionen KRW [etwa 20.199 Euro] bestraft«.

cking nicht vorzuliegen. Daneben gehört das Gesinnungsstrafrecht längst der Vergangenheit an. So versteht es sich von selbst, wenn das neue schweizerische Strafrecht und das französische Strafrecht Vorbereitungshandlungen nur ausnahmsweise bestrafen. Daher ist der Kriminalisierung des Hacking keinesfalls zuzustimmen.

2. Strafrahmendiskrepanzen

Die Strafe soll der Schuld entsprechen, mit der das Unrecht wiederum in einem verhältnismäßigen Zusammenhang steht. Diesem Schuldprinzip gemäß nimmt das Maß der Strafe zu, je nachdem wie schwer das Unrecht wiegt, auch wenn die Schuld dieselbe bleibt. Wenn der Grundsatz der Gerechtigkeit besagt, »Gleiches gleich, Ungleiches dagegen ungleich zu behandeln«, kann eine Strafe nicht als gerecht empfunden werden, wenn die Sanktion desselben Straftatbestandes je nach dem anzuwendenden Gesetz unterschiedlich ausfällt. Es erscheint daher abwegig, wenn für die Geheimnisverletzung bei Cyber-Kriminalität gemäß § 316 Abs. 2 korStGB auf eine Freiheitstrafe nicht unter drei Jahren oder eine Geldstrafe von bis zu 5 Millionen Won zu erkennen ist, während nach dem Gesetz gegen den unlauteren Wettbewerb und zum Schutz der Informations- und Kommunikationsinfrastruktur auf Freiheitsstrafe nicht unter 10 Jahren oder Geldstrafe von bis zu 50 Millionen Won zu erkennen ist. Hier zeigt sich deutlich, dass der Unterschied in der angedrohten Strafhöhe nicht vom Unrechtsgehalt der Tat, sondern vom angewendeten Gesetz, nämlich dem StGB oder den Sondergesetzen, abhängt. Diese Unstimmigkeiten in der Strafandrohung sind nicht plausibel.

III. Die Grenzenlosigkeit von Cyber-Kriminalität und der räumliche Anwendungsbereich des Strafrechts

Die rasante Entwicklung im Bereich der Informationstechnik führt dazu, dass Cyber-Kriminalität weltweit auftreten kann. Der Cyberspace ist – wie etwa Wasser und Luft – ein zunächst grenzenloses Medium. Aus diesem Grund sehen sich die Prinzipien des internationalen Strafrechts, vor allem das Territorialitätsprinzip und das Personalitätsprinzip, neuen Herausforderungen ausgesetzt.

Da Cyber-Kriminalität nicht an zeitliche und räumliche Grenzen gebunden ist, bereitet eine Geltungsbereichserstreckung des Strafrechts nach dem Territorialitätsprinzip, dem Personalitätsprinzip und dem Schutzprinzip Schwierigkeiten. Das Territorialitätsprinzip führt zumindest teilweise zu sachgerechten Ergebnissen, weil der Begehungsort der Tat zum Anknüpfungspunkt der

Strafverfolgung bestimmt wird[38]. Wenn Cyber-Kriminalität auch eine Rechtsverletzung mit sich bringt, ist es nicht schwierig, den entscheidenden Anknüpfungspunkt zu bestimmen. Denn in diesem Fall kommt sowohl der Handlungsort als auch der Erfolgsort als Anknüpfungspunkt in Betracht.

Anders ist es dagegen, wenn ein Gefährdungsdelikt in Rede steht, weil dieses keinen Erfolgsort aufweist. Darum kann das koreanische Strafrecht keine Anwendung finden, wenn ein verbotener Inhalt quasi aus dem Ausland übermittelt (upload)[39] wird, unabhängig vom Standort des Anbieters oder der Web-Seite. Hier ist nicht zu verkennen, dass strafrechtliche Lücken bestehen können, wenn daran festgehalten wird, den Verbrechensort nach dem geltenden Prinzip des Begehungsorts festzulegen[40].

IV. Zur Eigentumseigenschaft von Items

Die Debatte um den strafrechtlichen Eigentumsbegriff hat sich insbesondere im Zusammenhang mit Onlinespielen entzündet[41]. Ein entscheidendes Spielelement ist Folgendes: Je höher die Anzahl eigener Items ist, je seltener es insgesamt vorkommt und je überlegener seine Fähigkeiten sind, desto leichter ist das Spiel zu gewinnen[42]. Diese Items können die Spieler aber nicht innerhalb kürzester Zeit erlangen. Dafür ist ein längerer Zeitraum erforderlich. Daher hat sich ein regelrechter Markt entwickelt, auf dem diese Items gegen Geld ge- und verkauft werden. Der Handel von Items gegen Geld ist zwar nach den allgemeinen Geschäftsbedingungen verboten. Dennoch werden Items im Bestreben, das Spiel zu gewinnen, als Ware gehandelt und damit unter den Eigentumsbegriff gefasst. Der zunehmende Handel und die entsprechenden Gewinnmöglichkeiten stellen sich als kriminalitätsbegünstigende Strukturen dar[43]. Beispielhaft sei ein bestimmtes Item in dem Spiel »Lineage« genannt, dessen legendärer Wert bei 25 Millionen Won liegt[44].

38 *Cheon, Ji-Yeon*, a.a.O., S. 15.

39 Der sog. Upload ist ein Datenfluss vom lokalen Rechner oder einem lokalen Speichermedium zu einem entfernten Rechner.

40 *Park, Hee-Yeong*, »Der räumliche Geltungsbereich bei abstrakten Gefährdungsdelikten im Internet«, Korean Journal of Comparative Criminal Law, Vol. 6 Nr. 2, Korean Association of Comparative Criminal Law, 2004, S. 4 (in Koreanisch).

41 Nach 2010 Korean Game White Paper wird der Umsatz im Online etwa auf ca. 3,7 Billionen KRW (ca. 2,5 Milliarden Euro) geschätzt.

42 Näher dazu *Yun, He-Seong*, »Strafrechtliche Studie zum Handel im Internet-Game«, Internet Law, Nr. 34, 2006, S. 95 (in Koreanisch).

43 Der Handelsmarkt von Internet-Game-Items wird auf ca. 2 Billionen KRW (ca. 1,3 Milliarden Euro) geschätzt. Vgl. *Cheo, Ho-Jin*, »Strafrechtliche Auslegung über Online-Game-Item«, Korean Criminological Review, Vol. 22 Nr. 4, S. 38 (in Koreanisch).

44 The Korea Economic Daily, 25. Januar 2011.

Hier stellt sich nun die Frage, ob das Item als Sache oder Vermögensvorteil im strafrechtlichen Sinne aufzufassen ist. Dieses Problem ist deshalb relevant, weil sich die Wegnahme des Items im Cyberspace als Diebstahl bestrafen lässt, wenn es als eine Sache interpretiert wird.

1. Bedeutung und Eigenschaften eines Items

Nach dem einschlägigen Gesetz[45] werden Spielitem und Spielgeld als Mittel definiert, die im Spiel benutzt werden. Das heißt, dass das Item ein sammelbarer Gegenstand ist, der innerhalb des Computerspiels Verwendung findet[46]. Daraus ergibt sich, dass das Item auch als Sache oder Ware angesehen wird. Deshalb enthält das Item als Teil des Programms die Informationen, die außerhalb des Programms nicht existieren können. Dabei zeigt sich auch, dass je nach Hersteller des Computerspiels die Möglichkeit zur Übergabe eines Items besteht[47].

Auch wenn das Item des Spiels als Sache oder Ware bezeichnet wird, ist es nichts anderes als das digitale Image, das aus einem digitalen Code besteht. Dennoch wird das Item im Computerspiel als eine selbstständige Unit nummeriert und als eine Art Ware behandelt. Daher sagt man einfach »es kaufen«, »es gewinnen oder verlieren«[48].

2. Sachqualität

Nach der herrschenden Lehre in Korea wird unter einer Sache im Strafrecht ein beherrschbarer Gegenstand verstanden. Gewiss ist ein Item kein körperlicher Gegenstand, der etwa in einem bestimmten Raum liegt. Auch wenn es nach der herrschenden Lehre zum Beherrschbaren gehört, weswegen es nicht unmöglich erscheint, das Item unter den Sachenbegriff zu subsumieren, kann das Item dennoch nicht als Sache angesehen werden, da sich ein beherrschbarer Gegenstand meistens in der Realität befindet.

Dennoch scheint mir keine Notwendigkeit dafür zu bestehen, den zivilrechtlichen Sachbegriff in das Strafrecht zu übertragen. Denn das Strafrecht zielt auf das friedliche Zusammenleben ab und legt – anders als das Zivilrecht – den Schwerpunkt auf die Beibehaltung des gegenwärtigen Zustandes. Deshalb sollte die Eigenständigkeit des Strafrechts anerkannt werden, so dass die Übertragung des Sachbegriffs auf das Strafrecht unzweckmäßig ist.

45 Vgl. § 18ter der Ausführungsverordnung, die auf § 32 des Gesetzes über die Förderung der Spielindustrie basiert.
46 *Cheo, Ho-Jin*, a. a. O., S. 40.
47 Besonders im Fall von MMORPG (Massively Multiplayer Online Role-Playing Game).
48 *Jeong, He-Chan*, »Lehre über den Handel mit Internet-Items«, Jungang Law Study, Vol. 5 Nr. 3, 2003, S. 2 (in Koreanisch); *Cheo, Ho-Jin*, a. a. O., S. 41.

Auch wenn das Spielitem zwar keine Sache in der Realität darstellt, ist aber die exklusive Übergabe des Besitzes im Spiel möglich. Daneben braucht es viel Mühe und Zeit, um das Item zu erlangen[49]. Angesichts dessen erscheint es nicht abwegig, das Item als eine Sache mit dinglicher Rechtseigenschaft zu qualifizieren.

Dennoch ist eine solche Einordnung gegenwärtig verfrüht. Da das Spielitem lediglich ein bloßes Datum ist, das sich im binären System als 0 oder 1 oder einer entsprechenden Kombination darstellt, kann es nicht als Sache angesehen werden. Dem entspricht auch die Rechtsprechung, die Informationen und Daten nicht als Sachen betrachtet[50].

De lege ferenda ist es aber geboten, den Begriff der Sache im Strafrecht zu ergänzen, um das Item als Sache anzuerkennen[51].

3. Vermögensvorteil

Unter einem Vermögensvorteil versteht man Vermögenswerte oder -interessen, wobei Sachen davon ausgenommen sind. Entscheidend ist eine wirtschaftliche Betrachtungsweise. Da das Item Geld als Tauschwert hat, reicht es bereits aus, das Item als Sache zu betrachten.

V. Neue Bereiche des Cyberspace

1. Soziale Netzwerke und Cyber-Kriminalität

Dadurch, dass neue Cyber-Bereiche wie Twitter und Facebook entstehen, kann sich die Cyber-Kriminalität weiterentwickeln. Beispielhaft seien genannt: das Hacking mittels sozialer Netzwerke, das Verbreiten eines schädlichen Programms, die Beeinträchtigung der Privatsphären sowie persönlicher Daten und die Ausnutzung für antistaatliche Propaganda.

2. Smartphones und Cyber-Kriminalität

Die rasante Verbreitung von Smartphones führt auch dazu, dass die Gelegenheiten zu kriminellen Verhaltensweisen durch diese Geräte zunehmen. Dies

49 *Jeong, He-Sang*, a.a.O., S. 3.

50 Urteil von Supreme Court vom 12. Juli 2012, 2002Do745.

51 *Tak, Hee-Seong*, Situation der Verletzung digitaler Daten und ihre rechtlichen Regelungen, Korean Institute of Criminology, 2005, S. 110 (in Koreanisch); *Ha, Tae-Yeong*, »Streitgeschichte um den Sachbegriff im koreanischen Strafrecht«, Korean Journal of Comparative Criminal Law, Vol. 5 Nr. 2, 2003, S. 317 (in Koreanisch).

betrifft beispielsweise die Privat- oder die Vermögenssphäre der Opfer. Seitdem es die Möglichkeit der Bezahlung mittels eines Smartphones gibt, werden mehr und mehr Fälle der unbefugten Verwendung (Auszahlung oder Bezahlung) von privaten Daten registriert, die von den Tätern durch Hacking rechtswidrig erlangt wurden. Zum Beispiel lassen sich mit den durch Phishing erlangten Kreditkartendaten eine Vielzahl von Apps im Online-App-Store erwerben und dann zum halben Preis an Dritte weiterverkaufen.

E. Cyber-Kriminalität und effektive Gegenmaßnahmen

I. Der ausländische, insbes. der deutsche Einfluss auf Korea

Als ich mich zusammen mit anderen renommierten Strafrechtswissenschaftlern mit dem Forschungsprojekt »Die Computerkriminalität und deren strafrechtliche Regulierung« befasste, war ich weitgehend auf das Buch von Ulrich Sieber »Computerkriminalität« angewiesen. Im Jahre 1982 ist zum ersten Mal das Internet in Korea durch HANnet, KREOnet und KREN zugänglich gemacht geworden, womit das Bedürfnis nach Regulierung aufkam. Da keine wesentlichen Unterschiede zur Cyber-Kriminalität auf internationaler Ebene auszumachen waren, übten die ausländische Lehre und Praxis einen unmittelbaren Einfluss auf Korea aus. Heute zeigt sich auch, dass sich an diesem Umstand nichts Wesentliches geändert hat.

II. Die Unabdingbarkeit internationaler Zusammenarbeit

Es liegt auf der Hand, dass die Cyber-Kriminalität einen Prototyp transnationalen Verbrechens darstellt, weil sie in zeitlicher und räumlicher Hinsicht grenzüberschreitend ist. Daher braucht es kaum betont zu werden, dass international koordinierte Abhilfe dringend nötig ist. Dafür sind viele Beispiele anzuführen: jemand übt im Ausland über das Internet eine Hacking-Handlung aus oder verbreitet einen Virus oder nimmt über das Internet an einem von einem ausländischen Server betriebenen Glücksspiel teil[52]. Wie ist diesen Fällen zu begegnen?

Um solchen Problemen zu begegnen, wurde das Überkommen über Computerkriminalität, die sog. Budapester Konvention, vom Europarat angenommen und am 23.11.2001 unterzeichnet. Sie trat am 1.7.2004 in Kraft. Im Mai 2013 hatten 39 Staaten die Konvention ratifiziert, während weitere zwölf Staaten

52 Näher dazu *Jeong, Wan*, a.a.O., S. 138ff.

die Konvention unterzeichneten, aber nicht ratifizierten. Diese Konvention ist der erste internationale Vertrag über Verbrechen, die mittels Internet und anderer Computernetzwerke begangen werden[53]. Das Hauptziel, in der Präambel festgehalten, besteht darin, eine gemeinsame Politik zum Schutz der Gesellschaft vor Computerkriminalität zu verfolgen, insbesondere durch die Einführung geeigneter Rechtsvorschriften und die Förderung der internationalen Zusammenarbeit. Das Übereinkommen ist das Produkt von vier Jahren Arbeit europäischer und internationaler Experten. Es wurde durch ein Zusatzprotokoll ergänzt, das jede Veröffentlichung rassistischer und fremdenfeindlicher Propaganda über Computernetze zu einer Straftat macht. Derzeit wird auch Cyber-Terrorismus im Rahmen des Übereinkommens untersucht. Auch wenn Korea diese Konvention noch nicht unterzeichnet hat, ist seine baldige Teilnahme daran zu erwarten und zwar deshalb, weil zur Verfolgung der Cyber-Kriminalität die internationale Zusammenarbeit unausweichlich ist[54].

F. Fazit

Da die Diskussion um die Cyber-Kriminalität endlos geführt werden kann, sollte hingenommen werden, dass es gewisse Grenzen in der Debatte geben muss. Das bislang Dargestellte lässt sich wie folgt zusammenfassen.

Erstens: Angesichts der Tatsache, dass Cyber-Kriminalität grenzüberschreitend ist, sollte der Anwendungsbereich des Strafrechts dieser Eigenschaft angepasst werden.

Zweitens: Auch wenn Strafverfolgung im Bereich der Cyber-Kriminalität

53 Das Übereinkommen zielt hauptsächlich darauf: 1. harmonising the domestic criminal substantive law elements of offences and connected provisions in the area of cybercrime. 2. providing for domestic criminal procedural law powers necessary for the investigation and prosecution of such offences as well as other offences committed by means of a computer system or evidence in relation to which is in electronic form. 3. setting up a fast and effective regime of international co-operation. Im Übereinkommen geht es um die folgenden Straftaten: illegal access, illegal interception, data interference, system interference, misuse of devices, computer-related forgery, computer-related fraud, offences related to child pornography and offences related to copyright and neighbouring rights. It also sets out such procedural law issues as expedited preservation of stored data, expedited preservation and partial disclosure of traffic data, production order, search and seizure of computer data, real-time collection of traffic data, and interception of content data. In addition, the Convention contains a provision on a specific type of transborder access to stored computer data which does not require mutual assistance (with consent or where publicly available) and provides for the setting up of a 24/7 network for ensuring speedy assistance among the Signatory Parties. Siehe dazu http://en.wikipedia.org/wiki/Convention_on_Cybercrime.

54 So die Stellungnahme der Staatsanwaltschaft (*Supreme Prosecutors' Office*); dazu http://cybercid.spo.go.kr.

dringend nötig erscheint, ist der zunehmenden Kriminalisierungstendenz, die vom Egoismus der jeweiligen zuständigen Behörden geleitet wird, kritisch zu begegnen. An allgemein gültigen Grundsätzen ist festzuhalten.

Drittens: Das in Korea herrschende Bedürfnis nach einer schnellen Reaktion auf Cyber-Kriminalität führt dazu, dass es nicht nur eine überschneidende Kriminalisierung gibt, sondern auch Strafen, die über die Angemessenheit im Einzelfall weit hinausgehen.

Viertens: Aus dem eben genannten Grund ist eine Regelung der Cyber-Kriminalität im Kernstrafrecht wünschenswert, es sei denn, dass es einen besonderen Grund für eine spezialgesetzliche Regelung zu Cyber-Kriminalität gibt. Nur im letzteren Fall kann eine jeweilige besondere Regelung gerechtfertigt sein.

Fünftens: Entkriminalisiert werden sollte die Werbezwecke verfolgende Spam-Mail sowie das einfache Hacking, denn hier lässt sich keine Beeinträchtigung eines Rechtsguts feststellen, zumindest aber wäre das Maß der Verletzung des Schutzguts geringfügig.

Sechstens: Zwar ist ein Item in einem Computerspiel theoretisch nicht als Sache im Sinne des Strafrechts anzusehen. Da es aber in der Realität als solche gehandhabt wird, ist eine Gesetzgebung geboten, die das Item als Sache anerkennt.

Siebtens: Angesichts der Tatsache, dass die Cyber-Kriminalität mit der technischen Entwicklung der Informations- und Kommunikationssysteme einhergeht und diese Techniken international genutzt werden, ist die Zusammenarbeit der betroffenen Staaten auf internationaler Ebene unausweichlich, um der Cyber-Kriminalität effektiv vorzubeugen.

Achtens: Sowohl zur theoretischen Fundierung als auch zur Gesetzgebung und zur Prävention der Cyber-Kriminalität sei vorgeschlagen, ein zweites wissenschaftliches Symposium zu veranstalten.

2. Teil: Regelungen zu Cybercrime im Strafprozessrecht

Uwe Hellmann

Regelungen zu Cybercrime im Strafprozessrecht in Deutschland

A. Eingrenzung des Themas

Zunächst muss ich mein Verständnis des Vortragsthemas kurz erläutern, denn grundsätzlich ist selbstverständlich das gesamte Strafprozessrecht auf Cybercrime, Computerstraftaten bzw. Internet- oder Telekommunikationsdelikte anwendbar. Spezielle strafverfahrensrechtliche Regelungen, die nur Cybercrime betreffen, existieren in Deutschland dagegen nicht. Es erscheint im Zusammenhang unserer Tagung aber nicht sinnvoll, sämtliche Möglichkeiten zur Erforschung dieser Straftaten zu behandeln, zumal dies die mir zur Verfügung stehende Zeit auch gar nicht erlauben würde. In Anlehnung an ein weites Verständnis des Begriffs »Cybercrime« als Straftaten, die mittels der Informations- und Kommunikationstechnik oder gegen diese begangen werden, verstehe ich als strafprozessuale Regelungen gegen Cybercrime die Maßnahmen, die unter Ausnutzung dieser Technik gerade der Aufklärung dieser Delikte dienen.

Es bieten sich verschiedene Kriterien an, um eine Systematisierung der einschlägigen Regelungen vorzunehmen: Unterscheiden lassen sich Maßnahmen zur Überwachung der Inhalte der Kommunikation, zur Speicherung und Nutzung von Verbindungsdaten sowie von Nutzerinformationen. Ich habe mich entschieden, meinen Vortrag nach der Schwere des Eingriffs in die Freiheitsrechte des Betroffenen aufzubauen, wobei ich zugeben muss, dass meine Systematisierung anfechtbar ist, weil sich grundsätzlich das Gewicht des Eingriffs unterschiedlich beurteilen lässt. Nach meiner Einschätzung stimmen beiden Kriterien in unserem Zusammenhang allerdings ohnehin im Wesentlichen überein, da die Überwachung des Inhalts der Kommunikation den Betroffenen am stärksten belastet und die Nutzung der Verbindungsdaten in der Regel einen gravierenderen Eingriff bedeutet als die Verwendung von Nutzerinformationen, die u. U. aber auch die datenschutzrechtliche Sensibilität von Verbindungsdaten erreichen können.[1]

B. Nutzung nachrichtendienstlich erlangter Informationen

Bevor ich mich den eigentlichen strafverfahrensrechtlichen Regelungen zuwende, möchte ich darauf eingehen, ob die Aufzeichnung der Telekommunikation durch die Nachrichtendienste, die durch die Enthüllungen von *Edward Snowden* Aufsehen in den Medien erregt hat, wobei allenfalls der Umfang bisher unbekannt war, nicht dagegen die Überwachungspraxis selbst, einen Bezug zu unserem Thema aufweist. Auf den ersten Blick scheint das nicht der Fall zu sein, da es sich um Maßnahmen handelt, die – in der Regel – ohne einen konkreten Anfangsverdacht durchgeführt werden. Bei näherer Betrachtung gehören diese Maßnahmen jedoch durchaus zu unserem Thema. In deutschen Strafverfahren dürfen nämlich in nicht unerheblichem Umfang auch bestimmte Erkenntnisse, die aus der Überwachung der Telekommunikation und des Postverkehrs durch die Verfassungsschutzbehörden des Bundes und der Länder, das Amt für den militärischen Abschirmdienst (MAD) und den Bundesnachrichtendienst (BND) stammen, in Strafverfahren verwertet werden. Die Regelungen finden sich nicht in der StPO, sondern in dem Gesetz zur Beschränkung des Brief-, Post- und Fernmeldegeheimnisses (Artikel 10-Gesetz – G 10) aus dem Jahre 2001[2], das insbesondere durch das Erste Gesetz zur Änderung des Artikel 10-Gesetzes aus dem Jahr 2009[3] seine derzeitige Fassung erhielt.

Das G 10 erlaubt nicht nur eine »Individualkontrolle«, sondern auch eine »strategische Überwachung«. Nach § 3 Abs. 1 S. 1 i.V. mit § 1 Abs. 1 Nr. 1 G 10 dürfen alle Nachrichtendienste – in den Grenzen des § 3 Abs. 2 G 10 – zur Abwehr von drohenden Gefahren für die freiheitlich demokratische Grund-

1 Unabhängiges Landeszentrum für Datenschutz Schleswig-Holstein, Stellungnahme zur Mitteilung der Kommission KOM(2000) 890, zugleich Kritik des Entwurfs einer »Convention on Cyber-Crime« des Europarats (PC-CY (2000) Draft No. 25 Rev.). https://www.datenschutzzentrum.de/cybercrime/cyberkon.htm#grundrecht (abgerufen am 7. 2. 2014).

2 BGBl. I 2001, 1254.

3 BGBl. I 2009, 2499.

ordnung, den Bestand oder die Sicherheit des Bundes und der Länder sowie die Sicherheit der in Deutschland stationierten – auch ausländischen – Streitkräfte die Telekommunikation überwachen und aufzeichnen sowie Sendungen, die dem Brief- oder Postgeheimnis unterliegen, öffnen und von ihrem Inhalt Kenntnis nehmen, wenn tatsächliche Anhaltspunkte für den Verdacht[4] einer Straftat aus dem Katalog des § 3 Abs. 1 S. 1 G 10 bestehen. Auf Antrag des BND darf zudem gemäß § 5 Abs. 1 S. 1 G 10 die strategische, d. h. nicht auf bestimmte Personen abzielende Kontrolle der internationalen Telekommunikation, soweit eine gebündelte Übertragung erfolgt, ohne konkreten Verdacht unter Verwendung von Suchbegriffen zum Zwecke der Entdeckung und Abwehr der in dem Katalog des § 5 Abs. 1 S. 3 G 10 genannten Taten (sog. »verdachtslose Rasterfahndung«)[5] angeordnet werden. Die genannten Straftatenkataloge enthalten zwar keine typischen Cybercrime-Delikte, die durch die Maßnahmen erlangten personenbezogenen Daten dürfen aber gemäß §§ 4 Abs. 4 Nr. 2, 7 Abs. 4 S. 1, 2 G 10 zur Verfolgung der dort bezeichneten Straftaten an die Strafverfolgungsbehörden übermittelt werden. Und zu diesen Straftaten gehört z. B. auch die Volksverhetzung (§ 130 StGB), die durch die Verbreitung volksverhetzender Inhalte im Internet begangen werden kann.

In engen Grenzen können somit mit nachrichtendienstlichen Mitteln erlangte Informationen zur Verfolgung von Cybercrime benutzt werden.

C. »Online-Durchsuchung«

Ob die sog. »Online-Durchsuchung«, d. h. die – heimliche – Überspielung eines Computerprogramms, das es ermöglicht, die auf den Speichermedien des Computers abgelegten Dateien zu kopieren und zum Zwecke der Durchsicht an die Ermittlungsbehörden zu übertragen, nach geltendem deutschen Strafprozessrecht zulässig ist, ist strittig.

Ein Teil der Literatur betrachtet die Durchsuchungs- und Beschlagnahmevorschriften (§§ 102 ff., 94 ff. StPO) als hinreichende Ermächtigungsgrundlagen.[6] Der Ermittlungsrichter des BGH[7] hatte sich dieser Sicht angeschlossen.

Zu Recht sieht der 3. Strafsenat des BGH[8] in den Durchsuchungsregelungen der §§ 102 ff. StPO dagegen keine tragfähige Grundlage für die Online-Durch-

4 Es genügt ein einfacher Anfangsverdacht, *Huber*, NJW 2001, 3296, 3297.

5 Näher dazu *Arndt*, NJW 1995, 169 ff.; *Riegel*, ZRP 1975, 176 ff.

6 *Graf*, DRiZ 1999, 281, 285; *Hofmann*, NStZ 2005, 121, 123 ff.

7 StV 2007, 60 ff.

8 BGHSt 51, 211, 212 ff.; näher dazu *Claus*, in: Hellmann (Hrsg.), Fallsammlung zum Strafprozessrecht, 3. Aufl. 2008, Rdn. 159 ff., 200 f.; *Heghmanns*, in: FS für Eisenberg, 2009, 511, 512 ff.

suchung, da diese Vorschriften nach dem Wortlaut sowie nach ihrem Sinn und Zweck ein offenes Verhalten der Ermittlungsbeamten erfordern, denn das »Bild der Strafprozessordnung von einer rechtmäßigen Durchsuchung ist dadurch geprägt, dass Ermittlungsbeamte am Ort der Durchsuchung körperlich anwesend sind und die Ermittlungen offen legen«.[9] Dies folge aus § 106 Abs. 1 S. 1 StPO, der das Recht des Inhabers der zu durchsuchenden Räume oder Gegenstände auf Anwesenheit vorsieht, aus § 106 Abs. 1 S. 2 StPO, nach dem bei seiner Abwesenheit nach Möglichkeit sein Vertreter, ein erwachsener Familienangehöriger oder ein Nachbar zu der Durchsuchung hinzuziehen ist, aus § 105 Abs. 2 StPO, der bei einer Durchsuchung von Räumlichkeiten, die ohne Beisein des Richters oder des Staatsanwalts stattfindet, die Hinzuziehung eines Gemeindebeamten oder von zwei Gemeindemitgliedern verlangt, und aus § 107 S. 1 StPO, der vorschreibt, dass dem von der Durchsuchung Betroffenen nach deren Beendigung auf Verlangen eine Durchsuchungsbescheinigung auszuhändigen ist. Alle diese Vorschriften setzen notwendigerweise voraus, dass die Ermittlungspersonen bei Vornahme der Durchsuchung den Zweck ihres Vorgehens dem Betroffenen oder den hinzuziehenden Dritten offen legen. Es handelt sich bei diesen Regelungen nicht – wie vereinzelt[10] behauptet wird – um bloße Ordnungsvorschriften, sondern um zwingendes Recht.[11]

Auf § 110 Abs. 3 S. 1 StPO, der es erlaubt, die Durchsicht eines elektronischen Speichermediums des von der Durchsuchung Betroffenen auf externe Speichermedien – z. B. auf einem Server im Intra- oder Internet – auf die von dem Gerät zugegriffen werden kann, zu erstrecken, kann eine Online-Durchsuchung ebenfalls nicht gestützt werden. Inhaber des externen Speichers kann zwar ein Dritter sein, für den der Zugriff zunächst ohne sein Wissen erfolgt. § 110 Abs. 3 S. 2 StPO sieht aber die gerichtliche Entscheidung binnen drei Tagen nach § 98 Abs. 2 StPO vor, wenn auf dem externen Speicher vorhandene Daten gesichert werden. Da dem Inhaber des externen Speichermediums vor der Entscheidung rechtliches Gehör nach § 33 Abs. 2, 3 StPO zu gewähren ist,[12] erhält er Kenntnis von der Durchsuchung seines Speichermediums. Die Sicherung der Daten hat deshalb den Charakter einer offenen Ermittlungsmaßnahme.[13] Es ist also nicht zulässig, den einer offenen Durchsuchung unterliegenden Computer als Mittel zur heimlichen Ausforschung anderer Speichermedien zu benutzen.

§ 100a StPO scheidet als Ermächtigungsgrundlage für die Online-Durchsuchung aus, weil die Vorschrift nur die Überwachung der Telekommunikation,

---

9 BGHSt 51, 211, 212.

10 *Hofmann*, NStZ 2005, 121, 124.

11 BGHSt 51, 211, 214f.

12 *Bruns*, in: Karlsruher Kommentar zur Strafprozessordnung, 7. Aufl. 2013, § 110 Rn. 8.

13 BVerfGE 122, 63, 79f.; *Ladiges*, in: Radtke/Hohmann, Strafprozessordnung, 2011, § 110 Rn. 17; a. A. *Puschke/Singelnstein*, NJW 2008, 113, 115.

d. h. des Gedankenaustauschs mindestens zweier Personen unter Überwindung einer räumlichen Distanz[14] erlaubt. Bei der Übermittlung der auf dem Computer gespeicherten Daten werden jedoch lediglich die technischen Voraussetzungen zur Telekommunikation genutzt.[15]

§ 100f Abs. 1 Nr. 2 StPO gestattet den - heimlichen - Einsatz technischer Mittel nur für Observationszwecke, sodass die Online-Durchsuchung auch nicht auf diese Vorschrift gestützt werden kann.[16]

Die Ermittlungsgeneralklausel des § 161 StPO scheidet als Grundlage aus, da nur geringfügige Grundrechtseingriffe darauf gestützt werden können.

Eine bundesgesetzliche Regelung[17], die eine Online-Durchsuchung gestattet, wurde durch das Gesetz vom 25.12.2008[18] als »Verdeckter Eingriff in informationstechnische Systeme« nach Maßgabe des § 20k BKAG als polizeirechtliche Maßnahme eingeführt. Die recht engen Voraussetzungen der zur Verhinderung terroristischer Aktivitäten gedachten Vorschrift - sie erlaubt die Maßnahme nur bei Vorliegen einer Gefahr für Leib, Leben oder Freiheit einer Person sowie für Güter der Allgemeinheit, deren Bedrohung die Grundlagen oder den Bestand des Staates oder die Grundlagen der Existenz der Menschen berühren - orientieren sich an der Entscheidung des *BVerfG* zur Verfassungswidrigkeit des § 5 Abs. 2 Nr. 11 Verfassungsschutzgesetz NW[19], der die Online-Durchsuchung durch den nordrhein-westfälischen Verfassungsschutz regelte. Ob bzw. in welchem Umfang der sog. »Bundes-Trojaner« zu präventiven Zwecken eingesetzt wird und welche Erkenntnisse dadurch erlangt werden, ist im Einzelnen nicht bekannt. Eine gewisse Bedeutung für unser Thema besitzt die präventive Online-Durchsuchung aber dennoch, weil die dadurch erlangten personenbezogenen Daten zur Verfolgung bestimmter Cybercrime-Delikte verwendet werden dürfen. § 20v Abs. 5 Nr. 3 BKAG gestattet nämlich die Übermittlung zur Verfolgung von Straftaten, die im Höchstmaß mit mindestens fünf Jahren Freiheitsstrafe bedroht sind, wenn ein Auskunftsverlangen nach der StPO zulässig wäre. Nach §§ 161 Abs. 1 S. 1, 163 Abs. 1 S. 2 StPO können Staatsanwaltschaft und Polizei zum Zweck der Strafverfolgung von allen Behörden, also auch vom BKA Auskunft verlangen, allerdings ist § 100d Abs. 5 StPO zu beachten, der die Verwendung personenbezogener Daten, die durch eine heimliche polizeirechtliche Maßnahme erlangt wurden, nur zur Verfolgung von Straften aus dem Katalog des § 100c StPO erlaubt. Zu den dort genannten

14 *Röwer*, in: Radtke/Hohmann, Strafprozessordnung, 2011, § 100a Rn. 4.
15 BGHSt 51, 211, 217f.
16 BGHSt 51, 211, 218.
17 Landesgesetzliche Regelungen existieren in Bayern, § 34d BayPAG, und Rheinland-Pfalz, § 31c RPfPOG; siehe dazu *Albrecht/Dienst*, JurPCWeb-Dok. 5/2012, Abs. 12ff. mit Fn. 26.
18 BGBl. I 2008, 3083.
19 Urteil vom 27.2.2008, BVerfG, NJW 2008, 822ff.

Straftaten gehört mit der Verbreitung, dem Erwerb und dem Besitz kinderpornographischer Schriften, die ein tatsächliches oder wirklichkeitsnahes Geschehen wiedergeben und gewerbs- oder bandenmäßig begangen worden sind (§ 184b Abs. 3 StGB), ein typisches Cybercrime-Delikt.

D. Überwachung der Telekommunikation

Zu unterscheiden sind die Überwachung des Inhalts der Telekommunikation nach Maßgabe des § 100a StPO und die technische Überwachung durch Auskunft über Telekommunikationsverbindungsdaten nach §§ 100 g, 100 h StPO.

I. Inhaltsüberwachung

Die Überwachung und Aufzeichnung der Telekommunikation darf als Ermittlungsmaßnahme im Strafverfahren angeordnet werden, wenn ein auf Tatsachen gegründeter Verdacht einer Katalogtat des § 100a Abs. 2 StPO besteht, die Tat auch im Einzelfall schwer wiegt und die Erforschung des Sachverhalts oder die Ermittlung des Aufenthaltsorts des Beschuldigten durch andere Maßnahmen aussichtslos oder wesentlich erschwert wäre (§ 100a Abs. 1 StPO). Der Straftatenkatalog erfasst zahlreiche Cybercrime-Delikte, z. B. Volksverhetzung, Umgang mit Kinder- und Jugendpornographie, Betrug, Computerbetrug und Fälschung beweiserheblicher Daten. Auch die Zugriffnahme auf die Datenbestände einer Mailbox und die Informationsübermittlung von und zu der angeschlossenen Mailbox setzen nach zutreffender Auffassung die Anordnung einer Telekommunikationsüberwachung voraus.[20] Für bestimmte schwere Cybercrime-Taten stellt die Überwachung des Inhalts der Telekommunikation somit eine wirksame Ermittlungsmaßnahme dar.

Praktische Probleme für die Telekommunikationsüberwachung ergeben sich allerdings zunehmend daraus, dass die Übertragung in verschlüsselter Form erfolgt (z. B. Skype). Der verschlüsselte Inhalt kann zwar aufgezeichnet werden, die nachträgliche »Lesbarmachung« ist aber nicht bzw. allenfalls mit sehr großem Aufwand möglich.[21] Technisch durchführbar ist es jedoch, ähnlich wie bei der Online-Durchsuchung, durch ein heimlich auf dem Computer installiertes Programm die Daten vor ihrer Verschlüsselung bzw. nach ihrer Entschlüsselung auf dem Gerät abzufangen. Ob diese sog. »Quellen-TKÜ«, für die es in der StPO bisher keine ausdrückliche Regelung gibt, nach geltendem Recht zulässig ist, ist

20 BGH, NStZ 2003, 668, 669; *Bär*, CR 1993, 578, 580 ff.; a. A. LG Ravensburg, NStZ 2003, 325 f.
21 *Buermeyer/Bäcker*, HRRS 2009, 433, 434.

heftig umstritten. Die Rechtsprechung[22] und ein Teil der Literatur[23] betrachten § 100a StPO als hinreichende Ermächtigungsgrundlage. Überwiegend wird jedoch – zu Recht – eine ausdrückliche Regelung gefordert.[24]

Es ist zwar grundsätzlich möglich, dass nicht ausdrücklich geregelte Maßnahmen zur Durchführung einer Ermittlungshandlung – quasi als Annex der eigentlichen Ermächtigungsgrundlage – auf diese gestützt werden können. So liegt es z. B. bei der Durchsuchung, die – ohne dass dies in den §§ 102ff. StPO geregelt ist – unter Anwendung des erforderlichen und verhältnismäßigen unmittelbaren Zwangs auch gegen den Willen des Betroffenen durchgesetzt werden darf.[25] Auf eine komplexe und technisch anspruchsvolle Maßnahme wie die Telekommunikationsüberwachung lässt sich diese Sicht aber nicht übertragen. Bei der Regelung der Durchsuchung von Personen und Sachen oder auch der Festnahme war dem Gesetzgeber bewusst, dass zur Durchsetzung ggf. Zwang angewendet muss, der nicht über das hinausgehen darf, was die Ermächtigungsgrundlage vorschreibt, nämlich die Duldung der Maßnahme. Bei der Telekommunikationsüberwachung wollte der Gesetzgeber keineswegs alle notwendigen Durchsetzungsmaßnahmen zulassen, sondern er regelte in § 100b Abs. 3 StPO detailliert, wie die Telekommunikationsüberwachung durchzuführen ist, und zwar nach zutreffender Auffassung[26] unter Zugriff auf den Leitungsweg im Herrschaftsbereich des Netzbetreibers. Zudem bedeutet die »Infiltration« des Informationssystems wegen der Integritätsverletzung einen eigenständigen Eingriff, der mindestens die Schwere des Primäreingriffs (Überwachung des Inhalts der Kommunikation) erreicht.[27]

Für die Notwendigkeit einer gesetzlichen Regelung spricht im Übrigen, dass § 20 l Abs. 2 Nr. 2 BKAG eine solche für die präventive Quellen-TKÜ enthält.

II. Technische Überwachung

§§ 100 g/h StPO regeln die Auskunft über die Verkehrsdaten im Sinne des § 96 Abs. 1 TKG. Die von § 100 g Abs. 1 S. 1 StPO ebenfalls in Bezug genommene

22 LG Hamburg, MMR 2011, 693; AG Bayreuth, MMR 2010, 266.

23 Z.B. *Löffelmann*, in: Anwaltskommentar StPO, 2. Aufl. 2009, § 100a Rn. 18; *Bruns*, in: Karlsruher Kommentar zur Strafprozessordnung, 7. Aufl. 2013, § 100a Rn. 27, schlägt vor, die Vorschrift für eine »Übergangszeit« bis zu einer an sich erforderlichen ausdrücklichen Regelung anzuwenden.

24 Z.B. *Albrecht/Dienst*, JurPCWeb-Dok. 5/2012, Abs. 43ff.; *Buermeyer/Bäcker*, HRRS 2009, 433, 434ff.

25 Näher *Hellmann*, Strafprozessrecht, 2. Aufl. 2006, Rn. 410ff.

26 *Buermeyer/Bäcker*, HRRS 2009, 433, 440; *Sankol*, CR 2008, 13, 17; a. A. LG Hamburg, MMR 2011, 693, 694.

27 *Albrecht/Dienst*, JurPCWeb-Dok. 5/2012, Abs. 50.

Vorschrift des § 113a TKG über die Speicherpflichten der Dienstanbieter hat das BVerfG im Jahre 2010 für nichtig erklärt.[28]

Nach § 100 g Abs. 1 S. 1 StPO ist die technische Überwachung bei Vorliegen der übrigen Voraussetzungen zur Verfolgung der Katalogtaten des § 100a Abs. 2 StPO und darüber hinaus zur Verfolgung aller Straftaten, die mittels Telekommunikation begangen worden sind, zulässig.

E. Ermittlungen im Internet

Die Zulässigkeit von Ermittlungen im Internet ist insbesondere wegen des häufig vorhandenen Auslandsbezugs, aus dem sich zahlreiche völkerrechtliche Probleme ergeben, ein eigenes Thema, das hier nicht umfassend behandelt werden kann. Deshalb können an dieser Stelle nur einige Grundsätze dargelegt werden, die den Darlegungen des *BVerfG* zur Verfassungswidrigkeit des § 5 Abs. 2 Nr. 11 Verfassungsschutzgesetz NW[29] folgen.

Die Suche nach Informationen auf frei zugänglichen Webseiten, in offenen Chaträumen usw. im In- und Ausland kann auf die Ermittlungsgeneralklauseln der §§ 161 Abs. 1 S. 1, 163 Abs. 1 S. 2 StPO gestützt werden, da Art. 10 Abs. 1 GG die nach Abschluss eines Kommunikationsvorgangs im Herrschaftsbereich eines Kommunikationsteilnehmers gespeicherten Inhalte und Umstände der Telekommunikation, soweit dieser eigene Schutzvorkehrungen gegen den heimlichen Datenzugriff treffen kann, nicht umfasst.[30] Das gilt auch, wenn sich die Strafverfolgungsbehörden die Zugangsdaten, z. B. ein Passwort, zu geschlossenen Benutzerkreisen durch zulässige strafprozessuale Maßnahmen (Beschlagnahme, Auskunftsersuchen usw.) oder einen Informanten oder eine Vertrauensperson verschafft haben. Zulässig ist es zudem, dass sich ein nicht offen ermittelnder Beamter unter Verheimlichung seiner wahren Ziele den Zugang »erschleicht«, denn auch dann erfolgt die Kenntnisnahme mit Willen und mit Kenntnis des Inhabers der Daten.

Einer besonderen – bisher nicht vorhandenen – Ermächtigungsgrundlage bedürfen dagegen Zugriffe auf zugangsgeschützte Datenbestände gegen den Willen des Inhabers.

28 BVerfG vom 2.3.2010–1 BvR 256/08; 1 BvR 263/08 und 1 BvR 586/08, BVerfGE 125, 260 ff.
29 BVerfG vom 27.2.2008–1 BvR 370/07 , 1 BvR 595/07, NJW 2008, 822 ff.
30 BVerfG vom 27.2.2008–1 BvR 370/07 , 1 BvR 595/07, NJW 2008, 822, 825.

F. Völkerrechtliche Grundsätze

Zu beachten sind zudem die völkerrechtlichen Grenzen bei Ermittlungsmaßnahmen im Internet. Das deutsche Strafprozessrecht gestattet grundsätzlich nur Eingriffe, die auf dem deutschen Hoheitsgebiet stattfinden. Ermittlungen im Ausland erfordern dagegen - ebenfalls grundsätzlich - die Rechtshilfe durch den Staat, in dem sie stattfinden.

Eine gewisse Auslandsberührung kann jede Tätigkeit der Strafverfolgungsbehörden unter Benutzung des Internet aufweisen. Selbst wenn sich die Beteiligten einer Kommunikation der Strafverfolgungsbehörden miteinander oder mit einem Beschuldigten, Zeugen oder Sachverständigen per Internet in Deutschland befinden, kann der Datenstrom über das Ausland führen. Internationale Abkommen (Internationaler Fernmeldevertrag - IFV, Konvention der Internationalen Fernmeldeunion) gestehen jedem beigetretenen Staat das Recht zu, über die internationalen öffentlichen Fernmeldedienste Nachrichten auszutauschen, sodass die Telekommunikation trotz dieser Auslandsberührung zulässig ist.[31]

Die inländische Telekommunikationsüberwachung, bei der die Überwachung ausländischer Anschlüsse lediglich eine reflexartige Nebenfolge darstellt, ist völkerrechtlich ebenfalls zulässig, nicht dagegen die gezielte Überwachung von Anschlüssen im Ausland.[32]

Die Kommunikation der Strafverfolgungsbehörden per Internet mit Nutzern im Ausland erfordert grundsätzlich ein Rechtshilfeersuchen, und zwar auch dann, wenn die Kontaktaufnahme »verdeckt«, d. h. ohne dass der Ermittlungsbeamte sich als solcher zu erkennen gibt, stattfindet.[33]

Bei einem Download von Daten, die auf einem ausländischen Server gespeichert sind, ist zu differenzieren. Er ist nach Art. 32 der Convention on Cybercrime (CCC) zulässig, wenn die Daten öffentlich zugänglich sind oder der Nutzungsberechtigte der Übertragung zustimmt. Der Download zugangsgesicherter Daten ohne Zustimmung des Berechtigten ist dagegen in der Regel völkerrechtswidrig.[34]

---

31 Näher dazu *Dombrowski*, Extraterritoriale Strafrechtsanwendung im Internet, 2014, S. 134ff.
32 Dazu *Dombrowski*, Extraterritoriale Strafrechtsanwendung im Internet, 2014, S. 137ff.
33 Näher dazu *Dombrowski*, Extraterritoriale Strafrechtsanwendung im Internet, 2014, S. 143ff.
34 Näher dazu *Dombrowski*, Extraterritoriale Strafrechtsanwendung im Internet, 2014, S. 164ff.

G. Fazit

Das deutsche Strafverfahrensrecht enthält zwar einige Regelungen gegen Cybercrime. Die wirksamsten Mittel – z.B. die Online-Durchsuchung und die Quellen-TKÜ, entbehren aber bisher nach zutreffender Auffassung einer tragfähigen Rechtsgrundlage. Wegen der strengen verfassungsrechtlichen Vorgaben des BVerfG dürfte eine gesetzliche Regelung einen solch engen Anwendungsbereich aufweisen, dass sie – wie dies auch bei der akustischen Wohnraumüberwachung der Fall – in der Praxis kaum einsetzbar wäre.

Kimihiro Ikeda

Regelungen zu Cybercrime im Strafprozessrecht in Japan

A. Einleitung

Auch Japan ist mit der Situation konfrontiert, dass die mit bestimmten Delikten im Zusammenhang stehenden und daher aufklärungsrelevanten Daten in elektronischer Form gespeichert und über verschiedene Netzwerke verbreitet werden. Im Juni 2012 ist eine einschlägige gesetzliche Regelung in Kraft getreten[1]. Anlass dazu war der Abschluss des Übereinkommens über Computerkriminalität[2]. Zuvor war es rechtlich lediglich möglich, körperliche Gegenstände als Beweismittel sicherzustellen. Genau genommen ist dieses Prinzip auch heute nicht aufgegeben, allerdings ermöglicht die Neuregelung, (in elektronischer Form vorhandene) Daten separat von den entsprechenden (physischen) Trägermedien zu behandeln. Unklar ist dabei noch, ob und inwieweit die Neuregelung die Strafverfolgungspraxis verändern wird.

1 *Kimihiro Ikeda*, Denji-teki kiroku wo hukumu shoko no shushu/hozen ni muketa tetsuzuki no seibi (Inkraftsetzung des Verfahrens zur Sicherstellung elektronischer Beweismittel), Jurisuto, Nr. 1431 (2011), S. 78.
2 SEV-Nr.: 185.

B. Begriffsklärung

In diesem Abschnitt erkläre ich zwei Grundprinzipien der japanischen Strafprozessordnung, welche die Ermittlungsmaßnahmen betreffen. Dabei handelt es sich um das Legalitätsprinzip bei Zwangsmaßnahmen und das Prinzip des Richtervorbehaltes (*warrant requirement*).

Nach dem Legalitätsprinzip bei Zwangsmaßnahmen muss jede Zwangsmaßnahme, die bei der Strafverfolgung angewendet wird, eine gesetzliche Grundlage in der Strafprozessordnung haben (§ 197 Abs. 1 japStPO). Der Anwendungsbereich ist insoweit klar bestimmt, als dass es sich um Zwangsmaßnahmen handeln muss. Es fehlt allerdings an einer gesetzlichen Bestimmung darüber, welche Maßnahmen Zwangsmaßnahmen darstellen. Bedeutung erlangt deshalb die hierzu entwickelte Dogmatik. Der japanische oberste Gerichtshof hat 1976 entschieden, dass das entscheidende Merkmal einer Zwangsmaßnahme nicht die physische Kraftentfaltung ist. Vielmehr sind Zwangsmaßnahmen solche Maßnahmen, die den Willen des Betroffenen beugen und durch einen Eingriff in den Körper, die Wohnung, das Vermögen u.s.w. zwangsweise den Ermittlungszweck verwirklichen[3]. Die herrschende Meinung in Japan folgt dieser Begriffsbestimmung. Danach sind Zwangsmaßnahmen solche Maßnahmen, die zu Ermittlungszwecken den Willen des Betroffenen beugen und dabei in seine wesentlichen Rechte oder Interessen eingreifen[4].

Problematisch ist nun, dass der technische Fortschritt stets neuartige Ermittlungsmaßnahmen ermöglicht. Diese können aber nicht ohne gesetzliche Grundlage angewendet werden, wenn sie einen Eingriff in wesentliche Rechte bewirken. Ein Beispiel ist die Telefonüberwachung. Ein entsprechendes Gesetz wurde im August 1999 beschlossen[5] und trat im August 2000 in Kraft. Zuvor war diskutiert worden, ob die Telefonüberwachung eine Zwangsmaßnahme darstellt. Weil sie einen Eingriff in das verfassungsrechtlich gewährleistete Telekommunikationsgeheimnis darstellt, ist dies zu bejahen. Daher stellte sich die Frage, ob sie sich auf eine der bis dato gesetzlich geregelten Zwangsmaßnahmen, wie z. B. die Regelungen zur Inaugenscheinnahme, stützen ließ. Einige Instanzgerichte und letztlich im Dezember 1999 auch der oberste Gerichtshof[6] haben dies so gesehen und es für zulässig erklärt, die Telefonüberwachung als Inaugenscheinnahme durchzuführen. Diese Urteile sind stark kritisiert worden, weil beziehungslose Gespräche dann eigentlich nicht ausgenommen werden können, obwohl die Inaugenscheinnahme notwendig mit bestimmten Delikten

3 Beschluss des Obersten Gerichtshofs (OGH) v. 16. 3. 1976.

4 *Masahito Inouye*, Kyosei-sosa to nin'i-sosa (Zwangsmaßnahmen und sonstige Ermittlungsmaßnahmen), 2006, S. 2.

5 Gesetz zur Telekommunikationsüberwachung für Ermittlungstätigkeit, Act No. 137 of 1999.

6 Beschluss des OGH v. 16. 12. 1999.

verbunden ist. Die japStPO enthielt sonst allerdings keine Vorschrift, welche die Telefonüberwachung ausdrücklich zuließ[7]. Weil auch der Gesetzgeber die Problematik erkannt hat, wurde eine neue Regelung verabschiedet, mit der zum einen Bestimmungen zur Zulässigkeit der Überwachung der Telekommunikation in die japStPO eingeführt wurden[8] und zum anderen finden sich nun im Gesetz über Telekommunikationsüberwachung detaillierte Bestimmungen zum Verfahren der Telekommunikationsüberwachung als Ermittlungsmaßnahmen außerhalb der japStPO[9].

Ein anderes für Ermittlungsmaßnahmen geltendes Prinzip ist das Prinzip des Richtervorbehaltes. Danach muss eine Ermittlungsbehörde vor der Durchführung einer bestimmten Ermittlungsmaßnahme die Anordnung eines Richters einholen. Der Richter bestätigt dabei gegenüber der Ermittlungsbehörde, dass alle gesetzlichen Voraussetzungen für die entsprechende Maßnahme vorliegen. Der Anwendungsbereich dieses Prinzips und seine Ausnahmen sind in der Verfassung ausdrücklich geregelt[10]. Erfasst sind Eingriffe in den Körper sowie die Sicherstellung von Gegenständen und Dokumenten. Das Prinzip des Richtervorbehalts wird darüber hinaus weit verstanden, so dass es auch für Eingriffe in die Privatsphäre im weiteren Sinn gilt – z. B. für Eingriffe in das Telekommunikationsgeheimnis –, obwohl dies nicht ausdrücklich in der Verfassung geregelt ist[11].

Das Prinzip dient der Kontrolle der Ermittlungsbehörden. Diese erfolgt dadurch, dass das Vorliegen der Eingriffsvoraussetzungen von einem unabhängigen Richter zu prüfen ist. Dadurch soll ein Missbrauch der Befugnisse verhindert werden. Die richterliche Anordnung begrenzt gleichzeitig den Handlungsspielraum der Ermittlungsbehörde. Sie darf nur innerhalb des richterlich angeordneten Bereichs tätig werden. Die Bedeutung dieser justiziellen Kontrolle in Japan ist deswegen besonders zu betonen, da nur ein Richter entsprechende Anordnungen erteilen kann. Eine Notfallbefugnis eines Staatsanwalts gibt es – anders als im deutschen Recht – nicht.

Der Anwendungsbereich beider genannter Prinzipien ist weder logisch noch dogmatisch, aber praktisch gleich. Daraus folgt, dass die Ermittlungsbehörde eine Zwangsmaßnahme nur dann ergreifen kann, wenn zwei Voraussetzungen erfüllt sind. Zum einen muss die Maßnahme eine gesetzliche Grundlage in der japStPO haben. Zum anderen muss sie vorher richterlich angeordnet werden. Insgesamt geht es sowohl um eine demokratische als auch um eine justizielle

7 Hierzu *Masahito Inouye*, Sosa shudan to shite no tsushin/kaiwa no boju (Telekommunikationsüberwachung als Ermittlungsmaßnahmen), 1999.
8 § 222-2 japStPO.
9 Siehe oben Fn. 5.
10 Art. 33 und 35 jap. Verfassung.
11 *Inouye*, siehe oben Fn. 7, S. 11ff.

Kontrolle. Deswegen sind beide Prinzipien nicht austauschbar. Daher kann der Richter nur Maßnahmen anordnen, welche in der japStPO zugelassen sind.

C. Bestandsaufnahme

I. Eingriffsermächtigungen

Zur Sicherstellung von Daten kommt als Ermittlungsmaßnahme in der japStPO die Beschlagnahme in Betracht. Dafür benötigt die Ermittlungsbehörde eine richterliche Anordnung, es sei denn, die Maßnahme wird im Zuge der Festnahme des Beschuldigten durchgeführt[12]. Weil sich die Beschlagnahme nach der gesetzlichen Konzeption nur auf körperliche Gegenstände bezieht, handelt es sich begrifflich nicht um eine Beschlagnahme, wenn lediglich Daten auf andere Trägermedien übertragen werden[13]. Deswegen war es vor der Neuregelung notwendig und möglich, das Speichermedium, auf dem aufklärungsrelevante Daten gespeichert sind, als solches zu beschlagnahmen, um auch die Daten sicherstellen zu können. Dieses Vorgehen ist in doppelter Hinsicht problematisch: Auf der einen Seite kann eine solche Maßnahme unverhältnismäßig und deswegen rechtswidrig sein, wenn die gespeicherte Datenmenge gegenüber der Speicherkapazität des Trägermediums unverhältnismäßig klein ist.[14] Auf der anderen Seite fehlt es den Ermittlungsbehörden oft an der entsprechenden Technik, um miteinander zusammenhängende Daten richtig auszuwerten. Im Einzelfall wäre dafür die Zusammenarbeit mit dem Betroffenen erforderlich. Es ist allerdings nicht klar, ob dies vom Betroffenen nach geltendem Recht verlangt werden oder ob er gar zur Mitwirkung gezwungen werden kann[15].

Zwar gibt es die Möglichkeit, durch eine Inaugenscheinnahme den Inhalt von Daten zu erfassen. Allerdings dürfen nur solche Daten in Augenschein genommen werden, die deswegen aufklärungsrelevant sind, weil sie mit bestimmten Delikten im Zusammenhang stehen. Daten, die nicht mit bestimmten Delikten im Zusammenhang stehen, dürfen nicht erfasst werden, obwohl auch solche Daten meistens auf demselben Datenträger gespeichert sind. Daher ist es nicht erlaubt, aufklärungsrelevante Daten aus nicht aufklärungsrelevanten

12 Art. 35 Abs. 1 jap. Verfassung.

13 *Yutaka Osawa*, Konpyuta to sosaku, sashiosae, kensho (Computer und Durchsuchung/Beschlagnahme/Inaugenscheinnahme), Hogaku-Kyoshitsu Nr. 244 (2001), S. 44., *Masahito Inouye* und *Kimihiro Ikeda*, Konpyuta hanzai to sosa (Computer-Kriminalität und Ermittlungen), Keiji soshoho no soten, 3. Aufl. (2002), S. 88.

14 Beschluss des Landgerichts Tokio v. 27.2.1998.

15 *Shinji Ogawa*, Jiki no disk to sosaku sashiosae (Magnetischer Datenträger und Durchsuchung/Beschlagnahme), Shin-jitsurei keijisoshoho (1998), S. 263.

Daten auszuwählen, was zur Folge hat, dass die Inaugenscheinnahme meistens tatsächlich unmöglich ist.

Außerdem besteht das Bedürfnis, den Inhalt der mit der Begehung von Straftaten zusammenhängenden Kommunikation, z. B. E-Mail-Verkehr, sicherzustellen. Trotz der Notwendigkeit, den E-Mail-Verkehr zu überwachen, sind die gesetzlichen Voraussetzungen der Überwachung sehr streng. Es ist daher faktisch schwierig, eine Telefon- oder E-Mail-Überwachung durchzuführen. Im Jahr 2012 gab es lediglich 10 Überwachungsanordnungen[16].

Die oben genannten Maßnahmen, wie Beschlagnahme, Inaugenscheinnahme und Telekommunikationsüberwachung, sind traditionelle Ermittlungsmaßnahmen. Insbesondere das Verfahren und der Anwendungsbereich der Beschlagnahme verändern sich durch die Neuregelung (vgl. dazu D).

II. Beweisverwertung

Das Beweisrecht des japanischen Strafverfahrens entspricht, insoweit anders als im deutschen Recht, dem Beweisrecht der *common-law*-Rechtsordnungen, das die Zulässigkeit von Beweismitteln stark einschränkt. Im Folgenden sollen einige Vorschriften erläutert werden, die bei der Verwendung der sichergestellten Daten als Beweismittel relevant sind.

Eine Aussage über eine ursprünglich von einem anderen getätigte Aussage oder eine Urkunde über die Aussage des anderen, die außerhalb der Hauptverhandlung vorgenommen oder angefertigt wurde, ist als Beweis im Prinzip unverwertbar, wenn damit nicht die Existenz, sondern der Inhalt der ursprünglichen Aussage nachgewiesen werden soll (§ 320 Abs. 1 japStPO). Dies wird als Verbot des Hörensagens (*Hearsay Rule*) bezeichnet. Eine solche Aussage oder Urkunde gilt als kategorisch bedenklich. Es ist daher erforderlich, den Aussagenden selbst zu befragen, um den Inhalt seiner ursprünglichen Aussage unmittelbar überprüfen zu können. Beispielsweise ist eine Tagebuchaufzeichnung eines Augenzeugen im Prinzip nicht verwertbar. Anders ist es nur, wenn das Gesetz die Zulässigkeit des Beweises ausdrücklich bestimmt[17]. Das ist zum einen der Fall, wenn die Aussage vor Gericht nicht wiederholt werden kann, etwa weil der Aussagende verstorben ist, und zum anderen, wenn es außer der Urkunde für die zu beweisende Tatsache keine Beweise gibt und wenn besondere Umstände die Urkunde als besonders zuverlässig erscheinen lassen (§ 321 Abs. 1 Nr. 3 japStPO), z. B. beim Testament. Dieselbe Regelung gilt auch für Daten.

---

16 http://www.moj.go.jp/content/000106677.pdf.

17 *Yutaka Osawa*, Denbun shoko no igi (Bedeutung des Hörensagen-Beweises), Keiji soshoho no soten, 3. Aufl. (2002), S. 182 ff.

Ob die Verwertung einer außerhalb der Hauptverhandlung vorgenommenen und aufgezeichneten Aussage ein Verstoß gegen das Verbot vom Hörensagen darstellt, hängt davon ab, welche Tatsache bewiesen werden soll[18]. Wenn lediglich nachgewiesen werden soll, dass die betreffende Aussage existiert, nicht aber, ob der Inhalt der Aussage glaubwürdig ist, sollen die die Aussage beinhaltenden Beweise, also andere Aussagen über die Aussage oder Urkunden, verwertbar sein. Hier gibt es keinen Grund mehr, diese Beweismittel auszuschließen. So soll die Verwertung einer E-Mail, in der ein Angeklagter sich mit einem Mittäter darüber berät, wie sie eine geplante Tat umsetzen wollen, zulässig sein, um die Voraussetzungen der Mittäterschaft nachzuweisen. Entscheidend ist insoweit nämlich die Tatsache, dass es einen kommunikativen Kontakt gegeben hat, nicht die Richtigkeit des Inhalts.

Weiterhin gibt es ein Beweisverwertungsverbot bezüglich rechtswidrig erlangter Beweise (*Exclusionary Rule*). Dies ist nicht ausdrücklich gesetzlich geregelt. Es wurde in der Rechtsprechung des obersten Gerichtshofs entwickelt[19]. Der Zweck dieses Beweisverwertungsverbotes liegt darin, die Integrität der Justiz zu gewährleisten, die Ermittlungsbehörden von schweren Rechtsverstößen abzuhalten und *due process of law* zu garantieren. Durch dieses Beweisverwertungsverbot hat das Gericht die Möglichkeit, die oben genannten, verschiedenen Ziele zu verwirklichen[20].

D. Internationale Einflüsse

Zur Umsetzung des Übereinkommens über Computerkriminalität wurden einige Regelungen, die für das Ermittlungsverfahren gelten, verändert[21]. Dadurch haben neuartige Ermittlungsmaßnahmen eine gesetzliche Grundlage erhalten. Unverändert bleibt allerdings das Verständnis, dass Gegenstand der Beschlagnahme nur körperliche Gegenstände sein können. Die Neuregelung hat in erster Linie die Art und Weise ihrer Umsetzung flexibler gestaltet.

Insbesondere bei der Beschlagnahme von Daten lassen sich Verbesserungen aufzeigen. Die Ermittlungsbehörden können nunmehr Daten, die auf Datenträgern gespeichert sind, auf andere Trägermedien kopieren und letztere beschlagnahmen (§ 110-2 japStPO). Außerdem kann der Betroffene dabei zur Kooperation aufgefordert werden (§ 111-2 japStPO)[22]. Bisher mussten die Er-

18 *Osawa*, siehe oben Fn. 17.

19 Urteil des OGH v. 7.9.1978.

20 Hierzu *Masahito Inouye*, Keiji sosho ni okeru shoko haijo (Verwertungsverbot bei rechtswidrig erlangten Beweisen), 1985.

21 *Ikeda*, siehe oben Fn. 1.

22 §§ 110-2 und 111-2 n. F. japStPO wurden bzgl. gerichtlich angeordneter Zwangsmaßnahme

mittlungsbehörden auch dann den gesamten Datenträger beschlagnahmen, wenn die entscheidenden Daten nur einen geringen Anteil des Speicherplatzes des Datenträgers belegten. Zudem war nicht klar, ob die Ermittlungsbehörden den Betroffenen zur Kooperation auffordern können.

Ferner kann die Ermittlungsbehörde aufgrund einer richterlichen Anordnung vom Betroffenen verlangen, bestimmte Daten vom Ausgangsdatenträger herauszugeben (sog. Beschlagnahme mit der Anordnung zur Aufzeichnung (§§ 99–2, 218 Abs. 1 japStPO)[23]). Bis heute ist nicht geklärt, ob bei Zwangsmaßnahmen vom Betroffenen nicht nur die Duldung der Maßnahme, sondern auch die aktive Mitwirkung verlangt werden und ggf. auch zwangsweise durchgesetzt werden kann. Naturgemäß kann der Betroffene im Einzelfall viel eher die relevanten Daten, die sich unter Umständen auf verschiedenen Datenträgern befinden, auffinden und zusammentragen. Die Neuregelung ermöglicht den Ermittlungsbehörden, dem Betroffenen aufzugeben, die relevanten Daten zusammenzutragen und sie dann abzugeben, wenn es eine entsprechende richterliche Anordnung gibt.

Relevant wird diese neue Regelung z. B., wenn der Betroffene zwar kooperativ ist, der Ermittlungsbehörde aber deswegen nicht helfen kann, weil er vertraglich zur Vertraulichkeit verpflichtet ist.

Außerdem können die Ermittlungsbehörden Daten, die sich auf einem beschlagnahmten Computer befinden und verwertet werden sollen, von diesem herunterladen und diese so sicherstellen (§§ 99 Abs. 2, 218 Abs. 2 japStPO)[24]. Das war vor der Neuregelung nicht möglich, weil Gegenstand der Beschlagnahme nur der Computer sein konnte, nicht die noch nicht heruntergeladenen Daten (dieses Verständnis verändert sich auch jetzt nicht). Auch wenn die Ermittlungsbehörde den Computer beschlagnahmt, hat sie keinen Zugang zu extern gespeicherten Daten, weil die Befugnis, auf die gespeicherten Daten zuzugreifen, dem Eigentümer (oder Nutzer) zugeordnet ist. Sie ist allerdings auch nicht auf den Computer beschränkt, womit es den Ermittlungsbehörden auch nach der Beschlagnahme des Computers nicht erlaubt ist, mit diesem etwa über

eingeführt. Durch § 222 Abs. 1 werden diese Vorschriften auch bei Maßnahmen der Ermittlungsbehörden angewendet.

23 § 99–2 n. F. japStPO regelt die Voraussetzungen für die richterliche Anordnung einer solchen Maßnahme und § 218 Abs. 1 n. F. japStPO stellt die Rechtsgrundlage für ihre Durchführung durch die Ermittlungsbehörden dar. Zur Zitierweise: Neue Vorschriften, die zwischen bestehende einzufügen sind, werden in Japan anders als in Deutschland nicht in der Form bspw. »§ 100a StPO« geführt sondern mit »§ 100–2 japStPO« bezeichnet.

24 § 99 Abs. 2 n. F. japStPO regelt die Voraussetzungen für die richterliche Anordnung einer solchen Maßnahme und § 218 Abs. 2 japStPO (neue Vorschrift) stellt die Rechtsgrundlage für ihre Durchführung durch die Ermittlungsbehörden dar.

eine Netzwerkverbindung auf die extern gespeicherten Daten zuzugreifen[25]. Ferner war nicht klar, ob die Ermittlungsbehörden die Daten selbst herunterladen können.

Die Neuregelung trägt dem Umstand Rechnung, dass »*cloud computing*« ein allgegenwärtiges Phänomen ist. Übrigens muss die richterliche Anordnung sowohl den zu beschlagnahmenden Computer als auch die Medien, die die betroffenen Daten enthalten, bezeichnen. Dabei benötigt man die IP-Adresse, jedoch keine Kenntnis vom Standort des Datenträgers[26].

Die Telekommunikations-Verbindungsdaten, die von Telekommunikationsunternehmen gespeichert werden, können wichtige Beweismittel sein. Deswegen können diese Daten natürlich auch durch die oben genannten Maßnahmen erfasst werden. Die Speicherung der Telekommunikations-Verbindungsdaten beruht darauf, dass das Unternehmen mit den gespeicherten Daten bestimmte Zwecke verfolgt. Die Speicherung kann etwa zur Abrechnung oder zu anderen geschäftlichen Zwecken erfolgen. Weil die Speicherung der Daten aufwendig ist, werden sie, wenn der mit ihrer Speicherung verfolgte Zweck erfüllt ist, gelöscht. Auf der anderen Seite brauchen die Ermittlungsbehörden aber eine gewisse Zeit, um Beschuldigte und die zugehörigen Telekommunikations-Verbindungsdaten zu identifizieren, insbesondere wenn internationale Amts- und Rechtshilfe eine Rolle spielt. Daher kann es je nach den Umständen notwendig sein, die Telekommunikations-Verbindungsdaten länger als eigentlich benötigt zu speichern. Zwar konnten die Ermittlungsbehörden bisher verlangen, Informationen freiwillig herauszugeben. Eine Speicherung konnte indes nicht verlangt werden. Durch die Neuregelung (§§ 197 Abs. 3, 4 und 5 japStPO) ist es möglich, dass die Ermittlungsbehörde das Telekommunikationsunternehmen auffordert, die bei Aufforderung existierenden Telekommunikations-Verbindungsdaten längstens 30 Tage zu speichern (einmalige erneute Forderung ist möglich bis zu einer Frist von insgesamt maximal 60 Tagen).

E. Grenzüberschreitende Ermittlungstätigkeit bei Cybercrime

Die Bedeutung der Landesgrenzen schwindet in den Zeiten des Internets. Daten werden unabhängig vom Standort des Datenträgers gespeichert. Ermittlungen im Internet können dazu führen, dass auch im Ausland Informationen gesammelt werden. Dies kann in einigen Fällen die Souveränität anderer Staaten betreffen.

25 *Toshihiro Kawaide*, Konpyuta hanzai to sosa tetsuzuki (Computer-Kriminalität und Ermittlungsverfahren), Hoso-jiho Vol. 53, Nr. 10 (2001), S. 2756ff.

26 *Inouye*, siehe oben Fn. 4, S. 276ff.

Zwar ist es nicht problematisch, die auf ausländischen Datenträgern gespeicherten Daten zu erfassen, wenn diese frei zugänglich sind[27]. Dies ist z. B. beim Besuch der *Homepage* eines Ministeriums im Ausland der Fall. Wenn es aber um Daten geht, die nicht frei zugänglich sind, sodass die Ermittlungsbehörden für den Zugriff bestimmte Zwangsbefugnisse bräuchten, kann es die Souveränität anderer Staaten verletzen, diese Daten zu beschaffen. Daher ist eine internationale Zusammenarbeit notwendig.

Demgegenüber gibt bei der Beschlagnahme mit der Anordnung zur Aufzeichnung eine Privatperson die Daten heraus. Deswegen liegt darin kein Verstoß gegen die Souveränität eines anderen Staates. Dies gilt auch dann, wenn es um die Herausgabe von ursprünglich im Ausland gespeicherten Daten geht.

F. Reformbedarf

Grenzüberschreitende Ermittlungstätigkeit erfordert internationale Zusammenarbeit. Problematisch ist, dass es den Nutzern gleichgültig ist, in welchem Staat sich die (physischen) Datenträger befinden. In Zukunft soll der Prozess vereinfacht werden. Nach dem Vorbild des Schengener Abkommens sollte die Informationssammlung in anderen Staaten auf vertraglicher Basis gegenseitig anerkannt werden, so wie die grenzüberschreitende Verfolgung durch die Polizei gem. Art. 40 und 41 Schengener Durchführungsübereinkommen gegenseitig anerkannt ist.

Das Prinzip, dass Gegenstand der Beschlagnahme nur ein körperlicher Gegenstand sein kann, ist noch nicht aufgegeben. Angesichts dessen, dass das entscheidende Beweismittel in nicht wenigen Fällen die Daten selbst sind, sollte in Erwägung gezogen werden, die Daten an sich sicherstellen zu können. Allerdings verhindert das oben genannte Prinzip eine unbeschränkte Überwachung. Wird das Prinzip relativiert, so muss gleichzeitig auch an technische Mittel gegen Missbrauch gedacht werden.

G. Fazit

Der japanische Gesetzgeber sieht sich der Herausforderung ausgesetzt, das überkommene Recht an internationale Vorgaben anzupassen. Angesichts der Veränderungen von Gesellschaft und Lebensstil ist die Neubewertung des überkommenen Rechts aktueller denn je.

27 Art. 32 Übereinkommen über Computerkriminalität.

Kyung-Lyul Lee

Regelungen zu Cybercrime im Strafprozessrecht in Korea

A. Einleitung

Der Cyberspace ist kein rechtsfreier Raum. Gesetze gelten im Cyberspace ebenso wie im physischen Raum. Um eine erfolgreiche Bekämpfung der Cyberkriminalität zu gewährleisten, werden auch hier die Durchsuchung und Beschlagnahme von digitalen Beweismitteln in der Ermittlungspraxis benötigt. Vor diesem Hintergrund kam eine Gesetzesänderung in Gang. Am 18.7.2011 ist das Gesetz, das die Durchsuchung und Beschlagnahme von digitalen Beweismitteln ermöglicht, endlich im Parlament verabschiedet worden (Gesetz Nr. 10864). Der nun neu eingeführte § 106 III korStPO spiegelt die Ermittlungspraxis wider, bei der man die Drucksachen von digitalen Daten oder die Kopie der Daten durchsucht und beschlagnahmt hat.[1] Eine Auswertung der Praxis des § 106 III korStPO ergibt, dass dies zur Reduzierung des Eingriffs in die Privatsphäre beigetragen hat und zudem eine ausdrückliche Regelung über die Beschlagnahme der digitalen Beweismittel zur Folge hatte.

Allerdings sind laut § 106 I korStPO die Gegenstände der Beschlagnahme weiterhin »ein Beweisgegenstand« oder ein mit der Straftat in Zusammenhang stehender »Gegenstand«.[2]Daraus folgt, dass sich die Beschlagnahme nach dem koreanischen Strafrecht auf Gegenstände beschränkt. Ob sich die Zweifel an dem gegenständlichen Charakter der digitalen Daten mit dem Wortlaut des Gesetzes zerstreuen lassen, bleibt zweifelhaft: »Ausnahmen können zugelassen werden, soweit etwas anderes geregelt ist«.[3] Trotz § 106 III korStPO (Durchsuchung und Beschlagnahme eines digitalen Beweismittels) regelt das reformierte koreanische Strafprozessrecht nichts über die Identität oder Authentizität der Drucksache oder der Kopie des digitalen Beweismittels.

Durch den technischen Fortschritt werden Internetserver und die Speicherkapazität von Email-Accounts größer, sodass sie als ständige Speichermedien benutzt werden. Hieraus ergibt sich die Frage, ob ein digitales Beweismittel direkt im Cyberspace beschlagnahmt werden kann. Falls dies möglich ist, stellt sich hier die Frage nach der Gesetzesgrundlage für eine Beschlagnahme, wenn jemand ein digitales Beweismittel statt auf einer Harddisk im Cyberspace speichert, das mittels eines Web-Service durch den Telekommunikationsdienstanbieter kontrolliert werden könnte.[4]

Außerdem stellt sich im Ermittlungsverfahren die Frage, was passiert, wenn ein Beweismittel, das im Zusammenhang mit einer anderen Straftat steht, die nicht in der Anordnung zum Ausdruck gebracht wurde, im Verlauf der Analyse der beschlagnahmten digitalen Beweismittel zufälligerweise gefunden wird.[5] Es

1 Das koreanische neu geregelte Strafprozessrecht lautet in § 106 III: »Das Datenspeichermedium muss grundsätzlich in Kopie beschlagnahmt werden, nur wenn es bedeutend schwer oder unmöglich ist, kann das Datenspeichermedium ausnahmsweise im Original beschlagnahmt werden.« Mehr zur Strafrechtspraxis, vgl. Schreiben des Ausschusses über die Durchsuchungs- und Beschlagnahmeanordnungspraxis , Durchsuchungs- und Beschlagnahmeanordnungspraxis, 12. 2007; Das Oberste Gericht 2009 Mo 1190, 26. 5. 2011.

2 Für die Durchsuchung (insbesondere bei anderen Personen) muss die Möglichkeit bestehen, dass sich das gesuchte, schon einigermaßen klar bestimmbare Objekt am Durchsuchungsort befindet (§ 109 II korStPO).

3 Nach der Begriffsbestimmung der Beschlagnahme und Durchsuchung in § 41 (a) Nr. 2 (A) Federal Rules of Criminal Procedure der USA sind Informationen Teil des Eigentums. Das französische Strafprozessrecht (§ 56 V–VII) bestimmt digitale Daten als Gegenstände der Beschlagnahme.

4 Dies betrifft aber Fragen der Beschlagnahme und Durchsuchung bei Dritten wegen dort aufbewahrter digitaler Beweismittel sowie umfassender Durchsuchung und Beschlagnahme.

5 Das neu geregelte Strafprozessrecht fordert in § 106 III (neu), § 215 I (geändert), § 106 I (geändert) und § 109 I (geändert) den Zusammenhang mit der Straftat, um die richterliche

ist umstritten, ob eine ausdrückliche rechtliche Grundlage errichtet werden soll, damit der Ermittler verpflichtet ist, diese Beweismittel, welches er ohne Vorhaben gefunden hat, dringend zu beschlagnahmen oder eine Durchsuchung vorzunehmen.[6] Denn das koreanische Strafrecht erlaubt keine sog. ›selbstständige dringende Durchsuchung und Beschlagnahme‹, wenn sie nicht mit der Untersuchungshaft in Zusammenhang steht.

B. Begriffsklärung

I. Überblick zur Systematik von Beschlagnahme und Durchsuchung in Korea

1. Begriff der Beschlagnahme und Durchsuchung

Die Beschlagnahme ist eine Zwangsmaßnahme zur Sicherstellung eines Beweisgegenstandes oder eines mit der Straftat in Zusammenhang stehenden Gegenstandes. Durchsuchung ist eine Zwangsmaßnahme, bei der Wohnungen, Räume, Sachen und auch Personen zwecks Auffindung von beschlagnahmefähigen Gegenständen oder der Ergreifung des Beschuldigten kontrolliert werden.

Durchsuchung und Beschlagnahme sind zwar die wichtigsten und häufigsten strafprozessualen Maßnahmen, aber solche Maßnahmen sind regelmäßig ein schwerer Eingriff in die Grundrechte, z. B. in die Unverletzlichkeit der Wohnung oder in das Eigentum. Wegen dieser Grundrechtsrelevanz des Strafverfahrens enthält das koreanische Verfassungsrecht den sogenannten »Richtervorbehalt« bei der Durchsuchung und Beschlagnahme, ebenso wie bei der Festnahme und Untersuchungshaft. Außerdem gilt das Prinzip vom Gesetzesvorbehalt.

2. Vorherige Anordnung durch einen Richter

a) Die verfassungsrechtliche Grundlage – der Richtervorbehalt bei der Durchsuchung und Beschlagnahme

Die Freiheit der Person (Art. 12), Unverletzlichkeit der Wohnung (Art. 16), Schutz der Privatsphäre (Art. 17) und Eigentumsrechte (Art. 23) werden als

Anordnung zu beantragen. Hieraus ergibt sich die Frage nach zufällig gefundenen Beweismitteln.

6 *Roh Myoung Sun*, Überprüfung der Sammlung und Beweisfähigkeit von digitalen Beweismitteln, Neue Welle im Strafrecht Nr. 16, Oberste Staatsanwaltschaft, Okt. 2008, S. 84; Son Dong Kwun, A Study on the Search and Seizure of Digital Evidence in Amendment Criminal Procedure Acts, Korean Journal of Criminology Nr. 23–2, The Korean Association of Criminology, Dec. 2011, S. 327.

Grundrechte im koreanischen Verfassungsrecht gewährleistet. Deshalb erfordern die Beschlagnahme oder Durchsuchung nach Art. 12 I, III korVerfassungsrecht grundsätzlich die vorherige Anordnung eines Richters.

> »Niemand darf durchsucht oder nichts darf beschlagnahmt werden, außer in den ausdrücklich durch das Gesetz bestimmten Fällen. [...] Bei der Durchsuchung und Beschlagnahme ist die ordnungsgemäß erlassene richterliche Anordnung auf Veranlassung der Staatsanwaltschaft vorzulegen (vgl. Art. 12 I, III korVerfassungsrecht).«

b) Konkretisierung in der Strafprozessordnung

1) Voraussetzungen für eine Durchsuchungsanordnung

Gemäß § 215 I korStPO darf die Staatsanwaltschaft, wenn es für das Ermittlungsverfahren notwendig ist, entsprechend der Anordnung, die auf Veranlassung der Staatsanwaltschaft vom Amtsrichter ausgestellt wird, etwas durchsuchen, beschlagnahmen oder nachweisen, was bei den verdächtigen Umständen im Zusammenhang mit der Straftat erscheint. Eine richterliche Durchsuchungs- und Beschlagnahmeanordnung setzt die Notwendigkeit für das Ermittlungsverfahren, das Vorliegen eines Anfangsverdachts sowie den Zusammenhang mit der Straftat voraus.

Die Durchsuchung der Wohnung, Räume, Sachen und Person des Beschuldigten setzt also die Notwendigkeit und den Zusammenhang mit der Straftat voraus. Für die Durchsuchung bei anderen Personen muss zusätzlich die Möglichkeit bestehen, dass sich das gesuchte, schon einigermaßen klar bestimmbare Objekt, am Durchsuchungsort befindet (§§ 219, 109 I korStPO).

2) Durchführung der Durchsuchung und Beschlagnahme

Die Durchsuchung und Beschlagnahme im Ermittlungsverfahren werden aufgrund einer Anordnung der Staatsanwaltschaft durch den Gerichtspolizeioffizier[7] vollstreckt. Die Staatsanwaltschaft kann den Vollzug der Anordnung auch außerhalb des Zuständigkeitsbereichs kontrollieren und der Gerichtspolizeioffizier kann auch eine Durchsuchungs- und Beschlagnahmeanordnung durchführen (§§ 219, 115 I korStPO).

Bei der Durchführung einer Durchsuchung und Beschlagnahme ist dem Adressaten oder dem Besitzer des zu beschlagnahmenden Gegenstandes oder der zu durchsuchenden Räume, falls er nicht anwesend ist dem Beteiligten, die Anordnung vorzulegen (Art. 12 III korVerfassungsrecht, §§ 219, 123, 118 korStPO).

---

7 Der Gerichtspolizeioffizier (sog.: Kripo) arbeitet ausschließlich aufgrund eines Befehls der Staatsanwaltschaft. Er ist ein Hilfsorgan der Staatsanwaltschaft bei der Ermittlung von Straftaten.

Um eine effektive Durchsuchung und Beschlagnahme durchzuführen, ist es notwendig, dass dem Ermittler eine gewisse Kompetenz zugesprochen ist. Der Ermittler kann im Laufe der Ermittlungen ein Zutrittsverbot erlassen, und wenn gegen dieses verstoßen wird, kann er einen Platzverweis aussprechen oder den Ort bis zum Ende der Ermittlungen bewachen lassen. Außerdem kann er ein Schloss öffnen oder ggf. aufbrechen, die Post öffnen oder andere notwendige Maßnahmen treffen (§§ 119, 120 korStPO). Wenn die Durchführung der Durchsuchung und Beschlagnahme nur vorübergehend gestoppt wurde, kann der Ermittler, wenn es notwendig ist, bis zum Ende der Ermittlungen den Ort der Maßnahme absperren oder bewachen lassen (§ 117 korStPO).

3) Die Beteiligung des Beschuldigten

Für die rechtmäßige Durchführung der Anordnung darf bei einer Durchsuchung und Beschlagnahme der Wohnung, der Räumlichkeiten (Besitztümer), des Gebäudes, des Flugzeugs oder des Schiffs der Inhaber der Räume, der Verwalter oder die Person, die für sie tätig ist, zugegen sein (§§ 129, 121–123 korStPO). Die Beteiligten (bspw. die Beschuldigten) können innerhalb des Durchsuchungs- und Beschlagnahmeverfahrens ihre Meinung darlegen, das Ergebnis der Durchsuchung bzw. Beschlagnahme feststellen/überprüfen/festhalten und danach eine Liste der beschlagnahmten Gegenstände ausgehändigt bekommen (§ 129 korStPO). Dem Beschuldigten oder seinem Rechtsanwalt sind das Durchführungsdatum und der Durchführungsort vor deren Beginn bekanntzugeben, um ihre Beteiligung zu gewährleisten (§ 122 korStPO). Die Vorschrift, welche die Pflicht zur Anwesenheit des Beschuldigten und dessen Rechtsanwalt in der Hauptverhandlung regelt, wird auch sinngemäß auf das Ermittlungsverfahren übertragen (§ 219 korStPO). Allerdings besteht dann die Gefahr, dass durch das Anwenden der Norm auf das Ermittlungsverfahren gegen das »Prinzip der nicht-öffentlichen Ermittlung« verstoßen wird.[8]

4) Weitere Beschränkungen im Verfahren

Während der Nachtzeit (vor Sonnenaufgang und nach Sonnenuntergang) dürfen die Wohnung, die Räumlichkeiten, das Gebäude, das Flugzeug oder das Schiff ohne vorherige ausdrückliche Erlaubnis nicht durchsucht werden (§ 125 korStPO).

Bei Sachverhalten, bei denen es um militärische, öffentliche oder berufliche Geheimnisse geht, darf ohne Einwilligung der Verantwortlichen, der zuständi-

8 Allerdings muss der Ermittler gemäß § 122 korStPO die Maßnahme nicht bekanntgeben, wenn der benachrichtigte Beschuldigte oder Rechtsanwalt ausdrücklich mitgeteilt hat, dass er daran nicht teilnehmen will, oder wenn es die Dringlichkeit erfordert. Vor diesem Hintergrund, wenn man die sog. Dringlichkeit nicht als zeitliche Dringlichkeit, sondern als eine Flucht- oder Verdunkelungsgefahr versteht, könnte eine solche Gefahr beseitigt werden.

gen Behörde oder der verantwortlichen Person nichts beschlagnahmt werden (§§ 110–112 korStPO). Außerdem enthält die koreanische Strafprozessordnung eine spezielle Vorschrift für die körperliche Durchsuchung von Frauen. Diese dürfen nur von erwachsenen Frauen durchgeführt werden (§ 124 korStPO).

3. Die Durchsuchung und Beschlagnahme ohne richterliche Anordnung

a) Die verfassungsrechtliche Grundlage – nachträglich zu erlassender Haftbefehl

Art. 12 III S. 2 korVerfassungsrecht erlaubt ausnahmsweise den nachträglichen Antrag der Anordnung: Wenn jemand auf frischer Tat ertappt wird, oder wenn eine Flucht- oder Verdunkelungsgefahr gegenüber einer Person besteht, die im Verdacht steht eine Straftat begangen zu haben, die mit einer Freiheitsstrafe von drei Jahren oder mehr bedroht ist, kann die Staatsanwaltschaft einen nachträglich zu erlassenden Haftbefehl beantragen.

b) Konkretisierung durch das koreanische Strafprozessrecht

Das koreanische Strafprozessrecht erlaubt bei Gefahr im Verzuge die dringende Durchsuchung und Beschlagnahme. Demnach kann die Staatsanwaltschaft ohne richterliche Anordnung etwas durchsuchen und beschlagnahmen. Dies ist bei Ermittlungen gegen Beschuldigte zum Zeitpunkt der Festnahme oder der Untersuchungshaft (§ 216 I Nr. 1 korStPO), der Durchsuchung und Beschlagnahme an dem Ort der Festnahme oder der Untersuchungshaft (§ 216 I Nr. 2, II korStPO), der Durchsuchung und Beschlagnahme am Tatort (§ 216 III korStPO) oder der Durchsuchung und Beschlagnahme zum Zeitpunkt der dringenden Festnahme (§ 217 I korStPO) möglich. Außerdem kann der Ermittler die freiwillig herausgegebene Sache ohne richterliche Anordnung beschlagnahmen (§ 218 korStPO).

1) Ermittlung gegen Beschuldigte zum Zeitpunkt der Festnahme oder Untersuchungshaft (§ 216 I Nr. 1 korStPO)

Bei der Festnahme mit einer Festnahmeanordnung (§ 200-2 korStPO), der dringenden Festnahme (§ 200-3 korStPO) und der Festnahme auf frischer Tat (§ 212 korStPO) kann der Ermittler, wenn es erforderlich ist, ohne richterliche Anordnung in der Wohnung, den Räumlichkeiten (bzw. den Besitztümern), dem Gebäude, dem Flugzeug oder dem Schiff den Beschuldigten ermitteln (§ 216 I Nr. 1 korStPO). Das ist nur ausnahmsweise erlaubt, um den sich in der Wohnung oder den Räumlichkeiten eines anderen versteckten Beschuldigten zu finden. Das Wort »ermitteln« bedeutet in diesem Zusammenhang »durchsuchen«.[9]

9 Es stellt sich die Frage, ob im Laufe der Durchsuchung des Beschuldigten gemäß § 216 I Nr. 1

2) *Durchsuchung und Beschlagnahme an dem Ort der Festnahme zur Untersuchungshaft (§ 216 I Nr. 2, II korStPO)*

Bei der Festnahme mit einer Festnahmeanordnung (§ 200-2 korStPO), der dringenden Festnahme (§ 200-3 korStPO), der Festnahme auf frischer Tat (§ 212 korStPO) oder der Untersuchungshaft mit einem Haftbefehl (§ 201 korStPO) kann der Ermittler, wenn es erforderlich ist, ohne richterliche Anordnung an dem Ort der Festnahme etwas durchsuchen oder beschlagnahmen. Dem Wortlaut nach (Ort der Festnahme) ist dies räumlich begrenzt. Dabei ist aber zu beachten, dass § 216 II korStPO auf die Durchführung der Untersuchungshaftanordnung entsprechend anzuwenden ist.

3) *Durchsuchung und Beschlagnahme am Tatort (§ 216 III korStPO)*

Wenn die richterliche Anordnung während oder nach der Straftat (zeitlich) und in unmittelbarer Tatortnähe bei Gefahr im Verzuge nicht ausgestellt werden kann, sind die Durchsuchung, die Beschlagnahme oder der Nachweis ohne Anordnung durchzuführen. In diesem Fall muss die Staatsanwaltschaft eine nachträgliche Anordnung unverzüglich beantragen. »Wenn die richterliche Anordnung bei Gefahr im Verzuge nicht ausgestellt werden kann«, sog. Dringlichkeit, bedeutet dies nichts anderes als »dem Richter fehlte die Zeit eine Anordnung zu beantragen«.[10] § 220 korStPO schließt das Beisein der Beteiligten bei der Durchführung der Anordnung (§ 123 II korStPO) und der Beschränkung der Durchführung zur Nachtzeit (§ 125 korStPO) aus, wenn zum Zeitpunkt der Festnahme und Beschlagnahme gemäß § 216 korStPO die Dringlichkeit besteht. Dadurch ist der Charakter des § 216 korStPO als eine dringende Maßnahme hervorgehoben.

4) *Durchsuchung und Beschlagnahme zum Zeitpunkt der dringenden Festnahme (§ 217 I korStPO)*

Im Bedarfsfall kann der Ermittler innerhalb von 24 Stunden nach der Festnahme ohne Anordnung eine Sache, welche die dringend festgenommene Person besitzt, bei sich hat oder aufbewahrt, durchsuchen und beschlagnahmen (§ 217 I

---

korStPO das Beweismittel beschlagnahmt werden kann. Wenn dies angenommen würde, könnte diese Vorschrift als Ermächtigungsgrundlage der sog. selbstständigen dringenden Durchsuchung und Beschlagnahme betrachtet werden. Die Ausnahme von der Anordnung von Zwangsmaßnahmen wird nur selten anerkannt. Deshalb muss man es nicht akzeptieren, es sei denn, dass es dafür eine ausdrückliche Regelung gibt.

10 Allerdings ist es noch umstritten, ob dies nur die Zeit zur Vorlage des Antragsformulars (über Anordnung der Beschlagnahme und Durchsuchung) und die Bestätigung der Anordnung umfasst, oder ob man auch die Zeit für die Vorbereitung des Antrags der Anordnung, die Anfertigung von Protokollen oder des Antrages der Anordnung mit den Beweismitteln, die den Verdacht beweisen und die Beschlagnahme und Durchsuchung ermöglichen, in die Überlegung einbeziehen muss.

korStPO). Die Durchsuchung und Beschlagnahme ohne Anordnung am Festnahmeort ist in § 216 I Nr. 2 korStPO geregelt. § 217 II korStPO lautet: Wird die beschlagnahmte Sache dauerhaft benötigt, die durch den Ermittler bei der ›Durchsuchung und Beschlagnahme zum Zeitpunkt der dringenden Festnahme‹ gemäß § 217 I korStPO oder der ›Durchsuchung und Beschlagnahme am Festnahmeort‹ gemäß § 216 I Nr. 2 korStPO ohne Anordnung beschlagnahmt wird, soll die richterliche Anordnung für die Durchsuchung und Beschlagnahme unverzüglich innerhalb von 48 Stunden nach der Festnahme beantragt werden.[11]

4. Durchsuchung und Beschlagnahme mit Einwilligung (§ 218 korStPO)

Das koreanische Strafprozessrecht regelt in § 218 korStPO die Beschlagnahme mit Einwilligung: Eine Sache, die bei dem Beschuldigten oder einem anderen sichergestellt wird oder die durch den Eigentümer, den Besitzer oder den Verwahrer freiwillig abgegebene Sache, kann ohne Anordnung beschlagnahmt werden. Es handelt sich hierbei um die Durchsuchung mit Einwilligung. Zwar gibt es hierzu unterschiedliche Theorien, aber es kann festgehalten werden, dass, wenn eine Beschlagnahme mit Einwilligung von Gesetzes wegen erlaubt ist, eine Durchsuchung mit Einwilligung auch erlaubt sein muss. Es gibt keinen Grund, diese Vorgehensweise nicht zu erlauben, denn es hilft dem Beschuldigten, den Verdacht zu widerlegen. Diese freiwillige Hilfe nutzt dem öffentlichen Interesse.[12]

II. Digitale Beweismittel

Digitale Beweismittel sind »die im virtuellen Raum in einem digitalen Format gespeicherten oder versendeten Daten, die einen Beweiswert haben«. Sie sind grundsätzlich anders zu behandeln als Speichermedien.

Bei der Durchsuchung und Beschlagnahme von digitalen Beweismitteln im Cyberspace, also in Computer- oder Netzwerksystemen, stellt sich die Frage, welche Handlungsqualität die Durchsuchung oder Beschlagnahme in Bezug auf ihre Duplizität und technische Professionalität aufweist.

---

11 Im Zusammenhang mit der nachträglichen Anordnung stellt sich die Frage, ob es ebenfalls einer gerichtlichen Kontrolle bedarf, wenn der Ermittler eine Sache, die ohne Anordnung beschlagnahmt wird, wieder zurückbringt. Auch in diesem Fall soll der Ermittler nach Art. 12 III des koreanischen Verfassungsrechts eine nachträgliche Anordnung beantragen.

12 Bei dem Streit um die Voraussetzungen und das Verfahren bei Beweismitteln, in deren Ingewahrsamnahme die Person eingewilligt hat, gibt es Probleme bei der Beweisfähigkeit. Denn dadurch sind höhere Kosten entstanden. Eine Lösung ist nur durch eine ausdrückliche Regelung möglich.

Um die Ontologie der digitalen Beweismittel im virtuellen Raum besser zu verstehen, wird der technische Prozess der Übertragung und des Empfangens von typischen digitalen Beweismitteln am Beispiel einer E-Mail dargelegt.

Die E-Mail-Kommunikation verläuft folgendermaßen: E-Mail-Versand von einem Absender → Vorläufige Speicherung auf dem Webserver des E-Mail-Providers des Adressaten → E-Mail-Abruf von einem Adressaten → Permanente E-Mail-Speicherung von einem Adressaten.

Die erste und dritte Stufe sind eine Form der Telekommunikation gemäß § 2 Nr. 1 Telekommunikationsgesetz. Digitale Beweismittel der ersten und dritten Stufe stehen durch die Nutzung des Telekommunikationsnetzes in der Schutzsphäre des Art. 18 korVerfassungsrecht (Briefgeheimnis). Demnach sind die Prüfung und die Erlangung dieser digitalen Beweismittel durch die Maßnahmen der Telekommunikationsbeschränkung im Gesetz für den Schutz des Kommunikationsgeheimnisses zu vollziehen (§§ 5 ff. koreanisches Gesetz zum Schutz des Kommunikationsgeheimnisses). Bei der zweiten Stufe, d. h. der vorläufigen Speicherung auf dem Webserver des E-Mail-Providers, ist unklar, ob die allgemeine Beschlagnahme, die Beschlagnahme von Postsendungen oder eine der Maßnahmen der Telekommunikationsbeschränkung im Gesetz zum Schutz des Kommunikationsgeheimnisses anwendbar ist. Die vierte Stufe, also die permanente E-Mail-Speicherung ist ein typisches Problem bei der Durchsuchung oder Beschlagnahme von digitalen Beweismitteln.[13] Die Beschlagnahme von digitalen Beweismitteln ist nicht ausdrücklich geregelt, allerdings wird eine faktische Rechtsgrundlage durch § 106 III korStPO und die Auslegung des Beschlagnahmeverfahrens geschaffen.

C. Bestandsaufnahme

I. Eingriffsermächtigungen

1. Die Gegenstände und das Verfahren der Durchsuchung und Beschlagnahme

Die Voraussetzungen der Durchsuchungs- und Beschlagnahmeanordnung und ihrer Durchführung werden nach §§ 106, 107, 215 korStPO geregelt: Eine

13 Vgl. Gesetz zum Schutz des Kommunikationsgeheimnisses in der Fassung vom 28.5.2009 (Gesetz Nr. 9752). Das Gesetz regelt nun in § 9–3 das Meldesystem bei der Durchführung der Beschlagnahme, Durchsuchung und des Nachweises. Dies setzt voraus, dass die schon versandte oder aufgenommene Telekommunikation kein Gegenstand der Maßnahmen zur Beschränkung der Kommunikation, sondern der Gegenstand der Beschlagnahme und Durchsuchung ist.

richterliche Durchsuchungs- und Beschlagnahmeanordnung setzt voraus, dass es notwendig ist und der Zusammenhang mit der Straftat vorliegt. Eine Durchführung muss ordnungsgemäß auf das Nötigste begrenzt werden. Zudem enthält § 106 III korStPO eine konkrete Anweisung, wie eine Durchsuchung oder Beschlagnahme einer CD o. ä. durchzuführen ist. Nach § 106 III S. 1 korStPO muss das Datenspeichermedium grundsätzlich in Form einer Kopie beschlagnahmt werden. Nur wenn es bedeutend schwerer oder unmöglich ist, kann nach § 106 III S. 2 korStPO das Datenspeichermedium ausnahmsweise im Original beschlagnahmt werden. Damit kann festgehalten werden, dass § 106 III korStPO die digitalen Beweismittel, d. h. gegenstandslose Informationen, grundsätzlich als Gegenstände ansieht, die beschlagnahmt werden können. Ebenso geschieht dies bei der Beschlagnahme von Datenspeichermedien o. ä., jedoch muss auch hierbei ein Augenmerk auf die Grundrechte und den speziellen Charakter von digitalen Beweismitteln gelegt werden.[14]

§ 106 III korStPO lautet: die Gegenstände der Beschlagnahme sind eine CD o. ä. Das heißt, § 106 III korStPO fordert, dass die Gegenstände der Beschlagnahme die Datenspeichermedien sein müssen. Dazu wird die Voraussetzung zur Durchführung ergänzt. In § 106 III korStPO wird die Methode zur Beschlagnahme der digitalen Beweismittel beschrieben: Das Datenspeichermedium soll grundsätzlich in Form einer Kopie oder Drucksache beschlagnahmt werden. Es sei nochmals wiederholt: Wenn die Gegenstände der Beschlagnahme die Datenspeichermedien sind, beschlagnahmt man sie durch die Sicherstellung der Kopie oder Drucksache der gespeicherten Information anstelle der zwangsweisen Sicherstellung des Datenspeichermediums selbst.

2. Rechtscharakter von Kopien und Ausdrucken

Eine Durchsuchung, um Beweismittel aufzufinden, ist nur dann gestattet, wenn sie an einem Ort stattfindet und es um einen Gegenstand geht, bei welchem ein Zusammenhang mit einer Straftat besteht. Allerdings kann man bei digitalen Beweismitteln wegen ihrer Undurchsichtigkeit und Unsichtbarkeit nicht allein durch das Auffinden den Zusammenhang mit einer Straftat erkennen.

Das Datenspeichermedium ist ein virtueller Raum, in dem die digitalen Daten liegen. Die digitalen Informationen können nicht vom Speichermedium getrennt werden. Also sind die Daten per se keine Sache. Deswegen wird die Meinung vertreten, dass die Beschlagnahme oder die Durchsuchung auf digitale

14 § 106 korStPO (Beschlagnahme durch das Gericht) wird über § 219 korStPO auf § 215 korStPO (Beschlagnahme durch die Ermittler) analog angewendet. Bei der Beschlagnahme digitaler Beweismittel durch den Ermittler soll der Grundsatz der Beschlagnahme der Kopie und nur ausnahmsweise die Beschlagnahme des Originals (Datenspeichermedium) nach § 106 III korStPO beachtet werden.

Informationen oder Beweismittel nicht anwendbar ist.[15] Nach einer anderen Ansicht entspricht die Durchsuchung dem Filtern von Informationen aus dem Datenspeichermedium. Begründet wird diese Auffassung damit, dass man erst den Inhalt der Informationen durchsuchen und verstehen muss, um einen möglichen Zusammenhang mit der Straftat herauszufinden. Hierzu gibt es wiederum eine Gegenansicht: die Sichtung des Inhaltes ist nicht die Durchsuchung, sondern die Erbringung des erforderlichen Nachweises, um die Wahrheit zu entdecken (aufzudecken oder zu ermitteln).[16] Weiterhin wird vertreten, dass das Auffinden des Datenspeichermediums, welches im Zusammenhang mit einer Straftat steht, einer Durchsuchung entspricht, da es eine ähnliche Handlungsqualität aufweist. Die Sichtung des Inhalts der digitalen Informationen ist damit, sowohl eine Durchsuchung als auch die Beweisführung. Eine weitere Ansicht qualifiziert das Kopieren und den Druck der digitalen Informationen als eine Beschlagnahme.[17] Da die Beschlagnahme allerdings eine Beschränkung oder Wegnahme des Besitzes darstellt, wäre das Kopieren und der Druck der digitalen Informationen in gleichem Maße ein Eingriff in das Recht auf die Kontrolle der eigenen Daten des Besitzers, das ebenso das Recht des Löschens umfasst. Diese Meinung richtet sich nicht nach den Gegenständen der Beschlagnahme, sondern nach dem Ergebnis in Form des Eingriffs. Als zuletzt zu nennende Ansicht ist zwar das einfache Kopieren keine Beschlagnahme, sondern eine Durchsuchung, wenn allerdings die Kopie wie das Original behandelt wird, ist die einfache Kopie dennoch zu beschlagnahmen.[18]

§ 106 III korStPO kann dabei ähnlich gedeutet werden: Wenn die Kopie oder Drucksache wie das Original behandelt wird, ist statt des Originals die Kopie zu beschlagnahmen. Demnach sind die Suche nach dem Datenspeichermedium, das Sichten des Inhalts der gespeicherten Informationen, das Kopieren der Informationen sowie der Druck oder die Verbildlichung alles Durchsuchungen, und falls die Kopie oder Drucksache wie das Original behandelt wird, wird eine Beschlagnahme dieser anstelle des Originals durchgeführt. Mit anderen Worten lässt sich § 106 III korStPO dahingehend auslegen, dass der Ausdruck oder die

15 *Josh Goldfoot*, »The Physical Computer and the Fourth Amendment«, 16. Berk. J. Crim. L. 112 (2011), p. 117.

16 *Cho Kuk*, Requirements for the Legitimate Warrants for Searches and Seizures of Computer Data, Korean Journal of Criminology Nr. 22-1, The Korean Association of Criminology, Jun. 2010, S. 105.

17 *An Seong Su*, Beschlagnahme, Durchsuchung und Beweisfähigkeit von digitalen Beweismitteln, Korean Criminal Case Studies (21), Korean Association of Criminal Case Studies, Jun. 2013.

18 *Orin S. Kerr*, Searches and Seizures in a Digital World, 119 Harvard Law Review (2006), pp. 30, 35; *DokKo Ji Eun*, Searches and seizures of digital evidence and the new criminal procedure, Lawyers Association journal Nr. 680, Mai. 2013, S. 238.

Kopie der gespeicherten Informationen die Dursuchung und die Ingewahrsamnahme der Kopie oder des Ausdrucks eine Beschlagnahme darstellt.

3. Bereich der Durchsuchung und Beschlagnahme sowie Zusammenhang mit der Straftat

Nach § 106 korStPO (Beschlagnahme), § 107 korStPO (Durchsuchung) und § 215 korStPO (Beschlagnahme, Durchsuchung, Nachweis) ist eine sachliche Maßnahme nur zu ergreifen, wenn ein Zusammenhang mit einer Straftat vorliegt. Jedoch sind die physikalischen Grenzen im Cyberspace unklar und meist ganz anders als in der realen Welt.

Um digitale Informationen in einen Zusammenhang mit einer Straftat zu bringen, müssen der Verdächtige, die Dauer, der Tatort, die Tatsache, die Veranlassung/das Motiv und das Mittel der Tat umfassend beachtet werden. Ob dieser Zusammenhang besteht, kann allerdings erst dann festgestellt werden, wenn die Ermittler die Daten bzw. Ordner bereits geöffnet und ggf. gesichtet haben. Daher setzt das Merkmal des Zusammenhangs mit der Straftat die Einsicht in die Daten voraus. Folglich kann ohne eine Einsicht in den Inhalt der digitalen Informationen über die Durchsuchung nicht entschieden werden. Hierzu wird die Meinung vertreten, dass sich der Bereich der Durchsuchung auf die Ordnernamen oder auf eine Zeitspanne in Bezug auf die Straftat beschränkt.[19] Dem kann entgegen gehalten werden, dass der Verdächtige die digitalen Informationen nur allzu selten mit einem verdächtigen Namen abspeichern wird.

Von anderer Seite wird gefordert, dass technische Mittel zum Nachschlagen eingesetzt werden sollen. Wenn die Sichtung mit technischen Mitteln erfolgt, besteht jedoch die Gefahr, dass Daten und Ordner durchsucht werden, die mit der Straftat gar nicht in Zusammenhang stehen. Das heißt, um die mit der Straftat in Zusammenhang stehenden digitalen Informationen zu durchsuchen, muss das Datenspeichermedium, welches wahrscheinlich solche Informationen enthält, dem Bereich der Durchsuchung zugehörig sein.[20]

Lediglich der Zusammenhang mit der Straftat soll bei der Beschlagnahme viel enger gesehen werden als bei der Durchsuchung. Aus dem gleichen Grund regelt die koreanische Strafprozessordnung insbesondere die Durchführung der Beschlagnahme, da diese einen weitergehenden Eingriff in die Privatsphäre darstellt und dieser vermieden werden soll.

---

19 *Raphael Winick*, Searches and Seizures of Computers and Computer Data, 8 HARV, J.L. & TECH 75, 80 (1994).

20 *DokKo Ji Eun*, ebenda, S. 248.

II. Beweisverwertung

1. In Bezug auf die Eigenschaften digitaler Beweismittel

Wegen ihrer Eigenschaften und der Besonderheit im Analyseverfahren können digitale Beweismittel nur dann als Beweis für einen bestimmten Sachverhaltsbestandteil dienen, wenn deren Identität, Integrität und Authentizität festgestellt wurde.

Es ist umstritten, ob die Kopie oder Drucksache anstelle des Originals des digitalen Beweismittels[21] anerkannt werden kann. Denn die koreanische Strafprozessordnung sieht in § 106 III korStPO grundsätzlich die Beschlagnahme durch das Kopieren oder den Ausdruck als Mittel der Beschlagnahme vor. Damit gewinnt nun die Frage der Gleichheit der Kopie mit dem Original an Bedeutung. Das koreanische Oberste Gericht (2007 Do 7257) hat sich dahingehend geäußert, dass bestätigt werden muss, dass der Inhalt, der sich auf dem originalen Datenspeichermedium befindet, identisch zu dem der Drucksache sein muss, wenn man sie als Beweismittel benutzen möchte.[22]

Allein das Herunterladen von dem Computer oder aus dem Netzwerksystem kann die Gleichheit mit dem Original noch nicht bestätigten. Denn nach heutigem Stand der Technik gibt es keine andere Möglichkeit als das Datenspeichermedium zu beschlagnahmen, nachdem man die formlosen Informationen bereits mittels Hardcopy, Verbildlichung, CD, Diskette oder externen Speichergeräte usw. auf diesem Datenspeichermedium gefunden hat.[23] In der Ermittlungspraxis wird, um den vom Obersten Gericht dargestellten notwendigen Voraussetzungen über eine Identitätsfeststellung zu entsprechen und um die Integrität der digitalen Beweismittel festzustellen, das in den USA anerkannte kriminaltechnische Programm »Encase« benutzt. Hierdurch entsteht eine

21 Über die Frage, ob die Drucksache der digitalen Beweismittel als Original anerkannt werden kann, gibt es verschiedene Meinungen: 1. das Original ist die Urschrift, die vor der Speicherung auf dem Computer vorliegt und die Abschrift (Kopie) ist das digitale Beweismittel sowie die Drucksache, 2. das Original ist das digitale Beweismittel und die Abschrift (Kopie) ist die Drucksache, 3. das Original ist die Drucksache und das digitale Beweismittel bestätigt das Original nachträglich, 4. das digitale Beweismittel und die Drucksache sind zusammen das Original.

22 Das Oberste Gericht hat im Ilsimhui-Fall (Das Oberste Gericht 13.12.2007. 2007 Do 7257) geurteilt, dass bestätigt werden muss, dass der Inhalt, der sich auf dem originalen Datenspeichermedium befindet, identisch zu dem der Drucksache sein muss, wenn man sie als Beweismittel benutzen möchte. Zu diesem Zweck muss gewährleistet sein, dass sich das originale digitale Datenspeichermedium von der Beschlagnahme bis zum Ausdruck nicht verändert hat.

23 Obwohl die Methoden zur Beschlagnahme, wie Hardcopy oder Verbildlichung, benutzt werden, kann man sie nicht als Beschlagnahme von formlosen digitalen Daten betrachten, wenn diese Methoden nach der Sicherstellung des Ermittlers angewendet werden.

Bilddatei, die durch ein kriminaltechnisches Programm analysiert wird. Das Programm selbst wird ›DEAS‹ genannt und wurde durch die »Finaldata AG« im Auftrag der Staatsanwaltschaft entwickelt. Im Strafverfahren wird die Authentizität der auf diese Weise gesammelten oder analysierten digitalen Beweismittel niemals in Frage gestellt.[24]

2. Das Verbot der rechtswidrigen Beweiserhebung

Digitale Beweismittel spielen nicht nur bei Cybercrime eine Rolle, sondern auch bei der allgemeinen Kriminalität in der realen Welt. Ohne die digitalen Beweismittel können manche Tatsachen im Strafverfahren nicht festgestellt werden. Die reformierte koreanische Strafprozessordnung aus dem Jahre 2007 regelt, dass die erforderlichen Inhalte über die Ermittlung der digitalen Daten gemäß § 292-3 korStPO in den Vorschriften des Obersten Gerichts festzulegen sind.[25] § 308-2 korStPO steht unter dem ausdrücklichen Titel »Das Verbot der rechtswidrigen Beweiserhebung« und lautet: »Ein Beweismittel, das durch ein nicht rechtmäßiges Verfahren erhoben wird, darf nicht als Beweis verwertet werden.«

In der Strafprozesspraxis hatte sich die früher bestehende Rechtsprechung mit der sog. Natur-Form-Unveränderlichkeitstheorie schon vor dem Inkrafttreten der Neuregelungen des Gesetzes verändert.[26] Gemäß § 308-2 der reformierten korStPO und dem Urteil des koreanischen Obersten Gerichts (2007 Do

24 Vgl. *Chang Sang Kwi*, Forschung über die Beweisfähigkeit der digitalen Beweismittel, S. 235–236.

25 § 134-7 korStrafprozessvorschriften (Beweiserhebung der, auf einer CD o. ä. gespeicherten schriftlichen, Information) 1. Wenn die schriftlichen Informationen, die auf der CD oder einem ähnlichen Datenspeichermedium (im weiteren CD genannt) gespeichert wurden und diese Informationen Beweismittel sind, kann ein beglaubigter lesbarer Ausdruck der Daten eingereicht werden. 2. Wenn die schriftlichen Informationen, die auf der CD oder einem ähnlichen Datenspeichermedium gespeichert wurden und diese Informationen Beweismittel sind, muss die die Beweiserhebung beantragende Partei erläutern, wenn dies das Gericht oder die andere Partei es verlangt, wer und wann die Informationen eingegeben wurden und wer sie gedruckt hat. 3. Wenn die Informationen, die auf der CD o. ä. gespeichert wurden, eine Zeichnung oder ein Foto sind, werden § 134-7 I, II korStrafprozessvorschriften analog angewendet (seit 29. 10. 2007 neu geregelt). Vgl. auch die ähnliche Regelung § 134-8 korStrafprozessvorschriften (Beweiserhebung hinsichtlich Daten des Abbildes und der Stimme).

26 Auszug aus dem Urteil des koreanischen Obersten Gerichts, 15. 11. 2007, 2007 Do 3061: Während der Ermittler aufgrund der Anordnung Gegenstände auf einem Schreibtisch des Assistenten des Beschuldigten beschlagnahmt und durchsucht hat, ist der Sekretär des Beschuldigten zufällig mit einem Bündel von Schriftstücken, die im Büro des Beschuldigten aufbewahrt werden sollten (Tagebücher usw.) hereingetreten. Der Staatsanwalt hat dieses Bündel von Schriftstücken beschlagnahmt. Das Oberste Gericht hat eine Legalität der Beschlagnahme und die Beweisfähigkeit der Schriftstücke verneint.

7257) ist es eine sehr wichtige Streitfrage, ob die Durchsuchung und Beschlagnahme in einem rechtmäßigen Verfahren durchgeführt worden ist. In der Strafrechtspraxis sind bei der Beurteilung, ob die Beweisfähigkeit der beschlagnahmten Sache anerkannt werden kann, die gesamten Umstände des rechtswidrigen Verfahrens umfassend zu berücksichtigen. Steht am Ende der Beurteilung der Umstände, die zur Rechtswidrigkeit des Ermittlungsverfahrens geführt haben, fest, dass in den Kernbereich vom Grundsatz des fairen Verfahrens (due process of law) nicht eingegriffen wurde, kann der durch das nicht rechtmäßige Verfahren erhobene Beweis ausnahmsweise als Beweis anerkannt werden.

3. Hörensagen-Prinzip

§ 310–2 korStPO verbietet grundsätzlich die Beweisfähigkeit des Beweises, der auf dem Hörensagen beruht. Allerdings können die Beweise, die auf §§ 311–316 korStPO beruhen, dennoch Beweisfähigkeit haben. Die koreanische Strafprozessordnung regelt nichts über die Beweisfähigkeit der digitalen Beweismittel. Jedoch kann es trotzdem dazu kommen, dass, obwohl das im rechtmäßigen Verfahren beschlagnahmte digitale Beweismittel bereits auf seine Identität, Integrität und Authentizität überprüft worden ist, dieses digitale Beweismittel seine Beweisfähigkeit verliert, wenn die Aussagekraft nach dem Prinzip des Hörensagens verwertet werden würde.

Obwohl es sich bei einem digitalen Beweismittel der Sache nach schon nicht um eine persönliche Wahrnehmung, Erinnerung oder Darstellung handelt, jedenfalls soweit es um das gewollte Einspeichern von Informationen in einen Computer geht, kann dennoch ein Beweis vom Hörensagens in Betracht kommen. Wenn ein beschlagnahmtes digitales Beweismittel benutzt werden soll, muss deren Echtheit auch mit Blick auf das Prinzip vom Hörensagen überprüft werden. § 313 I korStPO lautet: »Die vom Beschuldigten oder einer anderen Person selbst geschriebene Stellungnahme, die handschriftliche Stellungnahme oder die schriftliche Stellungnahme einschließlich der Unterschrift oder des Siegels des Protokollführers oder des Verfassers gilt als Beweis, soweit ihre Echtheit während der Verhandlungstage oder in Vorbereitung auf die Hauptverhandlung durch die Anerkennung des Protokollführers oder des Verfassers bestätigt wird.« Bei der Echtheit geht es nicht nur um die formelle Echtheit, sondern auch um die materielle Echtheit. Mit materieller Echtheit ist gemeint, dass der Inhalt des Schriftstücks identisch mit der originalen Stellungnahme sein muss, während die formelle Echtheit durch eine Unterschrift oder ein Siegel bestätigt werden kann.[27] Daraus könnte man nun schlussfolgern, dass auch bei

27 Das Oberste Gericht 2002 Do 537, 16.12.2004.

einem digitalen Beweismittel für die Echtheit die Unterschrift oder ein Siegel nachzuweisen ist.

In einem Urteil des koreanischen Obersten Gerichts zu dieser Frage wurde wie folgt argumentiert[28]: Wenn die Drucksache des beschlagnahmten digitalen Beweismittels als Aussage benutzt werden soll, muss die Beweisfähigkeit in Bezug auf das Prinzip vom Hörensagens überprüft werden. Daraus folgt, dass gemäß § 313 I korStPO die Echtheit durch die Anerkennung des Protokollführers oder Verfassers bestätigt werden muss. Deshalb wird in der Strafrechtspraxis behauptet, dass es für die Bestätigung der Echtheit eines digitalen Beweismittels keiner Unterschrift oder Siegelung auf der Drucksache bedarf.

Die Drucksache des digitalen Beweismittels kann natürlich nicht handschriftlich vom Urheber hergestellt werden. Allerdings kann er mit einer Unterschrift oder einem Siegel auf der Drucksache die Identität bestätigen. Außerdem kann die formelle Echtheit ausnahmsweise dann anerkannt werden, wenn der Urheber besondere technische Identifizierungsmethoden verwendet (elektronische Signatur, ID oder Passwort oder Bestätigung der IP-Adresse). Allerdings bedürfte es dafür einer gesetzgeberischen Entscheidung.

§ 315 korStPO regelt die Beweisfähigkeit eines Schriftstückes. Zwar ist das digitale Beweismittel kein Schriftstück, aber es ist umstritten, ob § 315 korStPO auf die Drucksache eines digitalen Beweismittels ebenso anzuwenden ist, und ob das digitale Beweismittel (z. B. eine elektronische Aufzeichnung) per se als das Schriftstück gemäß § 315 korStPO in Bezug auf das elektronische Verfahren gilt.

Gegenwärtig sind die meisten digitalen Beweismittel dem Gericht als Drucksache vorzulegen, um das Beweismittel sichten zu können. Ein digitales Beweismittel ist per se kein Schriftstück gemäß § 315 korStPO. Wenn elektronische Aufzeichnungen im künftigen elektronischen Verfahren anerkannt werden sollen, könnte § 315 korStPO um die Variante »oder die elektronische Aufzeichnung« ergänzt werden. Unter diesen Umständen wäre § 315 korStPO anzuwenden, wenn die Integrität und Authentizität des digitalen Beweismittels festgestellt werden müsste. Das Prinzip vom Hörensagen findet dann keine Anwendung, wenn es sich nicht um eine geschriebene Aussage als Beweismittel handelt, sondern um eine Systemprotokolldatei, eine Chronik/einen Verlauf oder eine Datei zur Internethistorie, welche automatisch vom Computer generiert werden und diese als digitales Beweismittel vorgelegt werden sollen.

28 Das Oberste Gericht 2007 Do 7257 (Ilsimhui-Fall), 13. 12. 2007.

D. Internationale Einflüsse und grenzüberschreitende Ermittlungstätigkeit bei Cybercrime

Der grenzüberschreitende Aspekt stellt die Strafverfolgungsbehörden bei Cybercrime-Delikten vor besondere Herausforderungen. Durch das Internet und ein ggf. dazugehöriges Netzwerk können im Ausland Straftaten begangen werden, ohne dass die Person ihren Aufenthaltsort verändern muss. Beweismittel können im Ausland entstehen, die anderen Staaten zur effektiven Verfolgung zur Verfügung gestellt werden müssen. Nicht zu übersehen sind auch Fragen zur zuständigen Gerichtsbarkeit und Mehrfachverfolgung. Daraus kann geschlussfolgert werden, dass zur effektiven Bekämpfung von Cybercrime eine Kooperation zwischen den Staaten unabdingbar ist.

Jeder Staat verfolgt Straftaten nach seinen nationalen Gesetzen. Unter bestimmten Voraussetzungen kann ein Staat auch andere Staaten um Rechtshilfe ersuchen. Korea hat die Cybercrime-Konvention des Europarates nicht unterzeichnet. Falls in Korea die Cybercrime-Konvention des Europarates ratifiziert wird, muss überprüft werden, ob diese Konvention, insbesondere die Rechtshilfe bei der Erhebung von Verkehrsdaten in Echtzeit in Art. 33 Cybercrime-Konvention, mit dem koreanischen Gesetz zum Schutz des Kommunikationsgeheimnisses vereinbar wäre. Zudem ist die Regelung über eine Kontaktstelle, die an sieben Wochentagen 24 Stunden täglich zur Verfügung steht, zu beachten. Denn Art. 35 Cybercrime-Konvention soll dem Zweck dienen, dass Ermittlungen oder Verfahren bei Straftaten in Zusammenhang mit Computersystemen und -daten oder Erhebung von Beweismaterial in elektronischer Form unverzüglich Unterstützung erhalten.

I. Zuständigkeitsfragen

Das internationale Strafrecht beschäftigt sich mit der Frage, welche strafbaren Handlungen mit Auslandsbezug von koreanischen Gerichten nach koreanischem Strafrecht zu verfolgen sind, wenn der Aufenthaltsort des Täters vom Erfolgsort der Tat abweicht. Wenn jemand über das Internet aus einem dritten Land die Straftat begeht, handelt es sich bei dem Handlungsort, dem Erfolgsort und dem Standort des Internetservers um strafrechtlich relevante Zuständigkeitsfaktoren. Gegenwärtig ist es umstritten, ob eine Person nach koreanischem Strafrecht verfolgt werden kann, wenn eine Person im Ausland wohnt und mittels eines ausländischen Internetanbieters verbotene Informationen verbreitet und ein Koreaner mit Wohnsitz in Korea darauf zugreift.

Das Territorialitätsprinzip ist auch in Korea das grundlegende Prinzip zur

Festlegung der Jurisdiktion. Im koreanischen Strafgesetzbuch ist das Territorialitätsprinzip in §§ 2, 4 korStGB geregelt, das Personalitätsprinzip in § 3 korStGB und das Schutzprinzip sind in §§ 5, 6 korStGB ergänzend kodifiziert. Seit April 2013 (Gesetz Nr. 11731) gilt für den Menschenhandel, die Entführung und Entziehung das Universalitätsprinzip, vgl. § 296–2 korStGB.

Nicht nur bei Straftaten, die ausschließlich auf koreanischem Staatsgebiet begangen wurden, sondern auch, wenn jemand aus dem Ausland mittels eines ausländischen Internetservice eine Straftat begeht und der zum Tatbestand gehörende Erfolg in Korea eintritt, sind wegen des Territorialitätsprinzips die koreanischen Gerichte zuständig. Falls ein Koreaner in Korea auf verbotene Informationen zugreift, die von einem Ausländer auf ausländischen Webseiten verbreitet werden und dieses Verhalten im Ausland keinen Straftatbestand erfüllt, so ist umstritten, ob ein koreanisches Gericht verpflichtet ist, diese Webseiten zu sperren. Vorzuziehen ist die Ansicht, nach der in diesem Falle keine Zuständigkeit der koreanischen Gerichte besteht, es sei denn, die Straftat steht in Zusammenhang mit dem Schutzprinzip oder dem Universalitätsprinzip. Zudem ist § 5 korStGB bei der Verbreitung von Pornographie durch Ausländer nicht anwendbar. Das Prinzip der beiderseitigen Strafbarkeit wird in § 6 korStGB genannt.

II. Auslieferungshaft und internationale Zusammenarbeit

In Korea wurden 1988 das Auslieferungsgesetz und 1991 das Gesetz über die internationale Rechtshilfe in Strafsachen beschlossen. Der Geltungsbereich der Cybercrime-Konvention des Europarates ist gleichlautend mit dem Auslieferungsgesetz und § 6 des Gesetzes über die internationale Rechtshilfe in Strafsachen.

E. Reformbedarf

I. Gegenständlicher Charakter der digitalen Informationen

Obwohl in § 106 III und IV korStPO die Methoden zur Vollstreckung der Beschlagnahme von Datenspeichermedien und die Mitteilung an den Adressaten neu geregelt wurden, stellt sich dennoch die Frage, was Gegenstand der Beschlagnahme von körperlosen und formlosen digitalen Informationen sind.[29]

29 Vgl. eine detaillierte Beschreibung: *Jun Seung Su*, »Die Durchführung der Anordnung der Beschlagnahme oder Durchsuchung der digitalen Informationen – Entscheidung 26.5.2011,

Der Gesetzgeber hat durch den neu geregelten § 9–3 korGesetz zum Schutz des Kommunikationsgeheimnisses zum Ausdruck gebracht, dass bereits versandte oder aufgezeichnete Telekommunikation beschlagnahmt oder durchsucht werden kann. Daraus könnte geschlussfolgert werden, dass ein Beweismaterial gemäß § 106 korStPO ebenso die Telekommunikation umfasst. Allerdings hätte § 106 III und IV korStPO dann einer gesetzlichen Ergänzung bedurft, in der die Methoden zur Beschlagnahme des digitalen Beweismittels, wie die der bereits versandten oder aufgenommenen Telekommunikation geregelt werden.

Trotz solcher Vermutungen sind die Gegenstände der Beschlagnahme laut § 106 I korStPO aber »ein Beweisgegenstand« oder ein mit dem Fall in Zusammenhang stehender »Gegenstand«, d. h. die Gegenstände der Beschlagnahme beschränken sich auf körperliche Sachen.[30] Deshalb werden dem Wortlaut entsprechend unter Gegenständen der Beschlagnahme im Strafprozessrecht die Sachen verstanden, die nicht ersetzt und die körperlich kontrolliert werden können.[31] § 106 I, III korStPO regeln kein Verfahren mit dem Bezug auf den Charakter der digitalen Beweismittel. Deshalb wird nach § 106 I, III korStPO beurteilt, dass die Gegenstände der Beschlagnahme sich auf körperliche Sachen beschränken und die digitalen Informationen selbst keine Gegenstände der Beschlagnahme sind.[32] Letztendlich bedarf es einer gesetzlichen Ergänzung, um digitale Informationen zweifelsfrei unter die Gegenstände der Beschlagnahme zu subsumieren.

II. Beschlagnahme, Durchsuchung und Herausgabeanordnung der von Dritten aufbewahrten Sachen

In Art. 18 Cybercrime-Konvention des Europarates ist zu Ermittlungszwecken die Herausgabeanordnung als ein milderer Eingriff geregelt, um erfolgreich die

2009 Mo 1190«, Lawyers Association Journal Nr. 670, Jul 2012, S. 247 ff.; Allerdings sind nach der Affirmationstheorie (nach der die Beschlagnahme der digitalen Informationen möglich ist) die digitalen Informationen keine körperlichen Gegenstände.

30 In § 94 der deutschen Strafprozessordnung (Sicherstellung und Beschlagnahme von Gegenständen zu Beweiszwecken) steht »Gegenstände«. »Gegenstände« bedeutet zwar »körperliche Gegenstände«, aber es sind dem Wortlaut nach auch nichtkörperliche Gegenstände zulässig [Vgl. BVerfGE 113, 29 (50)]. Die Gegenstände gemäß § 94 der deutschen Strafprozessordnung sind nicht mit dem Beweismaterial gemäß § 106 I korStPO identisch.

31 *Kang Dong Wook*, »A Study on the Revisionist Bills of Criminal Procedure Act about the Collecting of Digital Evidence«, The Journal of Law Nr. 18–3, 2010, S. 165, Fn. 16; *Tak Hee Sung*, A Study on Searching and Seizing Electronic Evidence, Korean Criminology Review Nr. 15–1, Korean Institute of Criminology, Mar. 2004, S. 26.

32 *Jun Seung Su*, ebenda, S. 254. Es wird vertreten, dass die schon versandte oder aufgenommene Email Gegenstand des Gesetzes zum Schutz des Kommunikationsgeheimnisses ist (Vgl. *Cho Kuk*, ebenda, S. 120).

Beschlagnahme und Durchsuchung der durch einen Dritten aufbewahrten und kontrollierten digitalen Beweismittel durchzuführen. Art. 18 I Cybercrime-Konvention des Europarates verlangt, dass eine gesetzliche Grundlage geschaffen wird, durch die jede Person anstelle des Verdächtigen verpflichtet werden kann, Computerdaten herauszugeben, soweit sie diese Daten kontrollieren oder über diese Daten verfügen kann. Dabei muss das digitale Beweismittel bereits gespeichert sein und sich in ihrem Hoheitsgebiet befinden.

Bei einer Beschlagnahme und Durchsuchung von externen Speichermedien ist die Herausgabeanordnung gemäß § 106 II korStPO zu beachten. Das Gericht kann die zu beschlagnahmenden Sachen bestimmen und gegenüber dem Eigentümer, Besitzer oder Verwahrer die Herausgabe anordnen. Es ist umstritten, ob diese Herausgabeanordnung bei der Zwangsermittlung durch einen Ermittler analog angewendet werden kann.

Die Herausgabeanordnung gemäß § 106 II korStPO ist an sich eine gerichtliche Entscheidung, die den Verwahrer etc. zur Herausgabe verpflichtet. Zwar könnte § 106 korStPO durch § 219 korStPO analoge Anwendung finden, aber die Zwangsermittlungsmaßnahmen, die durch einen Ermittler durchgeführt werden können, enthalten nicht die Herausgabeanordnung.[33] Es bedarf einer gesetzlichen Ergänzung, damit der Ermittler die Herausgabeanordnung erlassen kann, so wie Art. 18 Cybercrime-Konvention des Europarates es regelt.[34]

F. Fazit

Ungeachtet der voranschreitenden Digitalisierung und der zunehmenden Bedeutung digitaler Beweismittel verharrt die koreanische Strafprozessordnung bei den Regelungen der 1950er Jahre. § 106 korStPO schreibt vor, dass zuerst die gespeicherte digitale Information gedruckt oder kopiert werden muss und dann diese Drucksache oder Kopie beschlagnahmt wird. Tatsächlich werden damit digitale Informationen als Gegenstände der Beschlagnahme anerkannt.

In diesem Beitrag werden als Gegenstände der Beschlagnahme der digitalen Beweismittel die Datenspeichermedien, Kopien des Speichermediums und Drucksachen der digitalen Information betrachtet. Die Beschlagnahme der digitalen Beweismittel wird begrifflich als »die zwangsweise Sicherstellung der zu beschlagnahmenden Sache« und die Durchsuchung wird als »die vor der Beschlagnahme durchgeführte Zwangsmaßnahme gegen den Willen des Betrof-

33 Die Gegenmeinung: *Roh Myoung Sun,·Lee Wan Gyu*, Das Strafprozessrecht 3. Auflage, SKKUP, Mär. 2013. S. 304.

34 Gegenwärtig ist die Beschlagnahme und Durchsuchung mit Einwilligung gemäß § 218 korStPO möglich.

fenen« bezeichnet. Dementsprechend bedeutet die Beschlagnahme die zwangsweise Sicherstellung des Datenspeichermediums, der Kopie des Speichermediums und der Drucksache der digitalen Information und die Durchsuchung bedeutet das Kopieren oder den Ausdruck des Speichermediums oder der Informationen einschließlich des Durchsuchens des Speichermediums oder der Informationen vor der Beschlagnahme.

Trotz des neu geregelten § 106 korStPO wurden die Methoden zur Durchführung der Beschlagnahme und Durchsuchung (§ 215 korStPO) nicht bestimmt. Allerdings können § 219 korStPO (in analoger Anwendung) und die betreffenden Regelungen im Gesetz zum Schutz des Kommunikationsgeheimnisses eine Rechtsgrundlage zur Durchführung der Beschlagnahme und Durchsuchung bei digitalen Beweismitteln, bezogen auf deren Charakter, sein. Zur Klarstellung und Konkretisierung muss jedoch der Gesetzgeber tätig werden.

Es ist nicht zu leugnen, dass die neuzeitliche Vorstellung von Privatsphäre und deren Schutz, Schutzfähigkeit, -bedürftigkeit und -würdigkeit sich im Fluss befindet. In der Informationsgesellschaft werden die Mengen und die Darstellung der Informationen immer wichtiger. Die Geschwindigkeit, mit der Informationen verbreitet werden, ist enorm. Die Standorte der Daten, sind kaum nachzuvollziehen. Der Begriff der Privatsphäre muss in diesem Zusammenhang neu definiert werden. Für ein sicheres Leben in der Informationsgesellschaft muss sich die Gewährleistung des Rechts auf Privatsphäre nicht nur auf die Verbreitung der Information, sondern auch auf den Schutz der Anonymität des Informationsinhabers erstrecken. Das schließt effektive Ermittlungen nicht aus, allerdings sind dafür das Verhältnismäßigkeitsprinzip und der Grundsatz eines rechtsstaatlichen Verfahrens Grundvoraussetzungen.

3. Teil: Vorverlagerung der Strafbarkeit am Beispiel der Verfolgung von Cybercrime

Jens Puschke

Vorverlagerung der Strafbarkeit am Beispiel der Verfolgung von Cybercrime in Deutschland

A. Einleitung

Das Strafrecht ist eine konservative Materie. Es tut sich in der Regel schwer, auf neuere gesellschaftliche Entwicklungen zu reagieren. Dieser Befund gilt in besonderem Maße für Entkriminalisierungsprozesse, hat aber auch für die Integration neuer, als regelungsbedürftig empfundener Felder grundsätzlich Berechtigung. Es ist daher zunächst wenig überraschend, dass der von rasanten technischen Entwicklungen bestimmte Bereich von Cybercrime bisher in einzelnen Normen und wenig systematisch Eingang in das Kernstrafrecht des StGB[1]

1 S. aber auch außerhalb dessen liegende Bestimmungen, z. B. § 44 Abs. 2 dBDSG, § 22b Abs. 1 Nr. 3 dStVG.

gefunden hat. Dies mag teilweise als Manko eines schwerfälligen Gesetzgebers verstanden werden, kann aber vielmehr im Sinne eines Strafrechts, das ultima ratio ist und fragmentarischen Charakter hat,[2] positiv betrachtet werden. Das gilt insbesondere, wenn man die teilweise erhobenen Forderungen betrachtet, nach denen für weitere unterschiedliche Verhaltensweisen strafrechtliche Regelungen geschaffen werden sollen.[3] Dennoch ist schon jetzt zu konstatieren, dass sich die zunehmende Relevanz, die der Cybercrime zugeschrieben wird, auch im deutschen Strafgesetzbuch durch neu eingefügte Tatbestände niederschlägt und dass diese ein breites Spektrum von Handlungen kriminalisieren.

Diese neu geschaffenen Tatbestände auf dem Gebiet des Computerstrafrechts sehen sich dabei häufig dem Einwand einer immer weitergehenden Ausdehnung und Vorverlagerung der Kriminalisierung ausgesetzt.[4] In einem ersten Zugriff kommt dem Hinweis auf eine Vorverlagerung in der deutschen Diskussion eher eine kriminalpolitische als eine strafrechtsdogmatische Bedeutung zu.[5] Vorverlagerung in diesem kriminalpolitischen Sinn beschreibt das Phänomen, dass eingreifende Maßnahmen des Staates zunehmend früher ansetzen – erklärtermaßen, um mehr Sicherheit zu schaffen. Der Staat wartet nicht ab, bis ein Schaden, eine konkrete Gefahr eines Schadeneintritts besteht oder ein bestimmtes Ereignis eingetreten ist, sondern es wird bereits vor diesem Zeitpunkt interveniert. Dabei bezieht sich die Diskussion nicht nur auf das materielle Strafrecht, in dem sich zunehmend Tatbestände finden, die keine Schädigung eines geschützten Gutes voraussetzen.[6] Der Terminus Vorverlagerung wird ebenso für Ermittlungsmaßnahmen der Strafprozessordnung, des Polizeirechts oder der nachrichtendienstlichen Regelungen verwendet.[7] In diesen drei Bereichen zeigt sich eine Vorverlagerung in der Gestalt, dass insbesondere heimliche und technische Überwachungsmethoden eingesetzt werden, die keinen Tatverdacht bzw. keine konkrete Gefahr, ausgehend von den Überwachten, erfordern. Auch eine anlasslose Überwachung und Speicherung von Daten, wie es die Regelung zur Vorratsdatenspeicherung vorsieht,[8] ist ein Fall von Vorverla-

2 S. hierzu *Hefendehl* JA 2011, 401 ff.

3 S. zur Forderungen aus der Praxis auch Skimming von Sicherungscodes auf Magnetkarten, strafrechtlich zu erfassen, *Sieber*, Straftaten und Strafverfolgung im Internet, 2012, C 92, der selbst für eine Erweiterung bzgl. der unbefugten Mitteilung anvertrauter Daten eintritt, C 93.

4 S. etwa *Duttge*, Festschrift Weber, 2004, S. 285 (296); *Hilgendorf*, in: Laufhütte/Rissing van Saan/Tiedemann (Hrsg.), Leipziger Kommentar zum StGB, 12. Aufl. 2010, Band 6, § 202c Rn. 4.

5 *Sinn*, in: Sinn/Gropp/Nagy (Hrsg.), Grenzen der Vorverlagerung in einem Tatstrafrecht, 2011, S. 13 f.

6 S. auch *Ida* in diesem Band, S. 189 (190 f.).

7 Ebenso spielt die Vorverlagerung etwa bei der Ausweitung der Möglichkeiten von zwangsweisen Einweisungen in psychiatrische Anstalten eine Rolle.

8 Richtlinie 2006/24/EG des Europäischen Rates vom 15. März 2006 (ABl. L 105/54); Gesetz zur

gerung staatlicher Eingriffsrechte. Vorverlagerung wird somit in einem weiten Sinn dann verwendet, wenn Maßnahmen unabhängig von einem konkreten Anlass erfolgen oder sich auf Personen beziehen, die mit dem Anlass (Tatverdacht, konkrete Gefahr) allenfalls mittelbar etwas zu tun haben. Die Prozesse der Vorverlagerung, sowohl im materiellen Strafrecht als auch in anderen Rechtsgebieten, stehen miteinander in engem Zusammenhang. Zum einen speisen sich die Entwicklungen aus der gleichen Quelle des Dranges nach umfassender Sicherheit. Zum anderen bedingen sich die Prozesse insoweit, als ein früheres Ansetzen des materiellen Strafrechts auch zu einer weiteren Vorverlagerung in den anderen Bereichen führt, da auch die Verfolgung und die Abwehr der nunmehr als Straftaten klassifizierten Verhaltensweisen früher ansetzen müssen.

Im Folgenden soll möglichen Zusammenhängen zwischen der strafrechtlichen Normierung im Bereich von Cybercrime und Vorverlagerungstendenzen im materiellen Strafrecht nachgegangen werden. Zudem werden sich hieraus ergebende Probleme innerhalb der Cybertatbestände benannt und analysiert. Abschließend soll auf Reformansätze eingegangen werden.

B. Begriffsklärung »Vorverlagerung«

Für das materielle Strafrecht und eine (rechtsvergleichende) strafrechtsdogmatische Diskussion ist der Begriff der Vorverlagerung zu konkretisieren und zu konturieren. Dabei gibt der Begriff selbst bereits zwei näher zu bestimmende Eigenschaften vor. Zum einen wird durch das Präfix »Vor-« deutlich, dass es einen Bezugspunkt geben muss, vor den etwas zeitlich verlagert werden kann.[9] Zum anderen handelt es sich nicht um eine statische Zustandsbeschreibung, sondern um einen Prozess. Es wird also eine herkömmliche Form von Strafbarkeit verlagert. Ausgangspunkt soll daher eine Zustandsbeschreibung des überkommenen Strafrechts bilden, um hiervon ausgehend Veränderung im Sinne einer Vorverlagerung zu definieren. Dabei wird unter überkommenem Strafrecht nicht auf ein Strafrecht in einzelnen historischen Epochen abgestellt. Vielmehr geht es um ein konzeptionelles Modell, das ein Strafrecht unter der Prämisse seiner (immer noch) geltenden Grundsätze zum Ausgangspunkt der Überlegungen macht.

Neuregelung der Telekommunikationsüberwachung und anderer verdeckter Ermittlungsmaßnahmen sowie zur Umsetzung der Richtlinie 2006/24/EG vom 21.12.2007 (BGBl. I S. 3198); s. zur Verfassungswidrigkeit einer Regelung zur Vorratsdatenspeicherung BVerfGE 125, 260ff.

9 *Sinn*, in: Sinn/Gropp/Nagy (Hrsg.), Grenzen der Vorverlagerung in einem Tatstrafrecht, 2011, S. 13 (16).

I. Überkommenes Strafrecht

Für die Diskussion über eine Vorverlagerung der Strafbarkeit sind vor allem zwei strafrechtliche Grundsätze und hieraus abzuleitende Vorgaben an die Regelungsmethodik relevant. Die allgemein anerkannte Aufgabe des Strafrechts ist der Rechtsgüterschutz.[10] Von der Verletzung eines Rechtsgutes soll durch das In-Aussicht-Stellen einer Sanktion abgehalten werden. Die Verletzung des Rechtsgutes stellt dabei einen Teil des sanktionsbedürftigen Unrechts, nämlich das Erfolgsunrecht dar. Spiegelbildlich geht mit der beschriebenen Aufgabe des Strafrechts und der Unrechtsdefinition die Sanktionierung von fahrlässigen oder vorsätzlichen Rechtsgutsverletzungen – bzw. für den jeweiligen Lebenssachverhalt konkretisiert: Rechtsgutsobjektsverletzungen – einher, die sich als tatbestandliche Voraussetzung für eine Bestrafung im Tatbestand wiederfinden.[11] Neben dem Erfolgsunrecht in Form einer Rechtsgutsobjektsverletzung ist zudem das Handlungsunrecht von Bedeutung.

II. Anknüpfungspunkt für eine Vorverlagerung

Als Grundlage für die Beurteilung einer Vorverlagerung soll daher die Annahme dienen, dass herkömmliches Strafrecht Rechtsgutsverletzungen pönalisiert, die durch äußerlich relevante Tathandlungen zurechenbar verursacht werden.[12]

Die Vorverlagerung bezieht sich auf eine zeitliche Veränderung des Ansatzpunktes für den Einsatz des Strafrechts.[13] Hierbei wird mit Bezug auf das zum

---

10 *Gropp*, Strafrecht Allgemeiner Teil, 4. Aufl. 2015, § 1 Rn. 149; *Hefendehl*, Kollektive Rechtsgüter im Strafrecht, 2002, S. 5; *Armin Kaufmann*, Aufgabe des Strafrechts, 1983, S. 5; *Roxin*, Strafrecht Allgemeiner Teil, Band I, 4. Aufl. 2006, § 2 Rn. 1; *Duttge*, Festschrift Weber, 2004, S. 285 (294).

11 Der Verletzungstatbestand ist insoweit Grundtypus der Strafnorm und Kernbereich des Kriminalstrafrechts, vgl. *Schröder* ZStW 81 (1969), 7; *Weber*, in: Arzt/Weber/Heinrich/Hilgendorf, Strafrecht Besonderer Teil, 2. Aufl. 2009, § 35 Rn. 6; *Wohlers*, Deliktstypen des Präventionsstrafrechts – zur Dogmatik »moderner« Gefährdungsdelikte, 2000, S. 282.

12 S. zu diesem Ausgangspunkt auch *Beck*, Unrechtsbegründung und Vorfeldkriminalisierung, 1992, S. 21ff.; *Jakobs* ZStW 97 (1985), 751 (752ff.).

13 Nicht gleichgesetzt werden kann Vorverlagerung mit Ausdehnung der Strafbarkeit (s. hierzu *Sinn*, in: Sinn/Gropp/Nagy (Hrsg.), Grenzen der Vorverlagerung in einem Tatstrafrecht, 2011, S. 13 [15ff.]). Nicht jede Form der Erweiterung des Strafrechts ist Vorverlagerung. Die Schaffung neuer Tatbestände wie etwa die Strafbarkeit der Nachstellung in § 238 StGB dehnen zwar das Strafrecht auf Handlungsweisen aus, die bisher nicht erfasst waren, vorverlagert wird die Strafbarkeit hierdurch aber grundsätzlich nicht. Wenngleich das postulierte Rechtsgut des § 238 StGB, die »Freiheit der Lebensgestaltung«, als sehr problematisch angesehen werden kann, wird die Beeinträchtigung dessen im Tatbestand durch bestimmte nach außen gerichtete Handlungen vorausgesetzt. Hierbei handelt es sich somit um eine – wenn auch misslungene – Erweiterung des überkommenen Strafrechts.

herkömmlichen Strafrecht Gesagte, auf die Rechtsgutsverletzung und die rechtsgutsbezogene Tathandlung abgestellt.[14] Wenngleich beide Anknüpfungspunkte eng miteinander verbunden sind, können sich je nach Sichtweise Unterschiede ergeben.

Dabei soll bei der folgenden Analyse primär ein materieller Blickwinkel eingenommen werden. Nicht die konkrete positive Ausgestaltung der Regelung dient als Grundlage für die Bestimmung des zeitlich veränderten Ansatzpunktes, sondern die hinter der Regelung stehende Schutzfunktion der Tatbestände. So soll es beispielhaft für die grundsätzliche Analyse weniger darauf ankommen, dass in § 202c Abs. 1 Nr. 2 StGB die Tathandlung des Herstellens eines bestimmten Computerprogramms regelmäßig dem Verkauf eines solchen Programms zeitlich vorgeht, also vorgelagert ist. Entscheidend ist vielmehr, dass beide Varianten nicht unmittelbar in Computerprozesse eingreifen und somit nicht zu einer Rechtsgutsverletzung führen, daher die Schutzfunktion bereits vor einer solchen zum Tragen kommen soll. Der materielle Blickwinkel ermöglicht es, grundlegende Veränderungen sichtbar zu machen, die das System der Strafe als Ganzes betreffen.[15] Zudem können mittels einer materiellen Bestimmung der Vorverlagerung neue Tatbestände – wie sie sich auch im Bereich des Computer- und Cyberstrafrechts ergeben können –, die insoweit keine unmittelbare Vergleichbarkeit mit bereits existierenden Strafnormen aufweisen, als überkommenes oder vorverlagertes Strafrecht klassifiziert werden. Der Zusammenhang von vorverlagertem Strafrecht und der neuartigen Kriminalitätsform Cybercrime soll zudem nur auf der Ebene der strafrechtlichen Kodifizierung analysiert werden. Veränderte Auslegungen einzelner Tatbestandsmerkmale durch die Rechtsprechung bleiben außen vor.

1. Rechtsgutsverletzung als Anknüpfungspunkt

a) Fehlen der tatbestandlichen Rechtsgutsverletzung als Vorverlagerung

Wird die Rechtsgutsverletzung als der entscheidende materielle Bezugspunkt angesehen, so kann bereits dann von einer Vorverlagerung gesprochen werden, wenn die Verletzung eines Rechtsgutsobjektes für die Strafbarkeit nicht vorausgesetzt wird, mit anderen Worten, der (mögliche) Eintritt der Verletzung

14 Vgl. auch *Gropp*, in: Sinn/Gropp/Nagy (Hrsg.), Grenzen der Vorverlagerung in einem Tatstrafrecht, 2011, S. 99 (112, 119).

15 Zwar werden diese Veränderungen auch durch die Betrachtung einzelner gesetzlicher Tatbestandsvoraussetzungen erkennbar, jedoch besteht bei einer Konzentration hierauf die Gefahr, neu geschaffene Tatbestände oder Tatbestandsvarianten bzw. deren Auslegung als Symptome eines vorverlagerten Strafrechts zu interpretieren, obwohl sie lediglich gesetzgeberische oder judikative Veränderungen im Einzelfall darstellen können.

nicht abgewartet werden muss. Eine solche Form eines vorgelagerten Strafrechts ist allgemein durch die Versuchsstrafbarkeit für Verbrechen in §§ 22, 23 StGB und für Vergehen speziell in den jeweiligen Normen geregelt.[16] Des Weiteren stellen unter dieser Prämisse solche Straftatbestände vorgelagertes Strafrecht dar, in denen die Verletzung eines Rechtsgutsobjektes von vornherein nicht erfasst ist. Dies ist bei konkreten Gefährdungsdelikten wie § 315c StGB oder abstrakten Gefährdungsdelikten wie § 316 StGB der Fall,[17] die jedenfalls auch dem Schutz der Individualrechtsgüter Leben, Leib und Eigentum dienen, die Verletzung entsprechender Rechtsgutsobjekte aber nicht für die Strafbarkeit vorausgesetzt wird[18].[19] Nicht jeder Wegfall eines Tatbestandsmerkmals führt danach zwingend zu einer materiellen Vorverlagerung im hier untersuchten Sinne.[20] Entscheidend für die Analyse der Vorverlagerung soll sein, ob das fehlende Tatbestandsmerkmal einen unmittelbaren Rechtsgutsbezug aufweist. So ist für die Einordnung des § 265b Abs. 1 StGB (Kreditbetrug) als vorgelagertes Strafrecht im Vergleich zum Betrug gem. § 263 Abs. 1 StGB nicht entscheidend, dass § 265b Abs. 1 StGB keine Irrtumserregung voraussetzt, sondern dass es keines Vermögensschadens bedarf.[21] Die Vorverlagerung der Strafbarkeit ergibt sich bei einer am Rechtsgut orientierten Interpretation also daraus, dass sich kein dementsprechendes Merkmal eines Verletzungserfolges im Tatbestand wiederfindet. Hierdurch setzt die Strafbarkeit auf einem gedachten Zeitstrahl früher an, da bereits die Tathandlung ohne das Abwarten des Eintritts des Verletzungserfolges ausreichend ist.

---

16 S. auch *Gropp*, in: Sinn/Gropp/Nagy (Hrsg.), Grenzen der Vorverlagerung in einem Tatstrafrecht, 2011, S. 99 (102).

17 Diese Unterteilung folgt der Grobkategorisierung in Verletzungs-, konkrete und abstrakte Gefährdungstatbestände. Daneben können im Bereich der Gefährdungstatbestände noch weitere Untergruppen wie z. B. die der Kumulationstatbestände, Eignungstatbestände oder Vorbereitungstatbestände angeführt werden. S. zur Dogmatik der Gefährdungsdelikte *Kindhäuser*, Gefährdung, 1989, S. 189 ff.; *Wohlers*, Deliktstypen des Präventionsstrafrechts – zur Dogmatik »moderner« Gefährdungsdelikte, 2000, S. 281 ff.; *Zieschang*, Die Gefährdungsdelikte, 1998, S. 52 ff.

18 Vgl. *Fischer*, StGB, 62. Aufl. 2015, § 315c Rn. 2; *Zieschang*, in: Kindhäuser/Neumann/Paeffgen (Hrsg.), Nomos Kommentar, 4. Aufl. 2013, Band 3, § 315c Rn. 6.

19 Ein solches Verständnis von Vorverlagerung geht zum Teil über eine Definition hinaus, die den Wegfall des tatbestandlichen Erfolges als Merkmal einer Vorverlagerung beschreibt (vgl. etwa *Sinn*, in: Sinn/Gropp/Nagy (Hrsg.), Grenzen der Vorverlagerung in einem Tatstrafrecht, 2011, S. 13 [14]). Anders als bei dieser Definition werden hier auch solche Tatbestände als vorgelagert bezeichnet, die einen Erfolg in Form einer konkreten Gefährdung eines Rechtsgutsobjektes voraussetzen. Da jedoch auch die konkrete Gefährdung im materiellen Sinne vor einer Verletzung stattfindet, spricht nichts dagegen auch diese Tatbestandsform einzubeziehen.

20 Für einen weiteren Vorverlagerungsbegriff *Sinn*, in: Sinn/Gropp/Nagy (Hrsg.), Grenzen der Vorverlagerung in einem Tatstrafrecht, 2011, S. 13 (14).

21 Hierauf abstellend auch *Sinn*, in: Sinn/Gropp/Nagy (Hrsg.), Grenzen der Vorverlagerung in einem Tatstrafrecht, 2011, S. 13 (14).

Das Fehlen der Rechtsgutsverletzung im Tatbestand beschreibt eine Vorverlagerung jedoch nicht immer präzise. So sind Konstellationen denkbar, in denen der Zeitpunkt der Strafbarkeit mit und ohne kodifiziertem Verletzungserfolg identisch sein kann. So sind beispielsweise die geschützten Rechtsgüter der schweren Brandstiftung gem. § 306a Abs. 1 StGB nach h. M. Leib und Leben.[22] Da die Verletzung oder Tötung einer Person ebenso wenig wie deren konkrete Gefährdung tatbestandlich vorausgesetzt sind, handelt es sich um einen abstrakten Gefährdungstatbestand.[23] Dennoch ist es denkbar, dass die Tötung oder Verletzung eines Menschen etwa mit dem tatbestandlichen Erfolg der Zerstörung einer der in § 306a Abs. 1 StGB genannten Räumlichkeit zeitlich einhergeht. Insofern besteht hier die Besonderheit, dass ein tatbestandlich vorausgesetzter Erfolg zwar nicht rechtsgutsbezogen ist, mit einer Rechtsgutsverletzung aber zusammenfallen kann.[24] In einer solchen Konstellation kann von Vorverlagerung nicht gesprochen werden.

b) Vorverlagerung des Rechtsgutes selbst

Darüber hinaus können auch Tatbestände, die dem Schutz neuer Rechtsgüter dienen, Element eines vorverlagerten Strafrechts sein, auch dann, wenn ein Verletzungserfolg tatbestandlich vorgesehen ist. Dies gilt, wenn das geschützte Rechtsgut selbst gegenüber herkömmlichen Rechtsgütern vorverlagert ist.[25] Üblicherweise werden derart vorverlagerte Rechtsgüter kollektiver Art sein. So wird beispielsweise in dem von der h. M. als Rechtsgut anerkannten Schutz des Kapitalmarktes bzw. des Vertrauens hierin[26] ein eigenständiger, wenngleich zumindest teilweise vorverlagerter Schutz gegenüber dem Vermögen der am Kapitalmarkt (potenziell) Beteiligten gesehen werden können. Denkbar ist es aber auch, dass die neuen, vorverlagerten Rechtsgüter Individualrechtsgüter sind. Gerade im Bereich der Informationstechnologien können sich neuartige Gefahren ergeben, die dazu führen, dass neue, früher ansetzende Rechtsgüter etabliert werden.[27]

---

22 S. nur *Heine/Busch*, in: Schönke/Schröder, 29. Aufl. 2014, § 306a Rn. 1.

23 S. *Sternberg-Lieben-r/Hecker*, in: Schönke/Schröder, 28. Aufl. 2010, § 316 Rn. 1.

24 Theoretisch sind vergleichbare Konstellationen für alle abstrakten und konkreten Gefährdungstatbestände denkbar, bei denen nicht noch weitere Ereignisse bis zu einer Rechtsgutsschädigung zwingend erforderlich sind. So kann sich ein Trunkenheitsunfall bei einer strafbaren Handlung i. S. d. § 316 StGB mit rechtsgutsschädigenden Folgen unmittelbar bei Aufnahme des Führens des Fahrzeuges ereignen. In der Regel werden Tathandlung und Rechtsgutsverletzung jedoch zeitlich auseinanderfallen.

25 S. hierzu für Internetkriminalität auch *Shimada* CR 2009, 689f.

26 Vgl. nur *Perron*, in: Schönke/Schröder, 29. Aufl. 2014, § 264a Rn. 1; *Hefendehl*, Kollektive Rechtsgüter im Strafrecht, 2002, S. 267ff.

27 S. hierzu unter C.III.3.c).

2. Tathandlung als Anknüpfungspunkt

Teilweise wird der Begriff des Vorfeldes oder eines vorgelagerten Strafrechts nur dann für treffend erachtet, wenn sich der zeitlich veränderte Anknüpfungspunkt nicht nur auf die Rechtsgutsverletzung, sondern auch auf die Tathandlung bezieht.[28] Der Kreis der vorgelagerten Tatbestände wird so deutlich verengt.[29] Entscheidend ist danach zwar auch, dass ein Verletzungserfolg in Form einer Rechtsgutsschädigung tatbestandlich nicht vorausgesetzt wird, da sonst wie etwa bei einer Beihilfe im Vorfeld der Haupttat zwar an eine frühere Handlung angeknüpft wird, der Strafbarkeitszeitpunkt aber wegen der Akzessorietät unverändert bleibt[30]. In einem zweiten Schritt ist jedoch danach zu fragen, ob die unter Weglassung des Verletzungserfolges nunmehr allein das tatbestandliche Unrecht beschreibende Tathandlung einen Verletzungserfolg zumindest theoretisch hervorbringen kann. Vorgelagert sei das Strafrecht nur dann, wenn es nicht vom Zufall abhänge, ob das geschützte Rechtsgut beeinträchtigt werde.[31] Weder der Kreditbetrug noch die Trunkenheitsfahrt gehören danach zu einem Vorfeldstrafrecht, da beide Tatbestände an Handlungen anknüpfen, die als solche zur Schädigung des Vermögens bzw. von Leben und Leib führen können. Der Handlungsunwert bleibt im Vergleich mit dem Betrug oder einer Körperverletzung identisch, lediglich der Erfolgsunwert in Form der Verletzung eines Rechtsgutes entfällt. Aus Sicht des Täters wird daher an dieselbe Handlung angeknüpft. Eine Vorverlagerung findet in Bezug hierauf nicht statt. Zeitlich früher wird nur dann bestraft, wenn bereits Handlungen tatbestandlich erfasst sind, die ohne *weitere* deliktische Handlung des Täters oder eines Dritten nicht zu einer Rechtsgutsschädigung führen können. Damit sind Vorbereitungs-, Organisations- und Besitztatbestände angesprochen. Insoweit kann das Sich-Verschaffen eines Computerprogrammes, dessen Zweck die Begehung einer Tat i.S.d. §§ 202a, 202b StGB ist (§ 202c Abs. 1 Nr. 2 StGB), die Rechtsgüter der §§ 202a, 202b StGB nicht verletzen, ohne dass dieses Programm in deliktischer Form eingesetzt wird. Ebenso verletzt die Bildung einer kriminellen Vereinigung gem. § 129 StGB selbst nicht die von anderen Tatbeständen des StGB geschützten

28 Vgl. *Hefendehl*, Kollektive Rechtsgüter im Strafrecht, 2002, S. 36.

29 So wäre auch ein Großteil der Versuchsstrafbarkeit in Form des fehlgeschlagenen Versuchs nicht als einer Vollendungsstrafbarkeit vorgelagert einzuordnen.

30 S. hierzu *Gropp*, in: Sinn/Gropp/Nagy (Hrsg.), Grenzen der Vorverlagerung in einem Tatstrafrecht, 2011, S. 99 (102f.).

31 S. *Hefendehl*, Kollektive Rechtsgüter im Strafrecht, 2002, S. 36. Demgegenüber ist die Bestimmung des Vorfeldes bei kollektiven Rechtsgütern schwieriger. Auch hier gilt jedoch, dass von einer vorgelagerten Handlung nur dann gesprochen werden kann, wenn eine Beeinträchtigung des Rechtsgutes durch die Handlung selbst dann nicht möglich ist, wenn sie im Sinne eines Kumulationseffektes erheblich potenziert würde.

Individualrechtsgüter.[32] Hierfür bedarf es weiterer deliktischer Handlungen aus dieser Vereinigung heraus.

3. Zugrunde gelegter Anknüpfungspunkt

Sowohl die weitergehende, auf die Verletzung eines Rechtsgutes bezogene, als auch die engere Definition von vorgelagertem Strafrecht, die zusätzlich auf die strafbare Handlung abstellt, beschreiben im Kern das besondere Wesen, der gegenüber dem herkömmlichen Strafrecht veränderten Anknüpfungspunkte. Vorgelagertes Strafrecht setzt nicht erst bei der entstandenen Verletzung eines herkömmlichen Rechtsgutes, sondern früher an.[33] Insofern kann von einem vorgelagerten Strafrecht i. w. S. trotz Unschärfen dann gesprochen werden, wenn die Schädigung eines Rechtsgutes nicht Tatbestandsmerkmal ist oder nur die Beeinträchtigung eines vorverlagerten Rechtsguts Voraussetzung der Norm ist. Ein vorgelagertes Strafrecht i. e. S. meint darüber hinaus solche Tatbestände, bei denen die strafbare Tathandlung als solche nicht zu einer Schädigung eines Rechtsgutes führen kann, ohne dass weitere deliktische Zwischenschritte notwendig sind.

III. Verlagerungstendenzen

Zusätzlich beschreibt der Begriff der Verlagerung etwas Prozesshaftes. Regelungen zur Strafbarkeit, die keine Rechtsgutsschädigung voraussetzen, müssen also strukturell neuartig und nicht bereits in einem herkömmlichen Strafrecht integriert gewesen sein. Insoweit ist zunächst zu konstatieren, dass das Gefährdungsstrafrecht keine rein moderne Strafrechtsentwicklung ist, sondern dass Tatbestände ohne Rechtsgutsschädigungen bereits im Römischen Recht und im Preußischen Allgemeinen Landrecht enthalten waren.[34] Auch die zunehmende Ausbreitung des Gefährdungsstrafrechts wird bereits seit Längerem thematisiert.[35] Neu und insoweit im Sinne eines voranschreitenden Prozesses zu definieren ist jedoch die Geschwindigkeit in der Gefährdungstatbestände Ein-

32 S. zum Meinungsstand bzgl. der Rechtsgüter des § 129 StGB *Schäfer*, in: Joecks/Miebach (Hrsg.), Münchener Kommentar zum StGB, 2. Aufl. 2012, Band 3, § 129 Rn. 1; s. auch *Müssig*, Schutz abstrakter Rechtsgüter und abstrakter Rechtsgüterschutz, 1994, S. 13ff.

33 Vgl. zu einer diesbezüglichen Zeitskala *Sinn*, in: Sinn/Gropp/Nagy (Hrsg.), Grenzen der Vorverlagerung in einem Tatstrafrecht, 2011, S. 13 (16ff.).

34 Vgl. *Mommsen*, Römisches Strafrecht, 1899, S. 635f.; *Schünemann* GA 1995, 201 (212); vgl. auch *Schroeder* ZIS 2007, 444; für Japan s. *Ida* in diesem Band, S. 189ff.

35 *Lackner*, Das konkrete Gefährdungsdelikt im Verkehrsstrafrecht, 1967, S. 1; *Hirsch*, Festschrift Tiedemann, 2008, S. 145.

gang in das Strafrecht finden[36]. Dabei sind gerade technische und gesellschaftliche Entwicklungen Motor für ein Strafrecht,[37] das möglichst früh ansetzt und nicht mehr den Schadenseintritt abwartet bzw. das auf dessen Nachweis verzichtet. Der Prozess der Vorverlagerung der Strafbarkeit bezieht sich daher vornehmlich auf neuere Tatbestände, die in den Bereichen Wirtschaft, Umwelt, »Bekämpfung« von Terrorismus und sog. organisierter Kriminalität, sowie in dem hier im Fokus stehenden Feld des Computerstrafrechts geschaffen wurden. Die Versuchsstrafbarkeit als Teil eines vorgelagerten Strafrechts soll demgegenüber als bereits im klassischen Strafrecht relevanter Strafbarkeitstypus[38] außen vor bleiben, da sich diesbezüglich keine *strukturelle* Verlagerung der Strafbarkeit ergeben hat.[39]

IV. Untersuchungsgegenstand »Vorverlagerung«

Die Vorverlagerung des Strafrechts, die anhand des Beispiels von Cybercrime untersucht werden soll, zeichnet sich daher im hier verstandenen Sinne dadurch aus, dass es sich um neue Tatbestände des besonderen Teils des materiellen Strafrechts handelt, bei denen sich die Verletzung eines Rechtsgutes bzw. eines entsprechenden Rechtsgutsobjektes nicht als Voraussetzung im Tatbestand wiederfindet bzw. bei denen neue, vorverlagerte Rechtsgüter geschützt werden sollen (Vorverlagerung im weiteren Sinne). Es handelt sich somit um eine ge-

36 *Roxin*, Strafrecht Allgemeiner Teil, Band I, 4. Aufl. 2006, § 11 Rn. 146; *Beck*, Unrechtsbegründung und Vorfeldkriminalisierung, 1992, S. 25f.; *Chou*, Zur Legitimität von Vorbereitungsdelikten, 2011, S. 13; *Puschke*, in: Hefendehl (Hrsg.), Grenzenlose Vorverlagerung des Strafrechts?, 2010, S. 9f.

37 *Puschke*, in: Hefendehl (Hrsg.), Grenzenlose Vorverlagerung des Strafrechts?, 2010, S. 9 (10).

38 »Archetypus einer Vorverlagerung von Strafbarkeit«, *Gropp*, in: Sinn/Gropp/Nagy (Hrsg.), Grenzen der Vorverlagerung in einem Tatstrafrecht, 2011, S. 99 (102).

39 Der Prozess der Vorverlagerung des Strafrechts durch neue Gefährdungstatbestände oder neue vorgelagerte Rechtsgüter ist dabei eine (zeitliche) Strafrechtsausdehnung und keine Verschiebung der Strafbarkeit, auch wenn dies der Begriff nahelegt. Die Ausdehnung ergibt sich daraus, dass zum einen der Lebenssachverhalt auch bei Eintritt der Rechtsgutsverletzung von dem vorverlagerten Straftatbestand in der Regel miterfasst wird, so dass es auf der anderen Seite nicht zu einer Reduktion des Anwendungsbereichs des Strafrechts kommt. So ist etwa die Trunkenheitsfahrt gem. § 316 StGB unabhängig davon strafbar, ob hierbei ein Unfall mit Personen- und Sachschaden verursacht wird. Zum anderen ist bei denjenigen vorgelagerten Tatbeständen, die einen eigenständigen Anwendungsbereich haben, die eigentliche Rechtsgutsschädigung regelmäßig in anderen Tatbeständen mit Strafe bedroht. So ist z. B. das Sich-Verschaffen von Waffen i. S. d. § 89a Abs. 2 Nr. 2 StGB zusätzlich zu deren tödlichem Einsatz i. S. d. § 212 StGB strafbar. Durch die Zunahme der Gefährdungstatbestände kann aber durchaus von einer Akzentverschiebung innerhalb des Strafrechtssystems gesprochen werden.

setzgeberische Entscheidung, Strafrecht in einem zu beurteilenden Geschehensablauf früher zum Einsatz zu bringen.

Die Vorverlagerung kann dabei durch unterschiedliche Regelungstechniken erfolgen. Insbesondere die abstrakte Gefährdung als Anknüpfungspunkt für die Strafbarkeit markiert eine weitgehende Vorverlagerung, da die Verletzung eines Rechtsgutes hierbei in weiter Ferne liegen bzw. die Handlung sogar gänzlich ungeeignet sein kann, ein Rechtsgutsobjekt realiter zu verletzen. In diesem Zusammenhang sind auch Vorbereitungstatbestände von Bedeutung, die hier als Untergruppe der abstrakten Gefährdungstatbestände verstanden werden. Wenngleich sich bei einer Handlung, die eine Straftat vorbereitet, keine unmittelbare objektive Gefährdung ergibt, so kann eine abstrakte Gefährdung durch das Zusammenspiel einer objektiv relevanten Handlung und der Intention, in der Zukunft eine Straftat auf Grundlage der Vorbereitungshandlung durchzuführen, vorliegen.[40]

Bei der Untersuchung sollen insbesondere auch die Grenzen einer solchen Regelungstechnik im Zentrum stehen.

V. Strafrechtsdogmatische und verfassungsrechtliche Probleme und Grenzen eines vorverlagerten Strafrechts

1. Problembereiche

Sieht man den Rechtsgüterschutz als Grund des Strafrechts an, steht ein vorverlagertes Strafrecht in der Gefahr, sich von diesem Bezugspunkt zunehmend zu lösen. Je weiter die Strafe vorverlagert wird, desto geringer fällt der Bezug der Tathandlung zum geschützten Rechtsgut aus bzw. desto größer ist das Risiko vager Rechtsgutskonstruktionen, um deren Schutz es gehen soll. Geht es nicht mehr um die Verletzung eines Rechtsgutes, sondern nur um dessen Gefährdung, besteht zudem das Risiko, dass von dem auch verfassungsrechtlich vorgegebenen Konzept eines Tatstrafrechts Abstand genommen wird und neutrale Handlungen bzw. Gesinnungen, denen Gefährdungspotenzial beigemessen wird, zum Anknüpfungspunkt für Strafe gemacht werden.[41] Hierdurch würde

40 S. zu weiteren Möglichkeiten einer vorverlagerten Tatbestandsneuschöpfung mit zum Teil von hier abweichender Kategorisierung *Sinn*, in: Sinn/Gropp/Nagy (Hrsg.), Grenzen der Vorverlagerung in einem Tatstrafrecht, 2011, S. 13 (29ff.); vgl. zu Erscheinungsformen der Vorverlagerung auch *Gropp*, in: Sinn/Gropp/Nagy (Hrsg.), Grenzen der Vorverlagerung in einem Tatstrafrecht, 2011, S. 99 (101ff.).

41 Vgl. auch *Sinn*, in: Sinn/Gropp/Nagy (Hrsg.), Grenzen der Vorverlagerung in einem Tatstrafrecht, 2011, S. 13 (19); *Sitzer*, in: Sinn/Gropp/Nagy (Hrsg.), Grenzen der Vorverlagerung in einem Tatstrafrecht, 2011, S. 439 (448) »Risiko [...] über das Ziel hinauszuschießen«. S. für das Terrorismusstrafrecht *Puschke* StV 2015, 457 (460ff.).

nicht nur Tatstrafrecht zu Täterstrafrecht,[42] sondern zudem auch Verhaltensweisen zum Anlass für den Einsatz des Strafrechts gemacht werden, die dem Kernbereich privater Lebensgestaltung und damit einem absolut geschützten Autonomiebereich unterfallen.

Aus strafrechtsdogmatischer Sicht ist die Abstimmung neuer Gefährdungstatbestände mit dem bestehenden System insbesondere in Bezug auf den Strafrahmen und den Versuchsbeginn problematisch. Insofern ist zu beachten, dass die abstrakte oder konkrete Gefährdung eines Rechtsgutes einen je nach tatbestandlicher Ausgestaltung zum Teil geringeren Unrechtsgehalt aufweist als dessen Verletzung. Dies muss sich im Strafrahmen der vorverlagerten Straftatbestände niederschlagen. Zudem erschwert auch der teilweise internationale Ursprung des Gefährdungsstrafrechts die Einordnung in das deutsche Strafrechtssystem, da häufig unterschiedliche Prämissen in Übereinstimmung gebracht werden müssen.[43]

Bei der Beurteilung eines vorverlagerten Strafrechts dürfen auch Folgen für das Strafverfahrensrecht und die Strafverfolgungspraxis nicht außer Acht gelassen werden. Gefährdungsstrafrecht steht an der Schnittstelle zwischen herkömmlichem Strafrecht und Gefahrenabwehrrecht.[44] Dementsprechend führt die Etablierung von Gefährdungstatbeständen zu einer Vermischung dieser beiden Rechtsgebiete und der verfahrensrechtlichen Kompetenzen in diesem Bereich. Die Anknüpfungspunkte für polizei- und strafverfahrensrechtliche Ermittlungskompetenzen beginnen früher und sind breiter gestreut,[45] was die Eingriffsintensität der Maßnahmen deutlich erhöht. Auch für die Strafurteilspraxis ergeben sich nicht unerhebliche Schwierigkeiten. Insbesondere für den Bereich der Vorbereitungsdelikte, bei denen die Intention, in der Zukunft eine Straftat zu begehen, unrechtsbegründend wirkt, können erhebliche Beweisschwierigkeiten bzgl. dieser subjektiven Komponente bestehen. Daraus ergibt sich die Gefahr, dass diese durch die intuitive Beurteilung der Persönlichkeit des Angeklagten und seiner allgemeinen Lebensumstände kompensiert werden.[46]

42 Hierzu eingehend *Gropp*, in: Sinn/Gropp/Nagy (Hrsg.), Grenzen der Vorverlagerung in einem Tatstrafrecht, 2011, S. 99ff.

43 S. hierzu *Puschke*, in: Hefendehl (Hrsg.), Grenzenlose Vorverlagerung des Strafrechts?, 2010, S. 9 (17ff.).

44 S. auch *Ida* in diesem Band, S. 189 (190).

45 Vgl. auch *Sinn*, in: Sinn/Gropp/Nagy (Hrsg.), Grenzen der Vorverlagerung in einem Tatstrafrecht, 2011, S. 13 (21f.).

46 Vgl. *Schroeder*, Der Schutz von Staat und Verfassung im Strafrecht, 1970, S. 299; zu einer Verlagerung hin zu einem täterbezogenen Strafrecht vgl. *Gropp*, in: Sinn/Gropp/Nagy (Hrsg.), Grenzen der Vorverlagerung in einem Tatstrafrecht, 2011, S. 99 (104ff.).

2. Eingrenzungskriterien

Den erheblichen Risiken, dass vorverlagerte Normen verfassungsrechtliche und strafrechtsdogmatische Vorgaben missachten, muss durch das Aufzeigen zu beachtender Grenzen entgegengetreten werden. Hierzu ist *zunächst* vom Rechtsgüterschutz als Aufgabe des Strafrechts auszugehen. Zwar wird die Tendenz zur Vorverlagerung häufig gerade dem Prinzip des Rechtsgüterschutzes angelastetet, da sich hierin Effektivierungsbemühungen manifestierten.[47] Demgegenüber ist es jedoch eine Abkehr von rechtsgutsbezogenen, verfassungsrechtlichen und straftheoretischen Grundsätzen[48], die zu der Gefahr einer Entgrenzung des Strafrechts führen. Der Rechtsgutstheorie wird in diesem Zusammenhang die begrenzende Funktion häufig abgesprochen.[49] Der Verzicht auf die Bestimmung eines Rechtsgutes und auf eine rechtsgutsbezogene tatbestandliche Ausgestaltung der Normen schüttet jedoch das Kind mit dem Bade aus. Überzeugender ist es demgegenüber, rechtsgutsbezogene Grundsätze zu präzisieren und um verfassungsrechtliche sowie dogmatische Beschränkungen zu ergänzen.

Grundlage für eine Eingrenzung eines vorverlagerten Strafrechts ist danach die Bestimmung des Rechtsgutes der Tatbestände. Nur, wenn die tatbestandlich normierten Verhaltensweisen sich als relevante Gefährdung dieses Rechtsgutes darstellen, kann der Einsatz vorverlagerten Strafrechts legitim sein. Hiermit unmittelbar verbunden sind die Anforderungen an die Ausgestaltung des Tatbestandes, die auch im Zusammenhang mit der Konzeption des Tatstrafrechts stehen. Gefährlich i. S. d. Tatstrafrechts kann eine Verhaltensweise nur dann sein, wenn sie *typischerweise* zu einer Rechtsgutsverletzung führt (Typizität des objektiven Tatbestandes), ihr die Gefahr somit innewohnt.[50] Die in diesem Bereich verbleibende Einschätzungsprärogative des Gesetzgebers[51] ist kritisch zu be-

47 *Jakobs* ZStW 97 (1985), 751 (752ff.); *Cancio Meliá*, Festschrift Jakobs, 2007, S. 27 (41f.); *Sitzer*, in: Sinn/Gropp/Nagy (Hrsg.), Grenzen der Vorverlagerung in einem Tatstrafrecht, 2011, S. 439 (448).

48 So auch *Sinn*, in: Sinn/Gropp/Nagy (Hrsg.), Grenzen der Vorverlagerung in einem Tatstrafrecht, 2011, S. 13 (20f.); s. hierzu *Puschke*, in: Brunhöber (Hrsg.), Strafrecht im Präventionsstaat, 2014, S. 109 (116ff.).

49 BVerfGE 120, 224 (241f.); *Jakobs* ZStW 97 (1985), 751 (752ff.).

50 Vgl. für den Bereich der abstrakten Gefährdungsdelikte BVerfGE 90, 145 (199 [205], abweichende Meinung *Graßhof*); s. zu diesbezüglichen Anforderungen an den objektiven Tatbestand: für den Hochverrat schon *Feuerbach*, Kritik des Kleinschrodischen Entwurfs zu einem peinlichen Gesetzbuche für die Chur-Pfalz-Bayrischen Staaten, 1804, Nachdruck 1988, Dritter Teil, S. 33f.; *Neuhaus*, Die strafbare Deliktsvorbereitung unter besonderer Berücksichtigung des § 234a Abs. 3 StGB, 1993, S. 109ff.

51 Vgl. *Sinn*, in: Sinn/Gropp/Nagy (Hrsg.), Grenzen der Vorverlagerung in einem Tatstrafrecht, 2011, S. 13 (33).

gleiten und auf Überdehnung zu kontrollieren.[52] Der Sanktionierbarkeit entzogen ist ein Verhalten, das dem Kernbereich privater Lebensgestaltung unterfällt.[53] Dies muss auch gelten, wenn die rechtsgutsverletzende Tendenz evident ist, was z.B. bei dem Erlernen bestimmter Fähigkeiten oder dem Erwerben bestimmter Kenntnisse, die für eine Straftatbegehung relevant sind, der Fall sein kann. Die Verhaltensweisen müssen zudem in einer Form tatbestandlich normiert sein, die dem Bestimmtheitsgebot des Art. 103 Abs. 2 GG Rechnung trägt. Dem Bestimmtheitsgebot kommt gerade bei Tathandlungen, die kein Rechtsgut unmittelbar verletzen oder konkret gefährden, besondere Bedeutung zu, da die Evidenz des Verbotes sich in diesen Fällen nicht unmittelbar aus dem Grund für das Verbot ableiten lässt.[54] Insofern sind etwa Tatbestandsumschreibungen, die nur lauten: »Wer eine solche Tat vorbereitet, …«[55], zumindest für neu geschaffene und nicht bereits durch langjährige Rechtsprechung konkretisierte Normen, nicht ausreichend. Aus dem Verhältnismäßigkeitsprinzip ist abzuleiten, dass die Sanktionierung der Rechtsguts*gefährdung* nur dann legitim sein kann, wenn andere, weniger eingriffsintensive Mittel weniger erfolgversprechend sind. Dabei können zum einen außerstrafrechtliche Mittel, z.B. technische Schutzvorgaben, relevant sein. Zum anderen stellt sich aber auch die Frage, ob es nicht als ausreichend anzusehen ist, wenn nur die Verletzungshandlung und nicht bereits die Gefährdungshandlung mit Strafe bedroht ist. Innersystematisch ist der Unwertgehalt einer Rechtsgutsverletzung in aller Regel höher als der einer Rechtsgutsgefährdung,[56] weshalb letztere ein niedrigeres Strafmaß zur Folge haben muss.

Aus straftheoretischer Sicht wird man in der falsch verstandenen bzw. umgesetzten Präventionsidee des Strafrechts einen wichtigen Grund für die Ausbreitung vorgelagerter Strafnormen und der hiermit verbundenen Probleme erblicken können.[57] Dies darf jedoch nicht als ein Plädoyer zu einer Rückkehr zu einem rein restriktiven Vergeltungsstrafrecht missverstanden werden. Vielmehr ist zu konstatieren, dass Prävention zunehmend häufiger mit Intervention in

52 S. auch *Lagodny*, Strafrecht vor den Schranken der Grundrechte, 1996, S. 240ff.

53 Vgl. BVerfGE 10, 224 (243); *Jakobs* ZStW 97 (1985), 751 (755ff.); *Greco* ZIS 2008, 234 (237f.); *Hefendehl*, Kollektive Rechtsgüter im Strafrecht, 2002, S. 106; *Puschke*, in: Hefendehl (Hrsg.), Grenzenlose Vorverlagerung des Strafrechts?, 2010, S. 9 (36f.).

54 S. auch *Gropp*, in: Sinn/Gropp/Nagy (Hrsg.), Grenzen der Vorverlagerung in einem Tatstrafrecht, 2011, S. 99 (103); s. zum Bestimmtheitserfordernis im Terrorismusstrafrecht *Puschke* StV 2015, 457 (463f.).

55 Vgl. § 234 Abs. 3 StGB.

56 Ausnahmen können sich in Fällen ergeben, in denen die Vorbereitungshandlungen ein Gefährdungspotenzial aufweisen, das sich strukturell auf eine Vielzahl von Haupttaten bezieht.

57 *Sinn*, in: Sinn/Gropp/Nagy (Hrsg.), Grenzen der Vorverlagerung in einem Tatstrafrecht, 2011, S. 13 (20f.); s. hierzu und zum Folgenden *Puschke*, in: Brunhöber (Hrsg.), Strafrecht im Präventionsstaat, 2014, S. 109 (116ff.).

einen konkreten Geschehensablauf gleichgesetzt wird. Die Unterbrechung konkreter Geschehensabläufe zur Unterbindung von Gefahren ist jedoch Aufgabe des Polizeirechts. Wird demgegenüber Prävention so verstanden, dass der Zweck des Strafrechts darin liegt, auf einer grundlegenden Ebene Rechtsgutsverletzungen zu verhindern, steht die *Kommunikation* mit den Normadressaten, im Sinne einer psychischen Vermittlung des Strafziels im Mittelpunkt. Hieraus ergeben sich auch Konsequenzen für Grenzen der Strafbarkeit. So kann Gefährdungsstrafrecht, eng verbunden mit dem Verhältnismäßigkeitsgrundsatz, nur dann eingesetzt werden, wenn es geeignet und erforderlich ist, auf die Normadressaten im Sinne des Rechtsgüterschutzes kommunikativ einzuwirken. Dies wird insbesondere mit Blick auf die positive Generalprävention dann nicht gelingen, wenn Verhaltensweisen bestraft werden sollen, deren Gefährdungspotenzial sich nicht erschließt bzw. die (auch in beruflichem Zusammenhang) als neutral empfunden werden.

C. Die Cybercrimedelikte als Paradigma einer Vorverlagerung der Strafbarkeit?

I. Begriffliche Eingrenzung von Cybercrime

»Cybercrime« ist ein Überbegriff für eine Vielzahl verschiedener strafrechtlich relevanter Vorgehensweisen. Eine konsentierte oder gesetzliche Definition besteht nicht.[58] Der Zugang zu der Kategorie »Cybercrime« erfolgt zumeist phänomenologisch und primär aus rechtstatsächlicher Sicht. So wird Cybercrime im Rahmen polizeilicher Tätigkeit als Straftaten definiert, die unter Ausnutzung der Informations- und Kommunikationstechnik oder gegen diese begangen werden. Als Cybercrime im engeren Sinne werden Kriminalitätsformen verstanden, bei denen Elemente der elektronischen Datenverarbeitung wesentlich für die Tatausführung sind.[59] Das Übereinkommen über Computerkriminalität des Europarates (sog. Cybercrime-Konvention)[60], auf die auch mehrere Tatbestände im deutschen Strafgesetzbuch zurückgehen, begründet seine Notwendigkeit in ähnlicher Weise damit, dass Handlungen gegen die Vertraulichkeit, Unversehrtheit und Verfügbarkeit von Computersystemen, Netzen und Computer-

58 S. zur Computerkriminalität *Sitzer*, in: Sinn/Gropp/Nagy (Hrsg.), Grenzen der Vorverlagerung in einem Tatstrafrecht, 2011, S. 439 (441).

59 *Bundeskriminalamt*, Cybercrime – Bundeslagebild 2011, S. 5.

60 Übereinkommen über Computerkriminalität des Europarates vom 23.11.2001 (SEV Nr. 185) (Bereinigte Übersetzung zwischen Deutschland, Österreich und der Schweiz abgestimmte Fassung) abrufbar unter http://conventions.coe.int/treaty/ger/treaties/html/185.htm [6.8.2015].

daten sowie der Missbrauch solcher Systeme, Netze und Daten zu verhüten seien.[61]

Für eine strafrechtsdogmatische Betrachtung soll demgegenüber ein engerer Zugang gewählt werden. Da hier die Frage der Vorverlagerung der Strafbarkeit anhand der Computerkriminalität untersucht werden soll, steht die gesetzgeberische Ausgestaltung der Straftatbestände im Mittelpunkt. Es werden daher solche Straftatbestände untersucht, die die Nutzung eines informationstechnischen Systems für die Begehung einer Straftat (Tatmittel) oder den Angriff auf ein solches System (Tatobjekt) tatbestandlich erfassen,[62] bei denen somit die Informationstechnologie und die hierauf basierende Kommunikation Relevanz für die tatbezogene Unrechtsbegründung erhält. Bei der Analyse sind jedoch solche Tatbestände ausgenommen, die zwar die Nutzung eines informationstechnischen Systems für eine Straftatbegehung erfassen, bei denen es aber nicht (auch) um vernetzte Informationsstrukturen i. S. d. *Cyber*-Raumes geht, wie es etwa bei der Vorbereitung der Fälschung von Geld und Wertzeichen durch das Sich-Verschaffen eines Computerprogrammes gem. § 149 Abs. 1 Nr. 1 StGB der Fall ist.

Der Untersuchungsgegenstand beschränkt sich also auf Tatbestände, die Informationstechnologie nicht nur als Werkzeug für eine außerhalb des informationstechnischen Systems liegende Manipulation erfassen, sondern bei denen es um innersystemische Eingriffe geht bzw. gehen kann. Dabei beziehen sich die Eingriffe regelmäßig auf den Umgang mit Daten auf dem Gebiet der Elektronik, also auf die Darstellung von Informationen.[63] Der Definition entsprechend werden zudem solche Delikte nicht näher thematisiert, bei denen die Kommunikation mittels informationstechnischer Systeme zwar von entscheidender Bedeutung ist, diese aber nicht im Tatbestand verlangt wird, wie es etwa bei der Verbreitung von Kinderpornographie im Internet oder deren Besitzverschaffung z. B. in Form gespeicherter Bilder (vgl. § 184b Abs. 1 Nr. 1, Abs. 3 StGB) der Fall ist.[64] Aus Platzgründen muss auch auf die Bezugnahme auf Tat-

---

61 Präambel des Übereinkommens über Computerkriminalität des Europarates.

62 S. zu einer vergleichbaren Einschränkung des Untersuchungsgegenstandes *Sitzer*, in Sinn/Gropp/Nagy (Hrsg.), Grenzen der Vorverlagerung in einem Tatstrafrecht, 2011, S. 439 (442); *Bär*, in: Wabnitz/Janovsky, Handbuch Wirtschafts- und Steuerstrafrechts, 4. Aufl. 2014, 14. Kap. Rn. 4f. m. w. N.; s. für die spezialisierte Strafverfolgungspraxis *Plewka* DRiZ 2013, 44 (46).

63 *Zieschang*, in: Laufhütte/Rissing van Saan/Tiedemann (Hrsg.), Leipziger Kommentar zum StGB, 12. Aufl. 2009, Band 9/Teil 2, § 268 Rn. 8.

64 Eine solche Beschränkung ist freilich nicht zwingend, entspricht aber der hier vorgenommenen Konzentration auf die vom Gesetzgeber geschaffenen Straftatbestände. Gerade die Definition von Besitz von auf dem Computer befindlichen Daten nach einer Übertragung weist für die Bestimmung einer Vorverlagerung des Strafrechts durch die Rechtsprechung interessante Fragestellungen auf (hierzu *Eckstein* NStZ 2011, 18ff.). S. hierzu auch die Bei-

bestände außerhalb des deutschen Strafgesetzbuches wie beispielsweise § 44 Abs. 2 dBDSG verzichtet werden.

II. Relevante Tatbestandsgruppen

Die Tatbestände, die den hier untersuchten Bereich der Cyberdelikte regeln, lassen sich teilweise entsprechend der bisherigen gesetzlichen Systematik in vier Gruppen unterteilen, die bestimmte Handlungen in Bezug auf Daten unter Strafe stellen.[65] Die erste Gruppe stellen die Straftatbestände dar, die eine Datenverwendung bestrafen, um sonstige Rechtsgüter wie die Sicherheit des Rechtsverkehrs oder das Vermögen zu schützen. In diese Gruppe fallen die Fälschung technischer Aufzeichnungen und beweiserheblicher Daten gem. §§ 268, 269 StGB[66] und der Computerbetrug gem. § 263a StGB. Zu einer zweiten Gruppe gehören solche Tatbestände, die für die Strafbarkeit die Veränderung von Daten bzw. die Störung von Datenverarbeitungsprozessen voraussetzen (§§ 303a, 303b StGB). Die dritte Gruppe bilden diejenigen Straftatbestände, die den unbefugten Zugang zu Daten bzw. die Verschaffung von Daten sanktionieren. Hierzu zählen die §§ 202a, 202b StGB. Schließlich sind die Vorbereitungstatbestände in Bezug auf Cybercrime relevant (§§ 202c, 263a Abs. 3, §§ 303a Abs. 3, 303b Abs. 5 StGB).

III. Cybercrime als Vorverlagerung des Strafrechts

Es stellt sich die Frage, ob die unterschiedlichen Straftatbestandsgruppen und damit die Kategorie »Cybercrime« insgesamt als ein Paradigma für einen zeitlich nach vorne ausgedehnten Einsatz von Strafrecht gelten können. Als paradigmatisch wird etwas dann angesehen, wenn es ein Modell, ein Muster für etwas

---

träge von *Schroeder*, *Tadaki* und *Kim* in diesem Band. Der Beschränkung unterfallen auch strafrechtlich relevante Urheberrechtsverletzungen (§§ 106ff. dUrhG) oder Anleitungen zur Begehung einer schweren staatsgefährdenden Gewalttat (§ 91 StGB), die über das Internet begangen werden können, und nicht Teil dieses Beitrags sind.

65 Zu einer Einteilung in traditionelle Delikte, die gegen einen Computer oder mittels eines solchen bzw. des Internets begangen werden, wie etwa Computerbetrug, und solchen Delikten, die internetspezifische Handlungen umfassen, wie das Hacking, *Lee* in diesem Band, S. 203 (210ff.).

66 Hierzu zählen grundsätzlich auch die datenbezogenen Unterdrückungshandlungen des § 274 Abs. 1 Nr. 1 und 2 StGB, da sie in der Nr. 2 auf beweiserhebliche Daten beschränkt sind. Geschützt ist darüber hinaus jedoch auch die Verfügungsgewalt über Daten vor Manipulation (s. auch *Bär*, in: Wabnitz/Janovsky, Handbuch Wirtschafts- und Steuerstrafrechts, 4. Aufl. 2014, 14. Kap. Rn. 67), weshalb auch eine Einordung in die zweite Gruppe möglich ist.

darstellt.[67] Computerstraftatbestände sind daher dann als ein Paradigma einer Vorverlagerung der Strafbarkeit zu verstehen, wenn auf sie typischerweise die hier dargestellten Kriterien eines vorverlagerten Strafrechts zutreffen.[68]

1. Entwicklungslinien und Gründe der Vorverlagerung des Strafrechts und von Cybertatbeständen

Eine Annäherung an die Besonderheit von vorverlagertem Strafrecht und Cybertatbeständen soll zunächst über deren jeweilige Hintergründe erfolgen. Weisen sie Parallelen auf, so lässt dies erste Schlussfolgerungen über die Einordnung von Cybertatbeständen als Vorverlagerung des Strafrechts zu.

Für die insbesondere in den letzten Jahrzehnten zunehmende Vorverlagerung des Strafrechts lassen sich mehrere zum Teil eng miteinander verbundene Gründe ausmachen. Aus einem gesellschaftlichen Blickwinkel ist festzustellen, dass eine gesteigerte Bedrohungslage in vielen Lebensbereichen ausgemacht wird, die mit dem Begriff der Sicherheits- oder Risikogesellschaft[69] zumindest teilweise umschrieben werden kann. Dabei spielt das in gesellschaftlichen Diskursen geprägte Bild von Risiko, komplexere Risikozusammenhänge und größere Risikostreuung eine entscheidende Rolle.[70] Dementsprechend finden sich auch im Strafrecht zunehmend Regelungen wieder, die möglichst umfassende Sicherheit garantieren und insoweit Verhaltensweisen unterbinden sollen, die lediglich zu einer Rechtsgutsschädigung führen *könnten* bzw. eine solche für die Zukunft *wahrscheinlicher* machen.[71]

Die Komplexität bestimmter wirtschaftlicher, technischer und globaler Zusammenhänge führt zudem dazu, dass die Kausal- und Zurechnungszusammenhänge bis hin zu einer Rechtsgutsverletzung zum Teil nur schwer nachvollzogen und bewiesen werden können, weshalb ein frühes Ansetzen des Strafrechts als notwendig empfunden wird.[72] Dabei sind die als gefährlich be-

---

67 Duden Fremdwörterbuch, 11. Aufl. 2015.

68 Dies schließt natürlich nicht aus, dass Vorverlagerung in vielen anderen Bereichen des deutschen Strafrechts ebenfalls eine sehr bedeutsame Rolle einnimmt.

69 Vgl. nur *Beck*, Risikogesellschaft. Auf dem Weg in eine andere Moderne, 1986; *Albrecht, P.-A.*, Der Weg in die Sicherheitsgesellschaft. Auf der Suche nach staatskritischen Absolutheitsregeln, 2010; *Garland*, The Culture of Control. Crime and social order in contemporary society, 2001; *Singelnstein/Stolle*, Die Sicherheitsgesellschaft, 3. Aufl. 2012; s. auch *Herzog*, Gesellschaftliche Unsicherheit und Daseinsvorsorge, 1991; *Prittwitz*, Strafrecht und Risiko, 1993.

70 Vgl. *Puschke*, in: Hefendehl (Hrsg.), Grenzenlose Vorverlagerung des Strafrechts?, 2010, S. 9 (14).

71 Vgl. auch *Sinn*, in: Sinn/Gropp/Nagy (Hrsg.), Grenzen der Vorverlagerung in einem Tatstrafrecht, 2011, S. 13 (19f.).

72 S. *Ida* in diesem Band, S. 189 (191, 195ff.); *Schünemann* GA 1995, 201 (213); *Weber*, in: Jescheck (Hrsg.), Die Vorverlagerung des Strafrechtsschutzes durch Gefährdungs- und

urteilten Handlungen nach außen häufig neutral,[73] was zum Teil zu einer verstärkten Konzentration auf das subjektive Tatmoment führt.[74] Mit der Komplexität der Regelungsmaterien im Zusammenhang stehen kriminalpolitische Ziele, die ein umfassendes gesetzgeberisches Tätigwerden (wenngleich bezogen auf die realen Verurteilungszahlen[75] symbolischer Art) in den als Problemfelder ausgemachten Bereichen, polit-strategisch angezeigt sein lassen.[76] Hinzu kommen gerade für den Bereich eines vorgelagerten Strafrechts europäische und globale Einflüsse auf die nationale Gesetzgebung.[77]

Ein Blick auf die benannten Cybertatbestände zeigt zunächst, dass es sich hierbei selbstverständlich um eine neuere Strafrechtsmaterie handelt. Die Tatbestände wurden fast alle zwischen 1986 und 2007[78] eingefügt und verändert. Dies hängt mit der in diesem Zeitraum rasant verlaufenen Entwicklung von Computern und informationstechnischen Systemen sowie der Möglichkeit ihrer Vernetzung zusammen, die zu einer enormen gesellschaftlichen und wirtschaftlichen Relevanz und zu einer nicht unerheblichen Abhängigkeit der Gesellschaft hiervon geführt haben.[79] Es besteht insoweit eine zeitliche Parallele zwischen der Einführung von Cybertatbeständen und der allgemeinen Tendenz der Vorverlagerung des Strafrechts. Zudem handelt es sich bei Cybercrime um eine höchst komplexe Materie. Nur wenige Experten können die genauen technischen Abläufe bei der Verwendung informationstechnischer Systeme nachvollziehen. Für die Normalbürgerin und den Normalbürger bleiben die Vorgänge demgegenüber im Dunkeln. Aus diesem Grund und wegen der be-

Unternehmensdelikte, 1987, S. 1 (23ff.); *Platzgummer*, in: Jescheck (Hrsg.), Die Vorverlagerung des Strafrechtsschutzes durch Gefährdungs- und Unternehmensdelikte, 1987, S. 37 (47ff.); vgl. auch *Kratzsch*, Verhaltenssteuerung und Organisation im Strafrecht, 1985, S. 116, 277f., 283ff., 292.

73 Gedacht werden kann hier z. B. an Dual-use-Programme, die zu deliktischen Zwecken ebenso wie zu legalen Zwecken verwendet werden können, vgl. hierzu *Sieber*, Straftaten und Strafverfolgung im Internet, 2012, C 22.

74 Vgl. beispielhaft den neu eingefügten § 89c StGB, der das Sammeln, Entgegennehmen oder Zur-Verfügung-Stellen nicht unerheblicher Vermögenswerte unter Strafe stellt, sofern dies mit der Intention geschieht, eine schwere staatsgefährdende Gewalttat vorzubereiten; hierzu *Puschke* StV 2015, 457 (459ff.).

75 So wurden beispielsweise im Jahre 2012 wegen einer Straftat nach § 202c StGB zwei Personen verurteilt, *Statistisches Bundesamt*, Fachserie 10 Reihe 3, Tabelle 2.1.

76 Vgl. *Puschke*, in: Hefendehl (Hrsg.), Grenzenlose Vorverlagerung des Strafrechts?, 2010, S. 9 (16).

77 S. auch *Ida* in diesem Band, S. 189 (197f.); *Puschke*, in: Hefendehl (Hrsg.), Grenzenlose Vorverlagerung des Strafrechts?, 2010, S. 9 (17ff.).

78 Die Ausnahme bildet § 268 StGB der bereits am 1. 9. 1969 in Kraft trat, s. Erstes Gesetz zur Reform des Strafrecht vom 25. Juni 1969 (BGBl. I S. 645).

79 S. auch *Bär*, in: Wabnitz/Janovsky, Handbuch des Wirtschafts- und Steuerstrafrechts, 4. Aufl. 2014, 14. Kap. Rn. 2; *Sieber*, Straftaten und Strafverfolgung im Internet, 2012, C 9; *Sitzer*, in: Sinn/Gropp/Nagy (Hrsg.), Grenzen der Vorverlagerung in einem Tatstrafrecht, 2011, S. 439.

sonderen Eigenart von Daten,[80] die genutzt werden können, ohne dass der Dateninhaber hiervon etwas bemerken kann, werden Eingriffe nicht oder erst spät wahrgenommen. Die Möglichkeit, aus der Entfernung auf Daten zuzugreifen und die Spuren des Zugriffs zu verschleiern, macht es zudem schwierig, Verantwortliche hierfür ausfindig zu machen. Auch diese Besonderheiten von Cybercrime decken sich mit den genannten Gründen für den verstärkten Rückgriff auf ein Gefährdungsstrafrecht. Schwer nachvollzieh- und nachweisbare Angriffswege sind geradezu typisch für Delikte im Bereich informationstechnischer Systeme.[81] Als weiteres Merkmal kommt hinzu, dass durch die Möglichkeiten des Internets Cybercrime kein nationales Phänomen darstellt, sondern grenzüberschreitend stattfindet. Hieraus ergibt sich das Interesse an europäisch und international gesteuerten Regelungen, die im Bereich der Cybercrime durch internationale Übereinkommen und Rahmenbeschlüsse vorangetrieben wurden.

Insgesamt besehen sind Parallelen in den Entstehungsgründen und -zusammenhängen zwischen Cybertatbeständen und der Vorverlagerung des Strafrechts gegeben, die auch einen strafrechtsdogmatischen Zusammenhang zur Folge haben können.

2. Rechtsgüter der Cybertatbestände

In einem nächsten Schritt sollen die herausgearbeiteten Charakteristika von vorverlagerten Tatbeständen anhand von Cybertatbeständen analysiert werden. Wie bereits dargestellt, wird Vorverlagerung der Strafbarkeit hier in Bezug auf Rechtsgüter verstanden. Entscheidend ist somit, ob Cybertatbestände oder Teilbereiche dieser *regelmäßig* vor einer Rechtsgutsschädigung ansetzen bzw. neuartige vorverlagerte Rechtsgüter schützen.

Der Begriff Cybercrime definiert sich nicht allein in Bezug auf ein bestimmtes zu schützendes Rechtsgut, wie es etwa bei den Vermögens- oder Körperverletzungstatbeständen der Fall ist. Vielmehr beschreibt er bestimmte Vorgehensweisen bzw. die Nutzung bestimmter Tatmittel und die Einwirkung auf bestimmte Tatobjekte wie Daten. Entscheidend sind die Einwirkung auf und die Nutzung von Kommunikationsvorgängen, die für eine Definition von Cyberc-

80 Daten sind mit überaus geringem zeitlichem Aufwand kopierbar. Zudem befinden sie sich häufig in externen Systemen wie Clouds, weshalb der Inhaber der in den Daten gespeicherten Informationen die unberechtigte Nutzung der Daten nur schwer überwachen kann.

81 S. auch *Shimada* CR 2009, 689 (691); *Sieber*, Straftaten und Strafverfolgung im Internet, 2012, C 15, C 36f.; grundlegend *Brunst*, Anonymität im Internet – rechtliche und tatsächliche Rahmenbedingungen, 2009.

rime konstituierend sind.[82] Durch das Verbot der Vorgehensweisen kann daher wie in §§ 263a, 268, 269 StGB auch ein außerhalb der »Cyberwelt« liegendes Rechtsgut geschützt werden. In diesem Punkt ist die Kategorie Cybercrime vergleichbar mit derjenigen der Straßenverkehrsdelikte, bei denen neben der allgemeinen Sicherheit des Straßenverkehrs, die konkrete oder abstrakte Gefährdung verschiedener Rechtsgüter das verbindende Element bildet. Auch sog. Terrorismusdelikte definieren sich über eine bestimmte nach außen gerichtete Vorgehensweise und Wirkung.[83]

Eine solche Kategorisierung von Tatbeständen anhand des Tatmittels bzw. des Tatzusammenhangs deutet darauf hin, dass geschützte Rechtsgüter und damit auch deren tatbestandliche Fixierung in geringerem Maße eine Rolle spielen könnten, als es möglicherweise bei rechtsgutsbezogenen Deliktskategorien der Fall ist. Hinzu kommt, dass es sich bei Cybercrime um eine technisch bedingt neuartige Materie handelt, die auch in Zusammenhang mit neuartigen Schutzgütern steht. So wird der Datenverarbeitung und deren besonderen Möglichkeiten bereits seit längerer Zeit eine zuvor nicht mögliche, andersartige Eingriffstiefe und -breite beigemessen. In diesem Zusammenhang sind die Entscheidungen des Bundesverfassungsgerichts zu sehen, die aus diesem Grund das Recht auf informationelle Selbstbestimmung[84] und das Recht auf Vertraulichkeit und Integrität informationstechnischer Systeme[85] aus den Grundrechten heraus entwickelt haben. Ebenso zielt die Cybercrime-Konvention auf den Schutz von Computersystemen als solchen ab.[86] Diese Schutzkonzeptionen spielen auch bei der Analyse von Straftatbeständen eine entscheidende Rolle. Für die Beurteilung einer Vorverlagerung des Strafrechts stellt sich dabei die Frage, ob der Schutz vor unberechtigtem Zugang zu Daten Ausdruck eines neuen Schutz- bzw. Rechtsgutes ist, das herkömmlichen Rechtsgütern (teilweise) vorgelagert ist.

3. Vorverlagerung durch Cybertatbestände im Einzelnen

Die einzelnen Tatbestandsgruppen sollen nunmehr daraufhin untersucht werden, ob es sich hierbei um ein vorverlagertes Strafrecht handelt und ob eine eventuelle Vorverlagerung in Zusammenhang mit den Besonderheiten der Cybercrime steht. Zudem soll auf mögliche tatbestandliche Unzulänglichkeiten, die

82 S. hierzu ausführlich und mit eingängiger Kategorisierung der Tatbestände hiernach *Beck* in diesem Band S. 11 (23ff.).

83 S. hierzu *Zöller*, Terrorismusstrafrecht – Ein Handbuch, 2009, S. 213.

84 BVerfGE 65, 1ff.

85 BVerfGE 120, 274ff.

86 Vgl. Präambel des Übereinkommens über Computerkriminalität des Europarates.

im Zusammenhang mit der Vorverlagerung der Strafbarkeit stehen, eingegangen werden.

a) *Cybertatbestände zum Schutz herkömmlicher Rechtsgüter*

aa) *Schutz der Sicherheit und Zuverlässigkeit des Rechtsverkehrs bzw. von Individualrechtsgütern (§§ 268, 269 StGB)*

Die Vorschrift des § 268 StGB ist bereits durch das Erste Gesetz zur Reform des Strafrecht vom 25. Juni 1969 (1. StrRG) eingeführt worden.[87] Sie soll vor der Fälschung technischer Aufzeichnungen schützen und Strafbarkeitslücken schließen, die durch die steigende Relevanz technischer Aufzeichnung als Pendant zu Urkunden entstanden sind. Die Norm ist insoweit der Urkundenfälschung gem. § 267 StGB nachempfunden.[88] Tatbestandlich erfasst sind das Herstellen einer unechten technischen Aufzeichnung, das Verfälschen einer technischen Aufzeichnung (Abs. 1 Nr. 1) sowie das Gebrauchen einer unechten oder verfälschten technischen Aufzeichnung (Abs. 1 Nr. 2). Der Herstellung einer unechten technischen Aufzeichnung gleichgestellt ist die störende Einwirkung auf den Aufzeichnungsvorgang, die das Ergebnis der Aufzeichnung beeinflusst (Abs. 3).

Die Einordnung in den Bereich des Cybercrime ergibt sich daraus, dass technische Aufzeichnungen nach der Legaldefinition des Abs. 2 auch die Darstellung von Daten umfassen, weshalb die Manipulation dieser Daten als ein Angriff auf ein informationstechnisches System und mittels eines solchen erfolgen kann.[89] Insoweit kann beispielsweise eine Programmmanipulation mittels eines Hackerangriffs tatbestandlich erfasst sein.[90]

Spezifischer vor der Manipulation von Daten soll der durch das Zweite Gesetz zur Bekämpfung der Wirtschaftskriminalität (2. WiKG) vom 15. Mai 1986[91] eingeführte § 269 StGB schützen. Auch diese Norm ist der Urkundenfälschung nachempfunden und stellt das Speichern oder Verändern beweiserheblicher Daten unter Strafe, sofern bei Wahrnehmung der Daten eine unechte oder verfälschte Urkunde vorliegen würde. Ebenso ist das Gebrauchen entsprechend manipulierter Daten erfasst.

Der subjektive Tatbestand beider Normen setzt neben dem Vorsatz hin-

87 BGBl. I S. 645.

88 S. aber zur diesbezüglich missglückten Konzeption des Tatbestandes *Puppe*, in: Kindhäuser/Neumann/Paeffgen (Hrsg.), Nomos Kommentar, 4. Aufl. 2013, Band 3, § 268 Rn. 5.

89 Der Tatbestand geht jedoch darüber hinaus und erfasst beispielsweise auch das manuelle Herstellen einer Aufzeichnung, die wie eine technische Aufzeichnung wirkt, s. *Fischer*, StGB, 62. Aufl. 2015, § 268 Rn. 17.

90 *Fischer*, StGB, 62. Aufl. 2015, § 268 Rn. 22.

91 BGBl. I. S. 721.

sichtlich der objektiven Tatbestandsmerkmale auch die Absicht voraus, zur Täuschung im Rechtsverkehr zu handeln bzw. gem. § 270 StGB die Absicht eine fälschliche Beeinflussung einer Datenverarbeitung im Rechtsverkehr zu bewirken.

Entsprechend dieser überschießenden Innentendenz der Normen wird das Rechtsgut von §§ 268, 269 StGB von der h. M. in der Sicherheit und Zuverlässigkeit des Rechts- und Beweisverkehrs bzw. in dem Vertrauen hierin gesehen.[92] Es handelt sich somit um ein kollektives Rechtsgut, das demjenigen des § 267 StGB entsprechen soll. Problematisch an dieser Rechtsgutsbestimmung der §§ 268, 269 StGB ist ähnlich wie bei § 267 StGB, dass wegen mangelnder Homogenität der Hersteller technischer Aufzeichnung bzw. beweiserheblicher Daten und der Tatobjekte selbst Manipulationen grundsätzlich als ungeeignet erscheinen, das Vertrauen in die Aufzeichnungen und Daten zu beeinträchtigen.[93] Hiernach blieben als geschützte Rechtsgüter der §§ 268, 269 StGB nur Individualrechtsgüter wie das Vermögen übrig, deren Verletzung durch die Manipulation vorbereitet werden soll.

Unabhängig davon, ob die Normen Individualrechtsgüter oder die Sicherheit des Rechtsverkehrs schützen, wird eine unmittelbare Verletzung oder konkrete Gefährdung des Rechtsgutes nicht vorausgesetzt. Weder das Verfälschen von technischen Aufzeichnungen und Daten noch ein manipulatives Herstellen oder das Gebrauchen muss das Vertrauen in den Rechtsverkehr unmittelbar beeinträchtigen[94] oder das Vermögen oder ein sonstiges individuelles Rechtsgut von jemandem verletzen. Insoweit stellen §§ 268, 269 StGB abstrakte Gefährdungstatbestände dar. Der Rechtsgutsbezug soll durch die abstrakte Gefährlichkeit der Tathandlung im Zusammenhang mit dem subjektiven Element »zur Täuschung im Rechtsverkehr« hergestellt werden. Es handelt sich um vorverlagertes Strafrecht.

Bezogen auf die Fragestellung, ob diese Cybertatbestände paradigmatisch für das Phänomen der Vorverlagerung des Strafrechts sind, ist zu überlegen, ob sich die festgestellte Vorverlagerung aus den Besonderheiten von Cybercrime und dem Umgang hiermit ergibt. Die geschützten Rechtsgüter, ob kollektiv oder individuell, sind nicht cybercrimespezifisch, sondern herkömmlicher Art. Auch

92 Vgl. BGHSt 40, 26 (30); *Bär*, in: Wabnitz/Janovsky, Handbuch Wirtschafts- und Steuerstrafrechts, 4. Aufl. 2014, 14. Kap. Rn. 46; *Heine/Schuster*, in: Schönke/Schröder, 29. Aufl. 2014, § 269 Rn. 4; *Fischer*, StGB, 62. Aufl. 2015, § 269 Rn. 2; *Marberth-Kubicki*, Computer- und Internetstrafrecht, 2. Aufl. 2010, S. 87.

93 S. hierzu *Hefendehl*, Kollektive Rechtsgüter im Strafrecht, 2002, S. 247f., anders stellt sich danach die Situation bei den Geldfälschungsdelikten dar, S. 238ff.

94 Insoweit stellt sich das Herstellen und Verfälschen in der Regel als eine Vorverlagerung im engeren Sinne dar. Das Gebrauchen ist demgegenüber als eine solche in weiterem Sinne zu verstehen.

der Grund für den Verzicht auf die Verletzung des Rechtsgutes im Tatbestand kann nicht auf Besonderheiten der Manipulation von Daten gegenüber der Manipulation außerhalb der Informationstechnologie liegender Gegenstände wie Urkunden zurückgeführt werden. Vielmehr handelt es sich bei den Tatbestandsneuschöpfungen um den Versuch, Geschehensabläufe der »realen« Welt auf Vorgänge im Zusammenhang mit neuen Technologien zu übertragen, um ausgemachte Strafbarkeitslücken zu schließen. Dabei werden dieselben Regelungstechniken verwendet, wie sie schon für den Schutz der Rechtsgüter vor Angriffen mit Tatmitteln und auf Tatobjekte, die außerhalb der Informationstechnologie liegen, verwandt wurden.[95] Das vorverlagerte abstrakte Gefährdungsdelikt der Urkundenfälschung gem. § 267 StGB wurde schlicht auf Manipulationen von technischen Aufzeichnungen und Daten gem. §§ 268, 269 StGB gespiegelt.

bb) *Schutz des Vermögens (§ 263a StGB)*

Der wie § 269 StGB durch das 2. WiKG eingeführte § 263a StGB dient dem Schutz vor Manipulationen von Datenverarbeitungsvorgängen. Unbestritten wird das Vermögen als Rechtsgut des § 263a StGB angesehen.[96] Im Gegensatz zu §§ 268 Abs. 1, 269 Abs. 1 StGB setzt § 263a Abs. 1 StGB eine Verletzung des Rechtsgutsobjektes voraus. Es handelt sich somit um einen Erfolgstatbestand, der eine Rechtsgutsverletzung verlangt, der nach den oben entwickelten Kriterien gegenüber dem herkömmlichen Vermögensschutz des Strafrechts nicht vorverlagert ist.[97] Jedoch wurde durch das Einfügen des Abs. 3[98] die Strafbarkeit auf die Vorbereitung eines Computerbetruges nach Abs. 1 erweitert. Die Analyse der sich hieraus ergebenden Vorverlagerung wird unter C.III.3.d) vorgenommen.

b) *Schutz vor Datenveränderung (§§ 303a, 303b StGB)*

§ 303a StGB wurde ebenfalls durch das 2. WiKG in das StGB eingefügt und schützt vor der Manipulation von Daten, durch die diese gelöscht, unterdrückt, verändert oder unbrauchbar gemacht werden. Das Rechtsgut des § 303a StGB wird von der h. M. in der Verfügungsgewalt des Berechtigten über die in Da-

95 Vgl. zu den sich hieraus ergebenden Problemen *Sieber*, Computerkriminalität und Strafrecht, 2. Aufl. 1980, S. 252f.; *Zieschang*, in: Laufhütte/Rissing van Saan/Tiedemann (Hrsg.), Leipziger Kommentar zum StGB, 12. Aufl. 2009, Band 9/Teil 2, § 268 Rn. 4.

96 *Perron*, in: Schönke/Schröder, 29. Aufl. 2014, § 263a Rn. 1; *Fischer*, StGB, 62. Aufl. 2015, § 263a Rn. 2; *Hilgendorf/Valerius*, Computer- und Internetstrafrecht, 2. Aufl. 2012, Rn. 493.

97 Dennoch bestehen auch hier Auslegungsprobleme, die sich aus der »Übertragung« des Betrugstatbestandes auf computerisierte Abläufe und seiner Erweiterung ergeben, vgl. nur *Perron*, in: Schönke/Schröder, 29. Aufl. 2014, § 263a Rn. 2.

98 35. Strafrechtsänderungsgesetz vom 22. Dezember 2003 (BGBl. I S. 2838).

tenspeichern enthaltenen Informationen erblickt.[99] Nach anderer Ansicht soll das Vermögen geschützt werden.[100] Für die Einordnung des Abs. 1 als vorgelagerter Tatbestand ist die Bestimmung des Rechtsgutes von Bedeutung. Während die Verfügungsgewalt über die Informationen als computerspezifisches Rechtsgut durch die Tathandlungen verletzt ist, muss das Vermögen durch die Handlung keine unmittelbaren Einbußen erfahren haben. Mangels weitergehender Beschränkung auf vermögensrelevante Daten im Tatbestand spricht viel dafür, dass nicht das Vermögen unmittelbar, sondern allenfalls als Reflex geschützt sein soll.

Geht es somit um den Schutz der Verfügungsgewalt über Daten, stellt sich die Norm nur dann als vorverlagerter Tatbestand dar, wenn dieses Rechtsgut als solches vorverlagert ist. Dies könnte mit Blick auf die Diskussion um das geschützte Rechtsgut anzunehmen sein, da zu überlegen ist, ob der Schutz der Verfügungsherrschaft über Daten letztlich dem Schutz weiterer Individualrechtsgüter, wie beispielsweise dem Vermögen, vorgelagert ist. Daten und ihre Integrität wären dann *eigenständig* geschützt, um Gefahren durch ihre Manipulation für Individualrechtsgüter frühzeitig zu unterbinden. Hierfür könnte auch sprechen, dass bestimmte Vorgehensweisen etwa beim Phishing, das unzweifelhaft mit dem Endziel eines Vermögensvorteils zu Lasten des Vermögens beim Opfer durchgeführt wird, dem Tatbestand des § 303a Abs. 1 StGB unterfallen.[101]

Jedoch ist mit Blick auf die gesellschaftlichen und technischen Veränderungen durch Informationstechnologien und die hiermit verbundene Zunahme der Bedeutung von Daten in allen Lebensbereichen, die besondere eigenständige Relevanz der Verfügungsgewalt über Daten anzuerkennen. So sind Daten nicht nur ein wirtschaftlicher Faktor, sondern können auch ein Element der Privatsphäre oder der informationellen Selbstbestimmung sein. Das Herrschaftsverhältnis über Daten weist somit eine Vergleichbarkeit mit Elementen des Eigentums und des Besitzes an Sachen auf[102] und kann eigenständig geschützt werden. Für ein solches Verständnis spricht auch die systematische Stellung nach der Sachbeschädigung gem. § 303 StGB. § 303a Abs. 1 StGB stellt somit kein vorverlagertes Strafrecht dar.

Anderes gilt jedoch für bestimmte Tatmodalitäten des ebenfalls durch das 2. WiKG eingefügten § 303b StGB. Verbindendes Element der Tatvarianten der Abs. 1 und 2 ist, dass eine Datenverarbeitung gestört werden muss, die von wesentlicher Bedeutung ist. Erfolgt eine solche Störung in der Form des § 303a

99 BT-Drs. 10/5058, S. 34; *Fischer*, StGB, 62. Aufl. 2015, § 303a Rn. 2.
100 *Haft* NStZ 1987, 6 (10).
101 S. hierzu *Goeckenjan* wistra 2009, 47 (51).
102 S. auch *Mitsch*, Medienstrafrecht, 2012, § 3 Rn. 127; *Stree/Hecker*, in: Schönke/Schröder, 29. Aufl. 2014, § 303a Rn. 3.

StGB (Abs. 1 Nr. 1), stellt sich § 303b als Qualifikation zu § 303a StGB mit gleicher Schutzrichtung dar. Auch die Störung der Datenverarbeitung durch die Eingabe oder Übermittlung von Daten in der Absicht, einem anderen einen Nachteil zuzufügen, zielt auf die Beeinträchtigung der Verfügungsgewalt über Daten in Datenverarbeitungsvorgängen ab, wobei das Unrecht der Tat durch die Nachteilszufügungsabsicht konkretisiert wird. Bei Abs. 1 Nr. 3 handelt es sich um eine Qualifikation der Sachbeschädigung gem. § 303 StGB.

Demgegenüber weist die Qualifikation von Abs. 1 in Abs. 2 Tatbestandsmerkmale auf, namentlich die wesentliche Bedeutung der Datenverarbeitung für einen fremden Betrieb, ein fremdes Unternehmen oder eine Behörde, die auf den Schutz von Rechtsgütern hinweisen, der über den Schutz der Verfügungsgewalt über Daten und Datenverarbeitungsvorgänge hinausgeht. Insofern ist bzgl. Betrieben und Unternehmen Vermögensschutz und bzgl. Behörden der Schutz bestimmter staatlicher Aufgabenerfüllung bezweckt.[103] Da eine unmittelbare Verletzung dieser in Rede stehenden Schutzgüter nicht verlangt wird, kann von einem vorverlagerten Strafrecht gesprochen werden. Für diese Qualifikation kann auch davon ausgegangen werden, dass es sich um eine cybercrimespezifische Vorverlagerung handelt und sich insofern auch § 303b Abs. 2 StGB als Beispiel für ein Paradigma für vorverlagertes Strafrecht eignet. Zwar ergibt sich – insoweit vergleichbar mit dem Grund für die Einführung von §§ 268, 269 StGB – der Zweck der Norm aus der gestiegenen Bedeutung der Datenverarbeitung für Prozesse in der Wirtschaft sowie für staatliche Aufgabenerledigung und kann daher grundsätzlich als Übertragung bereits existierenden strafrechtlichen Schutzes auf die Cyberwelt gesehen werden. Im Unterschied zu §§ 268, 269 StGB findet sich jedoch kein unmittelbares strafrechtliches Pendant zu § 303b Abs. 2 StGB für Vorgänge, die nicht informationstechnologiebezogen sind. Zwar weisen § 304 und § 305a StGB in Bezug auf den über das einfache Eigentum hinausgehenden Schutzzweck Parallelen auf; eine Norm, die das Vermögen von Unternehmen im Allgemeinen vor Sachbeschädigung von wesentlicher Bedeutung schützt,[104] existiert jedoch im StGB nicht. Die Bedeutung eines solchen Schutzes gerade im Zusammenhang mit Datensabotage liegt auch darin, dass Angriffe auf Datenverarbeitungsprozesse zu erheblichen materiellen Einbußen von Unternehmen und Beeinträchtigungen für Behörden führen

103 S. *Fischer*, StGB, 62. Aufl. 2015, § 303b Rn. 2; *Marberth-Kubicki*, Computer- und Internetstrafrecht, 2. Aufl. 2010, S. 79. Auch Abs. 4 lässt sich teilweise als Vermögensschutz (s. Nr. 1) interpretieren, wobei jedoch hier die Verletzung des Vermögens in der Strafzumessungsnorm vorausgesetzt wird. Gegen die Erweiterung des Schutzgutes des Abs. 1 *Altenhain*, in: Matt/Renzikowski (Hrsg.), StGB, 2013, § 303b Rn. 1.

104 Vgl. für öffentliche Unternehmen jedoch § 316b StGB, s. zudem auch §§ 87, 88 StGB.

können und die Schutzmöglichkeiten gegen derartige Cyberangriffe geringer sind als gegen sonstige besonders beeinträchtigende Handlungen.[105]

Vergleichbar mit der Regelung des § 263a Abs. 3 StGB wurden zudem auch für §§ 303a, 303b StGB durch § 303a Abs. 3 und § 303b Abs. 5 StGB, die Verweise auf § 202c StGB enthalten, die Vorbereitung der Tat unter Strafe gestellt und damit ein vorverlagerter Tatbestand eingeführt.[106]

c) *Schutz vor unberechtigtem Zugang zu und Umgang mit Daten (§§ 202a, 202b StGB)*

§ 202a StGB soll vor dem Ausspähen von Daten schützen und § 202b StGB das Abfangen von Daten aus einer nichtöffentlichen Datenübermittlung oder aus der elektromagnetischen Abstrahlung einer Datenverarbeitungsanlage verhindern. § 202a StGB wurde durch das 2. WiKG eingeführt, § 202b StGB durch das 41. Strafrechtsänderungsgesetz vom 7. August 2007.[107] Rechtsgut beider Normen soll vergleichbar mit § 303a StGB die Verfügungsgewalt bzw. das Herrschaftsverhältnis über die Informationen sein.[108] Im Unterschied zu § 303a StGB wird jedoch eine unmittelbare *Einwirkung* auf die Daten selbst nicht vorausgesetzt.[109] Während § 202b StGB ein *Sich-Verschaffen der Daten* erfordert und somit die Begründung der Herrschaftsgewalt über die in den Daten enthaltenen Informationen im Sinne einer Rechtsgutsobjektsverletzung notwendig ist, verlangt § 202a StGB lediglich, dass der Täter sich oder einem anderen den *Zugang* zu den Daten verschafft. Nicht einmal die Kenntnisnahme von den Daten bzw. den enthaltenen Informationen ist erforderlich. Insofern könnte es sich bei § 202a StGB um vorverlagertes Strafrecht in der Form handeln, dass eine Rechtsgutsverletzung tatbestandlich nicht vorausgesetzt wird. Eine solche Interpretation liegt auch mit Blick auf die Gesetzesänderung durch das 41. Strafrechtsänderungsgesetz nahe, bei der auf das Sich-Verschaffen der Daten zugunsten des bloßen Zugangsverschaffens i.S.e. »vorverlagerten Strafbarkeit« verzichtet wurde.[110] Obwohl die praktischen Auswirkungen dieser Gesetzesänderung als gering anzusehen sind, da auch das Verschaffen des Zugangs zu Daten regelmäßig mit dem Verschaffen bestimmter den Zugang ermöglichender Daten

105 BT-Drs. 10/5058, S. 35; s. auch *Bär*, in: Wabnitz/Janovsky, Handbuch Wirtschafts- und Steuerstrafrechts, 4. Aufl. 2014, 14. Kap. Rn. 103.

106 S. hierzu unter C.III.3.d).

107 BGBl. I. S. 1786.

108 Vgl. *Fischer*, StGB, 62. Aufl. 2015, § 202a Rn. 2; *Hilgendorf*, in: Laufhütte/Rissing van Saan/Tiedemann (Hrsg.), Leipziger Kommentar zum StGB, 12. Aufl. 2010, Band 6, § 202a Rn. 6.

109 Dies gilt jedenfalls für die relevanten Daten »in« dem System. Eine Beeinträchtigung der Verfügungsgewalt über die Zugangsdaten wird demgegenüber regelmäßig anzunehmen sein.

110 BT-Drs.16/3656, S. 9. Für die ursprüngliche Fassung des § 202a StGB wurde noch ausdrücklich auf die Strafbarkeit des bloßen Hackings verzichtet, BT-Drs. 10/5058, S. 28f.

einhergeht und insofern nach h. M. bereits nach der alten Gesetzeslage Hacking tatbestandlich erfasst war,[111] gibt es Anlass über die Struktur der Gesetzesänderung nachzudenken.

Es stellt sich die Frage, ob der neue § 202a StGB nur vor Gefahren für die Verfügungsgewalt über die Daten des Berechtigten und für ein besonderes Geheimhaltungsbedürfnis schützen soll oder ob bereits bei der Bestimmung des Schutzgutes die Besonderheiten der Möglichkeiten und Gefahren von Informationstechnologien und gewandelte Lebensverhältnisse zum Tragen kommen.[112] Dabei ist relevant, dass informationstechnische Systeme eine große Menge an personenbezogenen oder wirtschaftlich relevanten Daten speichern können. Sie eröffnen außerdem ein breites Spektrum von Nutzungsmöglichkeiten, die mit der aus der Sicht des Nutzers bewussten oder auch unbewussten Erzeugung, Verarbeitung und Speicherung von Daten verbunden sind.[113] Zudem bestehen besondere Möglichkeiten der Verknüpfung der Daten und das damit verbundene Informationsgewinnungspotenzial. Auch besteht die Gefahr eines unbemerkten Eindringens in das und Manipulieren des System(s) aus der Ferne mit zum Teil nur beschränkten Abwehrmöglichkeiten für die Betroffenen.[114]

Aufgrund dieser Besonderheiten ist anzuerkennen, dass ein schützenswertes Interesse daran besteht, dass bereits die Vertraulichkeit und Integrität informationstechnischer Systeme als solche gewahrt bleibt.[115] Dabei dockt dieses Interesse an das Persönlichkeitsrecht der Art. 1 Abs. 1, 2 Abs. 1 GG an und steht in engem Zusammenhang mit dem vom Bundesverfassungsgericht entwickelten Grundrecht.[116] Mit einer inhaltlichen Konturierung und Begrenzung auf komplexe informationstechnische Systeme kann es als schützenswertes Rechtsgut anerkannt werden,[117] da es für die freie Entfaltung des Einzelnen und die Ver-

111 Vgl. BT-Drs. 16/3656 S. 9; *Lenckner*, in: Schönke/Schröder, 27. Aufl. 2006, § 202a Rn. 10, Straflosigkeit des Hacking (nach altem Recht) sei nur über eine teleologische Reduktion zu erreichen.

112 S. zur Relevanz dieser Aspekte für die Freiheitsgarantien des Grundgesetzes, BVerfGE 65, 1 (41 ff.); 118, 168 (183 ff.); 120, 274 (303).

113 Vgl. BVerfGE 120, 274 (305).

114 S. auch BVerfGE 120, 274 (306); *Sieber*, Straftaten und Strafverfolgung im Internet, 2012, C 85; *Plewka* DRiZ 2013, 44 (47).

115 Insoweit passt auch sprachlich Art. 2 des Übereinkommen über Computerkriminalität, der vom »unbefugten Zugang zu einem Computersystem als Ganzem oder zu einem Teil davon« spricht.

116 BVerfGE 120, 274 ff.

117 Für eine Anerkennung BT-Drs. 16/3656, S. 9; *Sieber*, Straftaten und Strafverfolgung im Internet, 2012, C 42, C 84 f. zur Herleitung aus dem Computergrundrecht *Altenhain*, in: Matt/Renzikowski (Hrsg.), StGB, 2013, § 202a Rn. 1; s. aber zu der Gefahr neue Rechtsgüter zu erfinden *Hefendehl*, Kollektive Rechtsgüter im Strafrecht, 2002, S. 260 ff., 264 ff.; *Weber*, in: Baumann/Mitsch/Weber, Strafrecht AT, 11. Aufl. 2003, § 3 Rn. 14.

wirklichung seiner Grundrechte notwendig ist[118]. Als komplexe Systeme können solche Geräte angesehen werden, die typischerweise bewusst zum Speichern auch persönlicher und wirtschaftlicher Daten von gesteigerter Sensibilität, etwa in Form privater oder geschäftlicher Text-, Bild- oder Tondateien, genutzt werden.[119] Für die Eigenständigkeit eines »Computerrechtsgutes« spricht auch, dass nicht ausschließlich der Schutz von Privatsphäre oder Verfügungsgewalt über Daten Bedeutung für das Unrecht der Tat hat, sondern die Integrität des Systems als Ganzes. Insofern ist nicht nur der Schutz vor der Möglichkeit der Kenntnisnahme von Informationen oder deren Manipulation in dem Rechtsgut inbegriffen, sondern z. B. auch der Schutz vor der Möglichkeit, auf dem System weitere Daten zu speichern[120] oder es für Rechenprozesse zu nutzen. Insofern handelt es sich nicht um ein Zwischen- oder gar Scheinrechtsgut.[121] Die Vertraulichkeit und Integrität informationstechnischer Systeme ist der Verfügungsgewalt über Daten zwar teilweise vorgelagert, geht in dem benannten Sinne aber auch weiter.

Bei einer solchen Interpretation des Schutzzwecks des § 202a StGB liegt eine Verletzung eines vorverlagerten Rechtsgutes mit Verschaffen des Zugangs zu Daten vor.[122] Da jedoch auch die Vorverlagerung von Rechtsgütern Risiken für eine Überdehnung des Strafrechts beinhaltet, müssen neben dem Verletzungserfolg in der Regel weitere tatbestandliche Beschränkungen existieren, die die Einhaltung des Bestimmtheitsgrundsatzes und des Verhältnismäßigkeitsprinzips gewährleisten. Dem soll die Beschränkung der Strafbarkeit auf die Überwindung einer besonderen Zugangssicherung Rechnung tragen. Hierdurch sollen Bagatellangriffe aus dem Anwendungsbereich des § 202a StGB herausfallen.[123] Zusätzlich ist entsprechend der hier vorgenommenen Rechtsgutsin-

118 Vgl. zu einer diese Elemente enthaltenden Rechtsgutsdefinition *Roxin*, Strafrecht Allgemeiner Teil, Band I, 4. Aufl. 2006, § 2 Rn. 7.

119 Vgl. BVerfGE 120, 274 (322 f.), wobei sich die Definition dort primär auf eine private Nutzung entsprechend der Ableitung aus dem allgemeinen Persönlichkeitsrecht bezieht.

120 Dies ist von § 303a StGB nicht erfasst, vgl. *Ernst* NJW 2003, 3233 (3238); *Fischer*, StGB, 62. Aufl. 2015, § 303a Rn. 12; *Marberth-Kubicki*, Computer- und Internetstrafrecht, 2. Aufl. 2010, S. 78.

121 S. hierzu *Hefendehl*, Kollektive Rechtsgüter im Strafrecht, 2002, S. 175 ff.; *Duttge*, Festschrift Weber, 2004, S. 285 (294 f.).

122 Im Ergebnis ebenso *Sitzer*, in: Sinn/Gropp/Nagy (Hrsg.), Grenzen der Vorverlagerung in einem Tatstrafrecht, 2011, S. 439 (464 f.), der den Vergleich zu Hausfriedensbruch zieht, der als solches auch keine Vorverlagerung zu Sachbeschädigungs- und Diebstahlsdelikten darstelle. Wenngleich der Vergleich eines »virtuellen Hauses« mit einem realen Haus anschaulich ist, ergibt sich jedoch bzgl. der Verschaffung des Zugangs zu Daten das Problem, dass deren Strafbarkeit anders als die Strafbarkeit der Beeinträchtigung des Hausrechts nicht unmittelbar aus einem anerkannten Rechtsgut wie dem Eigentum bzw. dem berechtigten Besitz (s. hierzu *Baldus*, in: MüKo-BGB, 6. Aufl. 2013, § 1004 Rn. 23) legitimierbar ist.

123 *Graf* NStZ 2007, 129 (131); *Goeckenjan* wistra 2009, 47 (52).

terpretation eine beschränkende Auslegung dahingehend vorzunehmen, dass nur die Verschaffung des Zugangs zu komplexen informationstechnischen Systemen strafbewehrt ist. Unter dieser Schwelle ist das Rechtsgut selbst nicht beeinträchtigt und eine Legitimation als Gefährdungstatbestand, der die Verfügungsgewalt über jedwede gesicherte Daten vorverlagert schützt, scheint mit dem Verhältnismäßigkeitsprinzip nur schwer vereinbar zu sein.

In Anbetracht der Tatsache, dass § 202a Abs. 1 StGB ein vorverlagertes Rechtsgut schützt, erscheint auch der Strafrahmen, der gegenüber §§ 202b, 303a StGB um ein Jahr erhöht ist, bedenklich. Zwar kann dieser aus der Notwendigkeit der Überwindung einer Zugangssicherung abgeleitet werden.[124] Dennoch bleibt zu beachten, dass ein in der Regel eingriffsintensiverer Zugriff auf die Daten nicht vorausgesetzt wird.

d) *Schutz durch Strafbarkeit der Vorbereitung einer Cybercrime (§§ 202c, 263a Abs. 3, 303a Abs. 3, 303b Abs. 5 StGB)*

Eine Besonderheit der besprochenen Cybertatbestände liegt darin, dass, mit Ausnahme der ohnehin weit im Vorfeld einer Rechtsgutsverletzung ansetzenden §§ 268, 269 StGB, alle Tatbestände durch Vorschriften zur Vorbereitung der Taten flankiert werden.

Durch das 35. Strafrechtsänderungsgesetz vom 22. Dezember 2003[125] zur Umsetzung des Rahmenbeschlusses des Rates der EU vom 28. Mai 2001[126] wurde mit § 263a Abs. 3 StGB die Strafbarkeit für Vorbereitungshandlungen bzgl. eines Computerbetruges eingeführt. Durch das 41. Strafrechtsänderungsgesetz vom 7. August 2007 folgten dann entsprechende Erweiterungen für §§ 303a, 303b StGB und §§ 202a, 202b StGB in § 202c StGB und die sich hierauf beziehenden Verweisungen in § 303a Abs. 3 und § 303b Abs. 5 StGB. Die Schutzrichtungen der Vorbereitungstatbestände entsprechen denjenigen der Tatbestände, auf die sie sich beziehen. Insofern soll mit § 263a Abs. 3 StGB das Vermögen, mit § 303a Abs. 3 StGB und § 303b Abs. 5 StGB die Verfügungsgewalt über Daten[127] und mit § 202c StGB sowohl die Vertraulichkeit und Integrität informationstechnischer Systeme i. S. d. § 202a StGB als auch die Verfügungsgewalt über Daten i. S. d. § 202b StGB geschützt werden.

Die strafbewehrten Tathandlungen sind dabei stets Vorbereitungshandlun-

---

124 *Dietrich*, Das Erfordernis der besonderen Sicherung im StGB am Beispiel des Ausspähens von Daten, § 202a StGB, 2009, S. 372ff., spricht von einer erhöhten Gefährlichkeit des Täters.

125 BGBl. I S. 2838.

126 2001/413/JI, ABl. EG L 149, S. 1.

127 Bzgl. § 303b Abs. 2 StGB ist insoweit auch das Vermögen von Unternehmen und die Aufgabenerfüllung staatlicher Stellen mit in den Schutzbereich des § 303b Abs. 5 StGB einbezogen.

gen, die den Täter oder einen Dritten in die Lage versetzen können, die Haupttat zu begehen. Sie stellen sich somit als Vorverlagerung des Strafrechts i. e. S. nach oben genannten Kriterien dar. Die Handlungen müssen insoweit objektiv geeignet sein, die Haupttat zu fördern, was sich in dem Merkmal »vorbereitet, indem« gesetzlich manifestiert.[128] Bzgl. der Vorbereitung eines Computerbetruges betrifft dies einen spezifischen Umgang (herstellen, sich oder einem anderen verschaffen, feilhalten, verwahren oder einem anderen überlassen) mit Computerprogrammen, deren Zweck die Begehung einer solchen Tat ist. Bzgl. der sonstigen Cybertatbestände kommt neben einem weitgehend vergleichbaren Umgang mit derartigen Computerprogrammen (§ 202c Abs. 1 Nr. 2 StGB, [herstellen, sich oder einem anderen verschaffen, verkaufen, einem anderen überlassen, verbreiten oder sonst zugänglich machen]) noch der entsprechende Umgang mit Passwörtern oder sonstigen Sicherungscodes, die den Zugang zu Daten ermöglichen (§ 202c Abs. 1 Nr. 1 StGB), hinzu. Subjektiv muss die Vorbereitungshandlung vorsätzlich erfolgen und die Intention auf die Begehung einer Cyberstraftat in der Zukunft bestehen.

aa) Strafbarkeit der Vorbereitung einer Cybercrime als Paradigma eines vorverlagerten Strafrechts

Bereits die Tatsache, dass die Mehrzahl der Cybertatbestände durch Vorbereitungstatbestände flankiert wird, spricht dafür, dass es sich hierbei um ein Modell, um etwas Typisches im Zusammenhang mit dem strafrechtlichen Umgang mit Cybercrime handelt.[129] Dementsprechend ist die Kriminalisierung auch darauf zurückzuführen, dass es gerade bei Cybercrime wegen der Möglichkeit des komplexen, arbeitsteiligen und verdeckten Vorgehens zu Beweisschwierigkeiten bzgl. eines Verletzungserfolges bzw. seines Verursachers kommen kann.[130] Dies entspricht den komplexer werdenden Risikozusammenhängen und der größeren Risikostreuung als Gründe für die zunehmende Vorverlagerung des Strafrechts. Insoweit können veränderte Gefährlichkeitszusammenhänge und die Ermittlungsmöglichkeiten der Strafverfolgungsbehörden eine bedeutende Rolle bei Schaffung neuer, insbesondere Vorbereitungstatbestände

128 *Hilgendorf/Valerius*, Computer- und Internetstrafrecht, 2. Aufl. 2012, Rn. 532; *Tiedemann/Valerius*, in: Laufhütte/Rissing van Saan/Tiedemann (Hrsg.), Leipziger Kommentar zum StGB, 12. Aufl. 2012, Band 9/Teil 1, § 263a Rn. 86; a. A. *Fischer*, StGB, 62. Aufl. 2015, § 202c Rn. 7, § 149 Rn. 2.

129 Dass auch in anderen Bereichen Vorbereitungstatbestände existieren (vgl. nur §§ 89a, 149, 275 StGB), schließt nicht aus, dass die Regelungen im Bereich der Cybercrime als Paradigma für eine Vorverlagerung gelten. Entscheidend ist, ob strukturelle Merkmale bestehen, die eine solche Regelungstechnik gerade für Cybertatbestände typisch erscheinen lassen.

130 S. *Bär*, in: Wabnitz/Janovsky, Handbuch Wirtschafts- und Steuerstrafrechts, 4. Aufl. 2014, 14. Kap. Rn. 44, 101; *Fischer*, StGB, 62. Aufl. 2015, § 263a Rn. 29.

spielen. Ist etwa ein Computerprogramm, mit dem ein Cyberdelikt begangen werden kann, erst einmal verschafft, so ist der Schritt des Ausspähens weniger aufwändig und zudem mit Blick auf die Aufdeckungswahrscheinlichkeit eher ungefährlich.[131]

bb) Spezifische Probleme der Vorbereitungstatbestände

Diese weite Vorverlagerung der Strafbarkeit führt zu Problemen, die sich bei der Auslegung der objektiven und subjektiven Tatbestandmerkmale sowie in der systematischen Einordnung manifestieren.

(1) Probleme des objektiven Tatbestandes

Entsprechend den entwickelten Grundsätzen zum Tatstrafrecht und zur Typizität als Grundlage für eine Bestrafung, stellt sich die Frage, ob die kodifizierten Tathandlungen typischerweise eine rechtsgutsverletzende Cyberstraftat vorbereiten. Nur in diesem Fall können sie (im Zusammenhang mit der Schädigungsintention) als besonders gefährlich[132] und strafwürdig gelten.[133] Die erwähnte Gefahr der Loslösung des Tatbestandes von dem geschützten Rechtsgut und von einem Tatstrafrecht wird bzgl. des strafbaren Umgangs mit Computerprogrammen offenkundig. Die an sich neutralen Verhaltensweisen[134] (z.B. herstellen, sich verschaffen, verwahren) sollen ihren typisch vorbereitenden Charakter dadurch bekommen, dass sie sich auf ein Computerprogramm beziehen, dessen Zweck die Begehung der Cyberstraftat ist. Ziel der Aufnahme des Zweckmerkmals ist es, den Anwendungsbereich der Norm zu reduzieren und somit »Überkriminalisierung« zu vermeiden.[135] Der Versuch der Beschränkung auf typische Vorbereitungsgegenstände erweist sich jedoch insoweit als problematisch, als einer Sache ebenso wie einem Computerprogramm nur schwerlich ein solcher Zweck zugewiesen werden kann. Bei objektiver Betrachtung können Computerprogramme in der Regel sowohl zu illegalen als auch legalen Zwecken eingesetzt werden. Es handelt sich somit um sog. Dual-

131 Vgl. *Puschke*, in: Hefendehl (Hrsg.), Grenzenlose Vorverlagerung des Strafrechts?, 2010, S. 9 (35). Wobei auch die Aufdeckung der Vorbereitungstat eher unwahrscheinlich bleibt (*Heghmanns* wistra 2007, 167 [170]; *Goeckenjan* wistra 2009, 47 [55]), sich bei Verdacht jedoch in der Regel leichter beweisen lassen wird (*Hilgendorf*, in: Laufhütte/Rissing van Saan/Tiedemann (Hrsg.), Leipziger Kommentar zum StGB, 12. Aufl. 2010, Band 6, § 202c Rn. 5).

132 Vgl. zum entsprechenden gesetzgeberischen Willen BT-Drs. 16/3656, S. 12.

133 S. auch *Wohlers*, Deliktstypen des Präventionsstrafrechts – zur Dogmatik »moderner« Gefährdungsdelikte, 2000, S. 328.

134 Anschaulich als Verflüssigungstendenz bezeichnet von *Ida* in diesem Band, S. 189 (197); s. auch *Puschke*, in: Brunhöber (Hrsg.), Strafrecht im Präventionsstaat, 2014, S. 109 (119f.).

135 BR-Drs. 676/06, S. 18; s. auch *Popp* GA 2008, 375 (379).

use-Produkte.[136] Das Bundesverfassungsgericht versucht eine Begrenzung dadurch vorzunehmen, dass es eine auf die Ausführung einer entsprechenden Straftat gerichtete Absicht des Programmentwicklers und eine objektive Manifestation dieser Absicht verlangt.[137] Unabhängig davon, ob eine solche Programmiererabsicht und ihre Manifestation gerichtlich mit hinreichender Gewissheit festgestellt werden können,[138] reichen sie allein noch nicht aus, um die hier geforderte Typizität der Vorbereitungshandlung zu beschreiben,[139] da sie auf die Eigenschaften des Programmes und damit auf die Gefährlichkeit des Programmes in der Regel keinen Einfluss haben werden.

Ähnliche Probleme treten bei dem Merkmal der Passwörter oder sonstiger Sicherungscodes, die den Zugang zu Daten ermöglichen, auf. Auch diese Umschreibung indiziert noch nicht den deliktischen Charakter eines hierauf bezogenen Verschaffens oder vergleichbarer Handlungen und kann somit nicht als typischerweise vorbereitend angesehen werden. Insofern sind insbesondere im beruflichen Kontext Konstellationen denkbar, bei denen beispielsweise Systemadministratoren Sicherungscodes Dritter verwalten und jedenfalls entsprechend einzelner Tatvarianten des § 202c Abs. 1 Nr. 1 StGB hiermit verfahren.[140] Für die objektiven Tathandlungen der § 202c Abs. 1 und § 263a Abs. 3 StGB stellt sich somit das Problem, dass sie auch in Zusammenhang mit der auf die Begehung einer Cyberstraftat gerichteten Intention des Vorbereitungstäters nicht hinreichend abstrakt gefährlich für die zu schützenden Rechtsgüter sind.

Zudem können Vorbereitungstatbestände problematisch sein, die sich ihrerseits auf einen Tatbestand beziehen, der keine Rechtsgutsverletzung voraussetzt (Kettenvorbereitung). Bei § 202c StGB handelt sich um eine Norm, die zumindest bezogen auf § 202a StGB einen Tatbestand, der hier als Teil eines vorverlagerten Strafrechts aufgefasst wird, erneut vorverlagert, da die Strafandrohung bereits für Handlungen gilt, die die Vertraulichkeit und Integrität informationstechnischer Systeme nicht verletzen. Die Problematik der Vorberei-

136 S. hierzu *Graf*, in: Joecks/Miebach (Hrsg.), Münchener Kommentar zum StGB, 2. Aufl. 2012, Band 4, § 202c Rn. 14; *Sieber*, Straftaten und Strafverfolgung im Internet, 2012, C 21f.

137 BVerfG ZUM 2009, 745 (750); zum Versuch einer Einschränkung über Wahrscheinlichkeitserwägungen durch den japanischen OGH *Ida* in diesem Band, S. 189 (201).

138 Es ist nicht zwingend, dass der Hersteller der Software eine spezifisch schädigende Verwendung vorsieht oder umgekehrt gerade nicht vorsieht. Vielmehr werden regelmäßig mehrere Anwendungsmöglichkeiten auch aus Sicht des Herstellers in Betracht kommen.

139 *Sieber*, Straftaten und Strafverfolgung im Internet, 2012, C 44: »begründet so jedoch noch kein dogmatisch tragfähiges und der Dual-Use-Problematik angemessenes Vorfeldschutzkonzept«, hieraus schlussfolgert er allerdings bedenklich erweiternd, dass de lege ferenda die Intention des Vorbereitungstäters auf die Begehung einer Cyberstraftat ausreichen sollte, C 90f.

140 Vgl. *Hilgendorf*, in: Laufhütte/Rissing van Saan/Tiedemann (Hrsg.), Leipziger Kommentar zum StGB, 12. Aufl. 2010, Band 6, § 202c Rn. 9.

tung einer Vorbereitung stellt sich dennoch nicht. Zum einen handelt es sich bei Bedenken gegen die Strafbarkeit einer Kettenvorbereitung nur teilweise um ein Problem des objektiven Tatbestandes einer Norm. Vorbereitungshandlungen sind in der Regel nur ein Schritt hin zu einer Rechtsgutsschädigung, dem zumeist weitere Vorbereitungshandlungen folgen müssen. So liegt das Herstellen einer als gefährlich beurteilten Sache regelmäßig vor ihrem Verkauf oder dem endgültigen Erzeugen ihrer Einsatzfähigkeit. Für die Beurteilung der Tathandlung ist neben dem Zeitpunkt in einem gedachten Geschehensablauf[141] vorrangig entscheidend, ob die unter Strafe gestellte Vorbereitungshandlung eine besondere Relevanz in diesem Geschehensablauf bis hin zur rechtsgutsschädigenden Tat hat.[142] Insofern kommt es erneut auf die Typizität der beurteilten Handlung an.

(2) Probleme des subjektiven Tatbestandes

Entgegen der Ansicht, dass sich die Handlung bereits rein objektiv als gefährlich erweisen muss,[143] ist die subjektive Komponente i. S. d. Intention, eine rechtsgutsschädigende Tat selbst vorzunehmen oder in Bezug darauf, dass die Tat von einer anderen Person vorgenommen wird, für Vorbereitungstatbestände unrechtskonstituierend. Daher sind an diese Intention besondere Anforderungen zu stellen.[144]

Als illegitim muss ein solcher Vorbereitungstatbestand angesehen werden, der die Intention ausschließlich auf die Begehung einer weiteren Vorbereitungshandlung genügen lässt.[145] In diesem Fall ist ein ausreichender Bezug der Tat zu einer Rechtsgutsschädigung nicht hergestellt. Werden Vorbereitungshandlungen, die objektiv eine große Entfernung zu einer Rechtsgutsschädigung aufweisen und als solche auch nicht geeignet sind, die Schädigung zu verursachen, nicht durch ein starkes, auf eine Rechtsgutsschädigung bezogenes, subjektives Element ergänzt, kann nicht von einer (abstrakten) Gefährlichkeit gesprochen werden. Jedoch muss sich die Intention eines Vorbereitungstäters gem. § 202c StGB auf eine Tat gem. §§ 202a oder 202b StGB und damit auf die *Verletzung* der Vertraulichkeit und Integrität informationstechnischer Systeme oder die Beeinträchtigung der Verfügungsgewalt über Daten beziehen. Insofern

141 Dieser ist insoweit beachtlich, als dass mit Annäherung an die Rechtsgutsverletzung die Wahrscheinlichkeit intervenierenden Faktoren geringer wird.

142 Vgl. *Puschke*, in: Hefendehl (Hrsg.), Grenzenlose Vorverlagerung des Strafrechts?, 2010, S. 9 (34f.).

143 *Jakobs* ZStW 97 (1985), 751 (773ff.).

144 Anders für § 202c StGB aber BVerfG ZUM 2009, 745 (750).

145 *Sieber* NStZ 2009, 353 (362); hierzu auch *Sitzer*, in: Sinn/Gropp/Nagy (Hrsg.), Grenzen der Vorverlagerung in einem Tatstrafrecht, 2011, S. 439 (462). Ein solcher Tatbestand ist etwa § 89b Abs. 1 Var. 1 StGB; s. zum neuen § 89c StGB *Puschke* StV 2015, 457 (462f.).

kann auch bzgl. des subjektiven Elements nicht von einer von vornherein illegitimen Kettenvorbereitung ausgegangen werden.

Für die speziellen Anforderungen an das subjektive Element der §§ 202c Abs. 1, 263a Abs. 3 StGB wird herrschend davon ausgegangen, dass dolus eventualis bzgl. einer nicht näher konkretisierten Haupttat ausreicht.[146] Dies genügt für die Begründung eines ausreichenden Gefährlichkeitszusammenhanges jedoch nicht in jedem Fall. Bei Vorbereitungstatbeständen muss unterschieden werden, ob mit Abschluss der Vorbereitungshandlung das Geschehen seitens des Vorbereitungstäters aus der Hand gegeben wird oder ob es noch weiterer Handlungen von ihm bedarf. Nur für den ersten Fall kann ggf. dolus eventualis hinsichtlich einer nicht näher konkretisierten Haupttat ausreichen, da sich der Gefährlichkeitszusammenhang hier bereits deutlicher aus der objektiven Tathandlung ergibt. Insoweit entspricht es der tatbestandlichen Ausgestaltung der §§ 202c Abs. 1, 263a Abs. 3 StGB, die sich auf die Tatmittel und nicht das Tatobjekt bezieht, dass der Verletztenkreis zum Zeitpunkt der Tathandlung noch unbestimmt sein kann.[147] Ausreichend sind die geringen Anforderungen an den Vorsatz beispielsweise in dem Fall, in dem Dritten Passwörter verschafft werden. Die Weitergabe der Passwörter, ohne genaue Kenntnis von der illegalen Art ihrer Verwendung zu haben und ohne dass es dem Täter genau darauf ankommt (in der Regel dürfte die Bezahlung für die Weitergabe die höhere Relevanz haben), ist in Bezug auf die Rechtsgüter der §§ 202a f., 303a f., 263a StGB gefährlich.

Sind demgegenüber noch weitere eigene Handlungen zu vollziehen, wie nach dem Herstellen eines Computerprogrammes (dieses müsste noch eingesetzt oder verbreitet werden), kann nur von einer strafwürdigen Gefahr ausgegangen werden, wenn die *Absicht* besteht, hiermit eine Cyberstraftat zu begehen oder dass eine Cyberstraftat begangen wird. Die Herstellung von Schadsoftware mit dem Vorsatz, dass sie möglicherweise schädigend eingesetzt wird, kann danach nicht ausreichen. Ebenso muss das Bezugsobjekt für die Absicht einen gewissen Konkretisierungsgrad aufweisen.[148] Die Tat bzw. jedenfalls die Folgehandlung, bei der der Geschehensablauf aus der Hand gegeben wird, muss in ihren wesentlichen Umrissen geplant sein. So müssen etwa bei der Herstellung des

146 *Altenhain*, in: Matt/Renzikowski (Hrsg.), StGB, 2013, § 202c Rn. 5; *Fischer*, StGB, 62. Aufl. 2015, § 202c Rn. 8; *Hilgendorf/Valerius*, Computer- und Internetstrafrecht, 2. Aufl. 2012, Rn. 586; a. A. *Goeckenjan* wistra 2009, 47 (54); *Popp* GA 2008, 375 (391 f.); *Wohlers/Mühlbauer*, in: Joecks/Miebach (Hrsg.), Münchener Kommentar zum StGB, 2. Aufl. 2014, Band 5, § 263a Rn. 78; für Absicht bei § 263a Abs. 3 StGB und nur bedingten Vorsatz bei § 202c StGB *Mitsch*, Medienstrafrecht, 2012, § 3 Rn. 74, 114.

147 *Sitzer*, in: Sinn/Gropp/Nagy (Hrsg.), Grenzen der Vorverlagerung in einem Tatstrafrecht, 2011, S. 439 (449).

148 *Goeckenjan* wistra 2009, 47 (54).

Computerprogramms bereits Pläne bestehen, gegen wen es in welcher Form eingesetzt bzw. wie es Dritten verschafft werden soll.

(3) Probleme bzgl. des Versuchsbeginns

Für §§ 202a ff. StGB ergibt sich die Besonderheit, dass zwar die Vorbereitung einer Cyberstraftat aber nicht deren Versuch strafbar ist, was zu erheblich Inkonsistenzen führt.[149] Zudem sind Konstellationen denkbar, in denen die straflose Versuchshandlung zu § 202a StGB früher ansetzt als die normierte Vorbereitungshandlung. Dies ist etwa dann der Fall, wenn beim Phishing davon ausgegangen wird, dass bereits das Versenden der Phishing-E-Mails den Beginn der Überwindung der Sicherung i. S. d. § 202a StGB darstellt.[150] Die strafbare Vorbereitungshandlung liegt jedoch erst in dem Sich-Verschaffen der Zugangscodes. Hierin zeigen sich die bereits angesprochenen systematischen Verwerfungen eines vorverlagerten Strafrechts mit Blick auf den Beginn des Versuchsstadiums.

(4) Folgeprobleme

Die deliktische Indifferenz der objektiven Tatbestandshandlung sowie die von der h. M. für ausreichend gehaltenen geringen Anforderungen an die subjektive Tatseite führen zu Rechtsunsicherheiten bei der Strafverfolgung. Insoweit wurde die Verfassungsbeschwerde gegen § 202c StGB vor dem Bundesverfassungsgericht durch den Geschäftsführer eines Unternehmens, das Dienstleistungen im Bereich der Sicherheit von Informations- und Kommunikationstechnologien anbietet, damit begründet, dass Personen, die zur Feststellung von Sicherheitslücken im IT-Bereich mit Computerprogrammen arbeiten, die auch zur Begehung von Cybertaten geeignet sind, dem Risiko der Strafverfolgung ausgesetzt werden.[151] Zudem können strafprozessuale Zwangsmaßnahmen wie Durchsuchungen oder Beschlagnahmen aufgrund der vagen Voraussetzungen des materiellen Tatbestands selbst nur an vage Verdachtsmomente geknüpft werden.[152]

149 S. nur *Hilgendorf*, in: Laufhütte/Rissing van Saan/Tiedemann (Hrsg.), Leipziger Kommentar zum StGB, 12. Aufl. 2010, Band 6, § 202a Rn. 42.

150 S. hierzu *Goeckenjan* wistra 2009, 47 (53). Geht man hingegen davon aus, dass das Versenden der Phishing-E-Mails noch nicht den Beginn der Sicherungsüberwindung darstellt, so würden § 202a Abs. 1 und § 202c Abs. 1 Nr. 1 StGB regelmäßig leerlaufen. Denn ohne die Einbeziehung bereits des Erlangens der Sicherungscodes in die Auslegung des § 202a Abs. 1 StGB, könnte mangels zeitlichen oder technischen Aufwandes für die Zugangsverschaffung nach deren Erlangung nicht von einem »Überwinden« (s. BT-Drs. 16/3656, S. 10) ausgegangen werden. In diesem Fall gebe es aber auch keinen strafbaren Anknüpfungspunkt für das Erlangen der Sicherungscodes selbst i. S. d. § 202c Abs. 1 Nr. 1 StGB.

151 BVerfG ZUM 2009, 745 (747).

152 Für die Einbeziehung eines de lege ferenda qualifizierten Vorbereitungstatbestandes sogar

D. Reformbedarf

Reformbedarf für den Bereich der Cybertatbestände ist auf verschiedenen Ebenen auszumachen. Die hier getätigten Erwägungen werden der thematischen Ausrichtung des Beitrages entsprechend auf solche beschränkt, die im Zusammenhang mit Cybertatbeständen als vorverlagertem Strafrecht stehen. Dabei ist zum einen eine neue, an den Rechtsgütern orientierte, Systematisierung empfehlenswert, die auch die teilweise Vorverlagerung der Strafbarkeit deutlich macht. Zum anderen sind Kautelen, die sich aus den Cybertatbeständen als paradigmatisch für eine Vorverlagerung der Strafbarkeit ergeben, zu beachten und entsprechende Beschränkungen vorzunehmen.

I. Systematische Anpassung

Die hier als Cybertatbestände bezeichneten Normen sind über das deutsche Strafgesetzbuch verteilt. Eine teilweise Neuordnung erscheint wegen des engen Regelungszusammenhangs angebracht.[153] Dabei sollte nicht die Definition von Cybercrime in Bezug auf verwendete Mittel oder anvisierte Tatobjekte Anknüpfungspunkt sein. Entscheidend ist vielmehr, ob identische oder jedenfalls eng miteinander verbundene Rechtsgüter durch die jeweiligen Normen geschützt werden. Der systematische Standort derjenigen Tatbestände, die Rechtsgüter schützen, die über computerspezifische Rechtsgüter hinausgehen (§§ 268, 269 StGB sowie § 263a StGB) entspricht daher den in diesem Zusammenhang bestehenden Vergleichsnormen (§ 267 StGB und § 263 StGB). Anderes gilt jedoch grundsätzlich für die §§ 202a ff. StGB und §§ 303a f. StGB. Die durch sie geschützten Rechtsgüter sind mit der Verfügungsgewalt über Daten und der Vertraulichkeit und Integrität von informationstechnischen Systemen cyber- bzw. computerspezifisch. Sie sollten daher zusammenhängend hinter § 202 StGB normiert werden.

Dabei wäre eine rechtsgutsbezogene stufenweise Regelung innerhalb eines Tatbestandes empfehlenswert. So könnte zunächst, in einem ersten Absatz, die Vertraulichkeit und Integrität von informationstechnischen Systemen als teilweise vorgelagertes Rechtsgut geschützt werden, indem allein der unberechtigte Zugang zu diesen Systemen strafrechtlich zu erfassen ist. Dabei sollte der Angriff auf das Rechtsgut auch im Tatbestand deutlich werden, weshalb statt »Zugang zu

in die Kataloge der §§ 100a, 100g StPO *Sieber*, Straftaten und Strafverfolgung im Internet, 2012, C 92.

153 *Sieber*, Straftaten und Strafverfolgung im Internet, 2012, C 85f., mit teilweise ähnlichen Systematisierungsvorschlägen.

Daten« der »Zugang zu informationstechnischen Systemen« das Erfolgsmoment beschreiben sollte.[154] Hierdurch wäre mit Bezug auf die Rechtsprechung des Bundesverfassungsgerichts[155] auch das Tatobjekt auf komplexe Datenspeicher begrenzt, sodass der Zugang zu unterkomplexen Datenspeichern nicht tatbestandsgemäß wäre. Im Sinne des Verhältnismäßigkeitsprinzips spielt die Einschränkung durch die Notwendigkeit der Überwindung einer Zugangssicherung eine entscheidende Rolle.[156]

Wegen des besonderen Schutzbedürfnisses des Fernmeldegeheimnisses und mangelnder Sicherungsmöglichkeiten bzgl. der Abstrahlung von Daten[157] kann das Sich-Verschaffen der Daten aus nichtöffentlicher Datenübermittlung oder aus der elektromagnetischen Abstrahlung einer Datenverarbeitungsanlage (i. S. d. § 202b StGB) auch ohne Überwindung einer Sicherung Anknüpfungspunkt für das Strafrecht sein. Das Strafmaß für das Sich-Verschaffen des Zugangs zu einem informationstechnischen System unter Überwindung einer Zugangssicherung und für das Abfangen der Daten aus einer nichtöffentlichen Datenübermittlung oder aus der elektromagnetischen Abstrahlung einer Datenverarbeitungsanlage sollte dabei identisch sein.

Darüber hinaus kann eine im Strafrahmen erhöhte Qualifikation greifen, wenn sich der Täter unter Überwindung des gesicherten Zugangs Daten verschafft oder manipuliert und somit auch die Verfügungsgewalt über die Daten unmittelbar verletzt.[158]

Auf die Einführung einer Versuchsstrafbarkeit für §§ 202a, 202b StGB[159] sollte auch dann verzichtet werden, wenn die Strafbarkeit der Vorbereitungshandlungen des § 202c StGB bestehen bleibt. Zwar kommt es für diesen Fall zu sys-

154 So im Ergebnis auch *Sieber*, Straftaten und Strafverfolgung im Internet, 2012, C 85.

155 BVerfGE 120, 274ff.

156 S. auch *Sieber*, Straftaten und Strafverfolgung im Internet, 2012, C 85f.

157 Das Abfangen von Daten aus einer elektromagnetischen Abstrahlung sollte nach dem ursprünglichen Willen des Gesetzgebers (vgl. BT-Drs. 16/3656, S. 11, *Hilgendorf*, in: Laufhütte/Rissing van Saan/Tiedemann (Hrsg.), Leipziger Kommentar zum StGB, 12. Aufl. 2010, Band 6, § 202b Rn. 11) nur dann geschützt sein, wenn die Abstrahlung im Zusammenhang mit einem Übertragungsvorgang erfolgt. Nach dem Wortlaut sind nunmehr jedoch alle Abstrahlungen erfasst, was wegen der begrenzten Schutzmöglichkeiten gegen ein Ausspähen von Daten durch einen Zugriff hierauf mit einer Datenübermittlung vergleichbar ist.

158 Zu einem systematisch ebenfalls hier einzuordnenden Löschen, Unterdrücken, Unbrauchbarmachen und Verändern mit der Notwendigkeit einer Beschränkung auf eine Nachteilszufügung s. *Sieber*, Straftaten und Strafverfolgung im Internet, 2012, C 88f.

159 So *Sitzer*, in: Sinn/Gropp/Nagy (Hrsg.), Grenzen der Vorverlagerung in einem Tatstrafrecht, 2011, S. 439 (477) auch mit dem Hinweis auf systematische Gründe; s. auch *Hilgendorf*, in: Laufhütte/Rissing van Saan/Tiedemann (Hrsg.), Leipziger Kommentar zum StGB, 12. Aufl. 2010, Band 6, § 202a Rn. 42.

tematischen Verwerfungen.[160] Jedoch lässt der häufig geringe Unrechtsgehalt insbesondere eines fehlgeschlagenen, vielleicht von Anfang an untauglichen Versuchs (z. B. durch das manuelle Austesten einiger Passwörter) eine zusätzliche Erweiterung der Strafbarkeit nicht erforderlich erscheinen.

II. Beschränkungen der vorverlagerten Tatbestände

Cyberstrafrecht als in weiten Teilen vorverlagertes Strafrecht weist die Tendenz zu einer Erweiterung der Strafbarkeit auf, die sich nicht hinreichend am Rechtsgüterschutz als Aufgabe des Strafrechts sowie dem Tatprinzip orientiert. Die entsprechenden Tatbestände sind daher zu begrenzen und, falls eine ausreichende Begrenzung nicht sinnvoll möglich erscheint, abzuschaffen.

Für § 202a StGB gilt insoweit, dass die Strafbarkeit bereits des Zugangs zu Daten nur dann gerechtfertigt sein kann, wenn hierzu (wie bereits vorausgesetzt) eine Zugangssicherung überwunden wird. Diese Voraussetzung ist unter der Prämisse der Erforderlichkeit des Einsatzes von Strafrecht als ultima ratio mit Blick auf andere existierende Schutzmechanismen von Bedeutung.[161] Zudem muss das System jedoch bestimmte Komplexitätsmerkmale aufweisen, aus denen sich eine für den Einsatz des Strafrechts hinreichende Schutzwürdigkeit von dessen Integrität und Vertraulichkeit ergibt.

Die bisherigen Regelungen zu der Vorbereitung von Cybertaten (§§ 202c, 263a Abs. 3, § 303a Abs. 3, § 303b Abs. 5 StGB) entsprechen nicht den Anforderungen an ein rechtsgutsbezogenes Tatstrafrecht. Die Vorbereitung von Cyberdelikten kann allenfalls dann strafrechtlich erfasst werden, wenn die Tathandlungen typischerweise zu illegalen Zwecken erfolgen. Nur in diesem Fall kann von einer hinreichenden abstrakten Gefährdung ausgegangen werden, von der durch Strafe kommunikativ (psychisch vermittelt) abgehalten werden kann. Dies ist bisher nicht hinreichend berücksichtigt. Soll an der Strafbarkeit der Vorbereitungshandlungen festgehalten werden, erscheint es de lege ferenda notwendig, die Tathandlungen dadurch stärker auf die zukünftige Verletzung des Rechtsgutes zu fokussieren, indem sie auf die professionalisierte Verbreitung oder den professionalisierten Erwerb beschränkt werden. So könnten ggf. der gewerbsmäßige Verkauf und der

160 Diese würden sich allerdings auch bei der Strafbarkeit des Versuchs ergeben, s. das Beispiel *Goeckenjans* wistra 2009, 47 (53).

161 S. zur Relevanz außerrechtlicher Schutzmaßnahmen *Sieber*, Straftaten und Strafverfolgung im Internet, 2012, C 11; zur Viktimodogmatik in diesem Bereich *Hilgendorf*, in: Laufhütte/Rissing van Saan/Tiedemann (Hrsg.), Leipziger Kommentar zum StGB, 12. Aufl. 2010, Band 6, § 202a Rn. 29; viktimodogmatische Argumente für § 202a StGB ablehnend *Dietrich*, Das Erfordernis der besonderen Sicherung im StGB am Beispiel des Ausspähens von Daten, § 202a StGB, 2009, S. 355ff.

Ankauf von Sicherheitscodes erfasst bleiben. Neben der Typisierung des Tatbestandes hätte dies zur Folge, dass Elemente einer als problematisch angesehenen sog. organisierten IT-Kriminalität[162] erfasst bleiben könnten.

Zudem kann für diese eingeschränkten Bereiche über einen Erlaubnisvorbehalt nachgedacht werden. Sieht der Gesetzgeber in einem bestimmten Betätigungsfeld eine derart große Gefahr für ein Rechtsgut, obwohl Handlungen in diesem Bereich häufig äußerlich indifferent sind bzw. auch zu legalen Zwecken erfolgen können, könnte das geforderte typische Vorgehen zu illegalen Zwecken dadurch näher spezifiziert werden und auf einen bestimmten Umgang mit gefährlichen einzelnen Produkten zugeschnitten werden, wenn bestimmte Betätigungen erlaubnispflichtig sind. Wird eine solche Erlaubnis nicht eingeholt bzw. sind die Handlungen nicht erlaubnisfähig, so kann eine Bestrafung – sofern zusätzlich die Intention der Begehung einer Cyberstraftat vorliegt – hieran anknüpfen. So könnte daran gedacht werden, dass der gewerbsmäßige Verkauf von Computerprogrammen, die zu einer Cyberstraftat eingesetzt werden können, staatlich reglementiert wird. Erfolgt der Verkauf außerhalb der Vorgaben, so kann er einen Anknüpfungspunkt für die Strafbarkeit bilden. Durch solche Begrenzungen werden Unsicherheiten bei der Strafverfolgung reduziert (Wer genehmigt verkauft, braucht eine Strafverfolgung nicht zu befürchten.) und strafprozessuale Zwangsmaßnahmen werden auf einen überschaubareren Kreis von vermuteten Vorgängen beschränkt. Freilich greifen derartige verwaltungsrechtliche Reglementierungen – insbesondere wenn sie sich auf eine an sich indifferente Tätigkeit beziehen – erheblich in die Handlungs- und Berufsfreiheit ein,[163] so dass an der Verhältnismäßigkeit der Gesamtregeln (verwaltungs- und strafrechtlich) gezweifelt werden kann. Alternativ wird ein Ausnahmetatbestand, für eine berechtigte wissenschaftliche, lehrende, künstlerische oder allgemein berufliche Nutzung vorgeschlagen.[164] In diesem Fall wäre jedoch die Strafbarkeit des Verhaltens weiterhin an dem subjektiven Merkmal der Intention bzgl. einer Cyberstraftat festzumachen, da von einer berechtigten Nutzung in der Regel dann nicht ausgegangen wird, wenn die Nutzung in der Absicht geschieht, eine Straftat zu verüben. Allenfalls bei einem nach h. M. ausreichenden dolus eventualis müsste dann die Strafverfolgung unterbleiben.

Für das subjektive Element der Vorbereitungstatbestände ist Absicht be-

162 S. hierzu *Sieber*, Straftaten und Strafverfolgung im Internet, 2012, C 22ff.

163 S. zu einem möglicherweise weitergehenden Eingriff durch Verwaltungsrecht als durch Strafrecht *Tiedemann* ZStW 87 (1975), 253 (266ff.); vgl. auch zum Vergleich faktischer und strafrechtlicher Beschränkungen *Hefendehl*, in: Beulke/Lüderssen/Popp/Wittig (Hrsg.), Das Dilemma des rechtsstaatlichen Strafrechts, 2009, 165 (180ff.).

164 Vgl. *Brodowski/Freiling*, Cyberkriminalität, Computerstrafrecht und die digitale Schattenwirtschaft, 2011, S. 118; zust. *Sieber*, Straftaten und Strafverfolgung im Internet, 2012, C 22; s. zu einer dem entsprechenden Ausnahme § 91 Abs. 2 StGB.

züglich der zukünftigen Begehung der Cyberstraftat zu fordern, sofern die Vorbereitungshandlung selbst noch nicht dazu führt, dass der Täter den Geschehensverlauf aus der Hand gibt. Darüber hinaus muss die Vorstellung des Täters die Cyberstraftat selbst bzw. zumindest die Modalitäten des Aus-der-Hand-Gebens des Geschehensverlaufs in konkretisierten Zügen umfassen.

Insgesamt zeigt sich, dass auch eine weitergehende Begrenzung des Vorbereitungstatbestandes erhebliche Schwierigkeiten aufwirft. Ein Verzicht auf eine strafrechtliche Regelung in diesem Bereich wäre daher die rechtsstaatlich verträglichste Lösung, wenngleich hierin ein Verstoß gegen internationale und europäische Vorgaben liegen würde.

E. Fazit

Die Einführung von Cybertatbeständen in das deutsche Strafgesetzbuch und die Vorverlagerung der Strafbarkeit sind zwei eng miteinander verbundene Phänomene. Sie gehen zum Teil auf die gleichen Prämissen einer sich wandelnden Gesellschaft, technischer Entwicklungen und neuer ausgemachter Problemfelder zurück, denen strafrechtliche Relevanz zugeschrieben wird. Es verwundert daher nicht, dass Cyberstrafrecht häufig auch vorverlagertes Strafrecht ist, das vor der Schädigung herkömmlicher Rechtsgüter ansetzt.

Die Vorverlagerung durch Cyberstrafrecht erfolgt auf drei unterschiedliche Arten. Zum einen sollen außerhalb der »Cyberwelt« existierende, herkömmliche Rechtsgüter wie das Vermögen geschützt werden. Dazu werden existierende vorgelagerte Tatbestände kopiert und an die neuen technischen Möglichkeiten angepasst. Beispiele hierfür sind die §§ 268, 269 StGB. Zwar handelt es sich hierbei um neues vorgelagertes Strafrecht. Paradigmatisch für eine Vorverlagerung durch Cyberstrafrecht sind diese Normen jedoch nicht, da der Grund für das frühe Ansetzen des Strafrechts in der Regel nicht in den Besonderheiten der Cyberwelt liegt.[165]

Vorverlagerung durch Cybertatbestände kann zudem durch den Schutz neuer Computerrechtsgüter erfolgen. Neue technische Möglichkeiten und Gefahren bringen auch neue Schutzgüter hervor. So ist die Vertraulichkeit und Integrität informationstechnischer Systeme bereits dann betroffen, wenn sich jemand zu einem solchen System unberechtigt Zugang verschafft. Bei der entsprechenden Strafnorm des § 202a StGB handelt es sich somit um den Schutz eines gegenüber der Verfügungsgewalt über Daten vorgelagerten Rechtsgutes. Wegen dieses be-

165 Anderes kann teilweise für § 303b Abs. 2 StGB angenommen werden, da hier auch die möglichen, besonderen Auswirkungen von Cyberattacken gegenüber anderen Angriffswegen berücksichtigt werden.

sonderen Schutzgutes handelt es sich um eine cybercrimespezifische Vorverlagerung.

Die aus rechtsstaatlicher Sicht problematischste und umfassendste Vorverlagerung findet im Bereich des Cyberstrafrechts durch die Kriminalisierung von Vorbereitungshandlungen (§§ 202c, 263a Abs. 3, 303a Abs. 3, 303b Abs. 5 StGB) statt. Diese ist zurückzuführen auf die besondere Komplexität computerbezogener Vorgänge sowie die geringe Sichtbarkeit und Zurückverfolgbarkeit von Rechtsgutsverletzungen in diesem Bereich. Die Vorverlagerung des Strafrechts ist daher eine für dieses Feld typische gesetzgeberische Regelungstechnik.

De lege ferenda sollte für den Bereich des Cyberstrafrechts über eine Neustrukturierung der Tatbestände nachgedacht werden. Dabei wären diejenigen Tatbestände, die computerspezifische Rechtsgüter schützen (§§ 202, 202b, 303a, 303b StGB), systematisch zusammen zu regeln. Die Kodifizierung der Vorbereitungstatbestände im Bereich des Cyberstrafrechts weist deutliche Defizite auf. Das Prinzip des Rechtsgüterschutzes und Grundsätze des Tatstrafrechts werden bei der Ausgestaltung der Normen nicht hinreichend berücksichtigt. Will der Gesetzgeber an der Strafbarkeit der Vorbereitung von Cyberstraftaten festhalten, sind strikte Beschränkungen angezeigt.

Makoto Ida

Vorverlagerung der Strafbarkeit am Beispiel der Verfolgung von Cybercrime in Japan

A. Vorverlagerungstendenz der heutigen Gesetzgebung in Japan

Um die Jahrtausendwende begann in der Gesetzgebung in Japan die *Tendenz zu einem verstärkten Einsatz der Strafe.* Man neigt *einerseits* dazu, die staatliche Einmischung mittels des Strafrechts in einem immer früheren Stadium zuzulassen und damit den Strafbarkeitsbereich nach vorne auszudehnen. Es wird *andererseits* auf Täter, die schwerwiegende Schäden in Bezug auf Rechtsgüter wie insbesondere Leben, Körper oder Freiheit herbeigeführt haben, mit immer härteren Strafen reagiert. Kurzum: In Japan bestehen zwei, an sich gegenläufige, Momente, die auf Prävention ausgerichtete Vorverlagerung der Strafbarkeit und das erfolgsorientierte Vergeltungsprinzip, parallel nebeneinander und beide zusammen kennzeichnen das japanische Strafrecht der Gegenwart.[1]

Eine für die heutige Gesetzgebung charakteristische Tendenz der Vorverlagerung der Strafbarkeit, die ich in diesem Beitrag einer näheren Betrachtung unterziehen möchte, besteht darin, dass der Gesetzgeber mehr und mehr ein Verhalten, dessen rechtsgutsbeeinträchtigender Charakter (noch) nicht klar ist, unter Strafe stellt. Zu bemerken ist aber, dass im geltenden japanischen StGB von 1907[2] von Anfang an eine Reihe von abstrakten Gefährdungsdelikten

1 Hierzu siehe *Makoto Ida*, Festschrift für Heinz Stöckel, 2010, S. 361ff.; *ders.*, Festschrift für Claus Roxin zum 80. Geburtstag, Bd. 2, 2011, S. 1609ff.

2 Eine deutsche Übersetzung ist bereits im Jahr 1907 durch den späteren Richter am japanischen Reichsgericht *Shigema Oba*, der an der Universität Erlangen promoviert hatte, fertig

sowie mehrere Vorbereitungs- und auch Besitzdelikte enthalten waren. Darüber hinaus lässt sich in Japan schon seit Längerem ein »Wuchern« des *Nebenstrafrechts* beobachten. Die Strafvorschriften des Nebenstrafrechts existieren außerhalb des StGB in Form von zahlreichen Sonderstrafgesetzen. Sie lassen sich ihrem Wesen nach in *kriminalstrafrechtliche* und in *verwaltungsstrafrechtliche* einteilen, wobei die Grenzen zwischen den beiden immer mehr verwischen, auch deshalb, weil das Verwaltungsstrafrecht in Japan ein *echtes Strafrecht* ist, bei dem als Sanktion neben der Geldstrafe auch häufig eine Freiheitsstrafe vorgesehen ist.[3] Das Bedürfnis nach einer Bestrafung schon im Vorfeld wird in Japan zu einem erheblichen Teil mittels des Nebenstrafrechts einschließlich des Verwaltungsstrafrechts abgefangen. Nicht zu übersehen ist in diesem Zusammenhang, dass in Japan auch jede Präfektur ermächtigt ist, eigene Strafgesetze für ihren Zuständigkeitsbereich zu erlassen, deren Strafdrohung bis zur Zuchthausstrafe[4] von 2 Jahren reichen darf. Diese Präfekturstrafgesetze stellen, wie es sich leicht vermuten lässt, oft solche Handlungen unter Strafe, die an einen reinen Moralverstoß grenzen.[5] Ihre Aufgabe ist auch die *Bestrafung im Vorfeld.* Beispielsweise ist in diesem Jahr in der *Aichi-Präfektur,* wo der Autokonzern *Toyota* seinen Hauptsitz hat, zur Verhinderung von

---

gestellt und im Jahr 1908 veröffentlicht worden: Strafgesetzbuch für das Kaiserlich Japanische Reich vom 23.4.1907, Sammlung Außerdeutscher Strafgesetzbücher in deutscher Übersetzung Nr. 23. Außerdem liegt eine deutsche Übersetzung des »abgeänderten Japanischen Strafgesetzbuches vom 10. August 1953« durch *Kinsaku Saito/Haruo Nishihara* vor: Sammlung Außerdeutscher Strafgesetzbücher, Nr. 65.

3 Die polizeiliche Statistik zeigt jedoch, dass in Wirklichkeit die verwaltungsstrafrechtlichen Vorschriften sehr zurückhaltend angewendet werden und von den angedrohten strengen Sanktionen so gut wie nie Gebrauch gemacht wird. Die hier naheliegende Gefahr einer punktuellen und selektiven Strafverfolgung wird in Japan als nicht so bedrohlich empfunden.

4 Japan differenziert, anders als Deutschland, das eine einheitliche Freiheitsstrafe kennt, (noch) zwischen *Zuchthausstrafe* und *Gefängnisstrafe*; mit ersterer ist eine Pflicht zur Arbeit verbunden.

5 Hieraus ergeben sich auch *Probleme wegen ihrer Uferlosigkeit und Unbestimmtheit.* Der OGH befasste sich in seiner Entscheidung aus dem Jahre 1985 (Urteil des Großen Senats v. 23.10. 1985) mit der Frage, ob die durch eine Präfektur erlassene Strafvorschrift, die lautet, »Wer an einem Jugendlichen oder an einer Jugendlichen unter 18 Jahren eine unzüchtige Handlung vornimmt, wird mit Zuchthausstrafe bis zu 2 Jahren bestraft«, wegen ihrer Uferlosigkeit und Unbestimmtheit für verfassungswidrig erklärt werden muss. Es ist klar, dass man diese unzüchtigen Handlungen nicht mit dem Geschlechtsverkehr oder anderen sexuellen Handlungen gleichsetzen kann, zumal in Japan Mädchen ab 16 Jahren und Jungen ab 18 Jahren heiraten dürfen. Der OGH vermied aber, auch dieses offensichtlich unbestimmte Strafgesetz für verfassungswidrig zu erklären und versuchte seine Verfassungskonformität durch eine einschränkende Auslegung zu retten: Danach stellen der Geschlechtsverkehr oder andere sexuelle Handlungen mit dem Jugendlichen oder mit der Jugendlichen u.a. dann unzüchtige Handlungen dar, wenn solche Handlungen ausschließlich zur Befriedigung des Geschlechtstriebs – praktisch ohne Liebe – vorgenommen werden. Im Übrigen besitzen alle Präfekturen, außer der *Nagano-Präfektur,* solche Strafvorschriften, die unzüchtige Handlungen an Jugendlichen unter 18 Jahren unter Strafe stellen.

Autodiebstählen eine neue Strafvorschrift erlassen worden, die den bloßen Besitz eines Geräts zur Manipulation und Überwindung elektronischer Wegfahrsperren, solange es keinen berechtigten Grund für dessen Besitz gibt, mit Zuchthausstrafe bis zu einem Jahr oder mit Geldstrafe bis zu 500.000 Yen bestraft.[6]

In den letzten 15 Jahren scheint die Vorverlagerungstendenz immer mehr in den Vordergrund getreten zu sein und auch den Kern des japanischen Kriminalstrafrechts erfasst zu haben. Es wird auch dort das Eingreifen des Strafrechts tendenziell in einem ziemlich frühen Stadium gefordert, oder es wird überhaupt der Schutz sehr abstrakter, schwer greifbarer Rechtsgüter angestrebt. Beispiele für die vorverlagerte Strafbarkeit liefert zunächst der Bereich des *Wirtschaftsstrafrechts.* Im Jahre 2001 wurde das japanische StGB um neue Strafvorschriften ergänzt, die u. a. das unberechtigte Herstellen von Kreditkarten sowie die Vorbereitung dazu unter Strafe stellen (§§ 163–2 bis 163–5 japStGB). Hierbei ist auch die unberechtigte Kenntnisnahme von Karteninformationen einschließlich des Versuchs durch Strafe verboten (§§ 163–4, 163–5 japStGB). Ähnliche Beispiele kann man auch im Bereich des *Internetstrafrechts* finden. Durch das *Gesetz über das Verbot des unbefugten Zugangs* (zu einem von einem anderen betriebenen Computersystem) von 1999, das nunmehr bei der Bekämpfung der Cyber- und Netzwerkkriminalität eine zentrale Rolle spielt, sind das Sich-Verschaffen des Zugangs zu einem von einem anderen betriebenen Computersystem (§ 3) und auch die Förderung eines solchen Zugangs durch das Verraten der Benutzer-ID oder des Passworts (§ 5) unter Strafe gestellt. Durch die Änderung dieses Gesetzes im Jahre 2012 wurden nicht nur die Strafdrohungen stark erhöht, sondern auch neue Strafvorschriften hinzugefügt, die den Erwerb und das Aufbewahren von Benutzer-ID oder Passwörter Fremder (§§ 4, 6) sowie das *Phishing* (§ 7) unter Strafe stellen. Im Jahre 2011 wurden neue Strafvorschriften ins StGB eingefügt, nach denen u. a. das Herstellen, Anbieten und Aufbewahren von sog. Computer-Viren strafbar ist (§§ 168–2 japStGB). Eine parallele Entwicklung lässt sich auf dem Gebiet der *Bioethik* und des *Umweltschutzes,*[7] sowie der Bekämpfung der *Organisierten Kriminalität* beobachten.[8]

6 Ein Muster eines solchen Besitzdelikts bot allerdings ein staatliches Sonderstrafgesetz aus dem Jahre 2003, das den Besitz und das Beisichführen eines Werkzeugs, das zur Öffnung des Schlosses eines fremden Hauses dienen kann, unter Strafe stellt, solange es keinen berechtigten Grund für den Besitz und das Beisichführen gibt. Zuwiderhandlungen werden mit Zuchthausstrafe bis zu einem Jahr oder mit Geldstrafe bis zu 500.000 Yen bestraft.

7 So verbietet im bioethischen Bereich das *Gesetz zur Regelung der Klontechnik beim Menschen* aus dem Jahre 2000 das reproduktive Klonen sowie die Bildung von Chimären und Hybriden unter Verwendung von menschlichen Zellen. Für die Implantation eines geklonten Embryos in die Gebärmutter einer Frau oder eines Tieres ist eine Zuchthausstrafe bis zu 10 Jahren vorgesehen. Das dadurch zu schützende Rechtsgut wird in der »Würde des Menschen« gesehen.

B. Die japanische Strafrechtsdogmatik zur Vorverlagerungsproblematik

Bevor die Vorverlagerungsproblematik in Japan näher dargestellt wird, soll zunächst kurz über den *allgemeinen Charakter der japanischen Strafrechtsdogmatik hinsichtlich der Vorfeldbestrafung* informiert werden. Wie früh und von welchem Zeitpunkt an beim zeitlichen Fortschreiten einer Rechtsgutsbeeinträchtigung strafrechtlich vorgegangen werden soll, bildete und bildet für die japanische Strafrechtswissenschaft eine zentrale Frage. Wenn man die deutsche und die japanische Strafrechtsdogmatik miteinander vergleicht, so weist die japanische eine *objektivere Tendenz* auf als die deutsche. Das ist bei der Lösung der *Versuchsproblematik* am deutlichsten erkennbar.[9] In der Lehre und der Rechtsprechung in Japan ist einstimmig anerkannt, dass der *untaugliche Versuch teilweise straflos* ist.[10] Die bisher herrschende Lehrmeinung zum Strafgrund des Versuchs ist ein Produkt der Rezeption der deutschen Dogmatik, die sog. »neuere objektive Theorie«, die von *Franz von Liszt* begründet worden ist.[11] Demgegenüber wird in der heutigen dogmatischen Diskussion mehr eine auf ein ex-post-Gefahrurteil abstellende, noch weiter objektivierende Versuchstheorie vertreten.[12]

Eine objektivere Tendenz lässt sich auch bei der Frage der *Abgrenzung des strafbaren Versuchs von der (prinzipiell) straflosen Vorbereitungshandlung* beobachten. Den Einschnitt markiert der aus dem französischen Recht stammende, vornehmlich objektiv klingende Begriff vom »Anfang der Ausführung einer Straftat« (§ 43 japStGB). Bei der Frage, wie der Zeitpunkt des Ausführungsbeginns festgelegt werden soll, stellen Lehre und Rechtsprechung darauf

8 Bezüglich der Organisierten Kriminalität wird in den letzten Jahren sehr heftig darüber diskutiert, ob man Strafvorschriften einführen soll, die bereits die Verabredung zur organisierten Ausführung gewisser schwerer Straftaten unter Strafe stellen, um das *UNO-Übereinkommen gegen transnationale organisierte Kriminalität* (TOC Convention) ratifizieren zu können. Bis heute ist aber kein Konsens über das Bedürfnis nach diesen Strafvorschriften und ihre Verträglichkeit mit den herkömmlichen Strafrechtsprinzipien erzielt worden; vgl. *Kazushige Asada*, Festschrift für Tiedemann, 2008, S. 313ff.

9 Vgl. hierzu und zum folgenden *Makoto Ida*, Strafrechtsvergleichung als Kulturvergleich?, in: Franz Streng/Gabriele Kett-Straub, Strafrechtsvergleichung als Kulturvergleich, 2012, S. 27ff.

10 Das japanische Reichsgericht erklärte in seinem berühmten Urteil aus dem Jahre 1917 den Tötungsversuch mit der Verabreichung von Schwefelpulver für straflos: Urteil des jap. Reichsgerichts v. 10.9.1917.

11 *Franz v. Liszt*, Lehrbuch des Deutschen Strafrechts, 21./22. Aufl. 1919, S.199f. Sie war bis in die 1930er Jahre hinein auch in Deutschland vorherrschend; vgl. *Hans Joachim Hirsch*, Strafrechtliche Probleme, Band II, 2009, S. 245ff., 285ff.

12 Vgl. *Makoto Ida*, Die heutige japanische Diskussion über das Straftatsystem, 1991, insb. S. 87ff.

ab, ob ein Teil der tatbestandsmäßigen Handlung oder eine ihr direkt vorausgehende Handlung bereits begonnen hat, und zieht dabei als ergänzenden Maßstab die konkrete Gefährdung des tatbestandlich geschützten Gutes heran. Der Versuchsbeginn kann z. B. beim Diebstahl erst mit der Wegnahme der Sache unmittelbar vorausgehenden Handlung, etwa beim Suchen nach wertvollen Gegenständen im Zimmer eines Fremden, beim Raub erst mit Beginn der Gewaltanwendung oder der Drohung angenommen werden. Der japanische Oberste Gerichtshof (OGH) mildert diesen strengen Maßstab zwar durch die Berücksichtigung des Tatplans des Täters ab, hält aber am *Mindesterfordernis eines der Tatbestandshandlung direkt vorausgehenden Aktes* fest.[13] Aus unserer Sicht wird in der deutschen Lehre und Rechtsprechung - wegen ihrer durch subjektive Elemente betonenden Kriterien - der Versuchsbeginn zu einem noch früheren Zeitpunkt angenommen.[14]

Was die Teilnahmestrafbarkeit betrifft, so hat sich der Grundsatz, dass der Teilnehmer nur akzessorisch gegenüber dem Haupttäter zu bestrafen ist, in Lehre und Rechtsprechung durchgesetzt und ist somit nicht mehr Gegenstand der Diskussion. Das japStGB kennt auch *keine Vorschrift wie § 30 Abs. 1 des deutschen StGB*, die das auf Anstiftung zu einem Verbrechen gerichtete Verhalten auch dann für strafbar erklärt, wenn es nicht zur Ausführung gekommen ist[15].

Das japStGB ist auch insofern zurückhaltender als das deutsche, als dort beispielsweise der Versuch der Sachbeschädigung, Unterschlagung und Urkundenfälschung nicht unter Strafe gestellt sind. Andererseits sind nach dem japStGB auch bloße *Vorbereitungshandlungen* zu bestimmten schweren Delikten, wie z. B. der vorsätzlichen Brandstiftung, der Geldfälschung, des unberechtigten Herstellens einer Kreditkarte, der vorsätzlichen Tötung und des Raubes, selbstständig strafbar. Der Begriff der »Vorbereitung« wird von Lehre und Judikatur weit gefasst. Vorbereitungshandlungen schließen sämtliche der Ausführung dienenden Handlungen - außer rein psychischen Vorgängen - in

13 Insb. Beschluss des Obersten Gerichtshofs (OGH) v. 22. 3. 2004.

14 So wäre die japanische Praxis bei den Fallgestaltungen der BGH-Entscheidungen in: BGHSt 26, 201, in der bei den Tätern, die an einer Wohnungstür klingelten, um das Opfer sofort nach dem Öffnen der Tür zu überwältigen und zu berauben, ein Raubversuch angenommen wurde (Tankstellenfall), oder in: BGH NStZ 1987, 20, in der bei dem Täter, der das Opfer erschießen wollte und die Tür zum Wohnzimmer, in dem sich das Opfer befand, eintrat, ein Tötungsversuch angenommen wurde, oder in: BGH NStZ 2006, 331, in der bei den Tätern, die eine Diskothek in Brand setzen wollten, aber von der Polizei festgenommen wurden, bevor sie Benzin verschüttet hatten, ein Brandstiftungsversuch angenommen wurde, vermutlich zu anderen Ergebnissen gekommen.

15 Die *selbstständige Strafbarkeit der versuchten Anstiftung* ist nur in einigen Sonderstrafgesetzen (z. B. in §§ 38 ff. Gesetz zur Verhinderung subversiver Tätigkeiten) vorgesehen. Auch eine allgemeine Vorschrift wie § 30 Abs. 2 des deutschen StGB u. a. über die Verabredung zu einem Verbrechen ist in Japan unbekannt.

sich ein. Es handelt sich um einen typischen Fall des *Absichtsdelikts.* Es können auch an sich *neutrale, sozialübliche Handlungen* sein, wie z. B. bei der Vorbereitung der vorsätzlichen Tötung, die mit Zuchthausstrafe bis zu 2 Jahren bedroht ist (§ 201 japStGB), das Anschaffen eines Küchenmessers oder der Kauf von Pestiziden. Erst die *Zweckbestimmung des Täters,* die auf die Ausführung des Hauptdelikts gerichtet ist, verleiht ihnen den Charakter einer rechtswidrigen Handlung (die sog. überschießende Innentendenz). Nach der Rechtsprechung ist auch deren mittäterschaftliche Begehung möglich.[16] Die Vorbereitungstatbestände des StGB haben allerdings in der Praxis nur marginale Bedeutung. Die Zahl der jährlich polizeilich bekanntgewordenen bloßen Vorbereitungsstraftaten ist minimal.[17] Diese zahlenmäßige Seltenheit findet ihre Erklärung in Beweisschwierigkeiten beim subjektiven Tatbestandsmerkmal. Dies darf man nicht so verstehen, dass eine äußerlich harmlose Handlung, wie das Einsteigen in die U-Bahn ohne Tatwaffe, wegen der Vorbereitung einer vorsätzlichen Tötung bestraft werden könnte, wenn der Zweck des Täters, zur Wohnung des Opfers zu fahren und es dort zu erschlagen, nur bewiesen werden könnte. Die Maxime, der die japanischen Praktiker folgen, könnte man so formulieren: Wegen eines Vorbereitungsdelikts wird nur verfolgt und angeklagt, wenn *auch ohne das Geständnis des Täters* das Vorliegen sämtlicher Tatbestandsmerkmale einschließlich des Zwecks in der Hauptverhandlung bewiesen werden könnte. Eine Strafverfolgung, die mit dem Geständnis des Beschuldigten steht und fällt, wird in Japan vermieden. Sie kommt erst in Frage, wenn in der äußeren Handlung der Zweck, der auf die Ausführung des Hauptdelikts gerichtet ist, in unverkennbarer Weise ausgedrückt ist. Hier zeigt sich zugleich, dass bei den Vorbereitungsdelikten – jedenfalls in der japanischen Praxis – das *subjektive Element der intendierten Rechtsgutsverletzung* eine die *Strafbarkeit stark einschränkende Funktion* innehat.

Bezüglich des sog. *abstrakten Gefährdungsdelikts* ist das Verständnis, dass es sich hier um ein typischerweise mit einer Rechtsgutsgefährdung verbundenes und in seiner Verallgemeinerung rechtsgutsverletzendes Verhalten handelt, wobei es gleichgültig ist, ob im konkreten Fall das betreffende Rechtsgut tatsächlich gefährdet wird oder nicht, noch als herrschend zu bezeichnen. Auch die Kritiker wollen dieses klassische Verständnis nicht etwa gänzlich verwerfen, sondern behaupten, dass unter den sog. abstrakten Gefährdungsdelikten auch solche zu finden seien, bei denen ein »gewisser Grad an Gefährlichkeit« oder die Schadensgeeignetheit der Tathandlung zum tatbestandlichen Erfordernis gehört. Gegenwärtig sind sich die Autoren auf jeden Fall darüber einig, dass die

16 Beschluss des OGH v. 8.11.1962.

17 Die Zahl der polizeilich bekannt gewordenen Vorbereitungen zu einer vorsätzlichen Tötung betrug im Jahre 2008 24, im Jahre 2009 20, im Jahre 2010 22 und im Jahre 2011 20.

einzelnen abstrakten Gefährdungstatbestände des Besonderen Teils differenzierterer Betrachtung bedürfen, als das bisher der Fall war.

C. Hintergründe der heutigen Vorverlagerung

Aufgrund ihrer objektivistischen Einstellung stehen die meisten japanischen Strafrechtler der neueren Vorverlagerungstendenz skeptisch gegenüber. Sie hegen die Befürchtung, dass das Prinzip des Rechtsgüterschutzes *durch eine retrospektive Bestrafung* und damit ein wichtiges Paradigma der Strafrechtswissenschaft der Nachkriegszeit zu Fall zu kommen droht. Aber im Zeitalter der *zu Populismus neigenden Politik* und der *politisch orientierten Gesetzgebung* haben die Experten an Aussagekraft und Einflussmöglichkeit bei der Gesetzgebung eingebüßt. Ganz unabhängig von besorgten Äußerungen von Strafrechtsprofessoren schreitet die Vorverlagerungstendenz immer weiter fort.

Ich bezweifle aber auch, dass die Argumente der Strafrechtler gegen die heutige Vorverlagerungstendenz wirklich überzeugend sind. Was die Ausuferungs- und die Vorverlagerungstendenz im Nebenstrafrecht betrifft, die schon seit Längerem zu beobachten sind, haben die japanischen Strafrechtswissenschaftler sie zwar nicht befürwortet, aber zumindest passiv hingenommen. Genauso haben sie sich gegenüber den Vorbereitungsdelikten und den Besitzdelikten, die bereits in unserem StGB enthalten sind, verhalten. Sie wurden bisher als ein problemloser Bestandteil unseres Kriminalstrafrechts angesehen und keiner prinzipiellen Kritik unterworfen.[18] Die wohl entscheidende Frage, ob ein *qualitativer Unterschied zwischen der bisherigen Vorfeldkriminalisierung und dem neueren Vorverlagerungsphänomen* besteht, ist in der japanischen Lehre noch nicht gestellt worden, obwohl es die dringendste Aufgabe für die Wissenschaft darstellt, erst einmal diesen Unterschied scharf herauszuarbeiten.

Hinter der Tendenz der Vorverlagerung steht die *Forderung nach Sicherheit*,[19] deren Bedürfnis aus einer allgemeinen Besorgnis des Menschen in der modernen Gesellschaft rührt. Die hoch industrialisierte und technisierte Gesellschaft ist so komplex geworden, dass sie für den Einzelnen nur noch eine große »Black Box«, ein unheimliches Etwas, ist. Unser Sozialleben ist weitgehend vom blinden Vertrauen der Menschen zueinander und von unzähligen, fragilen technischen Einrichtungen abhängig geworden. Das Schadenspotential, das auf dem Handeln Einzelner beruht, ist enorm gewachsen. Dieser Sachverhalt scheint eine

18 Aber die japanischen Strafrechtler setzen bei der Behandlung der dogmatischen Fragen des AT wie selbstverständlich die vollendete vorsätzliche Tötung als das *Urbild der Straftat* voraus. Sie machen sich nicht einmal Gedanken darüber, wie der auf diese Weise gebildete Unrechtsbegriff zu den Vorbereitungsdelikten und den Besitzdelikten im BT passen soll.

19 Hierzu siehe *Makoto Ida*, Festschrift für Imme Roxin, 2012, S. 739ff.

vorverlagerte Einmischung mittels des Strafrechts zu rechtfertigen.[20] Man braucht sich als Beispiel dafür nur an den japanischen Bauskandal, der im Jahre 2005 – glücklicherweise durch Zufall – ans Licht kam, zu erinnern: Ein Architekt fälschte Daten zur Erdbebensicherheit von in Planung befindlichen Bauwerken. Darauf folgend wurden mehrere, nicht erdbebensichere Hotels und Hochhäuser gebaut, die später abgerissen werden mussten, da sie wahrscheinlich auch einem mittleren Erdbeben nicht standgehalten hätten. Die Fälschung der Daten zur Erdbebensicherheit stellt immerhin ein Verwaltungsstrafunrecht (Verstoß gegen das Baunormengesetz) dar.

Das heikelste Problem, das die rasche *Entwicklung zu einem präventiven Sicherheitsstaat* hervorgebracht hat, liegt darin, dass das allgemeine Gefühl der Unsicherheit, das eine Vorverlagerung der Strafbarkeit fordert, nicht immer sachlich begründet ist und auch ein Produkt grundloser Einbildung sein kann. Aber hinsichtlich der Cyber-Kriminalität taucht dieses Problem nicht in so brisanter Weise auf. Denn, dass sie ein *enormes Schadenspotential* besitzt, beruht nicht auf grundloser bloßer Imagination, sondern dürfte eine unbezweifelbare Realität sein.

Aus strafrechtlicher Sicht war die größte Änderung, die die Computertechnologie mit sich gebracht hat, die Schwerpunktverlagerung von der *Sache*, einem substantiellen Gegenstand, *zur digitalisierten Information*, die nicht mehr in bestimmten materiellen Gegenständen verkörpert zu sein braucht. Die *Besitzübergabe der Sache* ist durch die *Übermittlung von Informationen* ersetzt worden. Damit ist eine entsprechende Änderung der Strafvorschriften des japStGB notwendig geworden.[21] Wenn die Transaktion nicht mittels einer Sache und

20 Bei der heutigen Vorliebe für einen verstärkten Gebrauch der Strafe aus utilitaristischer Sicht verlaufen die Diskussionslinien inzwischen quer zu den überkommenen politischen Lagern rechts und links. Heute sind auch im linksliberalen Lager, das früher überhaupt gegen jede Kriminalisierung sprach, laute Stimmen vernehmbar, die sich insbesondere für den Schutz von Frauen und Kindern zu einer frühen polizeilichen Intervention, der Vorfeldkriminalisierung und der Strafverschärfung bei Gewalttaten gegenüber sozial schwachen Personen aussprechen.

21 Durch das *Strafrechtsänderungsgesetz von 1987* wurden die Bestimmungen über die Urkundenfälschung dahingehend ergänzt, dass sie – durch den Begriff der »elektronisch-magnetischen Aufzeichnung« – auch die *Manipulation von Computerdaten*, der die Eigenschaft der visuellen Wahrnehmungsmöglichkeit ihres Inhalts fehlt, erfassen können (§§ 7–2, 157f., 161–2 jap. StGB). Durch dasselbe Änderungsgesetz wurde die Strafvorschrift des *Computerbetruges* (§ 246–2) hinzugefügt, die die Strafbarkeitslücke zu schließen sucht, die der Diebstahltatbestand von § 235 und der Betrugstatbestand von § 246 bisher im Bereich der Computermanipulation hatten. Danach hat sich strafbar gemacht, wer sich oder einem Dritten dadurch einen rechtswidrigen Vermögensvorteil verschafft hat, dass er einem von einem anderen betriebenen Computer falsche Daten oder unrichtige Befehle gibt und eine bezüglich des Vermögensstandes unwahre elektronisch-magnetische Aufzeichnung erstellt (1. Alternative), oder dadurch, dass er eine bezüglich des Vermögensstandes unwahre elektronisch-magnetische Aufzeichnung verwendet (2. Alternative). Durch das gleiche Ge-

ihrer Übergabe, sondern über ein Netzwerk mittels des Austausches von Informationen geschieht, kann sie viel schneller und in größerem Umfang erfolgen und demzufolge können der Opferkreis wie die daraus resultierenden Schäden viel umfangreicher sein. Das gilt auch für den »Cyber-Terrorismus«, wie den DDoS-Angriff, der durch die bloße Bedienung der Tastatur am Schreibtisch große Personen- und Vermögensschäden verursachen kann. Will das Strafrecht um eines effektiven Rechtsgüterschutzes willen nicht zu spät zur Stelle sein, scheint die *Einmischung des Strafrechts bereits im Stadium der Vorbereitung unumgänglich* zu sein.

So gesehen kann man die wirklich ernste Vorverlagerungsproblematik bei der Cyber-Kriminalität nicht so sehr in der zeitlichen Distanz bis zur Rechtsgutsverletzung, als vielmehr in der *Verflüssigung der Grenzen zwischen legalem und illegalem Verhalten sehen.* Dieses Phänomen, durch das infolge der Vorverlagerung der Strafbarkeit der Unterschied zwischen legalem und illegalem Verhalten immer mehr verschwindet, kann man die *Verflüssigungstendenz* nennen. Sie taucht in zwei verschiedenen Erscheinungsformen auf. *Erstens* werden an sich neutrale oder »zweideutige« Handlungen unter Strafe gestellt, die erst durch die Zweckrichtung des Täters oder wegen der Wahrscheinlichkeit einer dadurch hervorgerufenen Rechtsgutsverletzung im konkreten Fall ein strafwürdiges Unrecht konstituieren. Hier stellt sich die Frage, wie man bei der Kriminalisierung – unter Bewahrung des verfassungsrechtlichen Bestimmtheitsgebots (Art. 31 jap. Verfassung) – die strafwürdigen Handlungen umreißen und diese von den erlaubten aussondern kann. *Zweitens* wird mit der Vorfeldkriminalisierung der Staat in der Lage sein, in die private Sphäre des Individuums, etwa ins Arbeitszimmer zu Hause, ins Wohn- oder Schlafzimmer, wo immer auch man den PC benutzen kann, einzudringen und die Fingerbewegungen eines PC-Benutzers, die äußerlich gesehen gar nichts Außergewöhnliches sind, unter Strafe zu stellen. Das ist auch deshalb problematisch, weil heute für die Menschen der PC eine Erweiterung der Privatsphäre darstellt. Das Verflüssigungsphänomen bringt allerdings auf diesem Gebiet insbesondere mannigfaltige prozessrechtliche Probleme mit sich.

Ein besonders mächtiger Faktor, der die Vorverlagerungstendenz fördert, ist die *Forderung nach einer Internationalisierung des Strafrechts.*[22] Ein Beispiel aus dem Bereich der Cyberkriminalität bietet die Einfügung neuer Strafvorschriften ins japStGB im Jahre 2011, die u. a. das Herstellen und In–Verkehr-Bringen von Computer-Viren unter Strafe stellen. Der direkte Anlass dazu war, dass die ja-

---

setz von 1987 wurde auch die *Computersabotage* ausdrücklich unter Strafe gestellt (§§ 234–2, 258f.).

22 Vgl. *Makoto Ida,* Was bringt die sog. Internationalisierung des Strafrechts? – Eine Problembetrachtung aus japanischer Perspektive in: Murakami/Marutschke/Riesenhuber (Hrsg.), Globalisierung und Recht, 2007, S. 219ff.

panische Regierung im Jahre 2001 das »*Cybercrime-Abkommen*« *des Europarats* unterzeichnet hatte. Die Internationalisierung des Strafrechts steht bei der intensiven Arbeit des Gesetzgebers in den letzten Jahren – neben der Forderung nach Opferschutz – immer im Vordergrund. Obwohl sie im Ganzen manche Probleme, die eine Durchmischung und Erosion der nationalen Strafrechtsordnung mit heterogenen Elementen betreffen, mit sich gebracht hat, schlagen diese Probleme im Bereich der Cyber-Kriminalität wenig zu Buche, weil es im Allgemeinen so empfunden wird, dass die geforderte Vorverlagerung angesichts der empirisch nachweisbaren Entwicklung sozialschädlicher Tätigkeiten auf diesem Gebiet, auch unter dem Gesichtspunkt der sog. mit Beweisen fundierten Kriminalpolitik (evidence-based criminal policy), jedweder Beanstandung standhält.

D. Probleme um die Vorverlagerung der Strafbarkeit

Heute wird hinsichtlich der Kriminalitätskontrolle die Parole »*For a safe and secure society*« immer und überall zunehmend lauter.[23] Mit dieser Entwicklung zu einem präventiven Sicherheitsstaat geht der *Funktionswandel des Strafgesetzes* einher. Die traditionelle Vorstellung vom Strafrecht war dadurch gekennzeichnet, dass die Strafe ihrem Wesen nach ein Übel, eine dem Straftäter retrospektiv zuzufügende Rechtsgutsverletzung, darstellt, und die Straftat, ein anderes Übel, das der Täter schuldhaft bewirkt hat, zur Voraussetzung hat. Die Vorverlagerung der Strafbarkeit wird aber nicht um einer retrospektiven Bestrafung willen gefordert, sondern vornehmlich zum Zweck der Gefahrenabwehr, d.h. einer möglichst frühen polizeilichen Einmischung. Die Akzentverschiebung von der Repression zur Prävention innerhalb des materiellen Strafrechts schreitet parallel zur prozessrechtlichen Tendenz der Verwischung zwischen den ermittelnden und den präventiven Tätigkeiten der Polizei immer weiter fort.

Die Vorfeldkriminalisierung mittels der Vorbereitungsdelikte und der abstrakten Gefährdungsdelikte ist allerdings nicht neu. Diese Tatbestände gehören zu einem festen Bestandteil unseres StGB von 1907. Die Strafvorschrift gegen die Vorbereitung zu einer Geldfälschung (§153 japStGB) beispielsweise ist keinen prinzipiellen Bedenken ausgesetzt. Auch in normentheoretischer Hinsicht erhebt sich kein Zweifel. Problemlos lässt sich eine selbstständige Verhaltensnorm,

23 Zu bemerken ist in diesem Zusammenhang, dass in Japan häufig zwischen »safety« und »security« unterschieden wird. Während »safety« eine objektive und wirkliche Gefahr voraussetze, beruhe »security« auf der Besorgnis um eine unsichere zukünftige Tatsache, deren empirischer Gehalt genau überprüft werden müsse. Es steht auf einem anderen Blatt, ob diese Unterscheidung semantisch angemessen ist.

die etwa die Vorbereitungshandlung zu einer vorsätzlichen Tötung verbietet, unabhängig von der Hauptnorm des Tötungsverbots konstruieren.

Bei der auch in Japan hier als unerlässlich erachteten *Kontrolle durch den Verhältnismäßigkeitsgrundsatz*[24] ergibt sich zunächst, dass die Schutzwürdigkeit des potentiell Betroffenen nicht zu verneinen ist, soweit die Gefahr großer Personen- bzw. Vermögensschäden besteht. Von zentraler Bedeutung ist die Frage, ob zur Vermeidung einer *entfernten, mehr oder weniger wahrscheinlichen Gefahr* ein Eingriff in die Grundrechte durch die staatliche Bestrafung gerechtfertigt ist. Diese Frage könnte dann bejaht werden, wenn das Verbot eines in diesem Sinne entfernt-gefährlichen Verhaltens nur die Keime späterer gravierender Rechtgutsverletzungen erfassen und die mehr oder weniger sozial tolerierten oder sogar völlig ordnungsgemäßen Handlungen nicht in seinen Anwendungsbereich einbeziehen würde. Ein klassisches Beispiel eines relativ genau bestimmten Verbots in diesem Sinne findet man in der waffengesetzlichen Regulierung. In Japan werden durch das Waffengesetz vom 10. März 1958 Handel, Erwerb und Besitz, Aufbewahrung sowie Gebrauch von Waffen bei Privatpersonen grundsätzlich verboten. Dazu gibt es nur sehr strikt definierte Ausnahmen. Zuwiderhandlungen gegen diese Verbote sind mit Strafe abgesichert, die bis zu lebenslänglicher Zuchthausstrafe reichen kann. Man sagt, dass in Japan nach Malaysia das weltweit zweitstrengste Waffengesetz gilt. Dagegen sind bisher jedoch keine verfassungsrechtlichen Bedenken geäußert worden.

Ich komme damit zum *Kern unserer Problematik:* Die Regulierung entfernt-gefährlicher Handlungen bereitet dort Bedenken, wo sie auch sozial tolerierte oder ganz harmlose oder sogar nützliche Handlungen mit erfasst. Dieses Problem der Verflüssigung der Grenzen zwischen legalem und illegalem Verhalten hat die bisherige Vorfeldkriminalisierung in Japan durch das *Erfordernis der Auffälligkeit des Tatobjekts* wie dies bei Waffen, Rauschgift, unzüchtigen Schriften, einer unechten Urkunde, einer gestohlenen Sache usw. oder/und durch das *Verlangen eines subjektiven Tatbestandsmerkmals* wie der Absicht des Täters, damit das Hauptdelikt auszuführen, bei den Vorbereitungsdelikten zu meistern gesucht. Sehen wir jetzt aber die neueren Strafvorschriften zur Bekämpfung der Cyber-Kriminalität genauer an, können wir feststellen, dass bei

24 Man fragt sich, ob dieses Prinzip in diesem empirisch unsicheren Bereich noch brauchbar ist und demgegenüber dem *Vorsorgeprinzip* Vorrang eingeräumt werden sollte. In Japan wird im Allgemeinen mit Recht angenommen, dass das Verhältnismäßigkeitsprinzip auch im Bereich der Risikoregulierung anwendbar und zur rationalen Strukturierung der staatsrechtlichen Entscheidungen unverzichtbar ist. Beim Verzicht auf dieses Prinzip würde in der Tat die Rechtsfigur der Sicherheit kombiniert mit der Lehre von der staatlichen Schutzpflicht in der Lage sein, jedwede präventiven Maßnahmen zu legitimieren. Sie birgt die Gefahr in sich, als ein Argumentationsmuster zu dienen, mit dessen Hilfe die Staatsmacht uferlos ausgedehnt werden kann.

der neueren japanischen Strafgesetzgebung diese Strafbarkeitseinschränkungen immer weniger beachtet werden.

So wurde die Straftat des unbefugten Sich-Verschaffens des Zugangs zu einem von einem anderen betriebenen Computersystem (§ 3 des Gesetzes über das Verbot des unbefugten Zugangs) *nicht als ein Vorbereitungsdelikt* zum Computerbetrug (§ 246–2 japStGB), zur Manipulation einer elektro-magnetischen Aufzeichnung (§§ 157f., 161–2 japStGB), zur Computersabotage (§§ 234–2, 258f. japStGB) oder zur Computerspionage (§ 21 des Gesetzes gegen den unlauteren Wettbewerb) konstruiert. Ein bestimmter Zweck des Täters ist nicht erforderlich. Somit ist auch das Sich-Verschaffen des Zugangs zum Zweck der unberechtigten, aber an sich straflosen Computernutzung (des sog. Zeitdiebstahls) strafbar. Wenn man sich dann hinzudenkt, dass auch die Vorbereitung und die Förderung des Sich-Verschaffens des Zugangs durch Erwerb, Aufbewahren oder Verraten der Benutzer-ID oder des Passworts strafbar ist, haben wir hier strafrechtliche Verbote vor uns, die *in einer sehr umfassenden Weise formuliert* sind. Der Gesetzgeber hat die Konstruktion als ein Vorbereitungsdelikt mit einem Zweckerfordernis vermieden und ein selbstständiges abstraktes Gefährdungsdelikt geschaffen. Das zu schützende Rechtsgut soll das *»öffentliche Vertrauen in die Funktion der Zugangssicherung«* sein. Die Abstrahierung eines Rechtsgutes dieser Art ist auch als eine Strategie zu bezeichnen, sich gegen die Forderung nach Empirie zu immunisieren: Das zu schützende Interesse ist dort angesiedelt, wo empirische Überlegungen zur Gefährlichkeit oder Sozialschädlichkeit des Verhaltens wenig Aussagekraft haben.

Die neuere Tendenz eines häufigeren Gebrauchs von Vorbereitungs- und Besitzdelikten hätte weniger Bedenken hervorgerufen, wenn *als Tatobjekt* ein eindeutig illegaler oder zumindest sozial negativ auffälliger Gegenstand vorgesehen wäre. So ist es aber nicht immer. Das Paradebeispiel dafür liefert das zur Bekämpfung von Einbruchsdiebstählen erlassene Sonderstrafgesetz aus dem Jahre 2003, das den Besitz und das Beisichführen eines Werkzeugs, das zur Öffnung des Schlosses eines fremden Hauses dienen kann, unter Strafe stellt. Die *schwierigen Abgrenzungsfragen um das Tatobjekt* begleiten auch die im Jahre 2011 ins japStGB- nach den Vorschriften über die Fälschungsdelikte – eingefügten Strafvorschriften, die u. a. das Herstellen, Anbieten und Aufbewahren von sog. Computer-Viren unter Strafe stellen (§§ 168–2f. japStGB). Das Tatobjekt ist das Computerprogramm, das eine »unrichtige Anweisung gibt, die die, dem Willen des Benutzers entsprechenden, Tätigkeiten verhindert oder die, gegen seinen Willen verstoßenden, Tätigkeiten verursacht«. Die weitgefasste Gesetzesbestimmung kann auch einschließen 1.) das Computerprogramm, das – oft in unvermeidbarer Weise – einen Programmfehler (Bug) enthält, 2.) das Korrekturprogramm, das zur Behebung eines Programmfehlers angewendet wird (Bug fix) und 3.) das Programm, das der Programmierer bei der Entwicklung eines Antivirenprogramms benutzt. Diese Fälle sollen durch die *generalklauselartigen Formeln* wie »ohne einen berechtigten Grund«, »unrichtig« oder »gegen den Willen des Benutzers« aus dem Strafbarkeitsbereich ausgeschlossen werden. In diesem Zusammenhang ist auch auf die neuere Tendenz hinzuweisen, dass der Gesetzgeber bei den Besitzdelikten immer weniger einen bestimmten Zweck verlangt. So sollen nach dem oben genannten Sondergesetz von 2003 der Besitz und das Beisichführen des betreffenden Werkzeugs strafbar sein, solange es »keinen berechtigten Grund« für den Besitz und das Beisichführen gibt. Auch hinsichtlich der *Kinderpornographie* ist jetzt die Diskussion in vollem Gange, ob man auch den bloßen Besitz ohne einen bestimmten Zweck unter Strafe stellen soll.

Die *Problematik der sog. Dual-Use-Produkte* ist hier einschlägig. Große Aufmerksamkeit, nicht nur in der Fachwelt, wurde dem sog. *Winny-Fall* zuteil, in dem ein Computertechniker wegen Beihilfe zur Verletzung des Urheberrechts durch Raubkopie angeklagt, aber schließlich freigesprochen wurde. Der Angeklagte entwickelte eine sogenannte »Filesharing«-Software, »Winny« genannt, und stellte sie den Benutzern kostenlos im Internet zur Verfügung. Sie sollte dem Austausch von Filmen oder Musikvideos zwischen den Benutzern dienen, egal ob sie urheberrechtlich geschützt waren oder nicht. Dieses Computerprogramm konnte deshalb sowohl für legale als auch für kriminelle Zwecke eingesetzt werden. Zwei Benutzer luden mit diesem Programm Spielprogramme und Spielfilme, die urheberrechtlich geschützt waren, hoch und stellten sie den anderen Benutzern zur Verfügung. Das Distriktgericht Kyoto verurteilte im Jahre 2006 den Angeklagten wegen Beihilfe zur Urheberrechtsverletzung. Im Jahre 2009 wurde er in zweiter Instanz freigesprochen. Der OGH bestätigte – in einer nicht einstimmigen Entscheidung – den Freispruch. Bemerkenswert ist die Begründung durch die Mehrheitsauffassung des OGH: Danach ist eine Beihilfe zur Urheberrechtsverletzung mittels dieser »wertneutralen« Software nur dann anzunehmen, wenn objektiv eine »hohe Wahrscheinlichkeit besteht, dass ein nicht mehr als Ausnahme zu bezeichnender Kreis von Benutzern die Copyright-Verletzungen begehen werde« und subjektiv der Anbieter in diese hohe Wahrscheinlichkeit eingewilligt hat. Im Winny-Fall habe zwar diese objektive Wahrscheinlichkeit bestanden, aber der diesbezügliche Vorsatz des Angeklagten sei nicht anzunehmen. In der Lehre wird es im Allgemeinen als positiv aufgenommen, dass der OGH bei der *Abwägung der Nützlichkeit und der Schädlichkeit der Dual-Use Produkte* immerhin einen Beurteilungsmaßstab von einem »nicht mehr als Ausnahme zu bezeichnenden Kreis von Benutzern« formuliert hat. Es ist natürlich fraglich, ob der Maßstab nicht zu vage ist, um in der Praxis zwischen legalem und illegalem Verhalten zu unterscheiden.

E. Schluss

Zusammenfassend lässt sich sagen, dass die heutige Vorfeldkriminalisierung in Japan mehrere Eigenschaften aufweist, die bisher nicht bekannt waren, so dass die japanische Strafgesetzgebung insgesamt bereits in ein *neues Stadium der Vorverlagerungstendenz* eingetreten ist.

Jin-Kuk Lee

Vorverlagerung der Strafbarkeit am Beispiel der Verfolgung von Cybercrime in Korea

A. Einleitung

Im Zeitalter der Kommunikationsgesellschaft sind Computer und Internet nicht mehr wegzudenken. Die modernen Informationstechnologien ermöglichen mittels Computer und Internet den weltweiten Austausch von Informationen in Sekundenschnelle. Etwa 78 Prozent aller Koreaner nutzten im Jahr 2011 regelmäßig das Internet, wobei ungefähr 37 Prozent der Bevölkerung in Korea über einen Hochgeschwindigkeitsinternetanschluss verfügen. Die Nutzung von Computer und Internet führt nicht nur zu einem fortschrittlicheren Wandel in allen Lebensbereichen, sondern ermöglicht zudem einen Austausch von Informationen. Diese Möglichkeit des Informationsaustausches stellt die Grundlage für eine freie Willensbildung der Bevölkerung dar und fördert dadurch die Verwirklichung der Demokratie.

Aufgrund seiner großen Bedeutung hat das Internet jedoch eine rasch anwachsende und vielfältige Art von sozialschädlichem und kriminellem Verhalten im Netz mit sich gebracht. Dabei können die kriminellen Handlungen im Cyberraum je nach deren Phänomen insgesamt in zwei Kategorien klassifiziert werden. Die *erste* Kategorie stellt die traditionellen Straftaten im Zusammenhang mit Computer und Internet dar, die gegen oder über den Computer/ das Internet begangen werden. Hierzu zählen Computerbetrug, Datenausspähen, Datenveränderung, Computersabotage, Datenfälschung, Verbreitung graphischer Schriften, Beleidigung, Urheberrechtsverletzung, Datenschutzverletzung etc. Die *zweite* Kategorie umfasst die internetspezifischen Handlungen, wie z. B. Einsatz von Computerviren, Hacking, Spamming und Ddos-Angriffe, Phishing etc.

Das Schadenspotenzial im Bereich der Cybercrime ist als hoch einzustufen. Vor diesem Hintergrund hat der koreanische Gesetzgeber seit Mitte der 90er Jahre zahlreiche gesetzliche Vorkehrungen getroffen, um Bürger und Institute vor der Verletzung oder Gefährdung durch Cybercrime zu schützen. So sind zurzeit über 15 einzelne Gesetze in Korea in unmittelbarem Zusammenhang mit Cybercrime verabschiedet worden und in Kraft getreten. Davon sind vor allem zwei Gesetze von besonderer Bedeutung: das Strafgesetzbuch und das Gesetz über die Förderung der Nutzung des Informations- und Kommunikationszwecks und den Datenschutz (im Folgenden: Informations- und Kommunikationsnetzwerk-Gesetz). Die beiden Gesetze enthalten zwar zahlreiche Cybercrime-Straftatbestände, aber zum Teil auch solche, die der Strafbarkeitsschwelle zeitlich vorverlagert sind.

Das Phänomen der Strafbarkeitsvorverlagerung im modernen Strafrecht ist in der Strafrechtswissenschaft schon seit Langem präsent, wodurch schließlich eine heftige Debatte um die Legitimation der Vorverlagerung unter dem Topos »Rechtsgut« ausgelöst wurde. Da die Vorverlagerung vielfach mit Cybercrime in einem engen Zusammenhang steht und die Tatbestände meistens als abstrakte Gefährdungsdelikte ausgestaltet sind, sollen hier, ausgehend von der Begriffsklärung der Vorverlagerung, die Problematik und die Reformvorschläge der Strafbarkeitsvorverlagerung im Bereich Cybercrime im koreanischen Strafrecht aufgezeigt werden.

B. Begriffsklärung »Vorverlagerung«

Seit Mitte der 80er Jahre ist die Terminologie »Vorverlagerung« zwar zum Modethema in der Strafrechtswissenschaft geworden. Ihr genauer Inhalt und ihre Erscheinungsformen sind aber noch nicht vollständig geklärt, weil die Feststellung der Strafbarkeitsvorverlagerung von der Auslegung oder Gesetzgebung eines Straftatbestandes abhängig ist und deshalb die Phänomene der Vorverlagerung verschieden sind.

I. Begriff und Funktion der Vorverlagerung der Strafbarkeit

Vor der Diskussion um die Vorverlagerung des Strafbarkeitszeitpunktes muss man sich fragen, nach welcher Maßgabe Vorverlagerung und Nichtvorverlagerung zu unterscheiden sind. Die Natur der Vorverlagerung kann dabei im Verhältnis zu den Erfolgs- und konkreten Gefährdungsdelikten beleuchtet werden, deren Deliktstatbestände den Eintritt eines bestimmten Taterfolgs oder die Verursachung einer Gefahr verlangen. Da es sich bei der Vorverlagerung in der Regel um eine zeitliche Verschiebung der Strafbarkeit handelt[1], hängt sie häufig von der Struktur eines Deliktstatbestandes ab.

Die Vorverlagerung ist die zeitliche Ausweitung eines Straftatbestandes und bezieht sich auf die Verkürzung der Strafbarkeitsschwelle bzw. Strafbarkeitsanforderung eines Straftatbestandes. Bei der Vorverlagerung kommt es gegenüber klassischen Verletzungs- und Erfolgsdelikten nur auf das Handlungsunrecht an und zwar ohne Rücksicht auf den tatbestandlichen Erfolg.[2] Somit steht die Vorverlagerung in einem unmittelbaren Zusammenhang mit den abstrakten Gefährdungs- und Handlungsdelikten, bei denen die Gefahr nicht ausdrücklich nachgewiesen werden muss. Das Hauptmotiv für eine Vorverlagerung der Strafbarkeit in der Gesetzgebung oder in gerichtlichen Entscheidungen liegt in dem verbesserten Schutz der Rechtsgüter, führt aber auch gleichzeitig zur Verpolizeilichung der Strafjustiz.

Ein klassisches Beispiel für die Vorverlagerung findet sich in § 114 korStGB[3] (Bildung krimineller Vereinigungen), wonach die Tat bereits im Zeitpunkt der Gründung krimineller Vereinigungen und somit noch vor der Begehung der vom Täter eigentlich beabsichtigten Straftaten vollendet wird. Der Anwen-

---

1 *Sinn*, Vorverlagerung der Strafbarkeit – Begriff, Ursachen und Regelungstechniken, in: Sinn/Gropp/Nagy (Hrsg.), Grenzen der Vorverlagerung in einem Tatstrafrecht (2011), S. 16, 18.

2 *Sinn*, a.a.O., S. 16.

3 Article 114 (Organization of Criminal Groups): (1) A person who organizes a group whose purpose is to commit a crime or who joins such group, shall receive the punishment specified for such crime: Provided, that the punishment may be mitigated. (2) A person who organizes a group whose purpose is to reject compulsory military service or liability to pay taxes or joins such group, shall be punished by imprisonment or imprisonment without prison labor for not more than ten years or by a fine not exceeding fifteen million won. (3) A person who commits the crimes of the preceding two paragraphs and is punished by imprisonment or imprisonment without prison labor for a definite term or fine, may concurrently be punished by suspension of qualifications for not more than ten years.

dungsbereich dieses Delikts wird durch die am 12. März 2013 verabschiedete Änderung des korStGB noch erweitert: Nunmehr soll auch die Bildung krimineller Gruppen[4], die noch nicht die Stufe krimineller Vereinigungen erreicht haben und gefährlich für die Allgemeinheit erscheinen, bestraft werden. Dies wäre eine zusätzliche Vorverlagerung der an sich schon vorgelagerten Strafbarkeit nach § 114 korStGB.

Die Diskussion zur Vorverlagerung der Strafbarkeit hat eine systemkritische Funktion im Strafrecht, die bei der Erklärung der Grenzen und Legitimation der staatlichen Eingriffe durch Vorverlagerung eine wichtige Rolle spielt. Da die Vorverlagerung nur ein in einzelnen Straftatbeständen vorgefundenes Phänomen und als solches kein abschließendes Kriterium der Legitimation der vorgelagerten Delikte ist, soll mit Hilfe von anderen Kriterien wie z. B. Rechtsgut, Schutzpflicht etc. bewertet werden, ob sie legitimierbar ist und wo sie an ihre Grenzen stößt.

II. Erscheinungsformen der Strafbarkeitsvorverlagerung

Eine Vorverlagerung der Strafbarkeit kann sowohl durch Auslegung als auch durch Änderung oder Neuschaffung eines Straftatbestandes erfolgen.

Die Strafbarkeitsvorverlagerung durch Tatbestandsauslegung kommt in Betracht, wenn der Vollendungszeitpunkt durch Auslegung der Tatbestandsmerkmale vorgelagert bzw. der Anwendungsbereich zeitlich nach vorne verlegt wird. Diese Form der Vorverlagerung kann im koreanischen Strafrecht häufig durch Auslegung der Straftatbestände mit Versuchsstrafbarkeit erfolgen. Ein Beispiel hierfür ist der Untreuetatbestand gemäß § 355 Abs. 2 korStGB[5]. Nach dem gesetzlich klar normierten Tatbestand des § 355 Abs. 2 korStGB setzt die Vollendung der Untreue eine Schadenszufügung gegenüber dem Opfer voraus. Daneben ist auch eine Versuchsstrafbarkeit der Untreue in § 359 korStGB aus-

4 Die Kriminalisierung der durch die Änderung des § 114 korStGB neu eingefügten Alternative »Bildung krimineller Gruppen« greift auf den Ausdruck »strukturierte Gruppe« im Sinne des § 3 Nr. C des Übereinkommens der Vereinten Nationen vom 15. November 2000 gegen die grenzüberschreitende organisierte Kriminalität zurück. Mit »strukturierter Gruppe« ist gemeint, dass sie nicht zufällig zur unmittelbaren Begehung einer Straftat gebildet wird, und dass sie nicht notwendigerweise förmlich festgelegte Rollen für ihre Mitglieder, eine kontinuierliche Mitgliedschaft oder eine ausgeprägte Struktur hat.

5 Article 355 (Embezzlement and Breach of Trust): (1) A person who, having the custody of another's property, embezzles or unlawfully refuses to return it, shall be punished by imprisonment for not more than five years or by a fine not exceeding fifteen million won. (2) The preceding paragraph shall apply to a person who, administering another's business, obtains pecuniary advantage or causes a third person to do so from another in violation of one's duty, thereby causing loss to such person.

drücklich vorgesehen. Nach ständiger Rechtsprechung des koreanischen Obersten Gerichtshofs (nachfolgend: korOGH) wird jedoch die Untreuestrafbarkeit nicht im Zeitpunkt des Schadenseintritts beim Opfer, sondern bereits durch die Möglichkeit eines Schadenseintritts vollendet[6], sodass beim Untreuefall dessen Versuch kaum mehr möglich erscheint. Insofern ist die Strafbarkeitsschwelle bzw. die Strafbarkeitsanforderung bei Untreue so weitreichend verkürzt, dass die Möglichkeit einer Strafmilderung beim Versuch gemäß § 25 Abs. 2 korStGB[7] von vornherein ausgeschlossen wird.

Ein anderes Beispiel der Vorverlagerung durch Tatbestandsauslegung wird anhand des Voll-endungszeitpunkts des Bedrohungsdelikts in § 283 korStGB[8] deutlich, dessen Versuch gemäß § 286 korStGB ebenfalls strafbar ist. Nach h. M.[9] soll der Bedrohungstatbestand wegen dessen Versuchsstrafbarkeit ein solches Verletzungsdelikt darstellen, bei dem die Tat erst dann vollendet ist, wenn es zur Drohung bzw. Ankündigung gekommen ist und der Adressat sich auch tatsächlich fürchtet und bedroht fühlt. Der korOGH[10] und die m.M.[11] sehen demgegenüber im Bedrohungsdelikt ein Gefährdungsdelikt, dessen Versuch nur dann bejaht wird, wenn die Drohung bzw. Ankündigung faktisch den Drohungsadressaten nicht erreicht hat oder der Adressat trotz des Erhalts der Mitteilung keine Kenntnis von der Drohung erhalten oder den Sinn der Mitteilung nicht verstanden hat. Wenn der Bedrohungstatbestand gerade deshalb als ein Verletzungsdelikt gesehen wird, weil dessen Versuch bestraft werden kann, dann begründet die Rechtsprechung über die Versuchsstrafbarkeit eine Vorverlagerung bzw. Erweiterung des Vollendungszeitpunktes des Bedrohungstatbestandes. In der Konsequenz führt diese Auslegung zur Einschränkung des Freiheitsraumes des potentiellen Täters.

Die Vorverlagerung der Strafbarkeit durch Änderung oder Neuschaffung eines Straftatbestandes resultiert aus einer von Effektivitätsdenken geleiteten

6 Urteil des korOGH v. 2.6.2006, 2004do7112; 28.10.2005, 2005do5996; 11.2.2003, 2002do5679.

7 Article 25 (Criminal Attempts): (1) When an intended crime is not completed or if the intended result does not occur, it shall be punishable as an attempted crime. (2) The punishment for attempted crime may be less severe than that of consummated crime.

8 Article 283 (Intimidation, Intimidation on Lineal Ascendant): (1) A person who intimidates another shall be punished by imprisonment for not more than three years, a fine of not more than five million won, detention or a minor fine. (2) When the crime described in the preceding paragraph is committed upon a lineal ascendant of the offender or of one's spouse, the offender shall be punished by imprisonment for not more than five years or by a fine not exceeding seven million won. (3) The crime as referred to in paragraphs (1) and (2) shall not be prosecuted over the express objection of the victim.

9 *Il-Su Kim*, Strafrecht BT (2007), S. 123; *Sang-Ki Park*, Strafrecht BT (2008), S. 107; *Jae-Sang Lee*, Strafrecht BT (2012), S. 115; *Young-Ran Lee*, Strafrechtswissenschaft BT (2008), S. 135.

10 Urteil des korOGH v. 28.9.2007, 2007do606.

11 *Seong-Don Kim*, Strafrecht BT (2008), S. 118.

Kriminalpolitik, d.h. zum Zweck eines besseren Schutzes der Gesellschaft im Vorfeld einer eigentlichen Rechtsgutsverletzung oder konkreten Gefährdung wird das in Betracht kommende Verhalten kriminalisiert. Deshalb tritt diese Form der Vorfeldkriminalisierung in der Regel in Form von abstrakten Gefährdungs- oder schlichten Unternehmensdelikten in Erscheinung. Vor dem Hintergrund der inneren Sicherheit sind in Korea zahlreiche Regelungen in Nebengesetzen in Gestalt der abstrakten Gefährdungs- oder Unternehmensdelikte erlassen worden. So ist z. B. in § 7[12] des Gesetzes zur Bestrafung bestimmter Gewalttaten die Strafbarkeit eines Gefährdungstäters vorgesehen, wodurch dieser bereits im Vorfeld der eigentlichen Tatvornahme wegen der Gefährlichkeit der Durchführung bestimmter Gewalttaten wie Totschlag, Körperverletzung etc. bestraft werden kann. Voraussetzung hierfür ist, dass jemand ohne rechtfertigende Gründe gefährliche Werkzeuge, die für eine Verwendung zum Zweck der Durchführung bestimmter Gewalttaten geeignet sind, bloß besitzt, anbietet oder einem anderen vermittelt. Dieses, von der eigentlichen Tathandlung vollständig entfernte und vorverlagerte Delikt, stellt eine Manifestation des Feindstrafrechts[13] dar.

Das am 22. Dezember 2008 in Kraft getretene Gesetz zum Verbot der Terrorismusfinanzierung zeigt eine andere Form der Vorverlagerung der Strafbarkeit durch Neuschaffung eines Straftatbestandes. Nach traditionellem Strafrechtsverständnis wird derjenige als Gehilfe bestraft, der vorsätzlich einem anderen zu dessen vorsätzlich begangener rechtswidriger Tat Hilfe geleistet hat. Mit der Verabschiedung des o.g. Terrorismusfinanzierungsverbotsgesetzes wird nunmehr derjenige, der zugunsten der Terroristen oder der terroristischen Organisation finanzielle Mittel sammelt, solche zur Verfügung stellt oder vorrätig hält, nicht als Gehilfe, sondern als Täter bestraft. Die bloße Vorbereitungshandlung wird damit als täterschaftliche Vollendungstat bestraft. Dies ist – sowohl im koreanischen als auch im deutschen Strafrecht – ein klares Beispiel für Strafbarkeitsvorverlagerung.

---

12 Article 7 (Person Prone to Commit Crimes): Any person who carries, provides, or mediates without any justifiable grounds any deadly weapon or other dangerous articles which are likely to be put to use in the crime as prescribed by this Act, shall be punished by imprisonment for not more than three years or a fine not exceeding three million won.

13 *Jakobs*, Kriminalisierung im Vorfeld einer Rechtsgutsverletzung, ZStW 97 (1985), S. 753ff.; Nach Jakobs wird das Feindstrafrecht dadurch gekennzeichnet, dass die Strafbarkeit weitgehend vorverlagert wird, die Strafen unverhältnismäßig hoch sind und die prozessualen Garantien aufgeweicht oder aufgehoben werden. Hierzu vgl. *Jakobs*, Das Selbstverständnis der Strafrechtswissenschaft vor den Herausforderungen der Gegenwart, in: Eser u.a., (Hrsg.), Die deutsche Strafrechtswissenschaft vor der Jahrhundertwende (2000), S. 51ff.

III. Legitimierbarkeit der Strafbarkeitsvorverlagerung im Strafrecht

Ist die Vorverlagerung illegitim, weil der Strafbarkeits- bzw. Vollendungszeitpunkt nach vorne verschoben wird und dadurch die Möglichkeit der Eingriffe in die Grundrechte des potentiellen Täters deutlich erweitert wird? Die Antwort auf diese Frage ist nicht einfach, da im Rahmen der Vorverlagerungstheorie zwei gegensätzliche Interessen, nämlich einerseits der Rechtsgüterschutz des potentiellen Opfers und anderseits der Grundrechtsschutz des potentiellen Täters, aufeinandertreffen. Nicht vernachlässigt werden darf ferner, dass dem Gesetzgeber umfassende Spielräume auch bei der Strafgesetzgebung[14] zukommen, weshalb man die als abstrakte Gefährdungsdelikte geformten Straftatbestände nicht einfach als verfassungswidrig bezeichnen kann. Zur Wahrung des Rechtsgüterschutzes ist auch die Justiz verpflichtet. Um einen noch besseren Schutz des Einzelnen oder der Allgemeinheit vor sozialschädlichem Verhalten zu erreichen, müssen die Legislative und die Judikative auf solches Verhalten so früh wie möglich reagieren.

Bei der Beurteilung, ob eine Vorverlagerung der Strafbarkeit oder Vorbereitungshandlung illegitim sind, kommt es nicht auf das Phänomen an, dass die Strafbarkeit eines Delikts vorverlagert ist. Vielmehr müssen bei der Beurteilung der Legitimation der Vorverlagerung aufgrund des herrschenden Normbewusstseins der Gesellschaft die verschiedenen Gesichtspunkte, wie die Art des zu schützenden Rechtsguts sowie seine Schutzwürdigkeit etc., miteinbezogen werden. So kann die Frage nach der Verfassungsmäßigkeit eines, die Strafbarkeit vorverlagernden, Tatbestandes je nach der Tatbestandsstruktur und dem Gefährdungspotential der Gefahrenquellen unterschiedlich beantwortet werden.

C. Die Cybercrimedelikte als Paradigma einer Vorverlagerung der Strafbarkeit?

In der koreanischen Strafrechtsordnung gibt es einige Straftatbestände, deren Strafbarkeitszeitpunkte weitgehend vorverlagert sind. Die Vorverlagerungstendenzen erlauben auch bei Cybercrime keine Ausnahme. Es bedarf in diesem

14 Nach Rechtsprechung des koreanischen Verfassungsgerichtshofes soll die Frage, welches Verhalten kriminalisiert ist und wie dieses bestraft wird, grundsätzlich von dem Willen des Gesetzgebers abhängen. Daher ist die Frage, ob eine Kriminalisierung oder die Schwere eines gesetzlichen Rahmens verfassungswidrig ist, nicht Frage der Verfassungswidrigkeit, sondern der Angemessenheit einer bloßen Gesetzgebungspolitik, es sei denn, dass der Gesetzgebungsspielraum gegen die Grundprinzipien der Verfassung verstößt und dadurch als Willkür erscheint; vgl. dazu korVerfGE vom 20.4.1995, 91Hunba11; 30.11.1995, 94Hunba97; 30.8.2001, 2001Hunga16.

Sinne eines Überblicks, in welchen Regelungen eine Vorverlagerung der Strafbarkeit erfolgt. Hier werden die vorverlagerten Straftatbestände nur unter dem Gesichtspunkt Cybercrime aufgezeigt.

I. Die Vorverlagerung im koreanischen Strafgesetzbuch

§ 247 korStGB verbietet wie auch § 284 dStGB die gewerbsmäßige, unerlaubte Veranstaltung eines Glücksspiels. Die unerlaubte Veranstaltung eines Glückspiels stellt seiner Natur nach eine Vorbereitungshandlung zur Durchführung eines Glücksspiels dar. Der koreanische Gesetzgeber hat jedoch im Hinblick auf seine hohe Sozialschädlichkeit die Veranstaltungshandlung als einen selbstständigen Tatbestand formuliert, für dessen Verwirklichung eigentlich eine reale Welt vorausgesetzt wird.

Die Verbreitung von Computern und Internet in der Bevölkerung hat zur Veranstaltung von Glücksspielen im virtuellen Raum geführt, in welchem der illegale Rechtsverkehr zwischen den Beteiligten mit Kreditkarten tatsächlich den gleichen Bedingungen in der realen Welt entspricht. Über das Internet werden die im Ausland bereitgestellten Kasinowebseiten besucht, wodurch das mittels Internet betriebene Glücksspiel in Korea zu einem gesellschaftlichen Problem wird. Um auf das illegale Internetglücksspiel strafrechtlich effektiv zu reagieren, hat der Gesetzgeber am 18. März 2013 den Tatbestand des § 247 korStGB geändert und damit einerseits das Übereinkommen der Vereinten Nationen vom 15. November 2000 gegen grenzüberschreitende organisierte Kriminalität umgesetzt, sowie anderseits die unerlaubte Veranstaltung eines Glücksspiels im Cyberraum geregelt. So wird die Handlung nunmehr bestraft, wenn man gewerbsmäßig entweder in einem realen Raum oder in einem virtuellen Raum ein unerlaubtes Glücksspiel veranstaltet.

II. Die Vorverlagerung im Informations- und Kommunikationsnetzwerkgesetz

Das koreanische Informations- und Kommunikationsnetzwerkgesetz hat den Schutz der Identität des Einzelnen zum Ziel, welcher die Datenkommunikation nutzt. Im zurzeit insgesamt aus 105 Paragraphen bestehenden Informations- und Kommunikationsnetzwerkgesetz sind mehrere Strafvorschriften mit 34 einzelnen Straftatbeständen vorgesehen.

Nach § 48 Abs. 1 i. V. m. § 72 Abs. 1 Nr. 1 des Informations- und Kommunikationsnetzwerkgesetzes macht sich derjenige strafbar, der ohne rechtfertigende Befugnis oder in Überschreitung des Umfangs der ihm zur Verfügung gestellten

Befugnis auf Datennetze zugreift. Durch diesen Tatbestand wird die Datensicherheit vor, im Cyberraum typischen, Unrechtsformen, wie z. B. Hacking geschützt. Da das geschützte Rechtsgut dieses Delikts nach korOGH[15] in der Sicherstellung der Datennetzsicherheit und Verlässlichkeit der Daten liegt, wird seine Strafbarkeit schon im Zeitpunkt des Zugriffs auf das Datennetz vollendet. Für die Vollendung dieses Delikts bedarf es also keines Eindringens in Datennetze oder einer Beschädigung eigener Schutzvorkehrungen. Auch ein unbefugter Zugriff auf Datennetze, die keine Schutzvorkehrungen enthalten, begründet die Strafbarkeit dieses Delikts. Es ist daher strafbar, wenn man durch Eingabe von Identität und Passwort eines Anderen auf ein Datennetz zugreift. Insofern gestaltet sich dieses Delikt als ein abstraktes Gefährdungsdelikt, um frühzeitig vor der eigentlichen Beschädigung das Datennetz effektiv zu schützen. Auf der anderen Seite wird eine Versuchsstrafbarkeit dieses Delikts gemäß § 72 Abs. 2 des Informations- und Kommunikationsnetzwerkgesetzes normiert, wobei jedoch nur noch schwerlich Fälle der Versuchsstrafbarkeit denkbar sind.

Ein anderes Beispiel für die Vorverlagerung zeigt der sog. Cyberstalking-Tatbestand gemäß § 44 g Abs. 1 Nr. 3 i. V. m. § 74 Abs. 1 Nr. 3 des Informations- und Kommunikationsnetzwerkgesetzes. Cyberstalking in diesem Sinne liegt vor, wenn man durch das Datennetz einem Anderen wiederholt Zeichen, Wörter, Töne, Bilder oder Fotos sendet, die geeignet sind, bei diesem Angst- oder Unsicherheitsgefühle zu verursachen. Das korStGB kennt eigentlich keinen Stalkingtatbestand, mit dem eine Tat in der realen Welt verwirklicht wird. In der 15. Gesetzgebungsperiode (1996–2000) war der Gesetzgeber zwar bestrebt, einen Stalking-Tatbestand im korStGB neu zu schaffen. Wegen der Unklarheit des Stalkingbegriffs ist jedoch die Einführung eines solchen Tatbestandes im korStGB nicht erfolgt. Zurzeit hat nur das Cyberstalking eine gesetzliche Grundlage im Informations- und Kommunikationsnetzwerkgesetz und im sog. Sondergesetz zur Bestrafung der Sexualgewalttaten. Cyberstalking im Informations- und Kommunikationsnetzwerkgesetz ist ein abstraktes Gefährdungsdelikt, weil die Tathandlung schon dann vollendet ist, wenn die Schriften etc. das Opfer erreichen. Es ist für die Vollendung gerade nicht erforderlich, dass der Adressat sich tatsächlich fürchtet und Angst empfindet. Vielmehr reicht es für eine Strafbarkeit aus, wenn die Tatmittel als solche objektiv für die Verursachung eines Angst- oder Unsicherheitsgefühls geeignet sind. Der Stalking-Tatbestand verlangt als Kernvoraussetzung lediglich das wiederholte Versenden der Schriften.

15 Urteil des korOGH v. 25. 11. 2005, 2005do870.

III. Die Vorverlagerung in Nebengesetzen mit Sexualstraftaten

Vor dem Hintergrund der inneren Sicherheit und des effektiven Schutzes des potentiellen Opfers sind einige Regelungen in Nebengesetzen mit Sexualstraftaten in Gestalt von abstrakten Gefährdungs- oder Handlungsdelikten vorgesehen. So stellt z. B. § 11 Abs. 2 des Gesetzes zur sexuellen Integrität der Kinder und Jugendlichen neben den typischen Handlungsalternativen wie Handeltreiben, Ausleihen, Verbreitung, öffentliche Ausstellung, Vorführung und Transport von kinderpornographischen Schriften auch den bloßen Besitz bei Gewerbsmäßigkeit unter Strafe. In der Kriminalisierung des Besitzes kinderpornographischer Schriften liegt eine Vorverlagerung, weil sie den bloßen Besitz als solchen ohne Rücksicht auf Erfolg oder Gefährdung pönalisiert. Auf der anderen Seite stellt der Besitz eine bloße Vorbereitungshandlung dar, die nach koreanischem Strafrechtsverständnis nur ausnahmsweise mit Strafe bedroht werden soll.

Außerdem sieht § 13 des Sondergesetzes zur Bestrafung von Sexualgewalttaten die Erregung öffentlichen Ärgernisses durch Kommunikationsmedien vor, wonach der Täter dann bestraft wird, wenn er zum Zwecke der Erregung oder Befriedigung seiner sexuellen Bedürfnisse nur einmalig durch Kommunikationsmedien wie Telefon, Post oder Computer, Schriften etc. versendet, die geeignet sind, bei einem anderen ein sexuelles Scham- oder Abneigungsgefühl zu verursachen. Der Tatbestand wird durch die bloße einmalige Versendung der Schriften erfüllt; deshalb bedarf es hier keines wiederholten Versendungsvorganges.

Eine besondere Regelungstechnik der Vorverlagerung bei Sexualstraftaten findet sich in § 13 Abs. 2 des Gesetzes zum Schutz der sexuellen Integrität von Kindern und Jugendlichen. Danach wird der Täter bestraft, wenn er Kinder und Jugendliche, die unter 19 Jahre alt sind, zum An- oder Verkauf pornographischen Materials verleitet oder überredet. Zu den Handlungsvarianten gehört dabei auch die Kontaktaufnahme zu Kindern und Jugendlichen durch das Internet. Diese Vorschrift, durch die das sog. »Grooming« als Straftatbestand erfasst worden ist, erscheint problematisch, wenn man sich mit den Details der Regelung befasst. Denn mit dem Tatbestand würde eine nicht akzeptable Vorverlagerung der Strafbarkeit einer bloßen Vorbereitungshandlung erfolgen. Es ist zu kritisieren, dass die Bestrafung der bloßen Kontaktaufnahme mit Kindern und Jugendlichen zum Zwecke der sexuellen Kontaktaufnahme nichts anderes als Gesinnungsstrafrecht darstellt, welches dem koreanischen Strafrecht grundsätzlich sachfremd ist.

D. Reformbedarf

Welche Konsequenzen aus den o.g. Ausführungen über die Vorverlagerung im koreanischen Strafrecht gezogen werden sollten, lässt sich nicht einfach beantworten. Denn die Vorverlagerung stellt zwar eine negative Tendenz in der modernen Strafgesetzgebung dar, kann aber zum effektiven Schutz der Gesellschaft oder potentieller Opfer erforderlich sein. Von diesen vermittelnden Gesichtspunkten ausgehend, sollen hier Reformvorschlägen aus der Sicht *de lege ferenda* und *de lege lata* nachgegangen werden.

I. De lege ferenda – Beweispflicht des Gesetzgebers bei abstrakten Gefährdungsdelikten

Nicht alle Tatbestände, deren Strafbarkeitszeitpunkt weitgehend vorverlagert ist und die vorwiegend als abstrakte Gefährdungs- und bloße Unternehmensdelikte ausgestaltet sind, sind verfassungswidrig. Denn das Erfordernis, dass das Strafrecht sich an dem Rechtsgüterschutz orientieren muss, bedeutet nicht, dass die Strafbarkeit eines Tatbestandes zwingend die Verletzung eines Rechtsguts voraussetzen muss. Vielmehr hat der Rechtsgüterschutz auch die Gefährdung eines Rechtsguts zum Gegenstand. Diese Aussage trifft jedoch nur bei konkreten Gefährdungsdelikten zu.

Demgegenüber bergen aber abstrakte Gefährdungsdelikte viele Probleme. Anders als bei Verletzungs- oder konkreten Gefährdungsdelikten, ist bei solchen Vorschriften, die abstrakte Rechtsgutsgefährdungen pönalisieren, eine Einzelfallkorrektur durch den Richter nicht möglich. Konstituierendes Merkmal bei den abstrakten Gefährdungsdelikten ist gerade, dass der Gesetzgeber selbst und für alle konkreten Einzelfälle im Voraus und absolut festgelegt hat, welche Sachverhalte als Gefährdung eines Rechtsguts zu gelten haben. Eine Abweichung des Rechtsanwenders wegen konkreter Widerlegung dieser Prognose des Gesetzgebers ist nicht möglich. Dies zwingt dazu, die Legitimation der abstrakten Gefährdungsdelikte anzuzweifeln.

Die Vorverlagerung des Rechtsgüterschutzes durch Strafbewehrung von abstrakt gefährlichen Verhaltensweisen kann verfassungsrechtlichen Bedenken begegnen, soweit der Gesetzgeber ohne sachgerechte Überprüfung ein Verhalten als abstraktes Gefährdungsdelikt kriminalisiert. Im Zusammenhang mit der Änderung oder Neuschaffung eines abstrakten Gefährdungsdelikts muss der Gesetzgeber überprüfen, ob es keinen anderen Weg als die Vertatbestandlichung eines abstrakten Gefährdungsdeliktes gibt.

II. De lege lata – restriktive Auslegung der Tatbestandsmerkmale in Nebengesetzen

Ein besonderer Charakter des koreanischen Strafrechts ergibt sich aus den Nebengesetzen, die im Alltag noch häufiger als das Kernstrafgesetzbuch angewendet werden. Die Tatbestände in strafrechtlichen Nebengesetzen stehen häufig im Verhältnis der Spezialität zum Kernstrafgesetzbuch. So ist etwa die Verbreitung pornographischer Schriften gemäß § 48 Abs. 1 i. V. m. § 72 Abs. 1 Nr. 1 des Informations- und Kommunikationsnetzwerkgesetzes die speziellere Strafvorschrift im Verhältnis zur Verbreitung pornographischer Schriften gemäß § 243 korStGB[16].

Da die gesetzlichen Strafrahmen in Nebengesetzen in der Regel höher sind als die im Kernstrafgesetzbuch, sollen die Tatbestandsmerkmale in Nebengesetzen eng ausgelegt werden. Dies folgt vor allem aus der strafrahmenorientierten Auslegungsmethode, mit welcher der Rechtsanwender unter dem Gesichtspunkt der Schwere des gesetzlichen Strafrahmens die einzelnen Merkmale eines Tatbestandes auslegen soll.[17] Der korOGH hat seit Anfang 2000 bei der Auslegung eines Tatbestandes mit höherem gesetzlichen Strafrahmen an die Idee der strafrahmenorientierten Auslegungsmethode angeknüpft und diese weiterentwickelt.[18] Eine restriktive Auslegung im Lichte der strafrahmenorientierten Auslegungsmethode bietet einen Ausweg an, durch den das Gericht gegenüber den vom Gesetzgeber erlassenen abstrakten Gefährdungsdelikten im Einzelfall eine sachgerechte Anwendung leisten kann.

E. Fazit

Die in Korea vorherrschende gesellschaftliche Atmosphäre im Umgang mit Cybercrime scheint die noch effektivere Kriminalpolitik betont zu haben. Die Neuschaffung oder Änderung eines Tatbestandes bezüglich Cybercrime orientiert sich immer an dem weitergehenden Schutz der Gesellschaft vor potentiellen Risikoquellen. Dieses Vorgehen kann jedoch zu einer strafenden Gesellschaft führen. Vor diesem Hintergrund verwundert es nicht, dass Vorverlagerung und

16 Article 243 (Distribution etc. of Obscene Pictures): Any person who distributes, sells, lends, openly displays or shows any obscene documents, drawing, pictures, films etc. shall be punished by imprisonment for not more than one year or by a fine not exceeding five million won.

17 Vgl. hierzu *Kudlich*, Die strafrahmenorientierte Auslegung im System der strafrechtlichen Rechtsfindung, ZStW 115 (2003), S. 7.

18 Urteil des korOGH v. 10. 9. 1991, 91do1737; 25. 11. 2005, 2005do870; 19. 4. 2007, 2005do7288; 23. 4. 2009, 2008do11921; 9. 9. 2010, 2007do3681.

Neuschaffung von abstrakten Gefährdungsdelikten im koreanischen Strafrecht weit verbreitet sind. Die Verbreitung dieser Regelungstechnik hat enorme negative Auswirkungen auf die Bevölkerung, weil dadurch deren verfassungsrechtlich garantierte Freiheitsräume eingeschränkt werden. Deshalb muss der Gesetzgeber im Lichte des strafrechtlichen Subsidiaritätsprinzips sorgfältig überprüfen, ob eine Kriminalisierung im Vorfeld des Erfolgseintritts notwendig ist und das letzte Mittel zum Schutz der Gesellschaft oder potentieller Opfer darstellt. Nur die kritisch wohlüberlegte Entscheidung des Gesetzgebers darf die Vorverlagerung begründen. Die Strafrechtswissenschaft sollte dabei in die gesetzgeberische Entscheidung eingebunden werden, damit eine wissenschaftlich beratene Kriminalpolitik[19] verwirklicht werden kann.

19 Vgl. dazu *Vogel*, Strafgesetzgebung und Strafrechtswissenschaft, in: FS für Roxin (2001), S. 105ff.

4. Teil:
Die Verfolgung der Herstellung, des Besitzes und der Verbreitung von Kinderpornographie im Zusammenhang mit dem Internet

Friedrich-Christian Schroeder

Die Verfolgung der Herstellung, des Besitzes und der Verbreitung von Kinderpornographie im Zusammenhang mit dem Internet in Deutschland

A. Einführung

Ein Symposion über Cyberkriminalität ist nicht der Ort für eine Erörterung der Legitimität von Vorschriften gegen den Umgang mit Pornographie, mit anderen Worten ihres Rechtsguts, als solcher. Wohl aber sind einige Worte angebracht über die Legitimität der erhöhten Strafbarkeit des Umgangs mit Kinderpornographie. Diese besteht gegenüber dem Umgang mit der einfachen Pornographie in einem absoluten Verbreitungsverbot im Gegensatz zu den dortigen eingeschränkten Verbreitungsverboten gegenüber Minderjährigen und ungewollter Konfrontation, erhöhten Strafdrohungen und der Strafbarkeit des bloßen Besitzes. Grund war zunächst der stärkere Schutz vor Kindesmissbrauch durch Aktivierung und Herausbildung pädophiler Neigungen. In den neunziger Jahren des letzten Jahrhunderts wandte sich der Blick aber einem ganz anderen Aspekt zu, den für die kinderpornographischen Darstellungen missbrauchten Kindern, den Darstellern. Da die Hersteller der Kinderpornographie oft nicht zu ermitteln sind, wollte man die Verbreiter strenger bestrafen. Dies wäre aber eine unzulässige Verdachtsstrafe gewesen. Außerdem wollte man die Konsumenten strafrechtlich heranziehen. Dies erschien wiederum mit dem Schuldstrafrecht schwer vereinbar, da der Missbrauch der Kinder bei dem Konsum der Pornographie schon abgeschlossen war. In einer Sitzung der Frauenpolitikerinnen und der Kinderkommission des Deutschen Bundestages Anfang 1990 entwickelte ich daher die Argumentation, dass die Nachfrage der Konsumenten die Herstellung anheizt und damit mittelbar für sie verantwortlich ist, ihr Verbot also die kindlichen Darsteller schützt[1]. Diese Auffassung hat sich trotz berechtigter Hinweise auf die Verdünnung der Kausalität bei Massenprodukten bis heute erhalten[2]. Auch der Rahmenbeschluss des Rates der Europäischen Union zur Bekämpfung der sexuellen Ausbeutung von Kindern und der Kinderpornographie vom 22.12.2003 bezeichnet die Kinderpornographie als »eine besonders schwere Form der sexuellen Ausbeutung von Kindern«.

B. Begriffsklärung

I. Kinderpornographie

Allerdings muss man feststellen, dass sich die politische und gesetzgeberische Aktivität gegenüber dem Umgang mit Kinderpornographie auf innerstaatlicher und besonders auf europäischer Ebene deutlich überhitzt hat. In kurzen Abständen erfolgen Verschärfungen und Schließungen angeblicher oder wirklicher Lücken. Im Jahre 2003 hat der Rat der Europäischen Kommission – wie schon vorher die Convention on Cyber Crime des Europarats von 2001 – zu »Kindern« alle Personen bis zu 18 Jahren erklärt. Diese Erweiterung erscheint für die Sexualdelikte wegen der starken Entwicklung gerade in diesem Alter als völlig sachwidrige Pauschalisierung. Der deutsche Gesetzgeber hat gegen diese Überziehung einen leisen Widerstand geltend gemacht und für den Umgang von Pornographie mit Personen zwischen 16 und 18 Jahren eine Sondervorschrift der Verbreitung »jugendpornographischer« Schriften geschaffen, der für die gleichen Verhaltensweisen leicht herabgesetzte Strafdrohungen enthält[3].

Auch sonst wurde der Begriff der »Kinderpornographie« im deutschen Recht aufgrund europarechtlicher Vorgaben erweitert: erfasste er früher »pornographische Schriften, die den sexuellen Missbrauch von Kindern zum Gegenstand haben«, so umfasst er nun zur Einbeziehung des so genannten »posing«, d. h. der aufreizenden Zurschaustellung der Genitalien oder der Schamgegend von Kin-

1 *Friedrich-Christian Schroeder*, ZRP 1990, 299ff.; *ders.*, NJW 1993, 2581ff.
2 *Hörnle*, MüKö, StGB, 2. Aufl., 2012, § 184b, Rn. 1 m.w.Nachw.
3 Hierzu *Friedrich-Christian Schroeder*, GA 2009, 213ff.; *Böse*, FS für Friedrich-Christian Schroeder, 2006, S. 751ff.; *Hörnle*, NJW 2008, 3521ff.

dern«, pornographische Schriften, die sexuelle Handlungen von, an oder vor Kindern zum Gegenstand haben« (§ 184b Abs. 1 StGB).

II. Kinderpornographie im Internet

War bei der Schaffung des Strafgesetzbuchs 1871 die Verbreitung tatsächlicher Exemplare von Schriften, Abbildungen und sonstigen Darstellungen die Erscheinungsform der Verbreitung von Pornographie, so ist in der Gegenwart die Verbreitung von Pornographie im Internet die alles überragende Begehungsweise geworden und hat die bisherige Form völlig an den Rand gedrängt. Die Verbreitung von Informationen hat sich technisch ungeheuer vereinfacht; Millionen von Usern können pornographische Darstellungen mit einem Tastendruck versenden und empfangen. Die Suche nach einschlägigem Material übernehmen Suchmaschinen. Die Personalien der Beteiligten sind meist schwer zu ermitteln. Die Produzenten und Vertreiber sitzen häufig im Ausland. Dementsprechend schwierig ist die Verfolgung. Aufgedeckt werden kann bestenfalls die Spitze eines Eisbergs.

C. Die Tatbestände des Umgangs mit Kinderpornographie

Das Thema umfasst die Verfolgung »der Herstellung, des Besitzes und der Verbreitung von Kinderpornographie im Zusammenhang mit dem Internet«. Chronologisch gesehen ist das Herstellen in der Tat der Beginn des Umgangs mit Kinderpornographie. Die einschlägigen deutschen Strafvorschriften beginnen jedoch mit dem Verbreiten, und von der Wirkung her wiegt bei einer Gefährdung durch Schriften oder sonstige Darstellungen die Verbreitung am schwersten. Wenn man allerdings mit der oben dargestellten neueren Auffassung das Unrecht des Umgangs mit Kinderpornographie vor allem in der Gefährdung der Darsteller sieht, erscheint in der Tat das Herstellen am schwersten. Insofern ist es ein überholter Anachronismus, dass das deutsche Strafrecht das Herstellen nur bei der Absicht der Verbreitung unter Strafe stellt (§§ 184b Abs. 1 Nr. 3, 184c Abs. 1 Nr. 3 StGB). Wegen dieser Anknüpfung beginnen wir aber die Darstellung mit der Verbreitung.

I. Verbreitung

Verbreiten bedeutet nach deutschem Recht die Weitergabe an einen größeren, nach Zahl und Individualität unbestimmten Personenkreis. Allerdings hat der deutsche Gesetzgeber den »Schriften und anderen Darstellungen« nur »Datenspeicher« gleichgesetzt (§ 11 Abs. 3 StGB). Diese Lücke des Gesetzes hat der Bundesgerichtshof dadurch korrigiert, dass er als »Datenspeicher« schon die gespeicherten Daten angesehen hat. Außerdem hat er für das Verbreiten auf eine körperliche Übergabe verzichtet und sich damit begnügt, dass die Datei auf dem Arbeitsspeicher eines anderen angekommen ist[4].

Das deutsche Recht verbietet ferner das bloße öffentliche Zugänglichmachen, d.h. die Möglichkeit der Kenntnisnahme, insbesondere durch Ausstellen, Anschlagen oder Vorführen (§§ 184b Abs. 1 Nr. 2, 184c Abs. 1 Nr. 2 StGB). Hierfür genügt im Internet das bloße Einstellen zum Lesezugriff; ein tatsächlicher Zugriff des Nutzers ist nicht erforderlich[5]. Hinter dieser weiteren Begehungsform wird das Verbreiten bis auf wenige Ausnahmen[6] zurücktreten.

Die Strafdrohung beträgt bei Kinderpornographie Freiheitsstrafe von drei Monaten bis zu fünf Jahren, bei Gewerbsmäßigkeit oder Handeln als Mitglied einer Bande, d. h. einer Gruppe von mindestens drei Personen, Freiheitsstrafe bis zu zehn Jahren (§ 184b Abs. 3 StGB). Bei Jugendpornographie beträgt das Höchstmaß der Freiheitsstrafe drei bzw. fünf Jahre (§ 184 c Abs. 3 StGB).

Für Provider sehen die §§ 7 ff. Telemediengesetz weit gehende Haftungsbeschränkungen vor. Eine Strafbarkeit besteht insbesondere bei absichtlicher Zusammenarbeit mit dem Nutzer (§ 8 Abs. 1 Nr. 2 TMG).

II. Herstellen

Für die Begehungsform des Herstellens erscheint im Internet kaum ein Anwendungsbereich, da die Benutzung des Internets ja eine mitteilungsfähige Vorlage voraussetzt. In Betracht kommt die Aufnahme verbreitungsfähiger Bilder mittels Digitalfotografie[7]. Allerdings wurde schon erwähnt, dass die Herstellung nach deutschem Recht nur strafbar ist bei der Absicht der Verbreitung oder öffentlichen Zugänglichmachung. Daraus kann sich eine Strafbarkeit des Herstellens im Internet ergeben, wenn die Verbreitungsabsicht erst dabei auftritt, z.B. beim Einscannen nicht digitalisierter Bildaufnahmen[8]. Handelt der Hersteller im Auftrag eines anderen oder bietet er sie einem Ver-

4 BGHSt 47, 55, 58f. Berechtigte Bedenken wegen des Erfordernisses eines größeren Personenkreises bei *Hörnle*, a.a.O., Rdn. 22.

5 BGHSt 47, 55, 60.

6 *Hörnle*, a.a.O., Rdn. 20.

7 *Hörnle*, a.a.O., § 184 Rdn. 92.

8 *Hörnle*, a.a.O., Rdn. 24.

breiter an, so wird dieses Vorgehen durch die Formulierung »oder um einem anderen eine solche Verwendung zu ermöglichen« abgedeckt[9].

III. Besitz

Wie schon dargelegt, geht es bei dem Besitz kinderpornographischer Darstellungen um ganz andere Gefahren als bei der Verbreitung, nämlich neben der Veranlassung des Missbrauchs kindlicher Darsteller nur noch um die Gefahr der Selbststimulierung. Ersteres verlangte die Einschränkung auf Darstellungen, die ein tatsächliches Geschehen wiedergeben, wobei angesichts der Schwierigkeit der Aufklärung auch ein »wirklichkeitsnahes Geschehen« einbezogen wurde – eine bedenkliche Verdachtsstrafe. Der Besitz ist allerdings keine Handlung und erfüllt damit nicht die Grundvoraussetzung des herkömmlichen Strafrechts. Die Versuche, ihn als Unterlassung der Vernichtung oder Ablieferung und damit als Unterlassungsdelikt zu erfassen, verfehlen das Wesen des Besitzes als gefährlicher Zustand; es handelt sich um ein Zustandsdelikt[10].

Der Gesetzgeber hat dieses Defizit dadurch einzuschränken versucht, dass er der Strafbarkeit des Besitzes die des Sich-Verschaffens des Besitzes vorgeschaltet hat (§§ 184b Abs. 4 S. 1, 184c Abs. 4 S. 1 StGB). Damit wurde zwar dem bloßen Zustandsdelikt ein Handlungsdelikt vorgeschaltet, doch leidet dieses wiederum an einer rechtsstaatlich bedenklichen Vorverlagerung der Strafbarkeit. Zu allem Überfluss wurde bei dieser Begehungsform im Jahre 2003 auch schon das Unternehmen, d. h. der Versuch, für voll strafbar erklärt.

In seiner Begeisterung für die neue Begehungsform des Besitzes hatte der Gesetzgeber ursprünglich dem Unternehmen des Sich-den-Besitz-Verschaffens das Unternehmen des Einem-Dritten-den-Besitz-Verschaffens gleichgestellt (§ 184 Abs. 5 S. 1 StGB i. d. F. des 27. StÄG von 1993). Zehn Jahre später wurde erkannt, dass es sich hierbei um eine Weitergabe und damit eine eher der Verbreitung vergleichbare Erscheinungsform handelt. Der Tatbestand wurde daher aus dem Besitztatbestand ausgegliedert und die Strafdrohung derjenigen für die Verbreitung angeglichen (§§ 184b Abs. 2, 184c Abs. 2 StGB). Diese Begehungsweise bleibt allerdings nur übrig für die Weitergabe an geschlossene Benutzergruppen in Computernetzen, vor allem im Internet, die sich durch Zugangssicherungen und das Anfordern von Vertrauensbeweisen absichern und bei der daher kein öffentliches Zugänglichmachen vorliegt[11].

9 Hierzu *Friedrich-Christian Schroeder*, FS für Lenckner, 1998, S. 333ff., 335.
10 *Eckstein*, Besitz als Straftat, 2001, S. 264; *Friedrich-Christian Schroeder*, ZIS 2007, S. 444ff.
11 BT-Drucks. 15/350, S. 20.

Für das »Unternehmen« genügt das Absenden einer E-Mail[12], nicht aber das bloße Angebot im Internet[13].

Der Besitz kann hinsichtlich des Internets nicht im Sinne des Zivilrechts als körperliche Herrschaft über eine Sache verstanden werden. Nicht erforderlich ist aber auch die Herrschaft über die Festplatte eines PC oder einen anderen Datenspeicher. Ausreichend ist vielmehr die volle Verfügungsgewalt über die Darstellung[14]. Diese liegt nicht nur bei automatischer Speicherung im Cache-Speicher vor, sondern auch beim Laden in einem Arbeitsspeicher[15].

Rechtsprechung und Schrifttum sehen das dem Besitz vorgelagerte Sich-den-Besitz-Verschaffen als »gefährdungsintensiver« an als diesen selbst, da es eine Betätigung am Markt bedeutet[16]. Der Besitz selbst wird dadurch zu einem bloßen Auffangtatbestand für Fälle der unvorsätzlichen Besitzerlangung, so beim automatischen Abspeichern[17]. Eine Verklammerungswirkung zwischen dem Sich-Verschaffen und dem anschließenden Dritt-Verschaffen kommt seit der Strafverschärfung für Letzteres im Jahre 2003 nicht mehr in Betracht[18]. Strafbarkeit wegen Besitz von Kinderpornographie tritt nur bei der Möglichkeit von dessen Aufgabe ein, also der Löschung. Die Verschiebung in den Papierkorb genügt allerdings bei deren Rückrufbarkeit nicht[19].

Das Sich-Verschaffen wird jedenfalls beim Speichern im Cache-Speicher, teilweise sogar schon beim Erscheinen auf dem Bildschirm des Nutzers bejaht[20]. Das bloße Betrachten von Kinderpornographie auf dem PC wurde bisher nur von einem deutschen OLG als strafbare Besitzverschaffung angesehen; der BGH hat das Verfahren wegen Geringfügigkeit eingestellt[21]. Die h. L. lehnt eine Strafbarkeit ab.[22] Die Europäische Union fordert eine Ausweitung der Strafbarkeit auf das bloße Betrachten von Kinderpornographie im Internet[23]. Die Herstellung zum Eigengebrauch fällt zwar wegen der fehlenden Verbreitungsabsicht nicht unter § 184b Abs. 1 StGB, kann aber als Sich-Verschaffen bestraft werden[24].

12 BayObLG NJW 2000, 2911.

13 *Fischer*, Strafgesetzbuch, 59. Aufl., 2012, § 184b Rdn. 15; *Perron/Eisele*, in: Schönke-Schröder- StGB, 28. Aufl., 2010, § 184b Rdn. 10.

14 *Hörnle*, a.a.O, Rdn. 29.

15 *Fischer*, a. a. O., Rdn. 21.

16 BGH NStZ 2009, 208; *Hörnle*, a. a. O., Rdn. 48.

17 *Hörnle*, a. a. O., Rdn. 37.

18 BGH NStZ 2009, 208.

19 *Hörnle*, a. a. O., Rdn. 38.

20 BGH NStZ 2007, 95. Nachw. bei *Hörnle*, a. a. O., Rdn. 35.

21 *Scheffler* FS für Herzberg, 2008, S. 627 ff.

22 *Maurach/Schroeder/Maiwald*, Strafrecht Bes. Tl., Tlbd. 1, Straftaten gegen Persönlichkeits- und Vermögenswerte, 10. Aufl. 2009, § 23 Rdn. 23 m.w.Nachw.

23 *Ziemann/ Ziethen*, ZRP 2012, 168 f.

24 BGHSt 43, 366, 368.

D. Reformbedarf

Wie schon erwähnt, wurden die Tatbestände der Verbreitung von Kinderpornographie seit ihrer Schaffung im Jahre 1973 immer wieder verschärft, ergänzt und neu geordnet. Dies hat ein überaus stark differenziertes und unübersichtliches Gesetzesbild ergeben mit nicht weniger als 17 Tatbeständen bzw. Tatbestandsalternativen, die wegen der Sonderregelung der Jugendpornographie noch mit 2 zu multiplizieren sind! Eine Reform kann daher nur in Richtung einer Vereinfachung und Zurückschneidung dieser Regelung gehen.

E. Fazit

Das deutsche Strafrecht hält offensichtlich ausreichende rechtliche Instrumente zur Verfolgung der Kinderpornographie im Internet bereit. Wegen der ungeheuren Verbreitung des Internet und der Millionen Teilnehmer ist eine einigermaßen vollständige Unterbindung, ja schon Kontrolle, der darin verbreiteten Kinderpornographie jedoch nicht möglich. Die Fälle der strafrechtlichen Verfolgung entsprechen dem bekannten Bild von der Stecknadel im Heuhaufen. Es stellt sich daher die Frage, ob die im Vergleich zur tatsächlichen Häufigkeit sehr wenigen Fälle der Bestrafung nicht als »Zufall«, als »Pech« für den Betroffenen empfunden werden und daher der Geltungskraft des Strafrechts eher abträglich sind. Hinzu kommen bei aller Scheußlichkeit vieler einschlägiger Darstellungen die Zweifel an der konkreten Ursächlichkeit der Kinderpornographie für den Kindesmissbrauch. Für die Bestrafung des Missbrauchs der kindlichen Darsteller reichen die Strafvorschriften gegen den sexuellen Missbrauch von Kindern und Jugendlichen aus. Dass deren Täter schwer zu ermitteln sind, darf nicht durch Verdachtstatbestände ausgeglichen werden.

Makoto Tadaki

Die Verfolgung der Herstellung, des Besitzes und der Verbreitung von Kinderpornographie im Zusammenhang mit dem Internet in Japan

A. Einleitung[1]

Im Folgenden sollen die gegenwärtige Situation zu Kinderpornographie in Japan sowie die rechtlichen Gegenmaßnahmen vorgestellt und die zu lösenden Aufgaben untersucht werden. Es soll gezeigt werden, wie in Japan unter Wahrung der Strafrechtsgrundsätze die gemeinsame Aufgabe aller Länder der Eindämmung der Kinderpornographie angegangen wird und was für Probleme hierbei bestehen.

1 Ein herzlicher Dank gilt an dieser Stelle meinem Doktoranden Herrn Takara und den wissenschaftlichen Mitarbeitern Frau Erler, Frau Weber und Herrn Waschkewitz in Göttingen, die bei der Erstellung des Manuskriptes wertvolle Hilfe geleistet haben.

B. Begriffsklärung

I. Kinderpornographie

Anlass der rechtlichen Kontrolle der Kinderpornographie in Japan war die vielfache internationale Kritik an unserem Lande anlässlich der 1996 in Stockholm veranstalteten »Weltkonferenz gegen die kommerzielle und sexuelle Ausbeutung von Kindern«. Neben der Kinderprostitution in Südostasien konzentrierte sich diese Kritik auf die Massenproduktion von Kinderpornographie in Japan.[2] Als Reaktion darauf wurde im November 1999 ein Gesetz zum Verbot von Kinderpornographie erlassen. Strebte die herkömmliche Kontrolle von Unsittlichem (Kontrolle der Erwachsenenpornographie) den Schutz der guten Gesellschaftssitten an, so richtet sich dieses Gesetz auf den Schutz der Kinderrechte und bestimmt im ersten Artikel, dass »die sexuelle Ausbeutung und Misshandlung von Kindern eine bedeutende Verletzung der Kinderrechte darstellt«. Die Reichweite dieses Tatbestands ist dementsprechend enger als bei der herkömmlichen Kontrolle von Unsittlichem. Die Definition von Kinderpornographie ist durch die objektive Einschränkung der Tatobjekte zwar weitaus bestimmter und eingeschränkter als die der Unsittlichkeit im Sinne des strafrechtlichen Tatbestandes des Sittlichkeitsverbrechens, trotzdem hat es – insbesondere im Hinblick auf den unten genannten »Porno Nr. 3«- vielfach Kritik an der Unbestimmtheit des Bereichs der Kinderpornographie und dessen Zustandekommen gegeben.

In dem japanischen Verbotsgesetz zur Kinderpornographie werden unter Kinderpornographie Fotos, Videos oder elektromagnetische Aufzeichnungen gefasst, die Kinder beim Geschlechtsverkehr oder ähnlichen Handlungen zeigen (§ 2 Abs. 3 Nr. 1 jap VerbotsG zur KiPo). Erfasst wird weiterhin, wenn jemand die Genitalien des Kindes berührt oder das Kind die Genitalien eines anderen berührt, wodurch der Sexualtrieb erregt oder gereizt werden soll (§ 2 Abs. 3 Nr. 2 japStGB), oder ganz oder teilweise unbekleidete Kinder gezeigt werden, um die gleiche Wirkung zu erzeugen (§ 2 Abs. 3Nr. 3 jap VerbotsG zur KiPo).

Nach einer letzten Reform (2009) dieses Gesetzes ist im Jahr 2013 ein neuer Reformentwurf im Parlament eingebracht worden, doch sind diesbezügliche Diskussionen, auf die im Folgenden eingegangen wird, noch im Gange. Außerdem gibt es Tendenzen in Richtung einer Ausweitung der strafbaren Handlungen, nämlich auf den bloßen Besitz, sodass der Täter nicht das Ziel verfolgen muss, das Material anderen Personen anzubieten. Auch über eine Strafbarkeit

---

2 *Nishida Noriyuki-Shizume Masaki*, Jidonoseitekihogo (Sexueller Schutz von Kindern), Hogaku-Kyoshitu, Nr. 228 (1999), S. 34; *Sonoda Hisashi*, Johosyakaitokeihou (Informationsgesellschaft und Strafrecht), 2011, S. 138.

der sog. virtuellen Kinderpornographie, d.h. von in Wirklichkeit nicht existierenden Kindern auf Bildern, in Trickfilmen u.a., wird diskutiert.

Vielfach wird erörtert, ob die Definition von Kinderpornographie nicht unbestimmt sei. Diese Diskussion betrifft die Frage, ob das Pornographiestrafrecht auch für Fotos oder Filme teilweise unbekleideter Kinder gelte, wenn deren Besitzer nur das Heranwachsen seiner eigenen Kinder dokumentieren wollte, da im Hinblick auf einen Pädophilen – der ja Hauptgegenstand der Kontrolle durch das Kinderpornographieverbot sein soll – § 2 Abs. 3 Nr. 3 jap VerbotsG zur KiPo, der sog. »Porno Nr. 3«, zuträfe[3]. Es wird folglich kein subjektiver Maßstab zugrunde gelegt, sondern ein objektiver, da es um die Situation des photographischen Abbildens von Kindern geht, auf deren Schutz sich das Ziel der Gesetzgebung richtet.[4]

Weiterhin ist auch das »Erregen und Anreizen des Sexualtriebes« nicht bestimmt, vor allem wenn man bedenkt, dass als Kinder alle Personen bis zur Vollendung des achtzehnten Lebensjahres angesehen werden.[5] Auch fehlt in dieser Definition im Gegensatz zur Definition der Unsittlichkeit die nötige Bedingung des »Übermaßes« und es ist nicht klar, wessen Sexualtrieb erregt oder angereizt werden muss.[6] Die Bestrafung eines Besitzers solchen Materials ist zudem auch im Hinblick auf den ultima-ratio Gedanken des Strafrechts problematisch. Gleichzeitig wird stark kritisiert, dass durch die Erwägung von Bedingungen, wie die Intention des Besitzers das Material zu verbreiten, die Strafbarkeit des einfachen Besitzens notwendig eingeschränkt wird.

II. Kinderpornographie im Internet – eine Phänomenanalyse

Gegenwärtig stellt die Flut von Internet-Kinderpornographie durch die mit der IT-Gesellschaft einhergehende Verbreitung von Aufnahme- und Nachrichtengeräten und die Zunahme der Benutzer von community sites auch in Japan ein großes gesellschaftliches Problem dar.

Seit Inkrafttreten des Gesetzes zur Kontrolle der Kinderpornographie aus dem Jahr 1999 steigt die Zahl der an die Staatsanwaltschaft weitergeleiteten Fälle

3 Nackte Kinder beim Baden können bei manchen Pädophilen den Sexualtrieb erregen oder anreizen.

4 *Nishida-Shizume*, a.a.O., S. 36. Es gibt in Japan derzeit den Vorschlag, den bestehenden Tatbestand zur Kinderpornographie dadurch zu begrenzen, dass nur die »pornographischen Schriften, die den sexuellen Missbrauch von Kindern zum Gegenstande haben«, unter Strafe zu stellen sind. An der japanischen Fassung ist schon problematisch, was überhaupt unter dem Begriff des in Bilder gefassten »sexuellen Missbrauchs an Kindern« zu verstehen ist.

5 *Kimura Mitsue*, Jidokaisyunshobatuhou (Strafgesetze zur Kinderprostitution), Jurist, Nr. 116 (1999), S. 65ff.

6 *Sonoda*, a.a.O., S. 151.

stetig und betrug im Jahre 2010 1342, darunter 783 Fälle der Internet-Kinderpornographie, wobei beide Ziffern vierzig bis fünfzig Prozent über denen des Vorjahres lagen. Einige der Angeklagten verfügten über dreißig Millionen kinderpornographische Bilder.

Im folgenden Jahr 2011 wurde daher eine Kinderpornographie-Sperre verhängt, an der jährlich mehrere Internet Service Provider mitarbeiten. Zugleich werden die Ermittlungen aufgrund neuer Informationen vom Internet Hotline Center effizienter vorangetrieben.

Gleichwohl ist die Aufstellung wirksamer Kontrollmaßnahmen noch nicht beendet. Gegen die im Folgenden besprochene Verbreitung neuer Kinderpornographie liegen noch keine ausreichenden Instrumente vor. Folgende Delikte nehmen zu:

1. Benutzungsdelikte von Software mit gemeinsamen Dateien, bei denen die Blockierung nicht wirkt
2. Delikte die von Nutzergruppen von Kinderpornographie ausgehen (Eskalation von Straftaten im Bereich originaler Bilder durch Eigenproduktionen, Tausch pornographischer Abbildungen von Sexualstraftaten hinsichtlich entführter fremder oder eigener Kinder)
3. Organisierter Verkauf von DVDs u.a. (Beispiel: Eine Gruppe von acht Personen hat innerhalb von zwei Jahren an 26.000 Personen 400.000 Bilder verkauft und einen Profit von 250 Millionen Yen erwirtschaftet; ihre Internetseite wurde zwanzig Millionen Mal im Jahr aufgerufen)

Laut der Kriminalstatistik hat die Anzahl der Verhaftungen im Zusammenhang mit Kinderpornographie stetig zugenommen (2007: 192, 2008: 254, 2009: 507, 2010: 783 und 2011: 883).

C. Bestandsaufnahme der Straftatbestände

Die Tathandlungen im Gesetz zum Verbot von Kinderpornographie sind folgende: Anbieten, Produktion, Besitz, Übermittlung, Einfuhr und Ausfuhr mit dem Ziel, das kinderpornographische Material anzubieten oder die Aufbewahrung elektromagnetischer Aufzeichnungen mit kinderpornographischem Inhalt. Diese Verhaltensweisen werden mit Zuchthaus bis zu drei Jahren oder Geldstrafe bis zu drei Millionen Yen bestraft (§ 7 Abs. 1 und 2 jap VerbotsG zur KiPo). Das Anbieten von Kinderpornographie an eine unbestimmte Vielzahl von Personen oder die öffentliche Ausstellung bzw. die Herstellung, der Besitz, die Übermittlung, die Einfuhr, die Ausfuhr oder die Aufbewahrung elektromagnetischer Aufzeichnungen mit diesem Ziel, wirken strafschärfend (§ 7

Abs. 4 und 5 jap VerbotsG zur KiPo). Als Kinder gelten alle Personen unter achtzehn Jahren (§ 2 Abs. 1 jap VerbotsG zur KiPo).

I. Herstellungsdelikte

Das Herstellen von Kinderpornographie zum Zwecke des Anbietens wird als Herstellungsdelikt bestraft. Aber auch dann, wenn die Abbildungen nicht »den Sexualtrieb übermäßig reizen und erregen, das sexuelle Schamgefühl des Durchschnittsmenschen verletzen und den guten sexuellen Gesellschaftssitten zuwiderlaufen«, wird das Abbilden arrangierter Kinderposen (Posieren) als Herstellungsdelikt bestraft, wenn keine Absicht besteht, diese Bilder anderen Leuten anzubieten (§ 7 Abs. 3 jap VerbotsG zur KiPo). Solche Handlungen stellen eine sexuelle Ausbeutung dar, die den betreffenden Kindern körperlichen und seelischen Schaden zufügt, und da das Produzierte als Aufzeichnung zudem lange erhalten bleibt und dadurch die Gefahr besteht, dass es in Umlauf gebracht wird, werden die Rechte des Kindes hochgradig verletzt. Eine Einwilligung des Kindes ändert hieran nichts, sie ist unbeachtlich.[7] Wenn aber eine Person, die mit Kindern ernsthaften Umgang pflegt, sie mit deren Einwilligung nackt fotografiert, so ist, wenn dies in einem gesellschaftlich angemessenen Rahmen stattfindet, die Rechtswidrigkeit ausgeschlossen.[8]

II. Besitzdelikte

Bezüglich der Strafbarkeit des Besitzes ist es gem. § 7 Abs. 2 jap VerbotsG zur KiPo erforderlich, dass das »Anbieten« i. S.v. Absatz 1 beabsichtigt wird. Gemäß Absatz 5 wirkt das Ziel des »Anbietens an eine unbestimmte Vielzahl« von Personen oder die »öffentliche Ausstellung« (Absatz 4) strafschärfend. Als Besitz bezeichnet man den Zustand der Herrschaftsausübung bezüglich des Aufbewahrens von Kinderpornographie, egal ob für sich selbst oder für andere.

Die Besitzhandlungen werden nach geltendem Recht in die Kategorie der Absichtsdelikte eingestuft. Der »einfache Besitz« ohne das der Täter das o. g. Ziel verfolgt, wird nicht bestraft. An dieser Einschränkung bei den Besitzdelikten hat sich seit dem Verbot von Kinderpornographie aus dem Jahr 1999 bis heute nichts geändert. Angesichts stärkerer Forderungen nach dem Schutz der Kinderrechte

7 *Sonoda*, a. a. O., S. 149.

8 *Shimato Jun*, Jidokaisyunjidopornonikakarukouitou no Syhobatuoyobijidou no.Hogotounikansuruhouritunoitibu wo kaiseisuruhouritu, (Gesetz zur Teilreform des Gesetzes zur Bestrafung von Handlungen von Kinderprostitution und Kinderpornographie und zum Kinderschutz), Jurist, Nr. 1274 (2004), S. 64.

sowie des Zustandes einer stetig steigenden Flut von Internet-Kinderpornographie wird aber im In- und Ausland auch stärker nach der Bestrafung des einfachen Besitzes verlangt. Im ursprünglichen Gesetzesentwurf der Regierungspartei war ein entsprechender Artikel enthalten, er wurde im tatsächlich eingereichten Entwurf aber gestrichen. Auch in dem 2013 eingereichten Reformentwurf, ist eine Bestimmung hierzu enthalten, es wird aber vielfach zur Vorsicht gemahnt. Wie weit also Besitzdelikte strafbar sein sollen, verlangt nach einer Überprüfung.

Was von Anfang an beim Besitz von Kinderpornographie mit dem Ziel des Anbietens und öffentlichen Ausstellens bestraft wird, ist das Verbreiten von Kinderpornographie durch entsprechende Handlungen und die Gefahr einer konkreten Verletzung der Rechtsgüter des abgebildeten Kindes. Da andererseits die Gefahr späterer Übermittlung von Informationen bei individuellem Besitz, ohne das der Täter ein bestimmtes Ziel verfolgt, gering ist, ist auch die Rechtsgutsverletzung geringer, als in den Fällen, in denen der Täter das Ziel verfolgt, das Material anzubieten oder auszustellen. Auch was die Verletzung der Rechte des abgebildeten Kindes angeht, so ist dieser beim einfachen Besitz durch den Akt der vorangegangen Verschaffung des Besitzes bereits ausreichend Rechnung getragen worden (Herstellung bzw. Verkauf und/oder Verbreitung). Beim Konsumenten stellt der Besitz dann eine mitbestrafte Nachtat dar, wenn die Inbesitznahme selbst schon durch den Ankauf oder durch das Herstellen bestraft wurde. Verfolgt der Besitzer keine der o.g. Ziele, so ist die Gefahr einer weiteren Rechtsgutsverletzung des abgebildeten Kindes durch den einfachen Besitzer abstrakter als in den Fällen, in denen der Besitzer das Material besitzt, um es anzubieten oder auszustellen. Deshalb ist auch die Notwendigkeit einer Bestrafung entsprechend geringer einzuschätzen.[9]

Allerdings existiert trotz aller Regulierungen gegen Absender von Kinderpornographie weiterhin ein Markt für solches Material, dessen Bezug durch Internet und E-Mail sogar noch leichter geworden ist. Betont wird, dass es zur Eindämmung von Kinderpornographie notwendig ist, nicht nur die Absender des Materials zu kontrollieren, sondern auch den Markt und die Empfänger. Doch bei aller Notwendigkeit solcher Polizeimaßnahmen existieren Fälle, in denen jemand aufgrund einer bestimmten Software unbemerkt kinderpornographische Dateien empfängt und auf seinen eigenen Computer herunterlädt. Hinzu kommt, dass aufgrund der erwähnten Unbestimmtheit der Definition von Kinderpornographie nicht klar ist, ob es sich bei dem einen oder anderen Bild überhaupt um Kinderpornographie handelt. Die Bewertung kann bspw. von den konkreten Umständen abhängen (Familienalbum oder Pornomagazin?).

---

9 *Watanabe Takuya*, Dennoukukanniokerukeijikisei, (Strafrechtliche Kontrolle im Cyberspace) (2006), S. 201.

In dem Reformentwurf, den die Regierungspartei dem Parlament zunächst vorgelegt hatte, war wie in den Gemeindeverordnungen mehrerer Selbstverwaltungsorgane ein Paragraph zur Bestrafung des einfachen Besitzes eingebracht worden. Doch in dem Entwurf, der dem Parlament schließlich vom Unterhaus vorgelegt worden ist, ist der strafbare Bereich beschränkt worden auf Handlungen des »Besitzes von Kinderpornographie zur Befriedigung der eigenen sexuellen Neugier« oder der »Aufbewahrung von elektromagnetischen Aufzeichnungen zum gleichen Ziel« (neuer § 7 Abs. 1 jap VerbotsG zur KiPo). Es wurde darauf geachtet, dass strafbare Handlungen durch das »Ziel der Befriedigung der eigenen sexuellen Neugier« eingeschränkt werden und legitime Vertriebsinteresssen und gesellschaftlich angemessene Handlungen nicht betroffen sind. Dies wird von der japanischen Anwaltsvereinigung kritisch betrachtet, denn ein solches Ziel sei allzu subjektiv und schwer zu beurteilen. Gesetze könnten sich kaum in individuelle Gedanken einmischen. Hinsichtlich dieser Punkte ist der Bedarf an einigermaßen bestimmten Normen für den strafbaren einfachen Besitz nicht zu übersehen.

Ohne die Strafbarkeit zu erweitern, wird erwogen, folgende Bestimmungen einzubeziehen: Es ist unzulässig, unbefugt kinderpornographisches Material zu besitzen oder entsprechende elektromagnetische Aufzeichnungen aufzubewahren. »Unbefugt« ist als Besitz ohne berechtigtes Interesse aufzufassen. Da aber auch dieser Begriff wieder extensiv und unbestimmt ist, bliebe das Problem.

III. Verbreitungsdelikte (Anbieten, Übermitteln, Einführen, Ausführen)

Neben der Herstellung und dem Besitz von Kinderpornographie werden auch das Anbieten und das Übermitteln, die Einfuhr nach oder die Ausfuhr aus Japan sowie das Aufbewahren elektromagnetischer kinderpornographischer Aufzeichnungen mit dem Ziel des Anbietens (§ 7 Abs. 2 jap VerbotsG zur KiPo) bestraft. Das Anbieten an eine unbestimmte Vielzahl von Personen, die öffentliche Ausstellung, die Übermittlung, die Ein- und Ausfuhr und die Aufbewahrung elektromagnetischer Aufzeichnungen mit diesem Ziel wirken strafschärfend (§ 7 Abs. 5 jap VerbotsG zur KiPo).

Unter »anbieten« versteht man alle Handlungen, die einem anderen die Nutzung von Kinderpornographie oder deren elektromagnetischer oder anderweitige Aufzeichnung ermöglichen, wobei nicht notwendig ist, dass die andere Person das Material tatsächlich empfangen oder entgegengenommen hat (§ 7 Abs. 1 jap VerbotsG zur KiPo).[10]

10 *Shimato*, a. a. O., S. 61.

In der japanischen Strafgesetzgebung wurden in der Vergangenheit Verhaltensweisen, wie sie mit Besitz-, Vertriebs-, Verkaufsdelikten, Delikten gewerbsmäßigen Ausleihens oder solche öffentlicher Ausstellung umschreiben werden, als einzelne Straftaten bestraft. Im gegenwärtig geltenden Recht wurden die genannten Verhaltensweisen jedoch in einem Straftatbestand zusammengefasst. Da der Vertrieb und das öffentliche Ausstellen hauptsächlich elektromagnetische Aufzeichnungen im Internet betreffen, sind noch vor dem Reformentwurf des Strafgesetzes zum Vertrieb von Unsittlichem aus dem Jahr 2011 bereits im Jahr 2006 der Vertrieb und die öffentliche Ausstellung von elektromagnetischen Aufzeichnungen von Kinderpornographie per Internet gesetzlich geregelt worden.

D. Reformbedarf

Gegenwärtig wird im japanischen Parlament über eine Reform des Kinderpornographiegesetzes diskutiert. Speziell geht es dabei um die Strafbarkeit des einfachen Besitzes. Weiterhin wird eine stärkere Zusammenarbeit der Internetunternehmen verlangt. Außerdem wird der Zusammenhang zwischen kinderpornographischen Comics u. a. (Bildern, Zeichentrickfilmen, CG, Quasi-Kinderporno) und der Verletzungen der Kinderrechte sowie die Sperrung und andere Einschränkungen des Einsehens von kinderpornographischen Informationen im Internet überprüft.[11]

Im Hinblick auf den Besitz wird im vorliegenden Reformentwurf der Besitz von Kinderpornographie und entsprechenden elektromagnetischen Aufzeichnungen »zur Befriedigung der eigenen sexuellen Neugierde« für strafbar erklärt. Nicht zu übersehen ist, dass das Motiv des Inhabers des Besitzes schwer zu ermitteln sein wird. Außerdem bleiben in den Fällen des einfachen Besitzes die verletzten Kinderrechte nur abstrakt. Es ist also zu hinterfragen, ob angesichts des mit bis zu achtzehn Jahren eher hoch festgesetzten Alters der potentiellen Opfer und der Unbestimmtheit der Definition von Kinderpornographie die Bestrafung des einfachen Besitzes nicht eine übermäßige Einmischung in individuelle Freiheiten ist.[12] Bisher ist der Besitz nur dann strafbar, wenn der Täter diesen mit Verkaufsabsicht ausübt. Wenn nun der Anwendungsbereich des Straftatbestandes für Besitzdelikte auch auf den einfachen Besitz ausgeweitet wird, kommen Zweifel auf, ob diese Ausweitung überhaupt noch Grenzen hat und unter Berücksichtigung des Ultima-ratio-Prinzips nicht besser zu vermeiden wäre.

---

11 *Sonoda*, a. a. O., S. 138.
12 *Sonoda*, a. a. O., S. 152.

Hinsichtlich der einfachen Besitzdelikte tritt auch die Frage auf, ob überhaupt über die Bestrafung des Anbietens hinaus eine Bestrafung des Materialempfängers nötig ist. Ein kriminalpolitischer Grund könnte darin gesehen werden, dass durch eine Kriminalisierung des Konsumenten und die damit einhergehende Strafabschreckung der Markt für Kinderpornographie eingedämmt werden kann. Darüber hinaus könnte berücksichtigt werden, dass auch ohne die Befürchtung einer Übermittlung des kinderpornographischen Materials an andere Personen, ein Eingriff in die Privatsphäre, in die sexuelle Freiheit und in andere Rechte des Kindes weiterhin fortbesteht, auch wenn die Gefahr eines weiteren Rechtseingriffes geringer ist als beim Besitz mit einem Verkaufsziel.

Die Präfekturen Kyôto, Nara und Tochigi haben als erste im Lande Verordnungen zum Verbot des einfachen Besitzes, Anordnungen zur Einziehung des Materials sowie Informationspflichten u. a. erlassen. Anders als in Kyôto ist in Nara und Tochigi das Alter der Kinder auf bis zu dreizehn Jahren festgesetzt. In Kyôto fehlt es allerdings an Strafvorschriften hinsichtlich des Besitzes von sog. Pornos Nr. 3. In Tochigi ist an einen Verstoß gegen die Verordnung keine strafrechtliche Sanktion geknüpft. Bei diesen Verordnungsnormen wurden die zuvor als problematisch angesehenen Punkte bewusst bedacht. wie z. B. das Alter der abgebildeten Kinder, die Bestimmtheit der Regelung, der einfache Besitz sowie die Strafwürdigkeit von sog. Pornos Nr. 3.

Aufgrund der gesetzlichen Definitionen verschiedener anderer Länder wurden die Regelungen über Pornographie von wirklich existierenden Kindern auf sog. fiktive Kinder ausgedehnt.[13] Dieser virtual child pornography können bei deren Herstellung keine Kindesmisshandlungen zugrunde liegen und auch nicht Rechte von lebendigen Personen verletzten. Aber weil durch die Verbreitung dieses fiktiven Materials die Befürchtung besteht, dass dadurch die Neigung zu sexuellen Straftaten gegen reale Kinder gefördert wird, bezeichnet man diese Darstellungen als Quasi-Kinderpornographie. Das führt in der rechtlichen Bewältigung dieses Phänomens zu einer Gleichsetzung mit realer Kinderpornographie. Auch in den Verordnungen einiger japanischer Selbstverwaltungsorgane wird die Kontrolle erwogen. Anders als bei Kinderpornographie ist aber hier das Ziel, eine angemessene Erziehung der Kinder durch Vorbeugung gegen »Tendenzen, Kinder als Objekte des Sexualtriebes aufzufassen« zu schützen.[14]

13 Genaueres bei *Watanabe*, a.a.O., und bei *Fujimoto Yukari*, Yugaizyohoukiseiwomegurumonndainituite (Probleme bei Einschränkungen zu schädlichen Informationen), Dai sanzyugokaihoutocomputergakkaikenkyuuhoukoku (2011), S. 27.

14 *Harada Shinjiro*, Vertialitykiseinohouga (Der Keim der Virtuality-Einschränkungen), Information Network Law Review Vol.10 (2011), S. 12; vgl. auch *Tadaki Makoto*, Cyber-Pornografie, in: Hogaku-Kyoshitsu, Nr. 258 (2002), S. 203; Cyber-Pornografie, in: Gendai-Keijiho, Bd. 4, Heft 8 (2002), S. 79; sowie kritische Betrachtungen dazu *Watanabe*, a.a.O., S. 203.

In dem (abgelehnten) Reformentwurf zur Tôkyôter Verordnung zur angemessenen Erziehung der Jugend aus dem Jahr 2010 ist der Ausdruck »irreale Jugendliche« in Artikel 2 problematisch gewesen. Doch auch im jetzigen Reformentwurf des japanischen Kinderpornographieverbots heißt es: »Zugleich mit dem Vorantreiben von Untersuchungen über den Zusammenhang zwischen Kinderpornographie ähnlichen Comics u. a. und die Kinderrechte verletzenden Handlungen hat die Regierung die Entwicklung von Technologien zu fördern, mit denen das Einsehen von Kinderpornographie betreffenden Informationen im Internet eingeschränkt werden kann.« Unstreitig hat die Kontrolle der Kinderpornographie das Ziel, die Kinderrechte zu schützen. Doch ob als Gegenstand solchen Schutzes wirklich existierende konkrete Kinder erforderlich sind oder ob abstrakte Darstellungen von Kindern hinreichend sind (gesellschaftliches Rechtsgut), das muss genauso festgesetzt werden wie im Zusammenhang mit dem widersprechenden Interesse der von der Verfassung geschützten Meinungs- und Kunstfreiheit, was und wie viel erlaubt sein soll.

In Japan gibt es Fälle, in denen nicht nur die Hersteller von Fotos oder Filmen, sondern auch von Comics und Bildern (Manga) wegen unsittlicher Darstellungen bestraft wurden. Das Landgericht Tôkyô hat in einer Entscheidung dargelegt, dass bei einem sexualisierten Manga der sexuelle Anreiz sehr stark sei. Das Manga richtete sich hauptsächlich an Leser, die an erotischem Material Interesse hätten, und sie seien als unsittliche Darstellungen nach § 175 des japanischen Strafgesetzbuches[15] zu bewerten. Seit den 1990ern werden in den Verordnungen überall im Lande Einschränkungen für Manga mit extremen sexuellen Darstellungen ausgedehnt und verschärft. Sexuelle Ausdrücke in Manga verstoßen nicht nur gegen Verordnungen, sondern sind auch nach dem japanischen Strafgesetz strafbar.

Verbreitet ist die Ansicht, dass Bilder, auf denen keine reale Person abgebildet ist, nicht mit sexueller Misshandlung in Zusammenhang zu bringen und daher nicht als Kinderpornographie anzusehen seien. Ebenso sei Quasi-Kinderpornographie, bei der ein Kindergesicht mit dem Körper einer erwachsenen Frau verbunden werde oder einer erwachsenen Frau Kinderkleider angezogen werden, nicht von der Kinderpornographie-Kontrolle erfasst.[16] Nimmt man aller-

15 Vertrieb von Unsittlichem: § 175 japStGB: Wer unsittliche Schriften, Bilder, elektromagnetische Aufzeichnungen und anderes verteilt oder öffentlich ausstellt, wird mit Zuchthaus bis zu zwei Jahren oder Geldstrafe bis zu zweieinhalb Millionen Yen oder anderen Geldstrafen bestraft, oder mit Haft und Geldstrafe. Gleiches gilt für den, welcher durch elektronische Übermittlung unsittliche elektromagnetische oder andere Aufzeichnungen verteilt. Gleiches gilt für den, der mit dem Ziel des bezahlten Vertriebs Besagtes besitzt oder besagte elektromagnetische Aufzeichnungen aufbewahrt.

16 *Sonoda*, a. a. O., S. 153. Das Problem zeigt sich auch deutlich an folgendem Beispiel einer Fotomontage: Man stelle sich vor, dass von einer nackten Frau und einem nackten Kind mit einem Bildbearbeitungsprogramm jeweils die Köpfe vertauscht werden. Sind das im Er-

dings an, dass es beim Schutz der Kinder nicht allein um deren unmittelbar durch die Herstellung, Verbreitung etc. verletzten Rechte geht, sondern dass auch als sekundäres Ziel (gesellschaftliches Rechtsgut) eine drohende Verschlimmerung der sexuellen Gewalt gegen Kinder durch die Stimulation sexueller Reize mit Fiktionen entgegenzutreten ist, dann müssten auch solche Bilder von der Kontrolle erfasst werden. Das Verbot von Kinderpornographie würde zur Erhaltung einer guten gesellschaftlichen Atmosphäre beitragen, welches das gesunde Aufwachsen von Kindern ermöglicht und schlechte Einflüsse von ihnen fernhält. So verstanden, bestünde Kontrollbedarf auch für Quasi-Kinderpornographie-Fotos mit Kindern als Modelle und eine Notwendigkeit einer Bestrafung auch dann, wenn das Kind zustimmt oder für den Fall, dass das betroffene Kind gestorben ist.

Auch bei Kinderpornos ohne Geschädigte besteht der Verdacht der Gefahr, dass davon als nächstes die Produktion wirklicher Kinderpornos verursacht werden könnte. Es gibt Hinweise darauf, dass die Zahl der Vergewaltigungsopfer, die Mitte der Sechzigerjahre am höchsten war, und speziell der vergewaltigten kleinen Mädchen, in umgekehrt proportionalem Verhältnis zur Entwicklung eines freieren Umgangs mit Sexualität steht.

So existiert in Japan eine gewichtige Auffassung, dass fiktive Pornographie keine Kinderpornographie sei; aber auch die Gegenansicht, Fiktivpornografie müsste von Einschränkungen betroffen sein, hat viele Anhänger.

E. Fazit

Die Definition des Begriffs »Kinderpornographie« ist in Japan vage und weitläufig. Es werden Befürchtungen laut, dass die Ermittlungsrechte bei der Ahndung des vergleichsweise wenig strafwürdigen einfachen Besitzes missbraucht würden. Außerdem sei der Gesetzgeber im Hinblick auf die zurückhaltende Anwendung des Strafrechts zu weit gegangen. Man könne von der subjektiven Bedingung des »Erregens oder Anreizens des Sexualtriebes« her nicht objektiv beurteilen, ob eine Straftat vorliegt. Der »Porno Nr. 3« Tatbestand sei äußerst extensiv und vage und unbestimmt formuliert, man müsse befürchten, ein Nacktfoto des eigenen Kindes als Säugling könne als Besitz von Kinderpornographie beurteilt werden[17]. Die Beschränkung auf die Intention, »die eigene

gebnis nun zwei Bilder mit »kinderpornografischem« Inhalt? Oder gar keines? Von einigen Autoren wird in Bezug darauf vertreten, dass diese »Tat« dann nur als Beleidigung zu betrachten ist. Professor *Watanabe* vertritt die Auffassung, dass diese »Tat« schon nicht dem Tatbestand unterfällt.

17 Nicht nur Nr. 3 ist problematisch, sondern auch Nr. 2. In Japan ist derzeit ein aktueller Fall in der Diskussion: Zu Werbezwecken für einen Bildband der bekannten Sängerin Tomomi

sexuelle Neugierde zu befriedigen«, sei subjektiv und immer noch vage. Die Internetunternehmen hätten zwar eine Mitwirkungspflicht gegenüber den ermittelnden Organen, aber man muss fragen, ob diese in ihrer praktischen Anwendung nicht aufgezwungen sei. Sollte es in der Zukunft Einschränkungen für Comics und Zeichentrickfilme gäben, so könnte das Friktionen mit der Meinungs- bzw. Kunstfreiheit bedeuten und zu Einschränkungen führen. Ziel der Bestrafung von Kinderpornographie muss der unbedingte der Schutz der Menschenrechte realer Kinder sein und der Schutz von guten Gesellschaftssitten. Diese und andere Kritikpunkte werden von der japanischen Anwaltsvereinigung vorgetragen.

In Zukunft werden Handlungen zur Verbreitung neuer Kinderpornographie zunehmen und unter Erwägung der genannten Kritikpunkte sowie unter Achtung der Grundsätze des Kriminalstrafrechts und zur Vermeidung allzu frühzeitiger Bestrafungen werden Maßnahmen gegen diese antigesellschaftlichen Handlungen getroffen werden müssen. Da Kinderpornographie die Kinderrechte schwer verletzt, müssen dabei selbstverständlich noch mehr als bisher Erziehung und Aufklärung vorangetrieben und das Bewusstsein der Bevölkerung geschärft werden. Zudem ist es erforderlich, die Täter zu verhaften und für eine Besserung und Erziehung der Straftäter[18] zu sorgen. Die Gewinne aus den Verbrechen müssen abgeschöpft und die internationale Zusammenarbeit muss verstärkt werden. Außerdem bedarf es gründlicher Maßnahmen zur Verhinderung der Verbreitung und dem Konsum von Kinderpornographie sowie der Einrichtung von Opferfonds.

Kawanishi wurde vorab ein Foto veröffentlicht, auf dem ein unter zehn Jahre altes Kind ihre nackten Brüste mit den Händen verdeckt und dabei berührt. Dieses Bild könnte unter den Tatbestand von Nr. 2 zu fassen sein.

18 Sexualstraftäterprogramme, in Besserungseinrichtungen abgehaltene Programme zur Behandlungen mit dem Ziel der Verhinderung neuer Straffälligkeit von Sexualstraftätern.

Seong-Don Kim

Die Verfolgung der Herstellung, des Besitzes und der Verbreitung von Kinderpornographie im Zusammenhang mit dem Internet in Korea

A. Einleitung

Vor dem neu angebrochenen Millennium war in Korea das Verständnis des Begriffes der »Kinderpornographie« noch nicht ausgeprägt. Dementsprechend gab es diesbezüglich auch keine spezifisch strafrechtlichen Reaktionen. Die Strafbarkeit der Kinderpornographie konnte nur durch die Subsumtion unter den Begriff »der unzüchtigen Materialien« in den §§ 243, 244 korStGB begründet werden. Da aber »unzüchtige Materialien« im korStGB nur auf »Schriftstücke, Abbildungen, Filme und sonstige Gegenstände« beschränkt sind,[1] konnten Programmdateien mit kinderpornographischem (auch »un-

1 Nach Auffassung der koreanischen Rechtsprechung war (und ist noch immer) der Begriff der »Unzüchtigkeit« nicht mit dem Begriff der »Pornographie« identisch. Danach ist unter Unzüchtigkeit alles zu verstehen, »was dazu geeignet ist, durch Anregung des Geschlechtstriebs bei einem normalen Menschen sexuelle Erregung sowie ein normales sexuelles Schamgefühl auszulösen bzw. den guten Sittlichkeitsvorstellungen erhebliche Schäden zuzufügen«. (Rechtsprechung des Obersten Gerichtshofes vom 10. Februar 1995, 94DO2266). Wie sich später zeigen wird, ist der Begriff der Kinderpornographie in der koreanischen Rechtsordnung weiter gefasst als der Begriff der Unzüchtigkeit.

züchtigem«) Inhalt, die im Internet in Form einer bildlichen Darstellung verbreitet werden, nicht erfasst werden.[2] Außerdem blieb auch in den Fällen, in denen die kinderpornographischen Darstellungen unter die unzüchtigen Materialien subsumiert werden konnten, der »bloße Besitz« weiterhin von der Strafbarkeit ausgeschlossen. Am 3. Februar 2000 wurde ein neues Gesetz verabschiedet, um sexuelle Gewalttätigkeiten oder Missbrauch von Jugendlichen und Kindern wirksam zu bekämpfen. Dieses neue »Gesetz zum Schutze des Rechts auf sexuelle Selbstbestimmung von Jugendlichen (Sondergesetz für Jugendliche) war ein legislativer Entschluss, um Jugendliche vor sexuellem Missbrauch durch Kinderpornographie zu schützen, wobei der Begriff »Kinderpornographie« von dem des »unzüchtigen Materials« losgelöst und das Strafmaß gegenüber den §§ 243, 244 korStGB erheblich erhöht wurde.[3] Dennoch erlebte Korea seit 2000 keinen Rückgang von Sexualstraftaten an Kindern, vielmehr nahmen diese kontinuierlich zu. Dabei war zu beobachten, dass die Tathandlungen der Herstellung und Verbreitung von kinderpornographischen Inhalten infolge flächendeckender Verbreitung des Computers eher heimlich und massenhaft verliefen. Insbesondere seit 2006 ereignete sich eine ganze Reihe von gewalttätigen Sexualstraftaten an Kindern, welche die öffentliche Aufmerksamkeit auf sich zogen.[4] Hierdurch verdeutlichte sich, dass die Täter Kinderpornographie gern betrachteten und diese auch bei sich zu Hause aufbewahrten. Infolgedessen wurden die einschlägigen Gesetze bezüglich gewalttätiger Sexualstraftaten an Kindern und bezüglich der Kinderpornographie mehrfach geändert, um Sexualstraftaten an Kindern wirksam bekämpfen zu können. Mit dem geltenden Sondergesetz für Jugendliche (ab dem 19. Juni 2013) wurde die Strafbarkeit in Bezug auf Kinderpornographie durch Erweiterung des Begriffes der Kinderpornographie verschärft und nicht zuletzt durch einen neuen Tatbestand, der den bloßen Besitz von Kinderpornographie sanktioniert, erheblich erweitert und vorverlagert. Demnach muss es nicht zum

2 »Weil sich nicht sagen lässt, dass die Programmdateien auf dem Computer »Schriftstücke, Abbildungen, Filme und sonstige Dinge« nach der oben genannten Definition (§ 243 korStGB: vom Verfasser) sind, lässt sich der Verkauf von Programmdateien, welche unzüchtige Inhalte zum Gegenstand haben, nicht nach § 243 korStGB bestrafen. Davon unberührt bleibt aber eine mögliche Haftung nach § 48 Abs. 2 TKG.« (Rechtsprechung des Obersten Gerichtshofes vom 24. Februar 1999, 98DO3140).

3 Als »Jugendliche« waren in diesem Gesetz Personen bis 18 Jahre gemeint. Eine Unterscheidung zwischen Kindern (bis 14 Jahre) und Jugendlichen (15 bis 18 Jahre) gab es nicht. Daher lautete dieses Gesetz ursprünglich »Gesetz zum Schutze des Rechts auf sexuelle Selbstbestimmung von ›Jugendlichen‹«, dann wurde es am 1. Januar 2010 in »Gesetz zum Schutze des Rechts auf sexuelle Selbstbestimmung von ›Kindern und Jugendlichen‹ « umbenannt. Im Folgenden werden jedoch von dem Begriff »Kinderpornographie« Kinder und Jugendliche zugleich erfasst.

4 Die koreanische Regierung beschloss, den 22. Februar 2006 zum Tag der Bekämpfung sexueller Gewalttätigkeiten an Kindern zu ernennen.

Versuch eines Sexualverbrechens kommen, vielmehr kann die Strafbarkeit schon vor dem Versuch einer sexuellen Gewalthandlung gegen das Kind eintreten.

Deswegen ist in diesem Zusammenhang problematisch, ob und wie die Expandierung des Begriffes der Kinderpornographie und die Vorverlagerung der Strafbarkeit rechtsstaatlich zu legitimieren sind. Diese Problematik ist in Korea nicht nur in Bezug auf den Tatbestand des bloßen Besitzes, sondern auch schon in Bezug auf den Begriff der Kinderpornographie immanent. Denn bereits die Legaldefinition der Kinderpornographie ist im koreanischen Sondergesetz inakzeptabel unbestimmt und entsprechend weit gefasst. Das Ziel dieses Beitrags ist daher der Versuch, einen umfassenden Überblick über die koreanische Rechtslage bezüglich Kinderpornographie zu geben und mögliche Lösungswege anzubieten.

B. Begriffsklärung

I. Kinderpornographie

Als das Sondergesetz für Jugendliche in Kraft getreten ist, war der Begriff der Kinderpornographie gesetzlich eindeutig definiert. Demzufolge verstand man unter Kinderpornographie alle bildlichen Darstellungen, die sich auf bestimmte Formen von sexuellen Handlungen[5] an oder von Personen bis zu 18 Jahren beziehen, in denen jedenfalls die Jugendlichen oder Kinder selbst erscheinen. Die Kinderpornographie in diesem Sinne umfasst auch die Darstellung pornographischer Inhalte im Rahmen von bildlichen Medien, die sowohl aus Film-, Video- oder Spielmaterialen, als auch aus Computerdateien oder sonstigen kommunikativen Medien bestehen.

Trotz des neuen Sondergesetzes für Jugendliche haben die Sexualverbrechen an Kindern drastisch zugenommen. Deswegen hat der koreanische Gesetzgeber mehrere wichtige gesetzliche Maßnahmen umgesetzt, um noch wirksamer gegen die Sexualverbrechen an Kindern vorgehen zu können. Ein Versuch dahingehend war die Erweiterung des Begriffes der »Kinderpornographie«. Die begriffliche Erweiterung erfolgte dabei in zwei Schritten. Der *erste Schritt* (am 4. Februar 2008) bezog sich dabei auf ein Hinzufügen von weiteren sexuellen Handlungsweisen, die das Vorliegen einer kinderpornographischen Darstellung

5 Zu diesen Handlungen gehören neben der »Handlung, die, ein Körperteil oder den ganzen Körper offensichtlich zur Schau stellend, unzüchtige Inhalte darstellt und dabei ein sexuelles Schamgefühl bei Jugendlichen auslöst«, auch noch zwei weitere »sexuelle Handlungen«: a. Geschlechtsverkehr und b. Pseudogeschlechtsverkehr unter Anwendung eines Körperteils wie des Mundes, des Afters oder von Instrumenten.

begründen.[6] Eine noch wesentlichere Veränderung geschah durch die Erweiterung des Opferpersonenkreises – dieser *zweite Schritt* erfolgte am 16. März 2012.

Diese *zweite* Veränderung des Begriffes führte dazu, dass man unter Kinderpornographie alle bildlichen Darstellungen verstand, die sich auf bestimmten Formen von sexuellen Handlungen an oder von Personen bis zu 18 Jahren beziehen, bei denen jedenfalls nicht nur die Jugendlichen selbst, sondern auch die als Kinder erkennbaren Personen erscheinen. Bei diesem neuen Begriff der Kinderpornographie ist auch der Erwachsene als Darsteller unter Kinderpornographie zu subsumieren, der in kindlicher Kleidung sexuelle Handlungen vollzieht (sog. Pseudokinderpornographie = Quasi-Kinderpornographie). Darüber hinaus fallen auch Werke der Malerei, Zeichnungen, Illustrationen und Karikaturen unter den Begriff Kinderpornographie (sog. virtuelle Kinderpornographie = fiktive Kinderpornographie).

Diese Ausdehnung des Begriffes der Kinderpornographie ist aber starker Kritik ausgesetzt. Der Wortlaut der »als Kinder erkennbare Personen« sei außerordentlich unbestimmt. Der Umfang des Begriffes könne zu einer uferlosen Erweiterung und dadurch zur Einschränkung der Freiheit von Äußerungen führen. Diese Kritik war so massiv, dass der Begriff Kinderpornographie direkt nach der Änderung eine erneute Reform erfuhr. Zum gegenwärtigen Zeitpunkt (ab dem 19. Juni 2013) werden alle bildlichen Darstellungen, die sich auf bestimmte Formen von sexuellen Handlungen an oder von Personen bis zu 18 Jahren beziehen, in denen Kinder oder »eindeutig« als Kinder erkennbare Personen auftauchen, erfasst.

Nachdem dieses geänderte Gesetz in Kraft getreten ist, wurde am 7. Juli 2013 ein darauf beruhendes Urteil vom Berufungsgerichtshof verkündet, nach dem solche Pornographie, bei der erwachsene Darsteller mit kindlicher Kleidung zu sehen sind, nicht unter Kinderpornographie zu fassen ist.

Aber es wird immer noch darauf hingewiesen, dass der Begriff »Kinderpornographie« im bestehenden Gesetz nicht eindeutig definiert worden sei. Kritisiert wird vor allem die unklare Abgrenzung gewisser sexueller Handlungen, die an und von Kindern erfolgen. Und gerade wegen der abstrakten Formulierungen wie etwa denen des »sexuellen Schamgefühls« oder »Ekelgefühls« könne dies vor dem Bestimmtheitsgebot nicht standhalten. Gefordert wird daher, konkrete Handlungstypen detailliert zu beschreiben.[7]

6 Als dazugehörige sexuelle Handlungen wurden, anders als im Jahr 2000, im Erlassjahr des Gesetzes, Folgende aufgeführt: a. Geschlechtsverkehr, b. Pseudogeschlechtsverkehr unter Anwendung eines Körperteils wie des Mundes, des Afters oder von Instrumenten, c. »Handlungen, die, ein Körperteil oder den ganzen Körper offensichtlich zur Schau stellend, unzüchtige Inhalte darstellen und dabei ein sexuelles Schamgefühl bei Erwachsenen auslösen«, d. Masturbation.

7 Gegen die Definition, die in der ursprünglichen Fassung Folgendes beinhaltete: »die Hand-

II. Kinderpornographie im Internet – eine Phänomenanalyse

Trotz der erheblichen Strafmaßnahmen im Bereich der Kinderpornographie, erscheint kein Ansatz geeignet, die Sexualstraftaten, ebenso wie die Verbreitung der Kinderpornographie, zu verringern. Laut der »Internet Watch Foundation« gilt Korea als ein Hauptland der Herstellung kinderpornographischer Materialien. Das heißt, innerhalb von Korea zirkuliert die Kinderpornographie zwar nicht so stark, aber in Korea wird der Gewinn durch den Verkauf der Kinderpornographie auf ausländischen Webseiten erzielt. Der Anteil soll 21,6 % an den gesamten weltweit produzierten kinderpornographischen Materialien betragen. Im Übrigen ist das Bewusstsein über die Missstände und den Ernst der Lage im Bereich der Kinderpornographie in Korea, anders als in Europa, den USA oder Japan, noch nicht so stark ausgeprägt. Hinzu kommt, dass Materialien, die über den aktuellen Stand bezüglich der Kinderpornographie Auskunft geben, nur spärlich zur Verfügung stehen. Es zeigt sich, dass die nach polizeilichen Angaben erfassten Fälle der Herstellung, des Besitzes und der Verbreitung von Kinderpornographie in den letzten Jahren stark zugenommen haben.

Jahr	Angezeigte Fälle	Anklage erhoben	Keine Anklage erhoben	Sonstiges
2010	82	38	26	12
2011	100	58	23	21
2012	2.224	775	433	940

(Aktueller Stand über Anzeigen und Verfahren gemäß § 8 des Gesetzes zum Schutze des Rechtes auf Selbstbestimmung der Kinder/Jugendlichen: Bericht des Polizeiamtes 2013)

Die polizeiliche Kriminalstatistik verzeichnete bei der Anzahl der eingeleiteten Ermittlungsverfahren 2012 bezüglich der Herstellung, des Besitzes und der Verbreitung von Kinderpornographie eine 22-fache Steigerung gegenüber dem Jahre 2011 (von 100 auf 2.224 Fälle). Die Zahl der Fälle, in denen Anklage erhoben wurde, belief sich im Jahr 2011 auf insgesamt 58, wobei sich die Zahl im Jahre 2012 um das 13,3fache erhöhte. Der Prozentsatz der angezeigten Fälle im

lung, die, ein Körperteil oder den ganzen Körper zur Schau stellend, unzüchtige Inhalte darstellt und dabei ein sexuelles Schamgefühl bei Jugendlichen auslöst«, wurde wegen ihrer inhaltlichen Unklarheit und der damit verbundenen Ungeeignetheit im Strafrecht Verfassungsbeschwerde eingelegt. Jedoch verwarf das Verfassungsgericht die Verfassungsbeschwerde mit folgender Begründung: »Wenn auch die Meinungsfreiheit der Presse, der Verlage u. a. wegen der oben genannten einzelnen Regelungen etwaige Einschränkungen erfährt, ist es nicht so, dass der Verhältnismäßigkeitsgrundsatz nach § 37 Abs. 2 der Verfassung oder die Meinungsfreiheit nicht verletzt werden, wenn man auf den Zweck der Gesetzgebung, die Jugendlichen vor sexuellem Missbrauch zu schützen, auf den Charakter der Kinderpornographie und der kinderpornographischen Herstellung und darüber hinaus auf die Auswirkung der Verbreitung und die gerichtliche Strafe Rücksicht nimmt.« (Rechtsprechung des Verfassungsgerichtes am 25. April 2002, 2001Heonga27).

Verhältnis zu den angezeigten Fällen betrug im Jahre 2011 58 %, während er sich im Jahr 2012 auf 34,8 % reduzierte. Wenn man aber die noch nicht behandelten 940 Fälle berücksichtigen will, scheint die Zahl der angeklagten Fälle und der Prozentsatz der angezeigten Fälle noch höher zu sein. Dieser Anstieg ist einerseits auf intensivere Ermittlungsbemühungen, andererseits aber auch auf die Erweiterung des Begriffes der »als Kinder erkennbaren Personen oder Dargestellten« und auf die Einführung des neuen Tatbestandes des »Besitzes« zurückzuführen.

Nach Aussage des »Vereins der Cyberhüter« in Korea wird die Mehrzahl der kinderpornographischen Materialien im Internet nicht im offen zugänglichen world wide web in Umlauf gebracht, sondern in geschlossenen Newsgroups, Chat-Räumen oder Peer-to-Peer (P2P) Netzwerken, insb. »Torrent« angeboten oder getauscht. Ein gewinnorientierter Handel mit der Kinderpornographie hat auch durch file hosting service (webhard oder webstorage) immer mehr Anteil gewonnen. In diesem Sinne fungiert das Internet derzeit nur als Tauschbörse.[8] In jüngster Zeit verbreitet sich der Weg über das Smart-Phone oder Internet-Cafés, wobei sich die Jugendlichen sowohl als Anbieter (und Hersteller) als auch als Konsumenten in den Vordergrund stellen. Dennoch sind die typischen Konsumenten der Kinderpornographie erwachsene Männer.

Soweit es den bloßen Besitz von Kinderpornographie angeht, der seit der Gesetzesänderung vom 2. April 2008 strafbar ist, ist bis heute von fast keinem Fall berichtet worden, in denen dieser Tatbestand im gerichtlichen Verfahren zur Anwendung kam. Dabei ist zu erwähnen, dass erst seit 2012 in stärkerem Maße nach dem bloßen Besitz gefahndet wird. Einen Anlass dazu bot der Bericht zur UN-Kinderrechtskonvention.[9] Dennoch scheint dies vor allem darauf zurückzuführen zu sein, dass bei der Ermittlung von aufsehenerregenden, brutalen sexuellen Verbrechensfällen festgestellt wurde, dass die Täter dazu neigten, kinderpornographische Materialien zu betrachten und dies zu genießen.

8 Die meisten gesetzeswidrigen Verbreitungsfälle, die in letzter Zeit vom Verein der Cyberhüter aufgedeckt wurden, waren die Verbreitung durch Internetseiten (insgesamt 1.322 Fälle einschließlich 9 Fällen mit Darstellungen von Kindern), Verbreitung unzüchtigen Materials durch Mobile App (insgesamt 1.314 Fälle einschließlich 11 Fällen mit Darstellungen von Kindern), Verbreitung unzüchtigen Materials durch Internet-Cafés, Blogs, SNS (365 Fälle), Verbreitung unzüchtigen Materials durch File Sharing wie etwa Webhard (insgesamt 218 Fälle einschließlich 62 Fällen mit Darstellungen von Kindern) u. a.

9 In diesem Bericht wurde auf den rapiden Zuwachs der sexuellen Gewalttaten an Kindern und den hohen Konsum von Pornographie in Korea hingewiesen; dabei handelte es sich darum, dass all die notwendigen Maßnahmen getroffen werden müssen, um mit §§ 2, 3 im Fakulativprotokoll über den Kinderhandel, die Kinderprostitution und die Kinderpornographie in Einklang zu kommen.

C. Bestandsaufnahme der Straftatbestände

Wie beschrieben, wurde vor dem Inkrafttreten des Sondergesetzes für Jugendliche die Strafbarkeit in Bezug auf Kinderpornographie nur durch die §§ 243–244 korStGB geregelt. Nach dem korStGB war auch die Herstellung, die Verbreitung und der bestimmten Zwecken dienende Besitz pornographischer Materialien strafbar und wurde mit Freiheitsstrafe bis zu einem Jahr geahndet. Dabei konnte jedoch die auf Computer- Programm-Files etc. gespeicherte Kinderpornographie nicht unter pornographische Materialien i. S. d. korStGB subsumiert werden. Zudem war der einfache Besitz kinderpornographischer Materialien nicht mit Strafe bedroht. Erst durch die neue besondere Gesetzgebung aus dem Jahre 2000 (Sondergesetz für Jugendliche) wurde ein neuer Begriff der Kinderpornographie geschaffen. Überdies wurden dadurch auch die von der bisherigen Rechtsordnung (d. h. korStGB) geregelten Tatmodalitäten (d. h. Herstellung und Verbreitung) mit höherer Strafe als zuvor bestraft. Diese neuen Regelungen sind aber nicht unverändert geblieben. Wegen einiger aufsehenerregender Sexualverbrechen an Kindern wurde die darauf folgende gesetzgeberische Maßnahme umgehend umgesetzt: Abgesehen von den Ausdehnungen des Begriffes der Kinderpornographie, wurde der Umfang der Strafbarkeit durch neue Straftatbestände erweitert, die nicht nur den bloßen Besitz unter Strafe stellen, sondern auch Online-Service-Providern (OSP) die rechtliche Pflicht zur Zugangssperrung auferlegen. Darüber hinaus wurden auch die Strafrahmen der einzelnen Tatbestände noch einmal erheblich erhöht. Hier folgt eine Übersicht der Veränderungen des Tatbestandes sowie des Strafrahmens in Bezug auf die Kinderpornographie:

Übersicht der Tatbestände sowie Strafrahmen im Bezug auf die KiPo

	ab dem 03.02.2000	ab dem 29.12.2005	ab dem 04.02.2008	ab dem 13.09.2011	ab dem 19.06.2013
Herstellung	Herstellung sowie Import, Export				
	nicht unter 5 Jahren	nicht unter 5 Jahren/ lebenslängliche Freiheitsstrafe			nicht unter 5 Jahren/ lebenslängliche Freiheitsstrafe
	auf kinderpornographische Herstellung bezogener Handel und Transport von Kindern im Inland und ins Ausland				
	nicht unter 5 Jahren/ lebenslängliche Freiheitsstrafe				nicht unter 5 Jahren/ lebenslängliche Freiheitsstrafe
	Vermittlung zur Herstellung				Vermittlung zur Herstellung mit Wissen um die Herstellung
	nicht unter 1 Jahr/ bis zu 10 Jahren				bis zu 3 Jahren

(*Fortsetzung*)

	ab dem 03.02.2000	**ab dem 29.12.2005**	**ab dem 04.02.2008**	**ab dem 15.09.2011**	**ab dem 19.06.2013**
Verbreitung	Verkauf/ Verleih/ Verteilung/ Transport/ öffentliches Ausstellenlassen/ Vorführen mit Absicht der Gewerbsmäßigkeit				+ Beschaffung
	bis zu 7 Jahren				bis zu 10 Jahren
		Verteilen/ öffentliches Ausstellenlassen/ Vorführen ohne Absicht der Gewerbsmäßigkeit			+ Beschaffung
		bis zu 3 Jahren / Geldstrafe bis zu 20 Millionen Won			bis zu 5 Jahren/ Geldstrafe bis zu 50 Millionen Won
				Unterlas-sen des Löschens technischer Maß-nahmen	
				bis zu 3 Jahren/ Geldstrafe bis zu 20 Millionen Won	

(Fortsetzung)

	ab dem 03.02.2000	**ab dem 29.12.2005**	**ab dem 04.02.2008**	**ab dem 15.09.2011**	**ab dem 19.06.2013**
Besitz	Besitz mit Absicht der Gewerbsmäßigkeit				
	bis zu 7 Jahren				
			bloßer Besitz		Besitz mit Wissen um KiPo
			bis zu 20 Millionen Won	bis zu 1 Jahr/ bis zu 20 Millionen Won	bis zu10 Jahren

I. Herstellungsdelikte

Zu den strafbaren Handlungen im Zusammenhang mit kinderpornographischen Material gehören verschiedene Arten. Zum einen ist dies die Herstellung sowie der Export und Import (der 1. Typus), zum anderen der Kinderhandel und der Transport im In- und Ausland zum Zwecke der Herstellung (der 2. Typus), aber auch die Vermittlungshandlung für die Herstellung einer kinderpornographischen Produktion (der 3. Typus). Herstellungsdelikte, die unmittelbar einen sexuellen Missbrauch von Kindern zum Inhalt haben, unterliegen der höchsten Strafandrohung im Bereich der kinderpornographischen Delikte. Das Strafmaß bezüglich des 2. Typus blieb zwar unverändert, aber hinsichtlich des 1. Typus wurde die Null-Toleranz explizit erklärt, womit nunmehr die lebenslängliche Freiheitsstrafe als Höchststrafe hinzugekommen ist. Für den 3. Typus war früher die bloße Vermittlungshandlung unter Strafe gestellt, dies wurde später um das Erfordernis der »Kenntnis von der kinderpornographischen Herstellung« ergänzt, um dem Bestimmtheitsgebot zu entsprechen. Darüber hinaus wurde das Strafmaß deutlich verschärft. Beim 1. Typus ist ferner auch der Versuch strafbar.

Es ist zu beachten, dass nicht nur die direkte Herstellungshandlung, sondern auch die Handlung, die in der Bearbeitung kinderpornographischer Originalfilme oder -bilder besteht, zu den Herstellungsdelikten gehört. Das Einverständnis von Jugendlichen zum Geschlechtsverkehr oder eine Gegenleistung hierfür spielen keine Rolle und berühren die Strafbarkeit nicht.

II. Verbreitungsdelikte

1. Täterschaft beim Verbreitungsdelikt

Zu den Arten der Verbreitungsdelikte gehören der Verkauf, der Verleih, die Verteilung, der Transport und das öffentliche Ausstellen oder Vorführen von Kinderpornographie. Bisher erfolgte bei Verwirklichung dieser Tatbestände nur dann eine Bestrafung, wenn sie »gewerbsmäßig« betrieben wurden. Ab dem 29. Dezember 2005 sind aber auch Handlungen, wie die Verteilung, das öffentliche Ausstellen und Vorführen dann strafbar, wenn das Merkmal der Gewerbsmäßigkeit nicht vorliegt. Die Gründe dafür sind Folgende: *Erstens* erachtete man es als nicht mehr ausreichend, nur eine kommerzielle Verbreitungshandlung unter Strafe zu stellen, angesichts dessen, dass es bei der Kinderpornographie immer häufiger zu sexuellen Missbrauchshandlungen an Kindern kam, sodass auch dem Verbreiten ohne Absicht einer gewerbsmäßigen Begehung ein gesteigerter Unrechtsgehalt zugeschrieben wurde. *Zweitens* sah man es als notwendig an, zwischen der Kinderpornographie und dem allgemeinen Strafrecht bezüglich des unzüchtigen Materials eine rechtliche Verhältnismäßigkeit herzustellen. Wenn nur die gewerbsmäßigen Verbreitungshandlungen bestraft würden, wäre es schwer, zu bestrafen, falls Webseiten Kinderpornographie kostenfrei anbieten oder wenn pädophile Personen u. a. Kindern und Jugendlichen Kinderpornographie zeigen, um sie dann sexuell zu missbrauchen. Somit ist die Absicht der Gesetzesänderung, auch die nicht gewerbsmäßige Handlung in Form der Verteilung, öffentlichen Ausstellung oder Vorführung zu bestrafen, als positiv zu bewerten. In letzter Zeit wurde der Verbreitungstatbestand um die Variante der »Beschaffung« ergänzt, womit der Umfang der Strafbarkeit noch einmal erweitert wurde. Außerdem wurde das Strafmaß im Einzelfall noch einmal verschärft.

2. Eigenständiger Tatbestand wegen unterlassener Verhinderung der Verbreitung

Im Jahr 2011 wurde ein neuer Tatbestand in das koreanische Sondergesetz für Jugendliche eingeführt. Dies geschah mit dem Ziel, diejenigen Online-Service-Provider zu bestrafen, die keine Maßnahmen vorgenommen haben, um Kinderpornographie auf ihren Speichermedien ausfindig zu machen oder aufgefundene Kinderpornographie nicht sofort gelöscht und keine technischen Maßnahmen zur Verhinderung des Einstellens kinderpornographischer Inhalte auf ihren Servern sowie zur Unterbrechung der Weiterübertragung getroffen haben. Vor der Einführung dieses Tatbestandes konnten die Provider, die sich nicht unmittelbar an einer Verbreitung von Kinderpornographie beteiligten, lediglich wegen Beihilfe durch Unterlassen bestraft werden. Diesbezüglich war es auch nicht einfach, unmittelbare juristische Zusammenhänge herzustellen, um Provider handlungspflichtig zu machen.[10] Vor diesem Hintergrund lässt sich sagen, dass sich gerade durch diesen neu eingeführten selbstständigen Tatbestand die Beihilfe bei der Verbreitung des Materials durch Unterlassen effektiver verfolgen lässt. Denn mit diesem Tatbestand ist es gelungen, nicht nur die Handlung wegen Beihilfe durch Unterlassen, sondern auch Handlungen wie etwa das öffentliche Ausstellen oder Vorführen, das Verteilen unzüchtiger Materialien sowie das Anbieten im Internet und die Beihilfe durch Unterlassen bei der Verbreitung zu bestrafen. So wurde der Weg bereitet, die Verbreitung von Kinderpornographie zu sperren und Nutzer von dem Zugriff auf Kinderpornographie abzuhalten. Damit verbunden, schloss sich auch die Möglichkeit an, bereits an die Herstellungsabsicht des Herstellers anknüpfen zu können. Ab-

10 Das koreanische Oberste Gericht vertritt natürlich die Auffassung, dass die Handlungspflicht auf Basis der »sozialen Normen und Treu und Tugend« besteht.

gesehen davon, wird durch diesen Tatbestand Internetprovidern die Handlungspflicht auferlegt, Kinderpornographie auf ihren Servern ausfindig zu machen und, falls etwas gefunden wird, diese sofort zu löschen. So erhält dieser Tatbestand den Charakter eines echten Unterlassungsdelikts. Die Nichterfüllung der Handlungspflicht führt somit zur Strafbarkeit. Insofern sollten Zugangsanbieter, gerade weil sie den Nutzern nur den Zugang zu Webseiten bieten, von dieser Handlungspflicht ausgeschlossen bleiben. Aber auch wenn der Personenkreis dieser Handlungspflicht auf Inhaltsanbieter oder Host- oder Network-Service-Provider eingeschränkt wäre, ist noch zweifelhaft, ob diese in der Lage wären, all die überflutenden Dateien unter Kontrolle zu bringen und wenn ja, ob sie daraus Kinderpornographie filtern und stets überwachen könnten. Daher bestehen Zweifel daran, ob der Verpflichtete die geforderte Handlung überhaupt erbringen kann. Darauf Rücksicht nehmend ermöglicht es die koreanische Rechtslage, von Strafe in den Fällen abzusehen, in denen sich die Internetprovider zwar bemühen, besondere Aufmerksamkeit auf die Suche nach Kinderpornographie beinhaltenden Dateien zu richten oder versuchen, selbige der weiteren Verbreitung zu entziehen, dabei aber vor erheblichen technischen Schwierigkeiten stehen.

III. Besitzdelikte

Im Sondergesetz für Jugendliche aus dem Jahr 2000 war der Besitz nur dann strafbar, wenn er mit der Absicht des Vertriebs, des Verleihens und der Verteilung von Kinderpornographie verbunden war. Da aber trotz des Inkrafttretens dieses Sondergesetzes sexuelle Gewalttaten an Kindern nicht geringer wurden, erweiterte der Gesetzgeber den Umfang der Strafbarkeit, indem er den bloßen Besitz ohne irgendwelche Verbundenheit mit einer »Absicht« zum Gegenstand der Strafbarkeit machte.[11] Diese Erweiterung erfuhr insofern Kritik, als dass mit der Strafbarkeit bloßen Besitzes, der keineswegs eine Gefahr für das Rechtsgut darstelle, die Strafbarkeit zu stark erweitert sei, was schließlich dem Verhältnismäßigkeitsgrundsatz widerspreche. Deshalb erfolgte ab dem 18. Juni 2013 eine Beschränkung, wonach der Besitz nur zugleich mit der »Kenntnis der kinderpornographischen Darstellung« strafbar ist und damit bloßer Besitz ohne Kenntnis von der Kinderpornographie von der Strafbarkeit ausgeschlossen blieb. Aus diesem Grunde waren auch solche Fälle von der Strafbarkeit ausge-

11 Es gibt drei Sachverhalte, die in den bestehenden Gesetzen in Korea nur mit »bloßem Besitz« und ohne Erfordernis einer Absicht unter Strafe gestellt werden: 1. Besitz des Opiums, Morphiums oder dessen Bestandteilen oder des Sauggerätes etwa für Opium, 2. Besitz des Sprengstoffes im Krieg oder in der Aufruhr und zwar ohne einen nachvollziehbaren Grund, 3. Besitz verbotener Waffen.

schlossen, bei denen man die Kinderpornographie unwissentlich heruntergeladen, dann aber nach Kenntniserlangung von dem kinderpornographischen Inhalt wieder gelöscht hat. Dennoch ist die Frage, wann eine Besitzverschaffung von Daten und Dateien vorliegt – auch weil Besitz kinderpornographischer Darstellungen nie zum Gegenstand einer gerichtlichen Entscheidung wurde –, nicht abschließend geklärt. Bisher wurde der Begriff »Besitz« von physischen Gegenständen in dem Sinne verstanden, dass sich »ein Gegenstand am Körper des Menschen oder nah am Körper befindet oder an einem von ihm zugänglichen Ort aufbewahrt wird«. Diese Begriffserklärung des »Besitzes« lässt sich nun, anders als bei materiellen Dingen, weil Besitz heutzutage in Form einer Speicherung im Computer zustande kommt, wie folgt erweitern: als »einen Zustand, in dem Speicherungs-, Kopie- oder Verbreitungsmöglichkeiten vorhanden sind, und der voraussetzt, dass über eine entsprechende Kontrolle und Handhabung Informationen praktisch verfügbar sind«.[12] Demzufolge umfasst der Begriff »Besitz« auch das Herunterladen und Speichern der Kinderpornographie nicht nur auf Zwischenträgern wie USB oder auf der Festplatte, sondern auch auf file sharing wie webhard. In dem Speichern des Links, mit dem zu kinderpornographischen Materialien weitergeleitet wird, kann jedoch kein Besitz gesehen werden, da hierdurch keine tatsächliche Kontrolle entsteht.

Es ist umstritten, ob auch der Fall, dass man die Kinderpornographie (Fotos oder Videos) live (durch Streaming) betrachtet, als Besitz angesehen werden kann. Diesbezüglich vertritt das Polizeiamt, die Kontrollinstanz, die Auffassung, dass bloßes Betrachten an sich keinen Besitz darstelle. Der Fall jedoch, dass man in Kenntnis der Speichermöglichkeit einschlägige Fotos oder Videos betrachtet und beim Betrachten eine automatische Speicherung erfolgt, solle als eine Form des Besitzes angesehen werden.[13] Im Rahmen einer solchen Auslegung kommt man entsprechend dem Polizeiamt dann zu dem Ergebnis, dass derjenige Nutzer, der in Kenntnis der Speichermechanismen des Cache mithilfe des Webbrowsers Fotos oder Videos betrachtet, sich wegen Besitzes strafbar macht, da der Webbrowser im Folder oder Directory der Festplatte einschlägige Fotos oder Videos automatisch kopiert und speichert.[14] Wenn sich diese Auffassung durchsetzen sollte, kann auch die gespeicherte Information beim Cloud-Computing auf dem Internet-Server (z. B. im webhard) als Besitz gelten; in diesem Fall kann nicht nur das Vorhandensein der Kinderpornographie auf dem

12 *Kim, Seulgie*, »Überprüfung des Begriffes Besitz einer Kinderpornographie im Internet«, in: Studie zum wissenschaftlichen Technikrecht, S. 323.

13 Vgl. »Mitteilung über den »Besitz« der Kinderpornographie«, in: Cyberterror-Center im Polizeiamt.

14 Diese Auffassung gibt den Images im Cache-System juristische Bedeutung; der Gegenstand, der mit tatsächlicher Kenntnis in Besitz genommen wird, wird als Image im Cache-System angesehen.

Computer oder in einem anderen Speicher des Nutzers, sondern auch das Hochladen kinderpornographischer Inhalte im webhard als Besitz gelten.

D. Reformbedarf

Die Forderung, Kinder und Jugendliche vor sexuellem Missbrauch zu schützen, wird in Korea immer stärker. Die Frage, inwieweit die Intention des koreanischen Gesetzgebers, dieser Aufforderung nachzukommen, in den Straftatbeständen der Herstellung, der Verbreitung und des Besitzes von Kinderpornographie umgesetzt wurde, lässt sich noch nicht definitiv beantworten. Es werden vermehrt Stimmen laut, die einerseits anmerken, dass die bestehende Rechtslage immer noch keine Zufriedenheit biete und noch wirksamere Maßnahmen eingesetzt werden sollten; andererseits sei trotz der begrifflichen Erweiterung von »Kinderpornographie« eine genaue Abgrenzung schwer festzulegen und der Begriff des Besitzes mit seiner begrifflichen Unklarheit solle legislativ noch etwas einschränkender bestimmt werden, um den rechtstaatlichen Grundsätzen zu genügen. Dabei ist klar festzustellen, dass sich die beiden Meinungsgruppen nicht gegeneinander stellen, sondern bezüglich der Kinderpornographie darüber übereinstimmen, noch stärkere kriminalpolitische Maßnahmen einzusetzen. Die nachstehenden Überlegungen sind als Verbesserungsvorschläge aufgeführt, um die bestehenden Strafbestimmungen hinsichtlich der Kinderpornographie als kriminalpolitische Maßnahmen noch wirksamer werden zu lassen.

Erstens: Es ist nicht zu übersehen, dass bezüglich der Definition der Kinderpornographie noch dahingehend Streit herrscht, ob die Formulierung »eindeutig als Kinder zu erkennende Personen« bestehen bleiben soll oder nicht. Die Auffassung, dass auch Pseudokinderpornographie (Auftreten erwachsener Darsteller in kindlicher Verkleidung) und virtuelle Kinderpornographie (keine realen Personen, nur virtuelle Darstellungen wie Animationen oder Comics) zum Begriff der Kinderpornographie gehören müssen, ist dadurch begründet, dass sexuelle Handlungen in Pseudo- und virtueller Kinderpornographie verharmlost werden und als Material zu realem Kindesmissbrauch verleiten könnten.[15]

Wenn die Kinderpornographie grundsätzlich deshalb verboten wird, weil dort Kinder tatsächlich sexuell missbraucht und ausgebeutet werden, dann

15 *Sim, Hee Ki,* »Pornographie und Gesetz zum Schutze des Rechts auf sexuelle Selbstbestimmung der Jugendlichen«, Studie zum vergleichenden Strafrecht, Bd. 5, Nr. 2 (2003), S. 899; *Lee, Keon Ho,* »Probleme aus der Pornographie und kriminalpolitische Maßnahmen«, Rechtswissenschaft Hanrim Forum, Bd.14 (2004), S. 201.

sollte virtuelle Kinderpornographie, bei der kein tatsächlicher sexueller Missbrauch zustande kommt, vom Begriff der Kinderpornographie ausgeschlossen[16] bleiben.[17] Dasselbe trifft dann auch auf Pseudokinderpornographie zu. Obwohl das bestehende Gesetz in Korea neuerdings mit der Ergänzung »*eindeutig* als Kinder zu erkennende Personen« (Hervorhebung des Verfassers) eine begriffliche Konkretisierung versuchte, ist es einerseits nicht einfach, eine begriffliche Abgrenzung festzulegen, andererseits schwer zu behaupten, dass bei der Pseudokinderpornographie ein rechtmäßiger sexueller Missbrauch von Kindern erfolge, weil es bei der Pseudokinderpornographie zu keinem tatsächlichen Kindesmissbrauch komme.

Zweitens: Vor diesem Hintergrund ist es aber notwendig, die Bestandsaufnahme kinderpornographischer Handlungsformen noch zu erweitern und zugleich diese Bestandsaufnahmen dann auch viel eindeutiger zu fassen. Nicht eindeutig erfassbar sind zunächst einmal die abstrakten Begriffe, die im bestehenden Gesetz verwendet werden, wie etwa Scham- oder Ekelgefühl (»die Handlung, die, ein Körperteil oder den ganzen Körper offensichtlich zur Schau stellend, unzüchtige Inhalte darstellt und dabei ein sexuelles Schamgefühl bei Erwachsenen auslöst«). Man kann nicht eindeutig festlegen, welche Handlungen genau ein solches Gefühl erwecken. Deshalb besteht die Aufforderung, mit objektiver und konkreter Beschreibung von Handlungstypen genaue Handlungsformen zu benennen. Auf der anderen Seite sollte auch eine Handlung, bei welcher kein Körperteil oder aber der ganze Körper berührt oder zur Schau gestellt wird und zugleich keine Pseudokinderpornographie vorliegt, vom Begriff der Kinderpornographie umfasst sein. Denn auch hierdurch kann sexueller Kindesmissbrauch z. B. durch sadistische, masochistische, sadomasochistische und homosexuelle Handlungen in den pornographischen Darstellungen erfolgen.

Drittens: Die Strafbarkeit der Internetanbieter bezüglich des Unterlassens des Suchens oder Löschens der Kinderpornographie auf ihren Webseiten, die als wichtige Verbreitungsmedien der kinderpornographischen Darstellungen fun-

16 Der Supreme Court in Amerika vertrat die gleiche Auffassung. Ashcroft vs. Free Speech Coalition (00–795) 535 U. S. 234 (2002).

17 Das bestehende Gesetz legt die Vermittlungsmedien von Kinderpornographie in »Form eines Images durch ein Kommunikationsmittel wie durch Filme, Videos, Computer u. a.« fest. Diese Festlegung kann so ausgelegt werden, dass Mittel wie Fotos, Zeichnungen, Comics, Romane und Tonaufzeichnungen von Kinderpornographie ausgeschlossen bleiben. Außerdem ist zu beachten, dass auch wenn virtuelle Kinderpornographie vom Begriff der Kinderpornographie ausgeschlossen werden sollte, die oben genannten Mittel zwar vom kinderpornographischen Darstellungsbereich ausgeschlossen sind, aber trotzdem zum Bereich des allgemeinen Strafrechts gehören. Dagegen können Mittel wie Fotos und Tonaufzeichnungen, in denen Kinder unmittelbar auftreten, unter die Darstellungsmittel der Kinderpornographie subsumiert werden.

gieren, ist ursprünglich aus der Intention entstanden, gegen die Verbreitung von Kinderpornographie im virtuellen Raum zu kämpfen. Dabei bietet dieser Tatbestand den IT-Service-Providern zwei Strafausschließungsgründe. Einer dieser Ausschließungsgründe ergibt sich aus der Formulierung eine »erhebliche Aufmerksamkeit auf die Fahndung nach Kinderpornographie gelegt zu haben«. Dieser könnte aber auch dazu führen, die Verbreitungsabsicht der Internetanbieter, die sich auch mit dem spezifischen Verbreitungssystem im Computer sehr gut auskennen, zu legitimieren.[18] Überdies bestehen Zweifel daran, ob es technisch möglich ist, nur Kinderpornographien zu verfolgen und deren Weiterübertragung zu verhindern oder zu unterbrechen. Wenn aber für einzelne Nutzer der Zugang gesperrt werden sollte, kann dies schließlich zur Verletzung des Grundrechts auf Zugang zum virtuellen Raum führen. Darüber hinaus kann man freilich die Sperrung durch vielerlei Umwege umgehen, so dass die Netzsperrung als Gegenmaßnahme zur Verbreitung der Kinderpornographie wenig wirksam ist. Und wenn Netzanbieter in ihrem Server technisch sorgfältig Kinderpornographien filtern und durch die Suchfunktion kontrollieren, dann entsteht das Problem, dass sie praktisch die Rolle eines Zensors übernehmen. Dies könnte dann mit der Informationsfreiheit des Nutzers kollidieren.

Von daher lässt sich sagen, dass Internetanbieter lediglich Plattformen für den Umlauf von Informationen anbieten. Deshalb ist es wirksamer, sie dazu zu verpflichten, nach Kinderpornographien auf ihren Servern zu suchen und diese zu löschen. Sollten sie dieser Pflicht nicht nachkommen, könnten sie dann mit einer Geldstrafe oder der Sperrung ihres Server sanktioniert werden. Damit ist der Weg gebahnt, solche Internetanbieter, die in direkter oder indirekter Weise die Verbreitung von Kinderpornographie unterstützen, wegen Beihilfe zur Verbreitung durch Unterlassen zu bestrafen.[19]

Viertens: Es wird behauptet, dass es sich in den Fällen des einfachen Besitzes um eine unverhältnismäßige Strafmaßnahme handelt, weil der Besitz an sich keine Verletzung eines neuen Rechtsguts – hier des Rechts auf sexuelle Selbsbestimmung der Kinder – darstelle. Zudem sei es schwierig, einen Zusammenhang zwischen dem Besitz von Kinderpornographie und Sexualverbrechen an Kindern herzustellen. Inwiefern zwischen dem Besitz und der Begehung von Sexualstraftaten ein Zusammenhang besteht, könne erst durch ernstzuneh-

18 Vgl. *Lee, Won Sang*, »Studie zur Strafbarkeit der Online-Service-Provider bezüglich des Besitzes von Kinderpornographie«, S. 135.

19 Für Verbreitungsdelikte in Form der Gewerbsmäßigkeit gilt das Strafmaß der Freiheitsstrafe bis zu 10 Jahren; aber als Strafmaß für die Beihilfe zur Verbreitung durch Unterlassen, die das bestehende Gesetz zu einem unabhängigen Tatbestand gemacht hat, gilt eine Freiheitsstrafe bis zu 3 Jahren – diese Unverhältnismäßigkeit des Strafmaßes sollte dadurch korrigiert werden, dass Beihilfe zur Verbreitung durch Unterlassen zum Zwecke der Gewerbsmäßigkeit mit Freiheitsstrafe bis zu 5 Jahren bestraft wird.

mende soziologische, biologische oder psychologische Studien geklärt werden. Auf der anderen Seite wird aber die Kinderpornographie im Internet als Nachweis für den permanenten sexuellen Missbrauchs der betroffenen Kinder angesehen, so dass ein nachhaltiger Schaden bei den missbrauchten Kindern entsteht. Dieser Aspekt zeigt eine Parallele zu anderen Strafvorschriften, die eine Bestrafung dafür vorsehen, dass sich jemand rechtswidrig erworbenes Eigentum zu Eigen macht und es bei sich aufbewahrt (Hehlerei oder Besitz des Diebesgutes). Daraus folgt, dass – soweit die Herstellung und das Verbreiten von Kinderpornographie als Verbrechen gelten – der Besitz des gesetzeswidrigen Gegenstandes einen Zustand andauernder Rechtswidrigkeit darstellt. Insofern dürfte folglich kein Problem darin bestehen, den einfachen Besitz unter Strafe zu stellen.

Auch wenn der einfache Besitz und das Abspielen von Kinderpornographie auf Webseiten durch aktive Suche ihrem Wesen nach ähnliche Handlungen sind, kann dem Vorschlag nicht zugestimmt werden, unter den Besitz auch »die aktive Zugriffshandlung zum Betrachten von Kinderpornographie« zu subsumieren (z.B. Änderungsgesetz, Amerika 2008). Laut dieser Auffassung kann das Betrachten von Kinderpornographie aufgrund einer Mitgliedschaft auf einschlägigen Webseiten durch aktive Suche zu einer solchen aktiven Zugriffshandlung gehören, wobei bloßes Betrachten an sich nicht strafbar sein könne. Die Anhänger dieses Vorschlags behaupten, dass das Archiv des Cache-Systems als Beweis einer aktiven Zugriffshandlung dienen könne. Damit könnten auch die Interpretationsprobleme, die dadurch entstehen, dass die Speicherung im Cache-System an sich vom Begriff »Besitz« aktiv umfasst sein soll, gelöst werden. Aber dieser Auffassung kann m.E. nach nicht zugestimmt werden, denn, um die interpretatorische Problematik, ob die gespeicherte Kinderpornographie im Cache-System als Besitz angesehen werden soll oder nicht, zu beheben, wird die aktive Zugriffshandlung als tatbestandsmäßig ausgegeben, so dass schließlich auch die Handlungen, welche eine Vorstufe des Besitzes darstellen, zum Gegenstand der Strafbarkeit werden.

Fünftens: Die Delikte der Herstellung, des Exports und Imports von Kinderpornographie sahen eine Strafandrohungen mit einer Freiheitsstrafe von nicht unter 5 Jahren vor, wobei sich das Strafmaß in letzter Zeit bis zur lebenslänglichen Freiheitsstrafe erhöht hat. Jedoch ist zu bemerken, dass dieses Strafmaß unproportional hoch angesetzt ist, wenn man berücksichtigt, dass das Strafmaß bei Geschlechtsverkehr mit Kindern oder bei sexueller Belästigung von Kindern unter 12 Jahren bei einer Freiheitsstrafe von nicht unter 3 Jahren liegt. Außerdem stellt dies eine Unverhältnismäßigkeit dar, weil diejenigen, die den Pseudogeschlechtsverkehr mit Kindern unter 12 Jahren ausführen, als Strafmaß eine Freiheitsstrafe von nicht unter 7 Jahren (lebenslängliche Freiheitsstrafe ist nicht möglich) zu erwarten haben, während die Personen, die eine

Vergewaltigung begehen, nur mit einer Freiheitsstrafe von nicht unter 5 Jahren oder einer Geldstrafe bis zu 50 Millionen Won sanktioniert werden können. Insofern muss das Strafmaß hinsichtlich der Delikte der Herstellung, des Exports und Imports von Kinderpornographie vernünftigerweise herabgesetzt werden.

E. Fazit

Die koreanische Rechtsordnung tritt – wie die meisten anderen Rechtsordnungen – im Rahmen der Bekämpfung von Kinderpornographie stufenweise für eine sog. Null-Toleranz-Strategie ein. Der Begriff der Kinderpornographie wurde erweitert (von realer Kinderpornographie zu Pseudo- und virtueller Kinderpornographie). Nicht nur die neuen Tatbestände wurden ergänzt (z. B. einfacher Besitz, Bestrafung von ISP und Beschaffung), sondern auch die Strafen wurden stark verschärft (Tabelle s. o.). Wenn die begriffliche Erweiterung der Kinderpornographie mit dem Tatbestand des Besitzes der Kinderpornographie kombiniert wird, kann auch die Strafbarkeit im Rahmen der Kinderpornographie drastisch expandiert und vorverlagert werden. Diese Kombination hat auch den Schwerpunkt der auf Kinderpornographie bezogenen Kriminalpolitik umgewandelt: von der Bekämpfung des sexuellen Missbrauchs (und der sexuellen Ausbeutung) von Kindern zur Bekämpfung des Sexualverbrechens an Kindern (Vorbeugung des zukünftigen Sexualverbrechens an Kindern). Während bei der ersten die Kinder – mittelbare oder unmittelbare – Opfer von, mit Kinderpornographie zusammenhängenden Handlungen sind, sind aber bei den zweiten die Kinder keine Opfer, sondern nur potenzielle Opfer von sich nachträglich ereignendem sexuellen Missbrauch oder von Sexualverbrechen. Bekanntlich handelt es sich bei den Herstellungsdelikten um eine erste Orientierung, bei den Besitzdelikten um eine zweite Orientierung und bei den Verbreitungsdelikten um die Überschneidung beider.

Die Intention, den einfachen Besitz von kinderpornographischem Material zu bestrafen, speist sich daraus, dem sexuellen Missbrauch von Kindern vorzubeugen. Ausschlaggebend für diese Überlegung ist die Annahme, dass Besitzer von Kinderpornographie in Zukunft Sexualstraftaten gegen Kinder begehen könnten. Dadurch besteht die Gefahr, dass nicht nur der Besitz von Kinderpornographie, sondern auch schon eine aktive Zugriffshandlung auf eine Seite mit kinderpornographischen Inhalten zur Strafbarkeit führt. Wie verheerend die Auswirkungen von Kinderpornographie auch sein können und wie erforderlich das Ziel der Bekämpfung von Kinderpornographie auch sein mag, kann dies keine Begründung zur Rechtfertigung von Regelungen sein, welche die rechtstaatlichen Grenzen überschreiten. Wenn die Mittel zur Bekämpfung der

Kinderpornographie von heute den Charakter einer vorbeugenden Schutzmaßnahme haben, dann ist dieses Strafrecht – was viele Strafrechtler nicht zu kritisieren scheuen – nichts anderes als Gesinnungsstrafrecht. Wenn das Strafrecht bei der Bekämpfung der Kinderpornographie von der Erscheinungsform des Gesinnungsstrafrechts möglichst ferngehalten werden soll, dann sollte das Sexualstrafrecht zum Schutze der Jugendlichen gewissen Änderungen unterzogen werden, die Folgendes berücksichtigen sollten:

1. Pseudo- und virtuelle Kinderpornographie müssen von der Definition der Kinderpornographie ausgeschlossen bleiben. Zudem sollen die abstrakten Begriffe wie etwa »Schamgefühl« und »Ekelgefühl« gestrichen und die kinderpornographischen Handlungsformen in einem Katalog mit objektiven und konkreten Handlungstypen aufgezählt werden.
2. An die Strafbarkeit des bloßen Besitzes von Kinderpornographie aufgrund des vermuteten Zusammenhanges zwischen dem Betrachten von Kinderpornographie und der möglichen Begehung eines sexuellen Missbrauchs an Kindern muss möglichst zurückhaltend angeknüpft werden, solange hierzu keine Studien im soziologischen, biologischen und psychologischen Bereich vorgelegt wurden. Aus diesem Grund kann erst in dem Fall bestraft werden, in dem die Menge der sich im Besitz befindenden kinderpornographischen Dateien eine bestimmte Download-Häufigkeit überschreitet. Darüber hinaus darf man die Vorstufe des Besitzes, nämlich das Betrachten oder die Zugriffshandlungen zur Kinderpornographie, nicht kriminalisieren.
3. Das Strafmaß bezüglich der Kinderpornographie darf nicht die Verantwortlichkeit des jeweils Handelnden überschreiten. Dabei wäre es vorzuziehen, nicht allein ein hohes Strafmaß gegenüber den gefährlich Handelnden zu verhängen, sondern auch durch zulässige und gezielte Therapiemaßnahmen auf die Täter einzuwirken.

5. Teil:
Rechtsvergleichende Beobachtungen

Arndt Sinn

Rechtsvergleichende Beobachtungen zu Cybercrime in Deutschland, Japan und Korea

A. Einleitung

Die hier vorgestellten Beobachtungen sollen einen ersten Einstieg in die vergleichende Betrachtung der unterschiedlichen Rechtsordnungen zur Bewältigung von Cyberkriminalität geben. Sie beruhen auf den Beiträgen der einzelnen Referenten zu den verschiedenen Regelungskomplexen. Ziel der Beobachtungen ist es nicht, eine tiefgehende Bewertung der einzelnen Regelungsinstrumente oder gar einen Vergleich der einschlägigen materiell-rechtlichen Regelungen oder strafprozessualen Maßnahmen im Bereich »Cybercrime« zu geben. Mit dem gewählten Titel des Beitrages »Beobachtungen« sollen vielmehr wesentliche Gemeinsamkeiten und Unterschiede herausgearbeitet werden, die einen ersten Zugang zu weiteren Forschungen ermöglichen soll. Die drei untersuchten Rechtsordnungen verbindet zwar eine enge wissenschaftliche Kooperation. Das japanische und koreanische Strafrecht sind stark von deutschen Einflüssen geprägt. Mehr noch werden die drei Rechtsordnungen durch das zu untersuchende Phänomen »Cyberkriminalität« miteinander verbunden. Das trifft zwar auch auf andere Kriminalitätsbereiche zu, denn gestohlen, getötet und betrogen wird in jeder Rechtsordnung. Allerdings stehen die Rechtsordnungen bei Cyberkriminalität vor Herausforderungen, die sie enger aneinander binden als dies bei den sog. klassischen Kriminalitätsformen der Fall ist. Denn Cyberkriminalität wird zwar nicht in der Regel, aber doch sehr häufig grenzüberschreitende Aspekte aufweisen. Die Verfolgung von Cyberkriminalität ist daher auch immer eng im Zusammenhang mit dem Strafanwendungsrecht bzw. der Rechtshilfe zu diskutieren. Die rechtsvergleichenden Beobachtungen sollen also eher dem Zweck dienen, durch die aufzudeckenden Gemeinsamkeiten und Unterschiede bei der Behandlung ein und desselben Phänomens Stärken und Schwachstellen im System wahrzunehmen. Nur vorsichtig können dann Hinweise zur Lösung der gefundenen Schwachstellen gegeben werden.

B. Regelungen zu Cybercrime im materiellen Strafrecht

Was ist Cybercrime? – Eine Phänomenanalyse

Natürlich haben alle Rechtsordnungen das Problem »Cybercrime« erkannt. Das Bedrohungspotential wird übereinstimmend als sehr hoch eingeschätzt. Angesichts dieses Befundes haben sich die Rechtssysteme jedoch als relativ träge erwiesen, mit diesem neuen Phänomen »Cybercrime« umzugehen. Beleg dafür ist beispielsweise das koreanische Recht, wo bereits 1987 ein Bericht über die Notwendigkeit von Regelungen gegen Cybercrime vorgelegt wurde, es allerdings bis 1996 gedauert hat, bis ein erster Straftatbestand »Computerbetrug« eingeführt wurde. Nach diesem Anstoß folgten aber weitere zahlreiche Regelungen im koreanischen Recht. Wesentlich früher hat man in Japan Vorschriften in das StGB eingeführt.

Bei der Schaffung von Straftatbeständen reagiert der Gesetzgeber auf bestimmte in der Gesellschaft wahrnehmbare Phänomene. Sollen diese Phänomene, durch Menschen verursacht und als Handlungen strafrechtlich relevant, beschrieben werden, so müssen diese eine Intensität erreichen, die Strafe rechtfertigt. Es ist hier nun nicht der Platz, um über die Voraussetzungen und die Grenze der Schaffung von Straftatbeständen zu referieren. Allerdings bedarf es einer vorgesetzlichen Phänomenbeschreibung, die zur Voraussetzung der Schaffung von Straftatbeständen gemacht werden kann. Im Recht werden diese Phänomenbeschreibungen durch Definitionen geleistet. Kurz: Die Definition übernimmt eine Vorfeldfunktion zur Sicherung des Bestimmtheitsprinzips. Ohne Definition dürfte es kaum möglich sein, einen bestimmten Straftatbestand zu formulieren. Insoweit dürfte es auch einsichtig sein, dass jeder strafrechtlichen Verfolgung die Schaffung einer Definition über das zu verfolgende Phänomen voranzugehen hat.

Bei der Beschreibung, also der Definition, was Cybercrime ist, werden deutliche Unterschiede in den Rechtsordnungen sichtbar. So formuliert man in Korea in einer Definition der Staatsanwaltschaft aus dem Jahr 2011 Cybercrime 1. als »Handlungen«, mit denen sich ohne Befugnis ein Zugang zu Informations-

und Kommunikationsnetzwerken verschafft wird, die entsprechend dem Netzwerk stören, behindern oder lahmlegen, 2. Begehung strafbarer Handlungen mittels Informations- und Kommunikationsnetzwerken im Cyberspace, 3. ähnliche strafbare Handlungen«. Unterschieden werden hier zwei Phänomene. Zum einen die Integrität von Kommunikationsnetzwerken und zum anderen der Missbrauch von Kommunikationsnetzwerken zur Begehung strafbarer Handlungen, wobei letztere im Cyberspace begangen werden müssen. Ergänzt werden diese beiden Phänomenbeschreibungen durch eine »Nichtbeschreibung«, nämlich das auch ähnliche strafbare Handlungen darunter fallen sollen. Als Vorbedingung zur Sicherung des Bestimmtheitsgebots vermag die Nr. 3 also seine Funktion bereits an dieser Stelle nicht zu erfüllen.

In Deutschland umfasst der Begriff Cybercrime alle Straftaten, die unter Ausnutzung der Informations- und Kommunikationstechnik (IuK) oder gegen diese begangen werden. Die Praxis benutzt eine für Statistikzwecke und zur Strafverfolgung engere Definition. Formuliert wird, dass Cybercrime dann vorliegen soll, wenn »Elemente der elektronischen Datenverarbeitung (EDV) wesentlich für die Tatausführung sind«. Gemeinsam ist der koreanischen und der deutschen Definitionsbestimmung, dass sie von einer Integritätswahrung kommunikationstechnischer Systeme bzw. der Verwendung als Tatmittel für Straftaten ausgeht. In Deutschland fehlt jedoch die oben bereits genannte Einbeziehung weiterer ähnlicher Handlungen. Ebenso wird auf die Erwähnung verzichtet, dass bei der Verwendung von informationstechnischen Systemen die Straftat im Cyberspace begangen worden sein muss. Letzter Unterschied dürfte nicht wirklich wesentlich sein, wenn man bedenkt, dass eine Straftat, die unter Ausnutzung der Informations- und Kommunikationstechnik begangen wird, sich üblicherweise im Zusammenhang mit dem Cyberspace feststellen lassen wird. Allerdings ist auch nicht ausgeschlossen, dass nach der deutschen Definition auch on-/offline Straftaten, also sich im Mischbereich befindliche Straftaten erfasst sein können. Jenseits dieser definitorischen Unterschiede scheint jedoch ersichtlich zu sein, dass es nicht einfach ist, zu bestimmen, was Cybercrime eigentlich ist.

Bestätigt wird dieser Befund durch die Schwierigkeiten, die auch im japanischen Recht bestehen, dass Cybercrimephänomen zu bestimmen oder definitorisch zu erfassen. Auffällig ist jedoch, dass sich in beiden Rechtsordnungen an der Bedeutung von EDV für die »Tatausführung« (so in Deutschland) oder an der »unverzichtbaren Rolle« von EDV zur Begehung der Tat orientiert wird. Das kann natürlich wie in Japan dazu führen, dass auch reine Besitzdelikte als Cybercrime eingestuft werden, wenn bspw. zum Betrachten von Bildmaterial ein Computer benutzt wird. Das würde bedeuten, dass der Besitz des selben Bildes, nur ausgedruckt, nicht mehr unter den Begriff Cybercrime fallen würde.

Unter den verglichenen Ländern einzigartig ist die Erfassung bestimmter

Handlungen im Zusammenhang mit der Verwendung von Kommunikationstechnik oder Software als Terrorismus in Korea. Dort wurde im »Informations- und Kommunikationsnetzwerkgesetz« die Unterscheidung zwischen Cyberterrorismus (als von außen gedachte Einwirkung auf Netzwerke) und allgemeiner Verbrechen, die im Cyberraum begangen werden unterschieden. Angesichts diesem, dem allgemeinen Trend zur Verfolgung von Terrorismus geschuldeten Umstand, stellt sich die Frage, ob auch das Hacking oder die Verwendung von Schadprogrammen in Korea eine Form von Terrorismus ist, ohne dass weitere Merkmale zu fordern sind (wie bspw. eine besondere terrorismusspezifische subjektive Komponente).

Weitere Gemeinsamkeiten in den Rechtsordnungen (jedenfalls hinsichtlich Deutschland und Korea) lassen sich feststellen bei der Verortung der einzelnen als Cyberkriminalität erfassten Straftaten. In Deutschland und in Korea sind die der Cyberkriminalität zuzuordnenden Straftaten nicht allein im Kernstrafrecht geregelt. Vielmehr finden sich Regelungen, die definitorisch unter dem Begriff Cyberkriminalität zu erfassen sind, sowohl im Kernstrafrecht als auch in zahlreichen Nebengesetzen. In Korea wird dieser Zustand nicht nur regelungstechnisch für bedenklich gehalten. Vielmehr ergeben sich daraus auch systematische, dogmatische und praktische Probleme. In systematischer Hinsicht konnte festgestellt werden, dass es zahlreiche Überschneidungen zwischen den einzelnen Regelungen zu beklagen gibt. In dogmatischer Hinsicht wird kritisiert, dass einige Straftaten das Vorfeld einer Rechtsgutsverletzung betreffen und deshalb strafrechtlich schwer zu legitimieren sind. Hinzu kommt, dass die Überschneidungen zu einer Verletzung des Schuldprinzips führen können, wenn in dem einen Straftatbestand für ein und dieselbe Handlung eine höhere Strafe festgelegt ist als in dem entsprechenden anderen Straftatbestand.

Als problematisch wird in den drei Rechtsordnungen auch der grenzüberschreitende Aspekt gesehen. Angesprochen ist damit die Frage nach dem Strafanwendungsrecht. Das Strafanwendungsrecht legt jeweils für die eigene Nation fest, in welchen Fällen die Strafgewalt ausgeübt werden soll. Da es sich bei Cyberkriminalität häufig um grenzüberschreitende Delikte handelt, konkurrieren die Rechtsordnungen miteinander. Auf diese Art und Weise entsteht zwar ein weltumspannendes, engmaschiges Netz zur Verfolgung von Cybercrime, auf der anderen Seite ist aber nicht zu übersehen, dass derartige Konkurrenzen zu Lasten des Verfolgten gehen können, und überdies werden zahlreiche Ressourcen verbraucht. Der dogmatische Ausgangspunkt für diese Mehrfachverfolgungen bildet die in den beteiligten Rechtsordnungen zugrunde gelegte These von der Anknüpfung des Strafanwendungsrechts an den Handlungs- und den Erfolgsort einer Straftat.

Ein besonderes Problem bildet, auch das können die rechtsvergleichenden Beobachtungen bestätigen, die Regelungstechnik zur Beschreibung von verbotenen Verhaltensweisen in der Form von abstrakten Gefährdungsdelikten. Hierbei ist zwar nicht die Ubiquitätsthese das Problem, vielmehr ist problematisch, an was bei abstrakten Gefährdungsdelikten strafanwendungsrechtlich angeknüpft werden soll.

Unterschiede in den Rechtsordnungen wurden deutlich bei der Erfassung von Daten in einem Straftatbestand. Da es sich bei den Daten nicht um einen körperlichen Gegenstand handelt, konnten in Korea bis in das Jahr 1999 bestimmte Pornografiestraftaten im Internet nicht verfolgt werden. Das Problem wurde durch neue Gesetze gelöst. In Deutschland hat man demgegenüber die Einbeziehung von Daten in bereits bestehende Regelungskontexte durch eine Gleichstellungsklausel in § 11 Abs. 3 StGB gelöst.

C. Regelungen zu Cybercrime im Strafprozessrecht

Eine effektive Strafverfolgung hängt nicht zuletzt davon ab, welche Möglichkeiten die Strafverfolgungsorgane haben, die Straftaten zu ermitteln. Das ist bei Cybercrimedelikten insoweit schwieriger als bei klassischen sich im Offlinebereich abspielenden Verhaltensweisen, weil die technischen Abläufe weniger transparent sind, es weniger Spezialisten gibt, die diese Abläufe verstehen, dass die Abläufe weniger sichtbar sind und dass die Geschwindigkeit der Kommunikation über die neuen Kommunikationsmedien enorm zugenommen hat. Hinzukommt, dass die Kommunikation zwar nicht spurenlos erfolgt, dass es aber hinreichend Möglichkeiten gibt, die Kommunikationswege zu verschleiern und die Spuren zu verwischen bzw. bestimmte Spuren gar nicht erst auftreten zu lassen. Es liegt deshalb in der Natur der Sache, dass die Aufklärung von Cyberstraftaten kein einfaches Unterfangen ist. Der Gesetzgeber ist deshalb bestrebt, besondere Eingriffsmaßnahmen zu entwickeln, die diesen Herausforderungen begegnen können. Das führt aufgrund der beschriebenen Phänomenlage zu dem Problem, dass auch unverdächtige Personen von den Eingriffsmaßnahmen betroffen werden können. In Deutschland ist ein eindrucksvolles Beispiel für diese Art von Ermittlungen die vor dem Bundesverfassungsgericht gescheiterte Vorratsdatenspeicherung.

Aber auch jenseits der Frage, wie man Cyberkriminalität mit prozessualen Maßnahmen aufklären kann, gibt es grundlegende Probleme bei der Bewältigung zu beachten. So gilt beispielsweise in Japan der Grundsatz, dass nur körperliche Gegenstände der Beschlagnahme zugänglich sind. Das heißt, dass ein Datenträger zwar beschlagnahmt werden kann, jedoch nicht die darauf befindlichen Daten. Für die Spiegelung der Daten auf andere Datenträger bedurfte es daher einer eigenständigen Ermächtigungsgrundlage. Ähnliche Schwierigkeiten sind in Korea zu beobachten, wo ebenfalls problematisch ist, wie Daten für Zwecke der Beweissicherung in den Machtbereich des Staates, also der Strafverfolgungsbehörden, gelangen sollen. Erst im Jahr 2011 hat man in Korea eine Vorschrift eingeführt, die es erlaubt, Daten zu kopieren bzw. Datenträger zu beschlagnahmen, auch wenn der Zweck dieser nicht die Verfügbarkeit des Datenträgers, sondern der darauf befindlichen Daten ist. Trotz dieser Vorschrift ist die Diskussion aber nicht zur Ruhe gekommen, und es wird gefordert, die digitale Information selbst in die Gegenstände einer Beschlagnahme einzubeziehen. In Deutschland haben demgegenüber jüngste Forschungen ergeben, dass digitale Daten gerade nicht dem Datenbegriff unterfallen sollen.

Es hat sich auch gezeigt, dass die Rechtsordnungen unter enormen internationalem Einfluss stehen und dass der Druck in den letzten Jahren durch die Cybercrimeconvention zugenommen hat. So hat Japan aufgrund dieses völkerrechtlichen Vertrages neue prozessuale Regelungen eingeführt.

D. Regelungen zu Cybercrime als Paradigma einer Vorverlagerung der Strafbarkeit

Die Vorverlagerung der Strafbarkeit wird in allen drei Rechtsordnungen kritisch reflektiert. Das Phänomen wird wahrgenommen, auch wenn der dogmatische Zugang zu diesem Begriff und die Folgen einer Vorverlagerung sowie deren Grenzen noch der weiteren Aufarbeitung bedürfen.

Von ganz entscheidender Bedeutung für einen dogmatischen Zugang zur Vorverlagerungsproblematik ist die Verbundenheit der Vorverlagerung mit dem jeweiligen Strafrechtssystem, konkret mit der Frage, wann die Straftat in einem Tatstrafrecht beginnt. In der klassischen Dogmatik beginnt diese mit dem Versuch. Hier zeigen sich nun erste Unterschiede, wenn man in Japan von einem eher objektiv geprägten Versuchsbegriff ausgeht und in Deutschland mit einer auch in weiten Teilen subjektiv geprägten Versuchstheorie arbeitet. Das – also der enge japanische Versuchsbegriff – wird – jedenfalls theoretisch – teilweise insoweit kompensiert, als in Japan bestimmte Vorbereitungshandlungen selbstständig unter Strafe gestellt werden, der Gesetzgeber also eine Typisierung von Vorbereitungshandlungen als eigenständigen Straftatbestand formuliert. So wird auch verständlich, dass man in Japan teilweise keine Versuchsstrafbarkeit kennt. Ob es aber Unterschiede bei der Frage, »OB« ein Verhalten bestraft wird tatsächlich in den beiden Rechtsordnungen gibt oder ob diese nur scheinbar bestehen und tatsächlich über weitere Straftatbestände, die bestimmte Vorbereitungshandlungen unter Strafe stellen, kompensiert werden, bedürfte einer weiteren Untersuchung. Vermutlich wird es keine großen Unterschiede geben.

In der deutschen Diskussion ist der Begriff der Vorverlagerung allgegenwärtig. Nicht selten wird er in einem systemkritischen Kontext verwendet. Er wird ebenso für Ermittlungsmaßnahmen der Strafprozessordnung, des Polizeirechts oder im Zusammenhang mit nachrichtendienstlichen Regelungen gebraucht. Seine dogmatische Funktion ist jedoch bisher kaum aufgearbeitet worden. Erst seit Kurzem liegen Studien dazu vor. Hinsichtlich der Beschreibung, was Vorverlagerung ist, wie die Vorverlagerung kategorial zu erfassen ist und welche Grenzen bei der Vorverlagerung zu ziehen sind, scheint sich jedoch in Korea und in Deutschland die von *Sinn* entwickelte Systematik - also die Unterscheidung von strafbarkeitsbegründender und strafbarkeitsmodifizierender Vorverlagerung - durchgesetzt zu haben.

In den drei Rechtsordnungen wird das abstrakte Gefährdungsdelikt als die problematischste Form der Vorverlagerung der Strafbarkeit erkannt. In Japan, Korea und in Deutschland nimmt man übereinstimmend auch an, dass nicht jede Form der Vorverlagerung inhaltlich und regelungstechnisch bedenklich ist.

In Korea geht man davon aus, dass die Vorverlagerung zum effektiven Schutz der Gesellschaft oder für die tendenziellen Opfer erforderlich sein kann, und in Japan stützen normtheoretische Überlegungen diesen Befund.

Grenzziehungen werden in den Rechtsordnungen übereinstimmend in der Rechtsgutstheorie gefunden, ebenso spielen das Übermaßverbot bzw. Verhältnismäßigkeitserwägungen oder die Gefahrnähe eine entscheidende Rolle. In Deutschland wird darüber hinaus versucht, bestimmte Lebensbereiche einer Vorverlagerung generell zu entziehen. Das soll insbesondere bei dem Kernbereich privater Lebensgestaltung der Fall sein. In Japan sucht man Grenzen dort zu ziehen, wo das Tatobjekt nicht sozial auffällig oder bemakelt ist oder der Täter nicht absichtlich vorgehe.

Hinsichtlich des Cyberstrafrechts kommt man in Deutschland, Japan und in Korea zu der Erkenntnis, dass sich hier in besonderer Art und Weise eine Vorverlagerung des Strafrechts feststellen lässt. Das bedeutet, dass sich dieser Regelungsbereich für eine weitere kritische wissenschaftliche Diskussion anbietet. Eine Durchdringung der Materie vor dem Hintergrund der dogmatischen und grenzziehenden Funktion des Begriffs Vorverlagerung sollte also ins Auge gefasst werden.

E. Die Verfolgung von Kinderpornografie

Überlegungen zur Verfolgung von Kinderpornografie thematisch mit in dieses Strafrechtssymposium aufzunehmen diente dem Zweck, einen besonderen Kriminalitätsbereich in den Zusammenhang mit den besonderen Kommunikationstechnologien zu stellen und die Schwierigkeiten bei der Verfolgung dieser Kriminalitätsform herauszuarbeiten. Die Verfolgung von Straftaten im

Zusammenhang mit Kinderpornografie gestaltet sich aufgrund der zahlreichen Möglichkeiten der Verbreitung über die neuen Kommunikationsmedien als sehr schwierig. Das Problem der Verfolgbarkeit von Straftaten via neuer Kommunikationstechnologien wurde bereits hinreichend beschrieben.

Bei der strafrechtlichen Bewältigung von Kinderpornografie ist auffällig, dass die Diskussion stark von den Moral- und Sittlichkeitsauffassungen in der Gesellschaft abhängt, weshalb es darauf ankommen muss, den strafbaren Kernbereich und die Legitimation für die Strafbarkeit herauszuarbeiten, um Strafrecht von Sitte und Moral hinreichend abgrenzen zu können. Sowohl in Japan als auch in Deutschland stehen deshalb nicht Sexualmoral oder der unsittliche Umgang mit Sexualität im Vordergrund der Bestrafung von Kinderpornografie, vielmehr werden die Rechte der Kinder in den Mittelpunkt gestellt und vor diesem Hintergrund deren Rechte geschützt. Konkret geht es also um den Schutz vor sexueller Ausbeutung und Misshandlung der Kinder. Ähnlich wie beim Begriff »Cybercrime« wird in Japan auch die Weite der Definition von Kinderpornografie kritisiert und für zu unbestimmt gehalten. Einbezogen sind alle Kinder bis zur Vollendung des 18. Lebensjahres. Dieser aus internationalen Vorgaben stammenden Definition des Kindes ist in Deutschland mit leisem Widerstand entgegen getreten worden. Das hatte zur Folge, dass für den Umgang mit Pornografie bei Personen zwischen 16 und 18 Jahren eine Sondervorschrift zur Verbreitung »jugendpornografischer« Schriften geschaffen wurde. Der Unterschied zu den Straftatbeständen hinsichtlich Kindern unter 16 Jahren besteht in einem leicht herabgesetzten Strafrahmen.

In den drei untersuchten Rechtsordnungen ist die Unterteilung in Herstellungsdelikte, Besitzdelikte und Verbreitungsdelikte möglich. Allerdings besteht in den Rechtsordnungen ein erheblicher Unterschied hinsichtlich der bloßen Besitzstrafbarkeit. In Japan wird der einfache Besitz, ohne dass der Täter die Bilder anbietet oder öffentlich ausstellen möchte, nicht bestraft. Demgegenüber ist in Deutschland der bloße Besitz strafbar, wobei es sogar genügen soll, dass die Bilder von dem Computer in den Arbeitsspeicher geladen wurden. Unterschiede werden auch sichtbar bei der Einbeziehung möglichkeitsnahen Geschehens in die Regelungskonzeptionen der Verfolgung von Kinderpornografie. Während dies in Deutschland einbezogen ist, wird dies als sog. virtual child porne in Japan (noch) nicht bestraft. Gemeint sind hier pornografische Aufnahmen von in der Wirklichkeit nicht existierenden Kindern auf Bildern, in Trickfilmen oder Comics. Dieser Befund ist deshalb interessant und der Unterschied besonders hervorzuheben, da beide Rechtsordnungen auf den Schutz der Kinder vor sexuellen Missbrauch und Ausbeutung abstellen. Die Frage ist nun, ob durch diese wirklichkeitsnahen Darstellungen die Rechte von Kindern verletzt werden. Vermutlich können auch durch solche Comicdarstellungen durchaus sexuelle Wunschvorstellungen angeheizt werden. Inwieweit dieses jedoch dazu führt, dass dann tatsächlich Kinder missbraucht werden, ist noch nicht nachgewiesen. Stellt man das Schutzziel derartiger Regelungen in den Mittelpunkt, so hat jedenfalls der deutsche Gesetzgeber mit der Einbeziehung von wirklichkeitsnahen Darstellungen das Rechtsgut aus den Augen verloren.

F. Zusammenfassung

Zusammenfassend bleibt festzuhalten, dass im Kernbereich der Komplex »Cybercrime« in den untersuchten Ländern erheblich an Bedeutung gewonnen hat. Auf der einen Seite suchen die Länder nach Möglichkeiten, mit der rasanten technischen Entwicklung in diesem Bereich Schritt zu halten und die neuen Chancen, die durch die Verwendung von EDV zur Begehung von Straftaten genutzt werden können, zu erkennen und in Straftatbeständen zu beschreiben. Die dogmatischen Probleme, die hierbei bestehen, liegen in der Vorverlagerung der Strafbarkeit und deren Grenzziehung. Auf der anderen Seite versucht man aber auch, die neuen technischen Möglichkeiten für die Strafverfolgung und die Aufklärung von Straftaten zu verwenden. Das stellt den Gesetzgeber vor die Herausforderung, die beweiserheblichen Daten schnell und gegebenenfalls auch grenzüberschreitend zu erlangen und zu verwerten. Damit zeigt sich, dass es auch bei einem sehr modernen Kriminalitätsphänomen wie der »Cybercrime« grundsätzlich um die selben Fragen geht, die das Strafrecht immer zu beantworten hat. Stets geht es um die Legitimation staatlichen Strafens, die Voraussetzungen für eine Strafbarkeit und die Machtkontrolle des Staates bei strafrechtlichen Ermittlungen. Ein liberales Strafrecht zeichnet aus, dass es immer wieder diese Fragen stellt.

Autorenverzeichnis

Beck, Susanne, Professor Dr. iur., LL.M. (LSE), Lehrstuhl für Strafrecht, Strafprozessrecht, Strafrechtsvergleichung und Rechtsphilosophie, Leibniz Universität Hannover
susanne.beck@jura.uni-hannover.de

Hellmann, Uwe, Professor Dr. iur., Lehrstuhl für Strafrecht, insbesondere Wirtschaftsstrafrecht, Universität Potsdam, Deutschland
hellmann@uni-potsdam.de

Hoh, Il-Tae, Professor Dr. iur., Lehrstuhl für Straf- und Strafprozessrecht sowie Rechtsphilosophie, Universität Dong-A Law School, Korea
ithuh@dau.ac.kr

Ida, Makoto, Professor Dr. iur. Dres. h.c., Lehrstuhl für Strafrecht, Keio University Law School, Tokyo, Japan
VZQ07715@nifty.com

Ikeda, Kimihiro, Associate Professor für Strafprozessordnung, Kobe Universität, Japan
kikeda@port.kobe-u.ac.jp

Kim, Seong Don, Professor Dr. iur., Lehrstuhl für Straf- und Strafprozessrecht, Universität Sungkyunkwan, Seoul, Korea
ksdon@skku.edu

Lee, Jin-Kuk, Professor Dr. iur., Universität Ajou, Korea
jus@ajou.ac.kr

Lee, Kyung-Lyul, Professor Dr. iur., Lehrstuhl für Straf- und Strafprozessrecht, Universität Sungkyunkwan, Seoul, Korea
klee04@skku.edu

Puschke, Jens, PD Dr. iur., LL.M., Privatdozent, Albert-Ludwigs-Universität Freiburg, Deutschland
jens.puschke@jura.uni-freiburg.de

Schroeder, Friedrich-Christian, Professor Dr. iur. Dres. h.c., Universität Regensburg, Deutschland
fcschroe@t-online.de

Sinn, Arndt, Professor Dr. iur., Inhaber des Lehrstuhls für Deutsches und Europäisches Straf- und Strafprozessrecht, Internationales Strafrecht sowie Strafrechtsvergleichung; Direktor des Zentrums für Europäische und Internationale Strafrechtsstudien (ZEIS), Universität Osnabrück
arndt.sinn@web.de

Tadaki, Makoto, Professor Dr. iur., Lehrstuhl für Straf- und Prozessrecht, Chūō Universität und Chūō Law School sowie Direktor des Institute of Comparative Law in Japan
mtadaki@tamacc.chuo-u.ac.jp

Takizawa, Makoto, Professor Dr. iur., Ass.-Professor für Strafprozessrecht, Senshu University Law School, Tokyo, Japan
takizawa@isc.senshu-u.ac.jp

Bei Fragen zur Produktsicherheit wenden Sie sich bitte an:
If you have any questions regarding product safety, please contact:

Brill Deutschland GmbH
Robert-Bosch-Breite 10
37079 Göttingen
info@v-r.de